《汉学大系》学术委员会

学术委员会主任

傅 刚

学术委员：（以姓氏笔画为序）

卜 键　左东岭　朱青生　汪小洋

刘玉才　刘跃进　赵化成　赵宪章

周绚隆　党圣元　高建平　常绍民

傅 刚　詹福瑞　锺宗宪　魏崇新

《汉学大系》编辑委员会

编辑委员会主任

曹新平

副主任

任 平　徐放鸣　华桂宏　周汝光

编辑委员会：（以姓氏笔画为序）

王 健　冯其谱　任 平　朱存明

岑 红　张文德　郑元林　赵明奇

徐放鸣　顾明亮　曹新平　黄德志

主编

朱存明

副主编

王怀义

汉学大系丛书

新汉学的学术再造

朱存明 主编

生活·讀書·新知 三联书店

Copyright © 2018 by SDX Joint Publishing Company.
All Rights Reserved.
本作品版权由生活·读书·新知三联书店所有。
未经许可,不得翻印。

图书在版编目(CIP)数据

新汉学的学术再造 / 朱存明主编. —北京:生活·读书·新知三联书店,2018.7
ISBN 978-7-108-05331-2

Ⅰ.①新… Ⅱ.①朱… Ⅲ.①汉族-民族文化-研究-中国 Ⅳ.①K281.1

中国版本图书馆 CIP 数据核字(2015)第 104405 号

责任编辑 成 华
封面设计 米 兰
责任印制 黄雪明

出版发行 生活·讀書·新知 三联书店
 (北京市东城区美术馆东街 22 号)
邮 编 100010
印 刷 常熟文化印刷有限公司
排 版 南京前锦排版服务有限公司
版 次 2018 年 7 月第 1 版
     2018 年 7 月第 1 次印刷
开 本 720 毫米×965 毫米 1/16 印张 24.5
字 数 350 千字
定 价 68.00 元

总序

世界总是在不断地变化。历史上，有些文明消失了，有些文明则不断壮大，以至于形成现代世界的格局。进入21世纪，世界格局面临一个新的调整，美国人塞缪尔·亨廷顿的《文明的冲突与世界秩序的重建》认为，不同文明的冲突将导致未来社会的对抗。这个观点值得警惕，也值得研究。做好中国自己的事，勇敢面对挑战是我们面临的任务。

中国文明发展了几千年，历史上曾经有过自己的辉煌，但是清朝后期，由于没有科学民主的现代理念，曾经落后挨打，令多少志士仁人痛心疾首。新中国成立后，经过一个甲子年的现代发展，中国又迎来了一个快速崛起的历史新时期。

中国文化现代性的发展，一方面要学习国外的先进经验，促进科学技术的发展与社会的进步；另一方面要不断回溯历史，在历史的记忆中寻求民族之根。当今世界的寻根与怀旧实际上都有现实的基础，它是民族凝聚力的根源。在回溯历史的新的阐释中，一个新的历史轴心期即将来临。

编纂《汉学大系》丛书就是为了探求中华文化的历史起源、学术源流、基因谱系、思维模式、道德价值等，为实现中华文化的历史复兴奠定基础。

"汉学"，是一个历史的概念，因时间与空间的不同而发生变化。究其变化之因,皆因对"汉"字的理解与运用不同所致。"汉"字既可指汉代,也可指汉族,还可以作为中华民族的代称。"汉文化"可以指两汉文化,也可以代指中国传统文化。所以"汉学"一词在不同的语境中有不同的内涵,可以指两汉的学术文化,可以指清代的汉学流派,也可以指中国及海外关于中国文化的研究。具体来看,汉学研究范围以经学为中心,而衍及小学、音韵、史学、天算、水地、典章制度、金石、校勘、辑佚等,引证取材多集于两汉。"汉学"一词在南宋就已出现,专指两汉时期的学术思想。清朝汉学有复兴之势,江藩著《汉学师承记》,自居为汉学宗传。汉学又称"朴学",意为朴质之学。"朴学"重考据,推崇汉儒朴实学风,反对宋儒空谈义理,也被称为"汉学"。现代"汉学"或称作"中国学",自20世纪80年代以来,或称"海外汉学",是国外的学者对有关中国方方面面进行研究的一门学科。

梁启超在《清代学术概论》中提出清代汉学的复兴是对当时理学思潮的反动,其学术动力就是来源于复汉学之古;钱穆在《清儒学案》中认为,汉学的兴起是继承与发展传统的结果;侯外庐在《中国思想通史》等著作中认为,清代汉学思想的发展动力是"早期启蒙思想"。

在国外,汉学的经典名称为Sinology(汉学),有的称为Chinese Studies

（中国学）。Sinology 或 Chinese Studies 是国外研究中国的学术总称，它们具有跨学科、跨文化的特征，反映着世界范围内的学术变化及学术发展趋势。

在西方，主要是欧洲，严格意义上的汉学研究已经有 400 多年的历史。这一学科的形成，表明了中国文化所具有的世界历史性意义。从汉学发展的历史和研究成果看，其研究对象不仅仅是中国汉民族的历史和文化，实际上是研究包括中国少数民族历史和文化的整个中国的学问。由于汉民族是中国的主体，而且汉学最初发轫于汉语文领域，因而学术界一直将汉学的名称沿用下来。汉学只是一个命名方式，丝毫没有轻视中国其他民族的含义。经过几百年的发展，西方汉学已经形成三大地域，就是美国汉学、欧洲汉学和东亚汉学。

21 世纪以来，随着全球一体化的进程，国内外汉学的研究，又形成了一个热潮。在新的历史条件下，中国学术界需要发出自己的呼声，海外汉学与中国本土学术进行跨文化对话，才能洞悉中国文化的深层奥秘；中国学人向世界敞开自己，才能进一步激活古老的传统和思想的底蕴。

因此，汉学是继承先秦诸子文化在汉代统一性国家建立基础上形成的中华民族的学术。"汉学"的研究中心是以中华民族统一性的价值观为主体，以汉语言为基础，以汉字为符号载体的文化共同体。汉文化是融合了不同民族、不同区域文化而形成的一个文化统一体。从人类文明发展史来看，这个文化与西方基督教文化、印度佛教文化、阿拉伯伊斯兰教文化有着不同的发展模式与价值体系。"汉学"作为中国传统学术流派的称谓，常常与"国学""经学"相混，也有人赋予"汉学"以新内涵，将国内的中国学研究也称为"汉学"，这可以称之为"新汉学"。汉民族是历史上多民族长期交流融合的结果，历史上形成的汉语、汉字及独特的汉文化对中国文明以至世界文明都产生了巨大影响。汉学就是对建立在汉语、汉字、汉文化基础之上的中华民族的学术传统的学理性探讨。

中华文化在历史上就对世界产生过影响，中外文化交流一直是世界历史的一部分，16世纪以来，中华文化进一步引起了西方的注意，西方汉学研究也随之兴起。西方人对于汉学的研究是基于他们的文化立场，对中国汉学的研究虽然取得了一些成果，但是也有一些误读。目前，时代赋予了我们新的历史使命，本课题就是基于目前中国的现实需要对"汉学"学术内涵进行的基础研究。

由于历史原因，一段时间内汉学研究在国外得到发展，国内研究反而滞后，国内外有些研究机构把汉学的概念仅仅看成外国人对中国学的研究，这无疑缩小了汉学的视域。西方有些国家从自身战略利益出发，正在通过各种渠道争夺中国的学术资源。今天我们有责任对民族文化进行深入系统的研究，为中华民族的现代复兴打下深刻的话语基础。文化是一个民族生存的基础，保护民族文化基因就是我们面临的一个重要的历史任务。

《汉学大系》丛书的编纂会促进汉学的历史回归，既是对汉学内涵的理论建构，也是对汉文化研究成果的学术汇编；既是对"国学"基因谱系的深度描述与重新阐释，也是对国外汉学研究历史的重新定位，更是在新的历史形势下对中国传统文化价值进行的一次新发掘。

目前中国的发展到了一个历史的转折点，过去我们大量翻译了西方的学术著作，促进了中国对国外的了解，也给新中国的建设奠定了基础。但是长期以来，由于革命的需要，我们对传统文化否定破坏的多，肯定继承的少，中国传统学术在西学的影响下逐渐式微。现在中国面临一个新的发展机遇，就像西方的文艺复兴时代回归古希腊罗马文明一样，中国新的历史复兴将在恢复传统文化的基础上，指向科学民主繁荣昌盛的未来。

中华民族的学术。"汉学"的研究中心是以中华民族统一性的价值观为主体，以汉语言为基础，以汉字为符号载体的文化共同体。汉文化是融合了不同民族、不同区域文化而形成的一个文化统一体。从人类文明发展史来看，这个文化与西方基督教文化、印度佛教文化、阿拉伯伊斯兰教文化有着不同的发展模式与价值体系。"汉学"作为中国传统学术流派的称谓，常常与"国学""经学"相混，也有人赋予"汉学"以新内涵，将国内的中国学研究也称为"汉学"，这可以称之为"新汉学"。汉民族是历史上多民族长期交流融合的结果，历史上形成的汉语、汉字及独特的汉文化对中国文明以至世界文明都产生了巨大影响。汉学就是对建立在汉语、汉字、汉文化基础之上的中华民族的学术传统的学理性探讨。

中华文化在历史上就对世界产生过影响，中外文化交流一直是世界历史的一部分，16世纪以来，中华文化进一步引起了西方的注意，西方汉学研究也随之兴起。西方人对于汉学的研究是基于他们的文化立场，对中国汉学的研究虽然取得了一些成果，但是也有一些误读。目前，时代赋予了我们新的历史使命，本课题就是基于目前中国的现实需要对"汉学"学术内涵进行的基础研究。

目录

001 学术论坛

003 熊龙之辨：中华祖先神话的大传统原型 / 叶舒宪
031 略说三家《诗》中的《鲁诗》/ 傅 刚
041 大禹治水的文化母题意义 / 陈望衡
051 《中国风尚史》绪论 / 陈 炎
057 论汉传记文化中的"实录"叙事与民族精神 / 王成军

065 汉学新论

067 自在、自为与自觉：汉民族研究百年学术史 / 徐杰舜
089 "汉学"概念的梳理与辨析 / 魏崇新
098 两汉经学与"汉学"词义之转换 / 赵兴勤
113 潜夫议政　代有知音
　　——王符社会批判思想的特色、影响和价值 / 王 健

124	试论汉文化对中国社会的深远影响
	——以汉武帝"罢黜百家，独尊儒术"为例 / 叶正渤
136	老子的海外传播：关于天下观的世界意象 / 宫慧玲
151	博山熏炉形制考源 / 练春海
167	汉代八卦洗（先天八卦图）真伪考辨
	——兼谈八卦源流问题 / 王先胜

185　汉画研究

187	汉画图像的中国艺术史意义初探 / 黄雅峰
206	邹城新发现汉安元年文通祠堂题记刻石考略 / 胡新立
226	汉画像神话"理想乐土"的空间诗学探讨 / 邢　龙　朱存明
255	沂南汉墓"莲华化生"佛教内容探析 / 朱　浒
267	昨日重现：汉画像对世俗生活的永恒化塑造 / 王怀义

287 **艺苑探析**

289 论中国拓印画的艺术特点 / 张道一
307 徐州狮子山兵马俑研究 / 王　恺
322 论佛教美术的本土化 / 汪小洋
331 论东汉时期的"书艺"问题 / 侯学书
342 丰县龙雾桥传说的非凡意义 / 赵明奇　韩秋红
347 汉代文学中的体育文化 / 刘秉果
352 以新材料校正传世典籍中的汉代镜铭几则 / 鹏　宇

361 **青年论坛**

363 战神英雄
　　——汉画像"蚩尤"图像与汉代的蚩尤崇拜 / 周圣涵
373 《鵩鸟赋》与"鸮集屋舍"图文互释研究 / 王　舒

学术论坛

熊龙之辨
——中华祖先神话的大传统原型

叶舒宪

男，1954 年生，上海交通大学致远讲席教授，中国社会科学院比较文学中心主任，研究员。

一、从龙开始

> 古老的东方有一条龙，它的名字就叫中国。
> 古老的东方有一群人，他们全都是龙的传人。
> 巨龙脚底下我成长，长成以后是龙的传人。
> 黑眼睛黑头发黄皮肤，永永远远是龙的传人。

三十五年前，一首通俗歌曲《龙的传人》自台湾诞生，传唱华夏大地，至今不衰。放眼世界，如今凡是有华人的地方，无不有龙的象征。今天，华夏大地上的龙文化似乎如歌曲所唱诵的那样久远，龙真的是华夏文化久远不变的精神传统吗？事实上，虽然"龙"本身的形成有着漫长的历史过程，但"龙的传人"和"炎黄子孙"这样的观念并不是每一代中国人自古传承的"根脉"观念，而是现代人建构出来的。尤其在海外的华人，作为当地的少数族裔，他们更加珍视自身文化的传统因素，龙的形象与文化也以特殊的力量向世界各地传播，进而成为世界上公认的华夏的象征。

古代甚至没有"炎黄子孙"的说法。只有"炎黄"连称的省略用法，即将炎帝神农氏和黄帝轩辕氏并称。二者均为古史传说中最早时代的两位帝王，今人习惯称"炎黄"为中华民族的始祖。明代宋应星《天工开物·曲蘖》说："自非炎黄作祖，末流聪明，乌能竟其方术哉。"近代思想家严复《道学外传》云："今乃奉五百兆炎黄之胄、二千年神圣之教，以听若辈之位置……当咸以为不可也。"自此以后，炎黄子孙之说日益流行。单从历史学的角度来看，炎黄并不能作为文献记载中的真实存在而得到科学的承认。那么华夏龙文化的真相如何呢？国人又如何从文化编码的蛛丝马迹中寻找到祖先的事实存在呢？

至于"龙的传人"之说，还要晚出。国人习以为常的龙并不是现实存在的生物。把龙作为中华文化的始祖图腾和精神象征，也是新"发明"的现代传统。晋朝人曾经把蜥蜴称为龙子。如崔豹《古今注·鱼虫》云："蝘蜓，一名龙子，一曰守宫，善上树捕蝉食之。"后来又有龙生九子（亦称"龙生九种"）的神话，同样把龙的后代视为动物。小说《西游记》第四十三回有个角色名叫敖顺，他说道："此正所谓龙生九种，九种各别。"究竟是怎样的九种区别呢？明代文人李东阳写过一篇《记龙生九子》，详细说明九种龙子情况："龙生九子不成龙，各有所好：囚牛，龙种，平生好音乐，今胡琴头上刻兽是其遗像；睚眦，平生好杀，今刀柄上龙吞口是其遗像；嘲风，平生好险，今殿角走兽是其遗像；蒲牢，平生好鸣，今钟上兽钮是其遗像；狻猊，平生好坐，今佛座狮子是其遗像；霸下，平生好负重，今碑座兽是其遗像；狴犴，平生好讼，今狱门上狮子头是其遗像（图1）；负屃，平生好文，今碑两旁龙是其遗像；螭吻，平生好吞，今殿脊兽头是其遗像。"这些莫名其妙的神话动物形象，如此都被解说成龙的嫡传后代。龙也就成为更加神秘的文化想象之源头。

长着狮子头的狴犴，被视为龙的第七个儿子。第五个儿子狻猊，以"佛座狮子"面目出现。这就隐约透露出虚构动物龙和现实的陆地猛兽有某种想象上的关联。不过，亚洲不是狮子的原产地。东亚大陆自古就不存在狮子这种巨大的猫科动物。从发生学意义看，如果中国龙在血缘上与某种陆地猛兽有关，那也只能到东亚地区生态的真实动物中去寻觅。这样的反

图1 / 清代内乡县衙监狱门上狴犴头像
（2010年7月作者摄于河南南阳）

思结果，指向两种东亚的大型食肉动物——熊和虎。仔细辨析龙的流行形象之头部特征，显然就是从猛兽之头改造而来的：那不像是虎头，很像是熊头！

中国的龙形象，由于在漫长的封建历史中被历代帝王用作神圣符号，这才在想象中和人类发生联系。如果说"龙生九子"故事指向九种神话动物，那么"真龙天子"的信仰则指向神圣化的人物。以龙比喻皇帝，在明代文人高启的《穆陵行》中有所体现："幸逢中国真龙飞，一函雨露江南归。"晚清小说《二十年目睹之怪现状》第八十回说："大凡真龙降生，没有一定之地，不信，你但看朱洪武皇帝。"试想，在古代，龙是皇族的专用象征，怎么可能成为普天之下万民的共享之物呢？只有封建王朝被推翻，帝王将相被拉下宝座，龙才可能成为现代华人共享的精神图腾。就在辛亥革命后，龙还是学者们批判专制的代表呢！现代的批判一方面解除了龙为帝王独有符号的垄断权，另一方面也催生出龙成为全民符号的可能性。"龙的传人"之新神话，作为现代民族国家"想象的共同体"之认同象征，被现代人的国族想象再造而成。关于龙形象的由来，现代学界通行的解释是，它来自华夏大地早期各族的融合。在人口大融合的过程中，不同族群的图腾汇聚成新的文化共同体，产生了整合后统一的"龙"的形象，进而又成为封建王朝皇族专有的神圣象征。当然，龙虽然不是真实的生物，但是作为中国文化的一个特殊符号已经无可替代，没人能否认它的文化认同意义与国族号召力（参见图2）。

图2／清代皇帝用龙首镶嵌宝石玉带钩
（2010年6月作者摄于定陵）

二、再出发：大、小传统新视野

可是，一种人为制造的观念，人们越是对它深信不疑，越是容易忽略在观念形成过程中被遮蔽掉的信息，以致事物产生的真实源头随着历史长河的流逝，不再为后人知晓。那么，龙的背后究竟隐藏着华夏远古先民的什么文化信息，从后人深层的文化记忆中是否还能够探寻并揭开史前文化象征之谜呢？在"龙的传人"观念流行以前，华夏先民还崇奉过哪些神物呢？解答这类疑问，如同解答中国文化的"达·芬奇密码"。重要的是，这一过程就像侦探破案一样,没有简单、直接的答案。破案需要后人找出潜在的线索,综合各种信息,在深入分析的基础上做出权衡判断。那又如何去寻觅解答的线索呢?目前,不断出现的新证据为学者们提供了启示,顺着新证据所提示的思路,今人也许能发现隐藏在书写文明背后的巨大秘密。关键在于怎样探索书写文明尽人皆知的文字表象背后的东西。为此,文学人类学一派提出一套理论与方法,简称"大小传统论"[1]和"四重证据法"[2]。该理论要求重新按照文化符号媒介的尺度来划分文化传统,把书写文明本身视为后起的小传统,把前文字时代和无文字社会看成大传统(前文字时代是先于小传统而存在的大传统;无文字社会是与小传统并行的大传统之遗留)。以往的研究大多围绕着小传统的文字记录做文章;如今的文学人类学要求再发现大传统的文化脉络,通过文化原型的透视重新解读文字小传统。用历史的生成顺序来看文化文本的生成结构,把前文字的文化表现当作原编码,排序为一级编码;文字则成为再编码,排序为二级编码;文字书写的原典乃是三级编码。就熊龙关系的考辨而言,把祖先时代遗留下来的前文字的神话意象作为原型编码,今人将有机会去尝试着找出失落文明的编码原则,看清二者在大传统中的表现情况。

如果说在西方基督教观念中是上帝创造了世界与人类的话,中国人则习惯于把自己的来源追溯到最初的人文先祖那里。于是,华夏民族的人文先祖被追忆为伏羲、黄帝等三皇五帝的诸种谱系,他们的形象也最多地与龙联系在一起。他们更多地被作为人类祖先记忆,而不是天神。为什么西方的造物主体现为人格神,而华夏文明始祖的抽象却被物化为神秘的生物?这是一个宏大的文化比较命题。龙是抽象的、神秘的、威严的,多种生物化合成龙的解释也并不能给出客观的证明。迄今还没有发现足够的实际证据表明华夏远古族群拥有何种图腾。难道今人只能沉迷在"龙的传人"的幻象中裹足不前吗?

三、神熊再现

在现代神话观念"龙的传人"背后寻觅真相,不能再像古人那样围绕着文献中各种分歧的记载去做无休止的争辩,必须要学习和利用现代科学所能提供的新材料。20世纪以来的新知识和新视野是大大超出古人想象的。其中最激动人心的就要数人类学和考古学的大发现。1983年10月,在一座五千年前的辽宁牛河梁女神庙遗址中,考古工作者发现庙中供奉了一种大型生物的头骨(图3),该生物竟然是陆地上最大的食肉动物——熊。除了真熊头骨,在这座史前的女神庙中,还出土了泥塑的熊(或熊龙)偶像,由于损毁的缘故,现在能够辨析出的是泥塑的熊掌和长着巨大獠牙的熊头。那獠牙因为被用白灰涂成白色,在黄色的熊头像张开的大口中显得格外醒目(图4)。至于龙的形象,在庙中不见踪影。牛河梁女神庙的发现,给学者们提出如下尖锐问题:为什么五千年前的神庙中不供奉龙,却要供奉熊呢?神熊与女神是什么关系?神熊和供奉者及崇拜者红山先民又是什么关系?

从此以后,熊在史前文化中的重要生成作用引起研究者的日益关注。熊成为解码中华祖先神话起源的重要线索。这不是凭空而谈的,而是由多种证据线索提示的。牛河梁女神庙所在的小山下,又出土了红山文化的高等级墓葬。考古学者惊讶地看到,在一个用石板垒成的墓穴中,一位相当于领袖人物的身体胸部,安放着一左一右两只玉雕熊龙。

说起熊,五千年前先民对它的崇拜,现在早已看不到任何痕迹。若不是考古发现,人们还真对文献中所记录的一些关于神熊的记载莫名其妙呢。把古人关于熊和龙的观念相比较,大体能够看出一个此消彼长的过程。现今人们已经不再将这样一种庞大的陆地猛兽视作神奇的象征了。我们的日常语言中有"熊包"和"笨笨熊"一类戏称出现,甚至还有"熊瞎子掰苞米"的民间故事。关于熊,真正较有影响的热点就是前几年德国动物园的小北极熊克努特,而它引起世人注目只是因为"身世"的可怜,这充其量显示了现代人的爱心和人文情怀,却看不到一星半点神圣性。另外还有美国著名作家、诺贝尔文学奖获得者福克纳的一部小说《熊》,引发过世人对熊的思考。那部小说除了被人们阐释为荒野自然与技术文明之间的冲突,就再无更深远的文化记忆探寻。在当代社会生活中,对于西方文化的接受,

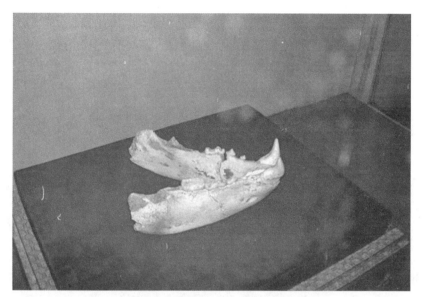

图3 / 红山文化的牛河梁女神庙出土的真熊头骨

图4 / 红山文化的牛河梁女神庙出土的泥塑熊头像

从近代西学东渐，到新文化运动，再到改革开放后的今天，由于全球化的影响而与日俱增。泰迪熊就是源于西方并在近年流行于中国的玩具。孩子们在夜晚抱着泰迪熊入眠的时候，不会想到熊在远古时代对人类具有什么重要意义。还有《小熊杰里米》的动画片，已经留在一代人的童年记忆中，可是这里面还是无法寻到神圣性的任何痕迹。与龙相比，无论如何也看不到当代西方熊形象的神圣意义在哪里。熊形象的文化意义只在于充当儿童的宠物玩偶吗？在中国文化中，熊与龙之间的关联，早自屈原《天问》就被列为发问的对象了："焉有虬龙，负熊以游？"屈原所问的虬龙是什么龙？它所背负的熊，又是何方神圣？

四、熊龙混杂

关于龙，闻一多先生在 20 世纪 30 年代发表过论文《伏羲考》。时任清华大学教授的他，认为不但伏羲是龙族的先祖，而且大禹也是有夏以来龙图腾的承前启后者。古代文献中有禹化为龙的记载。大禹的父亲鲧治水不利，被处以极刑，也有化为黄龙的记载。同样也有关于大禹化身为熊治水，其妻涂山氏化石后生出启的叙述。这样，作为华夏民族先祖们的象征，龙与熊就产生了关联。人们不禁要问，华夏祖先所化到底是熊还是龙，为什么记载中会有不同呢？生活在这片土地上的先民给后人留下了什么样的解码线索？闻一多论证龙的主体来自于蛇。蛇自石器时代就成为神秘莫测的神圣力量的化身。而对熊的崇拜，也发现于史前世界各地。在数万年前的欧洲尼安德特人的洞穴中就发现了熊头骨祭坛的遗迹，熊头被端放在摆成圆圈状的石头祭坛中央。而在中国，七八千年前出现的最早的石雕和陶塑形象中，也已经有熊的各种造型出现（图 5），图 5 中的陶塑，距今约 7 000 年，从其粗壮的身形看，与此最接近的兽类当是熊。而龙的形象之出现，则晚于熊的形象。这里的时间差是耐人寻味的。

在距今五千多年的红山文化考古遗址中，有玉雕龙的形象，同时也发现了崇拜熊的痕迹。这些新发现促使人们思考，熊和龙，究竟在哪里有相

图 5／浙江余姚河姆渡文化兽形陶塑
（2009 年 9 月作者摄于河姆渡博物馆）

似之处呢？一个是陆地上常见的大型哺乳动物，一个是神话想象中能够上天入地的动物，二者的交集无法从生物学上获得实证，只能从神话思维方面去探寻。即便有龙形象发生的多种来源化合说，其中谈到熊来源的也少之又少。为何先民会将二者都视作神圣的象征呢？这一切难道仅仅是偶然吗？既然无法从形象外表上找到二者相互认同的直接依据，那就只有从它们各自的习性方面去思考。

生物的一种随季节性周期变化的习性提醒了研究者，那就是冬眠。正是这一习性不但连接了熊与龙（蛇），也有助于人们找到破解迷失在历史尘埃中的祖先图腾符号之线索。

应该认识到，尽管史前人类在技术与智力水平上尚未达到现代人的高度,但并不像通常人们所认为的在思维方式上那样低级、原始、不开化。他们的思维方式今天的人类仍然在继承着,他们对世界、对万物及自身都有着一套认识和解释系统,这就是对神圣的信仰(今天的人们不过是奉科学理性为圭臬的另一套信仰系统)。通常这种理解以具体的、形象化的方式呈现,而非抽象的、逻辑的表达。熊与蛇随着季节更替的冬眠与苏醒,被史前人类看作是死亡与再生的表现,这是具有神圣性的生命力再造现象。在先民那里,人与自然万物被理解为一个相互依存的整体。人类通过观察天体和植物、动物的变化,来观照自身、发现和构拟社会生活的节奏规则,甚至把本族群的祖先归根于某种神圣的物。距今四千多年的陶寺文化出土的卷龙形彩陶盆(图6),以图像叙事的方式,明确给出考察神话思维类比逻辑的线索。该陶器上精心绘制的龙形,最为接近那种龙蛇不分的原初状态:龙头龙尾在圆环状的身体上表现为首尾相接的姿势,这一姿势足以表达生命循环的观念。龙身上明确描画出一对对鳞片,让人立即联想到真实的蛇皮鳞状。最奇特的是蛇嘴中突出刻画一枝向前伸出的谷穗状植物,莫

图6 / 山西襄汾陶寺文化出土卷龙彩陶盆,距今4 300年,此处的龙完全近似于蛇
(2010年8月作者摄于首都博物馆"考古中华展")

非是要说明龙蛇的季节性变化属性与谷物生长的季节性周期是吻合一致的？在动物和植物的周期性变化背后，就是先民所理解和敬畏的宇宙万物之生命力吧，还有比这更重要、更本源和更神圣的东西吗？

在中国，被现代学界当作哲学原理的一套至高概念，如太一、太极、一、道等系列范畴，都是用来指称宇宙万物初始时的一种状态。在西方文明的源头古希腊，"哲学"一词的词源是爱智慧的意思，那么中国传统哲学的以一生多、太极生两仪之类的数字发生论，将太一、太初这样一些具有溯本求源性质的观念，提炼为传统智慧中的本源性术语。显然，这都是经过不断抽象之后的思维符号，到今天国人早已习以为常，奉若宝贵精神财富。

可是在五千年文明史之源头，还没有后世那些汗牛充栋的文献记载，甚至还没有产生文字符号书写的可能。其最初的关于宇宙万物由来的认识又是怎样展开、怎样表达的呢？换言之，哲学智慧的抽象观念是从什么样的具体形象中归纳总结与概括出来的呢？

五、《乾凿度》的"太初有熊"与郭店楚简"太一生水"

传世的汉字记录文献，是四重证据法所强调的第一重证据。对太初有熊的神话观做比较考察，也不妨从原始文献记述开始。闻一多先生关于龙图腾研究的基础就是上古文献。传统文献中并不存在神话这样的分类概念。神话概念产生于西方文明，在20世纪初才被梁启超等留日学者第一次引入中国。此后几代学者不断地努力，试图用中国的材料去印证西方的概念，找出其间相似的文学现象，从而证明中国传统中也有神话。其中不可避免也包含着一种向强势话语所建构的文明分类范畴的屈从。也有学者依据西方的客观史学标准，将华夏古史的早期阶段统统视为子虚乌有的神话。

由于华夏文明源头的久远和汉字记载的相对晚出，使得中国古史的早期阶段显得扑朔迷离，一些真相和秘密被后人的随意解说愈埋愈深，留给今人的只是一些莫名所以的枝节、名号和近乎错乱的记忆。在20世纪上半叶的疑古思潮作用下,历史文献中记录的远古文化信息被严格筛选出来加以辨伪。尧、舜、禹等诸多正统偶像被打翻在地,西周以上的历史脉络呈现为断裂和散碎状态。好在今天的人们是足够幸运的,因为可以看到许多前人所难以得到的人证、物证,也能通过这些新证据做出超越前人的综合推理。

西方基督教的《圣经》开篇《创世记》,叙述耶和华上帝创造世界与人类的过程。上帝说,要有光,便有了光。万物的形成,都在于上帝的口头表达,人们看不到这位唯一的创世主动手创造的描述,只有他说,便有。神话学家将此类世界起源论的文字归属于一种被称为"创世神话"的叙述类型。这是人类最早的关于宇宙发生论的故事表达方式。在故事表达之后出现的更高级表达方式,是概念性的哲理表述。如古希腊第一位哲学家泰勒斯提出的宇宙起源于水的理论,不再将万物由来看成神明创世主的创造,而是源自某种单一的物质。我国湖北新近出土郭店楚简中有一篇《太一生水》,同样属于后一种表达的代表,也将世界创生之始视为水的状态,并将水的由来溯源于太一。前面所说华夏的龙与熊的联系,会给这种创生智慧的发掘带来什么样的启示呢?两千多年前就流传的"太一生水"和"太极生两仪"观念,其背后又会潜隐着怎样的创世神话的信息呢?史前多个考古遗址发现的熊崇拜迹象,和文献中记载的"太初有熊"创世神话观之间,存在着什么样的逻辑联系?

在河南新野出土的一块汉画像石(图7)上,清晰地呈现着几个场面。画面中部是女娲伏羲人首蛇身交尾并立的情景,这似乎记录了汉代人心目中关于伏羲女娲龙蛇身份的记忆形象。在伏羲女娲的上面,还有像人一样直立并且手舞足蹈的"熊人"(也可称为"熊神"或"有熊氏")形象。在同一块画像石上的这种神熊与伏羲女娲始祖神共存的现象,莫非暗示着人熊之间早已被遗忘掉的神秘联系?值得注意的是,熊神的位置显得更加重要,画像的制作者让他位于伏羲女娲的头顶上方,这是要告诉人们熊就是始祖神,还是比始祖神更为久远与重要呢?

文献记载是今人能够找到的关于过去的最为便捷和直接的说明。可惜文字的记载也会因为时间的久远而给后人留下难解的疑团。它也许记录下了"真相"的表面征兆，却丢掉了事实的内核。对后人来说，由于以讹传讹的叠加作用，原意会随着时间的推移而越传越少，最终变成完全不同的东西。在两千年前的汉代仍然具有神圣性的熊形象，在两千年后却被华夏子民们遗忘得干干净净，更不用说五千前的事情了。（图8）

图7／河南新野汉画像石：伏羲女娲与有熊　　图8／熊抱一为天下式，陕西华县出土的西汉仿生形象陶罐

保存有大量典籍是中国文化的特点之一，国人历来就以保存这些典籍为学问。但是，在这些传世典籍之外，还有另外的"文献"，这就是埋藏于地下，并最终为后人发掘出的文字记录。20世纪末出土的郭店楚简，为探秘华夏文明的先秦思想史问题提供了宝贵的信息。楚简中有属于道家一派的《太一生水》，这里的"太一"通常被理解为"道"的同义词。太一生水，换句话说就是"道生水"。"道"不能简单理解为道路的意思，在老子那里是指宇宙的本原和普遍规律。现在，郭店楚简表明，抽象意义上的道，也就是原初、创世时的宇宙形态。楚文化同秦汉大一统文化有密切联系。西汉王朝基本奠定了后世华夏文化的基本形态。那么抽象的"道"或"太一"，其原本的具体形象是什么，或者说是源自何物呢？

除了伏羲、黄帝等这些从战国文献中记录下来的华夏共祖的人物形象外，汉代纬书《易纬·乾坤凿度》中也有出自黄帝之口的创世神话叙事：

> 黄帝曰：太古百皇，辟基文籀，遽理微萌。始有熊氏，知生化柢，晤兹天心。意念虞，思慷寂，虑万源无成。既然物出，始俾太易者也。太易始著，太极成。太极成，乾坤行。

这段记录的意思是说，黄帝曾经回忆世界之初的状态。他说，远古的时候，诸神创立世界，其中的大神有熊氏是最为主要的。他以非凡的智慧和能量，为宇宙发生提供原动力。这里"知生化柢，晤兹天心"二句表现了有熊氏的智慧和能量来源于神圣的超自然世界。前面说过，华夏文明发生之初的情形，在传世正统典籍的记录中已经被抽象化了。也就是说后人能够从典籍中所认识到的，不是神，不是龙，也不是熊或其他任何具体的形象创造了世界，而是抽象难懂的"易有太极""太一生水"等宇宙初始概念。而这本纬书里面的记载却明确提出了创世之初具体的形象——有熊氏。这位开天辟地之初的有熊氏，确实是人格化的神明。他是万物的奠基者，他体悟到了上天的意志，完成了创世的过程。这一进程的先后次序可归结为四阶段：

有熊氏→太易→太极→乾坤

有熊氏领悟自然的神秘力量之后才开始有混沌的"太易"，由"太易"演化出"太极"，进而有乾坤之划分，即天地之分，世界最终出现。难道有熊氏就是类似于基督教上帝的东方创始者，这一过程能够被解读为华夏版本的"创世记"吗？

看来线索是存在的。经典之中记载作为宇宙万物之本的太极，也是指元气混而为一的状态，可以和太易、太初、太一等词作为同义词。难道有熊氏是又一位开天辟地的盘古吗？这一则创世神话的发现使得人们认识到史前宇宙发生论具体鲜活的面貌，哲学经典所记载的抽象冰冷的概念似乎有更加贴近于"人"的某种具体生物来源。或许这些概念不是来自枯燥无味的思辨，而是有血有肉的现实经验。

真正的难题来了，谁是有熊氏呢？他是一位上帝、一位从未为人知的先祖，还是已知华夏祖先的别号？对此，仍然需要首先从文献记载中去寻找线索。据司马迁《史记·五帝本纪》的记载，有熊氏指黄帝自己的国号。可是汉代学者郑玄注解《易纬·乾坤凿度》，却认为有熊氏就是伏羲。他说："有熊氏，庖牺氏，亦名苍牙也。"苍牙这个名字或许也隐喻着天地萌芽之意。伏羲的别称为何叫苍牙？原来就是以其开天辟地的功绩来命名的。研究中国神话的人一般都熟知伏羲氏还有一个雅号——"黄熊"。综合起来看，《天问》中的熊与龙，不是平起平坐的动物。《乾坤凿度》叙述的创世过程中，只有熊而没有龙。若想建立起二者之间的联系，还需要从史前人类以神话思维看待物候变化的经验和联想入手。"有熊氏"在上古人心目中是伏羲和黄帝二者共同的名号。很显然，他们二人却不是同一个祖先形象的不同称号。在战国时期成熟起来的三皇五帝系统中，作为三皇之首的伏羲和五帝之首的黄帝共同享有一个"有熊"圣号，这又是为什么呢？

《乾坤凿度》中，黄帝亲口讲述，比他更早的皇王伏羲已经有了"有熊氏"的名号，而黄帝本人也得名有熊氏，这不是可以表明二者一脉相承的族系或文化认同的关联吗？那就等于是说，黄帝部落承认自己属于有熊氏，而且是有熊氏的后裔。而华人自认为是炎黄子孙、龙的传人，现在难道也可以说是"熊的传人"了吗？这是老祖宗自己坦承的啊！从《乾坤凿度》所描述的以有熊氏为主角的华夏创世神话看，宇宙创生化育的本源道理，以及神秘天意的本源即"天心"，都是从创世的终极始祖有熊氏肇始的。原文中第一个"始"字，标明有熊氏独一无二的优先地位。第二个"始"字讲的是宇宙节律出现，开始协调、顺畅，开天辟地伟业的条件形成，那就是"太易"——最初的变化。如果将这两个"始"等同起来看，文献中的"有熊"和"太一"就成为同一种神话思维下世界创生论的不同表述。第一种表述是人格化的和具象的；第二种表述为概念化的和抽象的。前者联系着更加古老的口传神话叙事传统，后者则开启了非神话的书面文字式的形而上推理的宇宙论，也成为"易有太极"一类哲学话语的发端。从创世程序看，前者讲述原始人格神的造或生，以混沌（鸿蒙）或有熊为先，后者讲述从一到多的概念或数字演化过程。先有"一"或"太易"，随后由太易衍生出太极，再由太极演出乾坤天地阴阳和万物群生。老子将这一过程概括为"道生一，一生二，二生三，三生万物"的著名发生公式。将两类表述统合起来看，这样的宇宙发生论程序，分明是将有熊氏作为万有之本源、群生之祖。中华文化的儒道传统背后居然隐藏着这样的神话编码。

当然，这里的有熊氏，很可能是先民氏族名号，而不仅仅是追记祖先为熊图腾。以有熊为氏号的族群、部落所建立的国家，史称"有熊国"。据《史记·五帝本纪》记载："自黄帝至舜禹，皆同姓而异其国号，以章明德。故黄帝为有熊……帝禹为夏后而别氏，姓姒氏。"这就是说，华夏的先祖，从黄帝到舜和大禹，都是一脉相承的，只不过支系不同。他们各自为了显示其"德"，而采用不同的国号。黄帝就是号有熊，而大禹是夏代的国王，姓姒。司马迁的这一叙事是从黄帝开始的，容易让后人理解为黄帝是有熊国的创立者。但是从注释家们引证的材料看，黄帝其实也只是有熊国的传人，而不是该国的始祖或创立者。《史记集解》引谯周的话说："有熊国君，少典之子也。"那就是说黄帝是少典的儿子。皇甫谧解释说："有熊，今河南新郑是也。"这话明确了有熊国的所在。谯周是三国时人，皇甫谧是晋人，可想而知，汉晋时代人还能明确指出有熊国的地理位置和祖先宗谱。2006年中国国务院颁发牌照认定新郑为"黄帝故里"，其历史依据或许就是来源于此。不过汉代班固所撰写的《白虎通·号》又说道："黄帝有天下，号有熊。有熊者，独宏大道德也。"班固以官方史官的身份认为有熊是黄帝统一天下后的圣号，其意义是指"独宏大道德"。如果按照"道"与"德"二字的本义去理解，"道"可指宇宙的本源与生命力，"德"则指人所能获得的生命能量。能够"独宏大道德"的事物或者生命，理所当然属于创世神话所讲宇宙创生的原动力。这不正好印证了《乾坤凿度》中的领悟"天心"吗？也同司马迁所说的"以章明德"说法相互呼应。只不过这里的

"有熊"是黄帝，而非更远的先祖。

在道家的叙述中，称这样的宇宙本源和动力为"混沌"。混沌被人格化为初始神的形象，最终被分别代表时间和空间的南海之帝儵与北海之帝忽共同凿出七窍而死。而"有物混成，先天地生"则是道家对这种初始状态的抽象的、非人格化的称谓，用郭店简书的说法就是"大一"或"太一"。

对于熊的了解，除了今天动物学分类所说的大型陆生哺乳动物之外，古代人自有其神话式的理解和意义建构。汉字属象形文字，汉字的字源也是探索原始文化编码的手段。古"熊"字本来就写作"能"，即今天所说能耐的"能"。现代的辞书解释"能"字，首先要标明其为"传说中的一种兽"。比如《国语·晋语八》记载："今梦黄能入于寝门，不知人杀乎，抑厉鬼邪？"韦昭注："能，似熊。"梁任昉《述异记》卷上也说："尧使鲧治洪水，不胜其任，遂诛鲧于羽山，化为黄熊，入于羽泉。今会稽祭禹庙，不用熊，曰黄能，即黄熊也。陆居曰熊，水居曰能。"这后一种水居动物"能"可指鱼鳖类的存在，神话中又称"三足鳖"。有趣的是，《山海经》注引《归藏·启筮》篇记录着："鲧死，三岁不腐，剖之以吴刀，化为黄龙。"文献中再一次出现了化身龙与熊的分歧。请注意，熊（能）或龙都已经被同夏代先祖大禹的父亲联系到一起。这不是后人凭空臆造的虚假材料，也不仅仅是笔录之误，前面已经说过，龙与熊在形象上确有一定的实际联系。书写者也许不知其所以然，但记录中却很可能隐藏了远古时代先民的生活与思维的线索。与后起的"熊"字相比，汉字"能"应该说是含义丰富而具重要的哲理性概念，而这个概念也和"象"（大象）、"物"（牛）等概念一样，以某一种巨大的陆地动物为形而下表象即原型，甚至还兼及水生动物三足鳖。汉字意义上的增加和使用上的替换，往往带来混淆和遮蔽的后果，以至于今人"望文生义"时，往往已经不得要领了。

郭店楚简中《太一生水》篇，原本说的是抽象的问题，但是从"能"字和"熊"字的原始意义看，辅之以生物学和物候学的知识，上述远古文化具体的解读信息就逐渐清楚了。

> 是古（故）大（太）一藏于水，行于时。沰（周）而或（又）始，以己为万勿（物）母。
>
> 能（一）块（缺）能（一）涅（盈），以忌（己）为万勿（物）经。此天之所不能杀，地之所不能埋，阴阳之所不能成。君子智（知）此之胃（谓）……

这里所记录的"能缺能盈"的两个"能"字，在竹简上写作上方为"羽"、下方为"能"的异体字，其文意被当代注释者解释为"一缺一盈"，表明"熊"的本字"能"可以当作"一"的通假字。换句话说，"能缺能盈"就是"熊缺熊盈"。在先秦文字使用上"熊"与"一"的这种互换关系，可以说是隐藏着丰富的信息。"能缺能盈"的观念很可能来自人类观察熊随季节而变化的生理习性而得到的经验。为准备漫长的冬眠期而贴秋膘造成身体脂肪堆积，这就是"熊盈"的最初意义；冬天蛰伏后在春天重新走出洞穴时，熊体重消耗最多，几乎皮包骨，也就是"熊缺"的表象。楚简书中所写这个"能"字上方加有"羽"字，这个异体的"熊"字绝非凭空杜撰的孤证，与它对应的是上古传统造型艺术中表现的"飞熊""鹰熊"一类神话形象。此类神话造型的例子如殷墟侯家庄1001大墓考古出土的鹰首熊身大理石雕坐像，以及西汉飞熊形辟邪玉壶。这些造型形象一看即可知，比起文字更为直观。

"能缺能盈"或者"一缺一盈"是冬眠的熊变化的明显外在特征，和大自然一岁一枯荣的变化节奏是完全合拍的。今天人们都使用公历纪年。这样的历法虽然通用于世界，能够在全球范围统一作息标准，但是相对于华夏祖先创制的农历而言，人同自然界的节律的应和就不是那么彰显。中华习俗中的二十四节气，还有每月精准的月相变化的反映，不但体现着华夏祖先农业为本的现实生活需要，更体现了先民对自然规律的体察，将天文、物候和哲学思考等完整有机地融合在一起，这里面蕴藏着一种生存的智慧。为农时服务的节气，是对自然规律的总结。比如惊蛰，就是万物复苏的时令，原来被称为启蛰——万物从蛰伏中醒来，开始新的生命周期。这种自然现象被古人观察到，就以神话的思维方式解释出来。于是就有了大禹之子名为启的神圣叙事，也就有了大禹之父鲧化为黄熊（黄龙）的复生神话。这类命名和叙事，乃是古人留给后世的符号编码与习俗，其中潜藏着对神秘谜题的解答提示。人们习以为常的龙—蛇也正是冬眠的动物，蛇和熊的不同之处在于，熊的生命周期循环体现为盈入缺出，蛇则是不断蜕皮而生长，这在古人眼中也是生命再生循环的体现。神话思维将熊理解为拥有死而复生能量的神灵或神仙，华夏先民对熊的这种能量怀有特殊的崇拜和艳羡，并试图按照仿生学原则模仿熊的季节性作息规则。"有熊"名号的深层编码，到这里有了初步的揭示。

　　回头再看楚国。楚人的先祖之国有别名叫"熊盈国"，其天人合一的模仿道理很可能就来源于上述神话思维经验。从屈原《离骚》的第一句"帝高阳之苗裔兮"可以了解到，楚人以颛顼高阳氏为神祖，据史料记载，颛顼是黄帝有熊氏的后代，那么楚先民之熊盈国和黄帝有熊国不就拥有了一脉相承的渊源关系吗？这样的谱系梳理就便于揭开二十多位楚王惯常以熊为号的历史之谜了。熟悉《山海经》的人，一定会记得《中山经》的熊山熊穴神话。那冬闭而夏启的熊穴，被说成是"恒出神人"之地，折射着神熊冬眠为死、春夏觉醒为复生的循环往来的生命现象。这当然也符合楚简《太一生水》中"天之所不能杀，地之所不能埋"的神圣生命循环原理。

　　从"熊"和"一"的神话对应还能看出，"大（太）一"与"大（天）熊"，分别作为两种创世神话类型的创生主体，其实隐约透露着相互认同和互换的关系。依照思维发展从具体到抽象的过程，应该是太初天熊创世神话在先，太一生水创世神话在后。在楚国先祖神系列中，有着这样的谱系：老童—祝融—鬻熊。在这种三联关系中，学者多以为鬻熊即穴熊，这完全对应着《山海经》熊山熊穴神话的编码原则，熊穴冬闭夏启的季节循环对应着神熊的冬眠与复出。同样，还有老童返老还童的神话无疑也反映着此种现象。如今以"神话历史"眼光来审视楚族的祖先谱系传承，那脱胎于以天熊或大熊为首的创世神话的迹象，就显得较为清楚了。祝融在中华神话中已经被视为火神，而在楚地以祝融为主角的创世神话，无非是太初有熊神话原型的某一种置换形式。这种神话整合的遮蔽效果可见一斑。

如果以伏羲为有熊，对应的就是从"太初有熊"到"易有太极"的哲理化展开模式；如果以黄帝为有熊，对应的则是以黄帝为初祖的族系衍生谱系，如《世本》云："黄帝生昌意，昌意生颛顼，颛顼生鲧。"《山海经》记载："颛顼生老童，老童生祝融，祝融生太子长琴。"作为创生的生命本源，不论是伏羲、黄帝还是颛顼，每一位均可视为太初有熊的置换化身。随着时间的推移、口传的衍变、文字的出现，这样的生命密码，在关于华夏先祖的记载中便遮蔽了原初的生命体验，进而由于大一统的观念整合，上升到哲理的概括或抽象文字符号，其本来意义就湮没不闻了。

当司马迁作《史记》的时候，采取了以黄帝为初祖的谱系脉络。因此黄帝的有熊国得以保存在文献记录中。而另外楚地的熊盈国，因为属于中原文明以外的非正统，只能靠零碎的记载和后发掘出的简帛书来了解。这些出土的简帛文字不但证明了楚国的世系，更为后人求索先民文化风貌提供了重要的佐证；否则正史中的记载就成为孤证，会令人不知其所以然。熊与龙的神话编码所代表的生命循环意义，同哲学智慧从中抽象出的生命能量与生命本源之意义，也都不免沦为刻板的语词符号和艰涩的理念表述。

六、楚帛书的"太初有熊"

如前所述，除了传世文献提供的线索，当今的研究者还从地下出土文献得到关于"有熊"的多方证明。郭店楚简是一个，另外还有楚帛书《甲篇》。楚帛书是20世纪40年代在湖南长沙子弹库被盗掘出土的。1944年首次以《晚周缯书考证》的名义，被一位叫蔡季襄的学者披露。随后被辗转卖到美国的大都会博物馆收藏。前面说过楚文化对其后时代的影响，现在再来看楚文化同其以前时代的关系。一提到楚地新出土文献，人们习惯上会理解为战国时楚人如何如何。其实从文化传承渊源看，楚文化突出地承袭着殷商文化的余脉，由于没有受到中原儒家理性主义的排斥，楚国早期书写文献中保留的不只是楚地一个地方的人文信息，也包含着夏商周三代以来的古老神话题材及神话人物,尤其是西周以前的珍稀文化成分。这也是屈原在《天问》中发问的前提。如果要审视战国时代楚帛书、竹简书,那么这是一个必要的观念背景。楚帛书同《乾坤凿度》与郭店楚简之间最为重要的区别就是,它的记录体现了比较鲜明而具体的神话形象。楚帛书《甲篇》中是完全人格化的创世神话,而《乾坤凿度》中是半人格化、半抽象化的创世神话,《太一生水》中则是非人格化的宇宙发生论。将三者对照起来审视,从神话故事到理论演绎之间过渡迹象十分明显:楚帛书开篇叙事"曰故大熊庖戏出",伴随着有关混沌状态的大段描写。《乾坤凿度》假托黄帝讲述的创世神话始于"太古百皇,辟基文籀,遽理微萌,始有熊氏",虽隐去伏羲(庖牺)名字,却还保留着"百皇"和"有熊氏"等人格化形象,这就给后文中出现的"太易""太极""乾坤"等抽象概念保留着形而下的原型形象。《太一生水》就几乎完全是抽象的哲学概念符号了。

那么楚帛书开篇的"曰故"二字又该如何理解?从文化源流上判断,文字所记录的只是人类史上极其短暂的一瞬,文字也不简单是为了记录语言而发明的。重要的是文字记录下的口头语言难免遮蔽原貌,甚至给人类社会的组织和发展带来意想不到的重大变化。早在文字发明以前,人类已经有了说话的能力,语言交流的时间要远远久于文字的书写。而文字产生以前的文化记忆与传承就是依靠口耳相传来实现的,所以在上古典籍中还保留着口头语言的痕迹。《论语》的"子曰诗云"模式就是一例。再比如学者们认为《尚书·虞夏书》中"曰若稽古"中的"曰",如果反映着虞夏时代的发语惯例,可能就是演化为商周以后甲金文记录"王若曰"中"曰"的来源。由于《虞夏书》所追记的是远古之言,带有口头语言的特征,因此后发明的文字就可能部分记录着远古时代口头文化的信息。这样的表述可以理解为在讲故事时,开头说的"据说""古时候",这样的用法是部落社会中巫祝和祭师们在举行仪式时的典型口头套语,而诸如前面提到的"太一生水""道纪""有物混成""易有太极"等等,都是儒道不同典籍中追记远古世界初成时,从典型的神话叙事套语中抽象出来的。那么这些被记录在文字中,具有口传特征的表述又给今人带来什么样的启发呢?

天熊再世：轩辕和有熊名号的统一

　　探索传统儒道哲学概念背后隐藏的编码规则，或者说其背后体现的具体原型正是从对"有熊"的经验开始的。传世文献与出土文献都共同丰富着太初有熊谜题的答案信息。华夏文化根脉之中存在着两种话语，一个是具体形象的，一个是抽象概念的，这都产生于先民对于自然的认知与解释。只不过具体生动的神话思维与解释慢慢地都被文字的记录所遮蔽，抽象成后人难以理解的文字符号与概念。幸运的是，21世纪的研究者拥有着比前人更为丰富的资源与线索去探索文化之谜。考古学和人类学的视野更是解码文化大传统的重要工具。

　　今天，从地面仰望晴朗的夜空，小熊星座中的北极星在北方闪烁，大熊星座的北斗星则以斗柄直指北极星，绕其旋转。这令人想起古今中外关于北斗与北极星的记载。这样的记载同熊有着什么样的联系呢？从中又可以破解出什么样的文化编码呢？《论语·为政》中记述孔子的话说："子曰：为政以德，譬如北辰，居其所而众星共之。"同起源于古巴比伦的西方大熊与小熊星座想象不同，中国传统的星象组合是北极星与北斗七星。这与熊有关吗？看起来没有关联啊！别急，答案也许要从出土实物中寻觅。在中国，北极星也被古人称为北辰，它端居天体中央而不动，众星围绕它旋转。有德的统治者也是如此，天下人之归顺他就像众星环绕北辰一样。在初民的神话联想中，北斗是天帝之车，天帝乘坐着由北斗组成的车，巡行四方，运行一个周期就是一年。同时，观测者根据帝车的旋转区分出一年中的阴阳两个半年，分判出四季和节气等。这表明天体运行同自然物候以及人的生息的密切关联。"太极生两仪，两仪生四象"的形象来源不正在于此吗？如《淮南子·天文训》所说："帝张四维，运之以斗，月徙一辰，复反其所。正月指寅，十二月指丑，一岁而匝，终而复始。"这段话透露出西汉时利用北斗星象确定季节的方法，也说明星象中的帝车如何能够演化出阴阳四时变化的规则。这也给太初有熊和太一生水的创世神话提供出明确的天文参照系。那么黄帝分别有着"轩辕"与"有熊"的别号，这究竟会给我们留下什么样的启示呢？北斗星属于大熊星座，围绕着小熊座的北极星旋转。而中国古代又将北斗称为帝车，那是天神乘坐的车辇。轩辕之义不正是与车有着密切关联吗？传统中"名为字表"的说法也未尝与产生这样别号的思维无关呢。

按照天人合一的逻辑，北极星被认定为天体之中心，围绕北极而旋转的是北斗星，与之对应的是大地上的中心，在神话地理上就是《山海经》的《中山经》，在其四方围绕着《东山经》《南山经》《西山经》和《北山经》，四山之外则有《海外四经》和《大荒四经》等。值得注意的是熊山熊穴的位置，恰好处在中山，与天庭上的中央即北极帝星构成上下的对应。这种表象的背后不正是后世华夏中央四方观念的神话式的隐喻吗？

相传有熊国位于中原。今天河南新郑人自认为本地是黄帝有熊氏的故里。当地有一村庄名为熊庄，今人改称能庄，似乎呼应着当年黄帝的国号。当地百姓至今仍口传有所谓"天心石"故事，而且该地区一直保留着天心石实物。他们认为该圆石即自古传下来的坐标符号，对应着天上的中心。这样的口传叙事，不是后人的编撰，而是当地民间自古以来的文化记忆。黄帝的中央地位，同有熊国的地理位置，显然都是同先民的经验与思维观念相对应的。不过这是留存于民间口传的线索罢了。

中国有所谓四大神兽，历来是神圣的象征。在四大神兽之中，北方玄武是一个有意味的形象。在汉代的文物中定型北方玄武形象之前，是否有一个北方神熊形象呢？口说无凭，河北满城西汉刘胜墓出土的青铜器熊雀形器足一对，呈现为立熊站在朱雀背上的奇妙造型［图9，引自《中国美术全集：青铜器》（下）］。与此形成对照的是新近在陕西省泾河工业园光明饮品厂工地出土的汉代编磬架座造型：神龟卧在下方，朱雀立在龟背上方（图10）。

前面说过，这个"能"在古代指熊或三足鳖。如此对照之下，可以看出，神熊与玄武之龟，具有相互置换的可能。这意味着，在玄武崇拜登场以前，曾经有以熊为北方之象征的观念存在。那么熊为什么和北方相联系呢？接续上面，最大的可能性出自天文星象神话。巴比伦人和希腊人都将

图9／河北满城汉墓出土的器足：神熊立于朱雀背上　　图10／陕西泾河出土的汉代编磬架座：朱雀立于玄武背上

（2009年9月22日作者摄于首都博物馆，中国考古与发现展）

夜空中的北斗星系称为大熊星座。他们的依据，很可能是直接的肉眼观测和对星座形状的联想，进而以神话思维产生出神话叙事。中国古代天文观念中虽然没有明文记载的大熊星座和小熊星座，但是初民从同样的视觉印象中做出类似的神话式模拟，其可能性也是有的。星座上神熊的联想，是通过北极星为轩辕（帝车）黄帝—有熊—天帝的身份而实现的。由于北极星和北斗帝车在天象总体格局中被认同为中央，所以象征北方的熊也常常象征中央的至尊神位。例如前面图7所示的汉画像石，在伏羲女娲男女二神上方中央位置，刻画出了一只舞蹈状的神熊。图11则为汉代陶鼎盖上的天体四神图：东方苍龙对应西方白虎，北方神熊对应南方朱雀。图12也是朱雀对神熊的汉画像。

图13所示为汉画像天界图：神熊位于中央，左面有西王母和月亮，右面有东王公和太阳。仅从天界的位置上判断，神熊处在北极即帝星位置。《史记·天官书》记载着这样的话："斗为帝车，运于中央，临制四乡。分阴阳，建四时，均五行，移节度，定诸纪，皆系于斗。"此处的"斗"即指

图 11 / 汉代绿釉陶鼎盖
（四神中的玄武被神熊取代）

图 12 / 河南方成县汉画像：朱雀在上，神熊在下

图 13 / 陕西神木大保当出土的汉画像门楣
（牛头西王母和鸡头东王公分列两旁，配以月亮蟾蜍和太阳三足乌，位于天庭中央的是一舞蹈状神熊）

北斗。《诗经·小雅》有"维南有箕，不可以簸扬。维北有斗，不可以挹酒浆"。这都是依据形状轮廓的相似性而得出的神话联想。一旦将北极星与北斗比作中央，其至尊地位就会突显出来。熊在古代神话世界中的位置，既有位居中央的，也有位于和朱雀相对应的北方位置的，道理或许就在这里，还有的汉画像构图表现神熊与柏树，成为生命力之生长的象征。上博简《容成氏》中讲到大禹建立五方旗帜制度，日、月、蛇、鸟四种意象代表东西南北四方，让它们如同众星拱卫北极星一样，拱卫着中央之旗上唯我独

尊的熊神。这种取象图标，是怎样依照天人合一逻辑而形成的呢？回到天象方面的仰观视角，答案或许就在其中。

图 14 为汉画像中的北斗帝车造型：斗状四星为车箱体，斗柄三星为车辕。车上端坐着的是中央天帝，有众神鸟飞翔于帝之左右。图 15 为甘肃礼县出土的秦先公墓的神秘青铜熊车，对其形制和用途等，目前学界尚未有合适的解释。但是这个出土的先秦铜器，参照北斗帝车的神话天文观念，恰好可以验证前面关于大小熊星座联想的神话思维。根据嬴秦为颛顼后代的事实，颛顼是黄帝之孙，可知秦人也是黄帝有熊氏后裔。秦人之姓"嬴"，据历史学家李玄伯论证为"熊"的通假字。据史料记载，秦人祖先在西陲之地为周王养马有功，受封秦地。秦人祖先时代的铜车造型完全不同于后来秦始皇陵兵马俑坑出土的实用性马车，应该是具有神话象征意蕴的崇拜礼器。结合上面所有线索、信息和已经解开的文化编码，可尝试做如下解读：由四鸟和四虎所拱卫的铜车或许是模仿天象之帝车或轩辕车，而车顶中央的神熊则象征着天庭上的中央帝星。对于地下的俗人，帝星可以下凡化作自己的神圣祖先。颛顼和黄帝有熊氏祖先的图腾记忆，轩辕和有熊两个圣号就这样统一在熊车的造型中。

图 14 / 北斗帝车
（作者摄于北京天文馆，模拟汉画像图案而作）

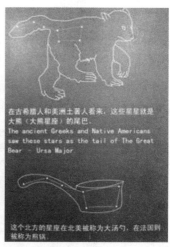

图 15 / 甘肃礼县出土的秦先公墓青铜车形器

（帝车神话的实物原型，四鸟四虎拱卫帝车，车顶中央有驾车者，其身后的帝位上端坐着一只神熊）

图 16 / 北斗星与天文神话观的大熊星座示意图

（作者摄于北京天文馆）

人类的文明史相对于地球的历史不过是一瞬，而这一瞬对于后人而言也会成为遥远的时间记忆。人类文明的发展不断塑造出新的形态，同时也会一层一层地遮蔽原初的文化形态。华夏文明是数千年前发生的几大古文明持续到今天的少数特例。这样的特殊性也给华夏族系的传人带来巨大的困惑。重要的是，某些异常久远的祖先时代文化记忆，在历史长河的冲刷和涂抹之下，几乎成为无法解说的悬案。多重方法与视角的应用是解决中华文明发生期之谜的重要途径。上述从龙图腾到熊图腾的深入立体开掘，是一种解码远古文化之谜的尝试。重视神话思维与不迷信文字，将为今人带来神话历史的全新认识。

汉画像石中一再出现的中央熊神，原来是六七千年前神熊崇拜神话发展到距今两千年之际的终结形式。

人类学和考古学进入中国不足百年。用大传统解读小传统之门，才刚刚开启。大量失落的文化记忆，有待于后人重新找回。一旦找回文化的原型编码，三级编码之典籍叙事，就有了解码的可能。最后试解答《天问》的熊龙关系难题：虬龙是作为天地之间沟通的神秘交通工具而存在的，虬龙背上所负载的熊，才是神圣的主体，莫非这对应着"有熊黄帝骑龙升天"的神话母题？

【注释】

［1］ 参看叶舒宪，《中国文化的大传统与小传统》，《光明日报》，2012 年 8 月 31 日。

［2］ 参看叶舒宪，《文学人类学教程》第九章至第十章，北京：中国社会科学出版社 2010 年版。

略说三家《诗》中的《鲁诗》

傅刚

男,1956年生,北京大学中文系教授,博士生导师。

汉代经学发达,尤以《诗》学显著。申培公在汉文帝时已经立为博士,据《汉书·楚元王传》:"楚元王既至楚,以穆生、白生、申公为中大夫。文帝时,闻申公为《诗》最精,以为博士。元王好《诗》,诸子皆读《诗》。申公始为《诗》传,号《鲁诗》。"宋王应麟《困学纪闻》"后汉翟酺曰:'文帝始置一经博士。'考之汉史,文帝时,申公、韩婴以《诗》为博士。五经列于学官者,惟《诗》而已。景帝以辕固为博士,而余经未立。武帝建元五年春,初置五经博士。"据此,三家诗以鲁、韩最早立,《齐诗》至景帝始立。故《鲁诗》是汉代经学最早昌达者,又据《汉书·艺文志》说三家《诗》"或取《春秋》,采杂说,咸非其本义,与不得已,鲁最为近之"。这皆说明《鲁诗》在西汉时的影响。《鲁诗》兴于鲁国,其地距徐州近,故徐州亦深受鲁学影响,申培与楚元王刘交同学,共事浮丘伯,而申公又为刘交之子刘郢客太子刘戊的老师,故汉时楚地的《诗》学深受《鲁诗》的影响。《鲁诗》亡于西晋,后人多有辑佚,著名者为清陈寿祺、陈乔枞父子的《三家诗遗说考》以及后出的王先谦的《诗三家义集疏》,其《鲁诗》特征略可窥一二。今拾取有关史料,略对《鲁诗》作梳理,以觇其概貌,知其经学特征,亦推动汉代楚地文化研究的发展。

一、《鲁诗》概况

《鲁诗》据《史记》《汉书》，都说出自申培公。《史记》说"言《诗》，于鲁则申培公"是也。《史记》所记事迹曰：

> 申公者，鲁人也。高祖过鲁，申公以弟子从师入见高祖于鲁南宫。吕太后时，申公游学长安，与刘郢同师，已而郢为楚王，令申公傅其太子戊。戊不好学，疾申公，及王郢卒，戊立为楚王，胥靡申公。申公耻之。归鲁，退居家教，终身不出门，复谢绝宾客，独王命召乃往。弟子自远方至受业者百余人。申公独以《诗经》为训，以教无传，疑者则阙不传，兰陵王臧既受《诗》，以事孝景帝为太子少傅，免去。今上初即位，臧乃上书宿卫上，累迁，一岁中为郎中令。及代赵绾亦尝受《诗》申公，绾为御史大夫。绾、臧请天子，欲立明堂以朝诸侯，不能就其事，乃言师申公。于是天子使使束帛加璧安车驷马迎申公，弟子二人乘轺传从，至，见天子。天子问治乱之事，申公时已八十余，老，对曰：为治者不在多言，顾力行何如耳。是时天子方好文词，见申公对，默然。然已招致，则以为太中大夫，舍鲁邸，议明堂事。太皇窦太后好老子言，不说儒术，得赵绾、王臧之过以让上，上因废明堂事，尽下赵绾、王臧吏，后皆自杀。申公亦疾免以归，数年卒。弟子为博士者十余人。

是申公弟子颇显达，《汉书·儒林传》说："孔安国至临淮太守，周霸至胶西内史，夏宽至城阳内史，砀鲁赐至东海太守，兰陵缪生至长沙内史，徐偃为胶西中尉，邹人阙门庆忌为胶东内史。其治官民皆有廉节，称其好学。学官弟子行虽不备，而至于大夫、郎中、掌故以百数。言《诗》虽殊，多本于申公。"《史记》列申公事颇详，然于其师承则未说明。《汉书·儒林传》云：

申公，鲁人也。少与楚元王交，俱事齐人浮丘伯受《诗》。汉兴，高祖过鲁，申公以弟子从师入见于鲁南宫。吕太后时，浮丘伯在长安，楚元王遣子郢与申公俱卒学。元王薨，郢嗣立为楚王，令申公傅太子戊。戊不好学，病申公。及戊立为王，胥靡申公。

《汉书》与《史记》所记略有不同，《史记》未记申公师是何人，《汉书》则云浮丘伯。又，《史记》仅称申培与刘交之子刘郢客同从浮丘伯学，《汉书》则称申培先与刘交事浮丘伯学《诗》，及吕太后时，刘交又遣其子刘郢客与申公赴长安从浮丘伯卒学。这个意思似指当初刘交与申培从浮丘伯学，但未卒业，及吕太后时，刘交复遣其子与申培从浮丘伯学且卒业。既卒业，元王薨，刘郢客嗣为楚王，遂令申公傅太子戊。[1]太子戊不好学，遂胥靡申公。胥靡，《索隐》引徐广说是腐刑，颜师古则说是"相系而作役"[2]，当以颜师古说为是。

申公之师是浮丘伯，《汉书·楚元王传》说刘交："少时尝与鲁穆生、白生、申公俱受《诗》于浮丘伯。伯者，孙卿门人也。"则见浮丘伯是荀子学生，而申公之学亦出自荀学。王葆玹《西汉经学源流》的第二章《西汉经学流派》之三，《鲁学的经典和以荀子为关键人物的鲁学传承谱系》说浮丘伯即《盐铁论·毁学篇》所说"昔李斯与包丘子俱事荀卿"中的包丘子，也即《新语·资质》篇所说的"鲍丘子"。大概"浮"与"包""鲍"古音近的缘故。此说出自清人陈寿祺，其子陈乔枞《三家诗遗说考·〈鲁诗〉叙录》引《盐铁论·毁学篇》材料后说："先大夫曰：按，包丘伯即浮丘伯也，包、浮音近，古相通假。左氏隐八年《春秋》：'公及莒人盟于浮来。'《穀梁》作'包来'。《礼记·投壶》：'若是者浮。'注云：'浮，或作匏。'是其证也。"[3]胡三省《资治通鉴注》说浮丘是复姓。浮丘伯从荀子游学，秦时为儒生，未如伏生为博士。但高祖过鲁，能够得以召见，亦见其声誉并非一般，故刘向《孙卿书录》说："浮丘伯……受业为名儒。"浮丘伯亲受荀子之学，于四家《诗》中最为有据。又朱彝尊《经义考》卷一百"诗经鲁齐韩三家"条按称："按，《鲁诗》源于浮丘伯，《齐诗》源于辕固生，然如《定之方中》注'仲梁子曰：初立楚宫也'。《正义》：《郑志》张逸问：'仲梁子何时人？答曰：先师鲁人，当六国时，在毛公前。'又'维天之命'注：'孟仲子曰：大哉，天命之无极，而美周公之礼也。'赵岐云：'孟仲子，孟子之从昆弟，从学于孟子者。'则鲁之说《诗》者，不始于浮丘伯也。"（刚按，《正义》又引《诗谱》云："孟仲子者，子思弟子，盖与孟轲共事子思，后学于孟轲，著书论《诗》，毛氏取以为说。"此又以孟仲子为《毛诗》之祖，与《汉志》所载毛公自谓出于子夏不合。）

据《汉书·楚元王传》，申公在文帝时曾为博士，但楚元王薨，申公失博士官，随郢客之楚，郢客用为中大夫。是申公在文帝时已失博士之官，则《鲁诗》在文帝时的官学影响亦未甚巨。申公弟子如《史记·儒林传》所记，颇为显达，《汉书·儒林传》又补充说：

> 申公卒以《诗》《春秋》授，而瑕丘江公尽能传之，徒众最盛。及鲁许生、免中徐公，皆守学教授。韦贤治《诗》，事博士大江公及许生，又治《礼》，至丞相，传子玄成，以淮阳中尉论石渠，后亦至丞相。玄成及兄子赏以《诗》授哀帝，至大司马车骑将军，自有传，由是《鲁诗》有韦氏学。

《鲁诗》在秦亡之后，于汉最先兴，这可能与鲁是孔子故里、其学虽经秦火但弦乐不废有关。陈涉起事，鲁国儒生犹能持孔氏礼器往从，是鲁国儒生犹能于秦火之余保存孔氏礼器。而孔壁能出古文经书，亦恃鲁人存亡继绝之儒学公义之心。故高祖诛项籍，引兵围鲁，鲁中诸儒尚讲诵习礼，弦歌之音不绝。汉兴，亦赖叔孙通能为制礼，鲁国儒生深浸圣人教化，诸儒皆能通礼学也。故《鲁诗》亦以说礼为特征，盖有因也。《史记·儒林传》说鲁是"圣人之遗化好礼乐之国"，又称："战国儒术既绌焉，然齐鲁之门学者独不废。""夫齐鲁之间，于文学自古以来其天性也。"是鲁地之学术文化之兴，固有其原因。

《鲁诗》出于申培，而申培的老师是齐人浮丘伯。浮丘伯从荀卿学，或因荀卿在齐稷下时事。荀子后为兰陵令，兰陵为鲁邑，是齐、鲁之《诗》学均出于荀子。浮丘伯是齐人，其于《诗》学的意见，应该被申培公继承，也就是流传在汉世的《鲁诗》，但不知浮丘伯与《齐诗》是何关系。三家《诗》在汉初以鲁最显达，《汉书·艺文志》说三家《诗》"或取《春秋》，采杂说，咸非其本义，与不得已，鲁最为近之"。班固比较三家《诗》之后，以为《鲁诗》最接近《诗》本义。班固《汉书·艺文志》据刘歆《七略》，此种意见或来自刘歆，而刘歆的父亲是刘向，刘向是楚元王刘交四世孙，刘交与申培一起从浮丘伯学，申培又为楚王刘戊傅，故刘向当习《鲁诗》，而对《鲁诗》多有褒扬。班氏世习《齐诗》，于三家《诗》中能够提出《鲁诗》最为接近《诗》本义，虽其《汉书·艺文志》据刘歆《七略》，但也表示他是同意这个说法的。前文说过，鲁人出自孔子故里，虽经秦火而学术不息，《鲁诗》在汉初能够显达是有道理的，这也说明《鲁诗》的确可能较为接近孔子论《诗》的意见。孔子论《诗》，传统的文献如《论语》等，都是总体而言，未论到具体的篇目，但最近出土的楚竹书《诗论》，似乎可以觇孔子关于《诗》的具体看法，最能代表孔子关于《诗》的意见，如他对《关雎》评价说："《关雎》之改也。"又说："《关雎》以色喻于礼。"前一句，学界基本认为"改"即"怡"字，是说《关雎》的中和怡乐之声，以色喻于礼，亦从正面论《关雎》的教化作用。这个评价与《鲁诗》是不同的。《史记·十二诸侯年表》说《关雎》"周道缺，诗人本之衽席，《关雎》作"，又在《儒林传》中说："周室衰而《关雎》作。"很明显是以《关雎》为刺诗，与孔子所论不同。司马迁习《鲁诗》[4]，故所引为《鲁诗》，而与《诗论》不同。王先谦《诗三家义集疏》，引《鲁诗》论《关雎》，说是刺周康王晏起[5]，显然与《诗论》不同。然以《孔子诗论》与《毛诗序》比较，则总体相符。此说可见曹道衡师《读战国楚竹书〈孔子诗论〉》及程元敏教授《诗序新考》[6]，此则说明孔子之后，儒学分裂为八派，荀子是一宗派，《鲁诗》从荀学出，或与孔子本论有所区分。如据上博简《孔子诗论》似很难说最接近孔子，不过，班固此说本来是就三家《诗》而论，而非比较《毛诗》。也就是说，在三家《诗》中，《鲁诗》是最为接近《诗》

本义的。据《汉书·儒林传》，申公以《诗》《春秋》教授，则见申公不仅精于《诗》，亦精于《春秋》，这也是《汉书·艺文志》说三家《诗》"或取《春秋》，采杂说"的意思。

二、《鲁诗》特征

汉初，《鲁诗》最显，其渊源有自，是其他三家所不可比拟者。申培的老师是浮丘伯，浮丘伯是荀子学生，故陈寿祺、陈乔枞父子及王先谦均以《荀子》一书所论诗视为《鲁诗》。但荀子至申培，传授已历数代，《鲁诗》是否与《荀子》完全契合，恐难指实。《毛诗》亦出荀卿，其与《鲁诗》已有较大不同可证。但以司马迁《史记》所论为《鲁诗》说，当为可信。《史记·孔子世家》说："古者，《诗》三千余篇，及至孔子去其重，取可施于礼义，上采契、后稷，中述殷、周之盛，至幽、厉之缺，始于衽席，故曰《关雎》之乱，以为风始。"看来这三千余篇的说法，也来自《鲁诗》。又称《诗》始于衽席，则亦以《关雎》为房中乐。

根据清人的辑佚，约略可见《鲁诗》的一些特点。如《鲁诗》多用正字，不如《毛诗》多用假借。又如《鲁诗》较多用刺说，即如《关雎》，被《毛诗》奉为四始之一，《鲁诗》却称其为刺诗。《毛诗》谓《鹿鸣》宴群臣嘉宾，且为小雅之始，然鲁以为刺。[7]然《鲁诗》已佚，后人所辑，亦未必是《鲁诗》原文，故若总结其特点，恐难契合。原《鲁诗》在汉初之兴，班固称其最近《诗》本义，当有其优长。如台湾谢制阳教授《诗经名著评介》第三集《〈鲁诗故〉评介》举《召南·驺虞》例，《驺虞》："彼茁者葭，壹发五豝。于嗟乎驺虞。"《毛传》说："驺虞，义兽也。白虎黑文，不食生物。有至信之德则应之。"将驺虞训为义兽，以牵强文王有仁爱之心。《鲁诗》(《鲁诗故》)则解为："驺虞，天子掌鸟兽之官。"又《新书·礼篇》："驺者，天子之囿也，虞者，囿之司兽者也。"又曰："古有梁驺，梁驺者，天子猎之田曲也。"谢制阳教授以为《毛传》误而《鲁诗》解较合理。按，《毛诗》《鲁诗》两家所释不同，然未可定是非，据李善《文选注》，驺虞见

《山海经》，不能说于古无征，缺乏佐证。二家所释意义不同，故训释不同。于此可见二家之别，未可强下判断。要而言之，《鲁诗》与《齐诗》《韩诗》不同，《汉书·艺文志》说："汉兴，鲁申公为《诗》训故，而齐辕固、燕韩生皆为之传。或取《春秋》采杂说，咸非其本义。与不得已，鲁最为近之。"这是说《鲁诗》是训诂，而《齐诗》《韩诗》则是作传。训诂者，以今言训释古字，现存《毛诗诂训传》是其代表。传则不同，秦汉以来关于"传"有多种解释，刘勰《文心雕龙·史传》引前人的话："传者，转也，转受经旨，以授于后，实圣文之羽翮、记籍之冠冕也。"此则重在"转受经旨"上，《汉书·儒林传》说韩婴"推《诗》人之意而作内外传数万言"。"推《诗》人之意"，正是"传"之本义。清人赵翼《陔馀丛考》说："古书凡记事立论及解经者，皆谓之传。"正谓"传"者乃为解经而设，其特征是记事立论，即有事有论，如《韩诗外传》是。孔颖达又说："凡书非正经者谓之传。"[8]是以传为经之辅。故申公只为训诂，当与《毛传》略近。宋段文昌《毛诗集解》卷首引曹氏曰："申公诗口说训诂，未尝立传，以训诂相授，是为《鲁诗》。"也强调《鲁诗》未尝立传，仅口说训诂而已，而书之竹帛，亦非申公所为。

据《史记·儒林传》，申培注《诗》，颇得之于孔子"多闻阙疑"之义。如说："申公独以《诗经》为训，以教无传，疑者则阙不传。"[9]是申培于所疑者阙而不传。又据此说，申培公似乎并没有形成注《诗》的文本，所谓"以教不传"也。后世所传《鲁诗》，或为其门人所记。又《史记》所说"以《诗经》为训"，而《汉书·艺文志》有《鲁诗故》二十五卷，《鲁说》二十八卷，马国翰《玉函山房辑佚书目·经编诗类·〈鲁诗〉故序》说："诂、训通名，或称传者，殆如《毛诗》之《诂训传》乎？"马瑞辰《毛诗传笺通释·毛诗诂训传名义考》说："盖诂训本为故言，由今通古皆曰诂训，亦曰训诂。而单词则为诂，重语则为训。诂第就其字之义旨而证明之，训则兼其言之比兴而训导之，此诂与训之辨也。"又说："训诂不可以该传，而传可以统训诂。"是《鲁诗》称"传"者，亦包括其"诂"与"训"之内容。《史记》所说"独以《诗经》为训"，似指申培公颇重诂训，臧庸《拜经日记》说"《尔雅》《鲁诗》之学",似指《鲁诗》据《尔雅》注《诗》,则其重诂训亦有据,就这一点说,其实与《毛诗》有许多相同之处。《关雎》"寤寐思服"句,《毛传》释"服"为"思",但郑玄训为"事"。郑玄此注从《鲁诗》来,《鲁诗》则据《尔雅》。《尔雅·释故》:"服,事也。"故汉初注《诗》诸家,其实都用《尔雅》,不独《毛诗》。唯字词训诂旨在释义,取《尔雅》有助于释其理解之《诗》义耳。即如此诗"君子好逑"句,"逑"字,《毛传》解为"匹",但郑玄《笺》解"怨耦曰仇",郑亦改"逑"为"仇"。《毛传》解为匹,释此句说:"言后妃有《关雎》之德,是幽闲贞专之善女,宜为君子之好匹。"郑玄既用"仇"字,又以"怨耦"训之,则此句解释为:"言后妃之德和谐,则幽闲处深宫贞专之善女,能为君子和好众妾之怨者。"此句分歧在"逑"字上,毛用"逑",郑则用"仇",用"仇"者,《鲁诗》也,故郑此解从《鲁诗》。《鲁诗》所据为《尔雅》,《尔雅·释故》:"仇、雠、敌、妃、知、仪,匹也。"郭璞注:"《诗》云:君子好仇。"此《鲁诗》所从。郑玄字从《鲁诗》,其释义亦当据《鲁诗》。刘向《列女传·汤妃》有云:"《诗》云:'窈窕淑女,君子好逑[10]。'言贤女能为君子和好众妾也。"刘向此用《鲁诗》,可见《鲁诗》解此诗与郑玄所述相合。

《鲁诗》早亡,后人有所辑佚,如马国翰所辑《鲁诗故》,然所辑是否为《鲁诗》原文,后人亦颇怀疑。清人陈寿祺撰、陈乔枞续成五十卷本的《三家诗遗说考》是搜辑三家《诗》遗说的著作,后颇为王先谦《诗三家义集疏》所参用。清人辑佚,多据汉人引《经》,据王先谦《诗三家义集疏·序例》,可以参稽考证者有:(1)《仪礼·士昏礼》郑注所引《鲁诗说》、《公羊传》何注引《鲁诗传》及《汉书·文三王传》《杜钦谷永传》注、《续汉书·舆服志》注、《后汉书·班固传》注所引《鲁训》《鲁传》(此为宋王应麟《诗考》所据)。(2)《荀子》书中所说《诗》,当亦是《鲁诗》所本。(3)《史记·儒林传》所载《孔安国传》,因孔安国从申公受诗,又以教司马迁,皆是《鲁诗》;又刘向父子世习《鲁诗》(向为元王子休侯富曾孙,汉人传经最重家学,知向世习其业),故当参《说苑》《新序》《列女传》诸书。(4)《白虎通》引《诗》，王先谦亦定为《鲁诗》："以当时会议诸儒如鲁恭、魏应，皆习《鲁诗》，而承制专掌问难，又出于魏应也。"[11] (5) 王先谦谓《尔雅》亦《鲁诗》之学，称："汉儒谓《尔雅》为叔孙通所传，叔孙通，鲁人也。"又说："臧庸《拜经日记》，以《尔雅》所释《诗》字、训、义皆为《鲁诗》，允而有征。"(6) 郭璞不见《鲁诗》，然其注《尔雅》，多袭汉人旧义，若犍为舍人、刘歆、樊光、李巡诸家注解征引《诗经》，皆鲁家今文，往往与毛氏殊。(7)《熹平石经》《鲁诗》，虽残石，亦可证《鲁诗》字句。又，臧庸《拜经日记》亦称王逸《楚辞章句》所引多《鲁诗》，亦可参据。[12]

《鲁诗》亡于西晋，《隋书·经籍志·诗类序》说："《齐诗》魏代已亡，《鲁诗》亡于西晋，《韩诗》虽存，无传之者。"此论三家《诗》之亡，鲁亡于齐后，然究在晋之何时，《隋志》未明言。台湾程元敏教授考证说，《经典释文·序录》称："《鲁诗》不过江东。"是《释文》以《鲁诗》亡在西晋末怀帝、愍帝永嘉之乱时。程氏据《文选·魏都赋》刘逵注："《〈鲁诗〉传》曰：'古有梁驺。梁驺，天子猎之曲也。'"[13]刘逵是西晋武帝时人，故及见《鲁诗》。

【注释】

[1]《汉书·楚元王传》谓"申公为博士失官"故。
[2]《汉书·楚元王传》注"胥靡"曰："应劭曰：《诗》云：'若此无罪，沦胥以铺。'胥靡，刑名也。晋灼曰：胥，相也；靡，随。古者相随坐轻刑之名。师古曰：联系使相随而服役之，故谓之胥靡，犹今之役囚徒，以锁联缀耳，晋说近之。而云随坐轻刑，非也。刘敞曰：胥靡，《说文》作缙縻，谓拘缚之也。"
[3]《清经解续编》，光绪十四年刻本。
[4] 司马迁师事孔安国，而安国为申公弟子。
[5]《汉书·杜钦传》注："后夫人鸡鸣佩玉去君所，周康王后不然，诗人叹而伤之。"刘向《列女传》卷三："周之康王夫人晏出朝，《关雎》预见，思得淑女，以配君子。夫雎鸠之鸟，犹尚见乖居而匹处也。"袁宏《后汉纪》载杨赐上书曰："昔周王承文王之盛，一朝晏起，夫人不鸣璜，宫门不击柝，《关雎》之人，见机而作。"

[6] 道衡师文见《北京大学学报》，2002年第3期，后收入《中古文史丛稿》，保定：河北大学出版社，2003年版。程著由台湾五南图书出版公司于2005年出版。
[7] 《史记·十二诸侯年表》："仁义陵迟，《鹿鸣》刺焉。"
[8] 《诗谱·小大雅谱疏》，阮元刻《十三经》本，同治十二年南昌书局刻本。
[9] 马瑞辰《毛诗传笺通释·杂考各说·〈鲁诗〉无传辨》读此句为："申公独以《诗经》为训故以教，无传疑，疑者则阙弗传。""传"读为"传授"之"传"，认为《鲁诗》有《传》。
[10] 今本《列女传》均作"逑"，然据郭璞注《鲁诗》当作"仇"字，今作"逑"者，"乃后人转写，妄据《毛诗》改字耳。"（陈乔枞《〈鲁诗〉遗说考》）
[11] 《后汉书》卷三载章帝建初四年："下太常、将、大夫、博士、议郎、郎官及诸生、诸儒会白虎观，讲议五经同异，使五官中郎将魏应承制问，侍中淳于恭奏，帝亲称制临决，如孝宣甘露、石渠故事，作《白虎议奏》。"
[12] 《拜经日记》，《清经解》本，道光九年刻本。
[13] 程元敏自按："《考异》云：袁本、茶陵本无猎之曲三字。"

大禹治水的文化母题意义

陈望衡

男,1944年生,武汉大学城市设计学院教授,博士生导师。

关于大禹治水的传说,众多的中华古籍有所记载,神话中夹杂着历史,巫术中突显伟功,光怪陆离中让人惊心动魄。中华民族先祖神话多矣,多具有这样的特色,但是,在所有的中华民族的神话中,最具历史价值的还是大禹治水。这一点已为学界共识,但是,大禹治水究竟具有何种历史价值,还有待深入研究。一般的认识,仅仅在于他是中国第一个朝代——夏代的先祖,有实物也有文字可证。这一点自然是无可怀疑的,但是,在笔者看来,大禹治水在中华民族发展史上的意义,还有更重要的,那就是它是众多的中华文化的母题。作为文化母题,它是隐性的,不易为人所觉察的。从某种意义上说,大禹治水,它的文化内涵广泛而深入地渗透到中华民族的文化血液之中,成为中华民族内在的生存力的重要构成因素。这里,笔者只是择其最为主要的也比较明显的表现略作论述。

一

大禹治水是在其父鲧治水的基础上展开的:一方面,大禹治水是鲧治水的继承;另一方面,鲧治水是大禹治水的陪衬。中国诸多关于父子俩治水的神话,尽管在表述上有诸多的差异,基本立场是相同的,那就是突显这是两种完全不同的治水，因而也就是两种不同的效果。自然，所有的神话传说，都是突出、颂扬大禹的。我们现在来看看神话中的描述：

洪水滔天，鲧窃帝之息壤以堙洪水，不待帝命，帝令祝融杀鲧于羽郊。（《山海经·海内经》）

滔滔洪水，无所止极。伯鲧乃以息石息壤以填洪水。（《山海经·海内经》引《开筮》）

箕子乃言曰：我闻在昔，鲧堙洪水，汩陈其五行。帝乃震怒，不畀洪范九畴，彝伦攸斁。鲧则殛死。（《尚书·洪范》）

尧使鲧治洪水，不胜其任，遂诛鲧于羽山，化为黄熊，入于羽泉。（《述异记》卷上）

虽然鲧治水的故事，说是鲧偷窃了天帝的息壤，让天帝震怒，又说是天帝有意不给他"洪范九畴"，但拂开这些神秘的迷雾，我们清晰地看到，鲧治水失败的主要原因是"汩陈五行"。汩者，乱也。他的主要办法是用息石、息壤来填洪水，用一个字来概括，就是"堵"。堵，在一定情况下，也许可以奏效于一时，但从根本上来说，是制服不了洪水的，当洪水的力量积累到足以超过土石的力量时，土石就崩溃了。说鲧治水"不胜其任"是恰当的。

那么，禹怎么治水呢？

禹乃嗣兴，天乃赐禹洪范九畴，彝伦攸叙。（《尚书·洪范》）
禹尽力沟洫，异川夷岳。（《拾遗记》卷二）
禹别九州，随山浚川，任土作贡。（《尚书·禹贡》）
江、汉朝宗于海，九江孔殷，沱、潜既道，云土、梦作乂。（《尚书·禹贡》）
导弱水，至于合黎，馀波入于流沙。导黑水，至于三危，入于南海。（《尚书·禹贡》）

江水历禹断江南。峡北有七谷村，两山间有水清深，潭而不流。又《耆旧传》言，昔是大江，及禹治水，此江小，不足泻水，禹更开今峡口。水势并冲，此江遂绝，于今谓之断江也。(《水经注》)

　　砥柱，山名也。昔禹治洪水，山陵当水者凿之，故破山以通河。河水分流，包山而过，山见水中，若柱然，故曰砥柱也。山穿既决，水流疏分，指状表目，亦谓之三门矣。(《水经注》)

　　舜之时，共工振滔洪水，以薄空桑，龙门未开，吕梁未发，江淮通流，四海溟涬，民皆上丘陵，赴树木，舜乃使禹疏三江五湖，辟伊阙，导瀍涧，平通沟陆，流注东海，鸿水漏，九州干，万民皆宁其性。(《淮南子·本经篇》)

　　以上引文只是大禹治水的一些片断描述，但是我们已经足以看出，他治水的基本原则，是"导"。这种方法与其父鲧的"堵"法恰好相反。禹成功了。为什么导能成功，堵不能成功呢？神话将其归结为天帝的帮助，说是天赐给了禹"洪范九畴"。禹是照着"洪范九畴"所提示的方法去治水才成功的。当然，没有天帝，但确有"洪范九畴"，只是这"洪范九畴"，不是来自天帝所赐，而是来自大禹对自然规律的深刻认识。大禹深知，水的本性是流动的，而且是从高处流向低处，堵、埋的办法之所以不能奏效，因为它是违背洪水的本性的；导、引的办法之所以有效，是因为它是符合洪水的本性的。

　　大禹治水的经验直接启发了中国的哲学智慧。这在中国先秦的道家著作里得到充分的展现。《老子》中提出："人法地，地法天，天法道，道法自然。"(《老子》二十五章)这"法"可以解释为遵循、根据、效法、依托，等等。自然与人是存在矛盾的，自然不能完全地满足人，人必然地要与自然作斗争。正如自然界总会发生洪水，而洪水总是不利于人类的，人不能不去征服洪水。肯定人必定要与自然斗，并不是肯定与自然胡乱地斗，人与自然界斗，最好的办法是"道法自然"。因为水是要流动的，与其将其堵起来，还不如顺其本性，将其导向适合它本性的地方去。

《庄子》将《老子》的"道法自然"思想展开,创造性地提出"与物为春""自适""天放""以鸟养鸟"等许多概念,其核心思想是"天与人不相胜"。他说:"天与人不相胜,是之谓真人。"(《庄子·大宗师》)何谓"天与人不相胜"?不相胜,即"和谐"义也。当然,是人遵循天的规律在活动,但人遵循天活动,在某种意义上也改造了天。比如治水,大禹采取的是导引的方法。这导引自然是从高处导向低处,就水来说,应该说哪个低处都是可以的,但大禹没有这样,他在考虑水的属性时,也考虑到人的利益。因此,他的治理洪水不仅是为水找到一个好的归宿,同时也为人创造了一个美好的家园。《禹贡》结尾这样赞美大禹的功绩:

九州攸同,四墺既宅,九山刊旅,九川涤源,九泽既陂,四海会同。六府孔修,庶土交正,厎慎财赋,咸则三壤,成赋中邦。……东渐于海,西被于流沙,朔南暨,声教讫于四海,禹赐玄圭,告厥成功。

因此,"道法自然"其实不是一种自然主义的哲学,而是一种主体性的哲学。

道家哲学表面上看是尚柔、尚退、尚弱、尚无为,对人的能动性大加挞伐,甚至说出"堕肢体,黜聪明,离形去知"这样的话,然透过现象,它的实质只不过是希望将人对自然规律的破坏减少到最低程度。道家用的是减损法。道家说的人与物合一,人化为物,透过现象则可发现,实质上是要人尽最大可能地效法自然,借助自然,利用自然,将自然的伟力化为人的力量。所以,如果说"无为"用的是减法,"物化"则用的是加法。

大禹治水所用的导引法,其中既有减法,也有加法,只是它完全隐含在实际的行动中,道家的聪明是将它提炼出来了,而且上升到理论,使之成为主导人一切行为的一种理念、一种哲学。

大禹治水就这样成为中国古典哲学的母题。

二

大禹治水虽然依仗着他的智慧，但智慧的获得及智慧的具体运用并不是轻松的事，事实上，大禹治水历尽了千辛万苦，这点在许多的古籍中也有记载。《尚书·虞夏书·益稷》中大禹与大舜有一段对话，大禹说："予创若时，娶于涂山，辛壬癸甲。启呱呱而泣，予弗子，惟荒度土功。"这是说，他娶了涂山氏的女儿，结婚才四天就治水去了。启生下来呱呱啼哭，也顾不上照顾他，一心一意只忙着治理水土的事。这件事被传颂数千年，很可能是真的。至于他在外奔波劳累造成的身体伤害情况，诸种书籍中的描写大致是一样的：

  禹之王天下也，身执耒锸，以为民先。股无胈，胫不生毛，虽臣虏之劳，不苦于此矣。（《韩非子·五蠹》）

  两神女浣于白水之上，禹遇之而趋曰：治天下奈何？女曰：股无胈，胫不生毛，颜色冻烈，手足胼胝，何以至是也？（《黄氏逸书考》辑《逸庄子》）

这两条语录只是说大禹累得不成人形了，另一些古籍则说大禹实际上已经致残了。《尸子》卷下云："禹于是疏河决江，十年未阚其实。手不爪，胫不毛，生偏枯之疾，步不相过，人曰禹步。"

禹这样舍生忘死治理洪水，是有一种信念在支撑着的。

  禹南省方，济乎江，黄龙负舟。舟中之人，五色无主，禹乃仰天而叹曰："吾受命于天，竭力以养人。生，性也；死，命也。余何忧于龙焉？"龙俯首低尾而逝。（《吕氏春秋·知分》）

  禹南省，方济于江，黄龙负舟。舟中之人，五色无主。禹乃熙笑而称曰："我乃受命于天，竭力而劳万民。生，寄也；死，归也。何足

以滑和！"视龙犹蝘蜓，颜色不变。龙乃弭耳掉尾而逃。(《淮南子·精神训》)

　　两书记载内容很相近，说明这个故事流传很广。大禹在这里所表现的对天命及对生命的看法，与儒家的思想很一致，事实上，儒家是向大禹学习的。《史记·孔子世家》记载："孔子去曹，适宋，与弟子习礼于大树下。宋司马桓魋欲杀孔子，拔其树，孔子去，弟子曰：可以速矣！孔子曰：天生德于予，桓魋其如予何？"这段故事，来自《论语》。虽然孔子的遇险与大禹的遇险不一样，但是他们说的话却很类似。将天命认定为善的支持者，或者说，将善提升为天命，从而认定善的崇高性和不可侵犯性，这是儒家对待生命的基本看法，而这种看法显然来自禹。虽然《吕氏春秋》《淮南子》远在《论语》之后，但是两书中记载的大禹的传说，应该说早在孔子的时代就有流传了，孔子不可能不受到其影响。宋代儒家张载说："存，吾顺事；没，吾宁也。"(《正蒙》)这种说法与上引禹说的"生，寄也；死，归也"一个意思。

　　将生命归之于天命，须有一个重要前提，这生命必定是善的生命。何谓善的生命？在儒家是很明确的，那就是这生命既是属于个人的，也是属于人民的、国家的。为民尽力、为国效劳是儒家所肯定的生命的基本意义。孔子赞扬尧，重要的一条，就是尧自觉地担当起天下的责任，"朕躬有罪，无以万方，万方有罪，罪在朕躬"，"所重：民、食、丧、祭。"(《论语·尧曰》)这种思想在后世儒家得到继承，孟子提出"民贵君轻"的思想，强调民为邦本，君王要关心人民的生活，要与民同乐。这种思想虽然带有一定的理想性，却是非常可贵的。宋代的大儒张载说："民，吾同胞；物，吾与也。"提出作为大丈夫，要"为天地立心，为生民立命，为往圣继绝学，为万世开太平。"(《正蒙》)

　　所有这一切，我们都可以从大禹的传说中找源头：

　　禹尝据一馈而七起，日中不暇饱食，曰："吾不畏士留道路，吾恐

其留吾门庭，四海民不至也。"（《太平御览》卷八四九引《鬻子》）

大禹注重自身修养，反对骄奢淫逸的生活，以国为重。《战国策·魏策》记载：

> 昔者，帝女令仪狄作酒而美，进之禹，禹饮而甘之，遂疏仪狄，绝旨酒，曰："后世必有以酒而亡其国者！"

这让我们想到商纣，想到商朝的灭亡，虽然将商的灭亡完全归之商纣的好酒不很妥当，但好酒的确促使了商的灭亡。这就难怪周公要颁布禁酒令了。这里重要的不是酒，而是以酒为代表的那种骄奢淫逸的生活，它的确可以导致亡国。儒家看重人格修养，道家倡导简朴的生活，应该说都是大禹精神的继承。

如果说大禹治水之法更多地见出其哲学的智慧，而他在治水过程中所表现出来的对个体生命的体认，却显示出中华民族所推崇的社会伦理原则。它无疑是中国儒家道德人格的母题。

三

大禹治水，以其艰苦卓绝的精神展示出一种人格的光辉来，这种人格的光辉让我们想到了西方哲学中的崇高，想到中国美学中所讲的壮美，想到孟子说的大丈夫。

这里，有这样几对关系值得我们注意：

1. 严重的实践痕迹与生命力的张扬。大禹的生命如我们在上面所引的文字中所说的，充满着艰险性，但是他都坚持下来了，它让人的生命张扬到了极致。这种美学，在中国先秦得到特别的推崇。它的表现形态主要有二说：

一是"孔颜乐处"说。"乐处"，处的是艰难的生活，人的感受却是乐。

《论语》中，孔子赞美颜回："贤哉，回也！一箪食，一瓢饮。在陋巷，人不堪其忧，回也不改其乐，贤哉回也！"这里虽然没有大禹那种跋山涉水的艰辛，却有难以忍受的贫困。大禹尝艰险如饴，颜回则从穷困得乐。艰辛本身不是饴，饴的是艰辛的价值与意义。同样，贫穷本身不是乐，乐的是处贫穷中仍然坚守的青云之志。

艰险、贫穷可以产生在许多不同的情况之下，与自然的抗争，也有与社会上邪恶势力的抗争；它可以表现在日常生活中，也可以表现在特殊的场合，比如战争。所有这些都可能导致悲剧，导致死亡。悲剧、死亡也有美吗？当然有。逐日的夸父死得多么悲壮，又死得何等的壮美、崇高！你知道孔子的学生子路是如何死的吗？卫国发生内乱时，子路在卫大夫孔悝处做邑宰。内乱发生时，他不在国内，本可以躲过这一场灾难。可子路他听到消息反而拼命往回赶。他认为，作为卫国的邑宰，理当赴国难。在战斗中，帽上的红缨被击断，他说"君子死而冠不免"，将红缨结上，又将帽子端端正正地戴上，整理好衣服后，继续战斗。最后，从容地死在战场上。子路以其死实践了孔子的教导："志士仁人，无求生以害仁，有杀身以成仁。"

大禹身上所体现出来的崇高精神，正是儒家所推崇的气节的美，具有悲剧意味的美。事实上，不只是儒家，一般的中国人都以大禹的这种摩顶放踵以利天下的行为为美的典范。中华民族的美学从来就是将这种具有悲壮意义的美视为美的极致。只是在中国古典美学中，这种以气节取胜的美，孟子称之为"大"，说是"充实之谓美，充实而有光辉之谓大。"（《孟子·尽心章句下》）这"大"就是这种具有崇高意味的美。

另一种说法是"大丈夫"。这主要体现在《孟子》中：

孟子曰："是焉得为大丈夫乎？子未学礼乎？丈夫之冠也，父命之；女子之嫁也，母命之；往送之门，戒之曰：'往之女家，必敬必戒；无违夫子。'以顺为正者，妾妇之道也。居天下之广居，立天下之正位，行天下之大道。得志与民由之，不得志独行其道。富贵不能淫，

贫贱不能移，威武不能屈，此之谓大丈夫。"(《孟子·滕文公下》)

孟子在这里提出他的大丈夫标准是"居天下之广居，立天下之正位，行天下之道"。这种理念与大禹的理念是一致的。孟子提出要培植这种人格，须得在生活中经受各种磨炼。他将磨炼分为三种不同的情况："富贵""贫贱""威武"。三种磨炼都是很不容易的。"贫贱""威武"，这两种处境的考验与大禹治水历经的千辛万苦相似。所不同的是，孟子将这种磨炼实际的功利价值淡化，凸显它在人格锻造上的重要意义。大禹治水，彰显的却是实际的功利价值，这就是《淮南子·修务训》说的："禹沐浴淫雨，栉扶风，决江疏河，凿龙门，辟伊阙，修彭蠡之防，乘四载，随山刊木，平治水土，定千八百国。"孟子将"富贵"也提出来作为一种考验，这种考验，与大禹嗜好美酒可能导致亡国的说法相应。能天天有美酒喝，不是富贵吗？然这种富贵也足以考验人、锻造人。

所有这些考验，都体现出人与现实的冲突。这种冲突，不仅体现在肉体的层面，也体现在精神的层面。这种冲突可能有血腥，有污秽，但它也能创造美——一种有些悲壮的美。《周易·坤卦》上九爻辞所说："龙战于野，其血玄黄。"《坤·文言》曰："阴凝于阳必战，为其嫌于无阳也，故称龙焉；犹未离其类也，故称血焉。夫玄黄者，天地之杂也；天玄而地黄。"

其血玄黄，悲乎？壮乎？

2. 外貌奇丑而内心极为崇高。在中国古代，对美的看法是可以分为两类的，一类是纯粹的外貌美。对于这种美，中国古人也予以承认，并且也有一些肯定，最为突出的是《论语·八佾》中，孔子与子夏讨论《诗经·硕人》中所描写的女子的美。子夏引《诗经》中的句子："巧笑倩兮，美目盼兮，素以为绚兮。"这主要是讲女子的外貌美，这种美孔子是肯定的。但是先秦最为看重的是内心的善，这种善，在先秦也视为美，《老子》中有句："天下皆知美之为美，斯恶已；皆知善之为善，斯不善已。"(《老子·第二章》)这里，美的对立面不是丑，而是"恶"，善的对立面不是恶，而是"不善"。也就是说，在先秦，"丑"这个概念不存在。为了突出人物内心的善，儒家和道家的代表人物，常将外貌的"恶"（即丑）与内心的善对立起来，强调人们看重的不是外貌的好看与不好看，而是内心的善与不善。《荀子》提出："相形不如论心，论心不如择术。形不胜心，心不胜术，术正而心顺之，则形相虽恶而心术善，无害为君子也；形相虽善而心术恶，无害为小人也。"（《荀子·非相》）荀子提出察人有三种方式：一是"相形"，即注重外貌的好看与不好看；二是"论心"，即注重心地的善恶；三是"择术"，这"术"指道术，它也在心，但它已超越伦理的范围，而涉及对宇宙规律的理解与掌握了，我们可以将它说成真。荀子举了很多例子，从正反说明自己的论点，他说，徐偃王、孔子、周公、皋陶、傅说、伊尹，这些人外貌都不好，甚至可以说很难看，但是，他们心地善良、道术高妙，因而称得上"美人"。

道家在这个问题上同于儒家，《庄子》中有《德充符》一章，写了许多残畸之人，他们虽体残身畸，但德行高尚。其中有一位名哀骀它的人，说是"丈夫与之处者，思而不能去也。妇人见之，请于父母曰'与为人妻，宁为夫子妾'者，十数而未止也"。鲁哀公开始不信，后来有机会见到此人，果然"恶骇天下"（这里的"恶"相当于后来说的丑），但是与他相处不到一个月，则觉得哀骀它有过人之处；不到一年，就非常信任他了，并且将国事托付给他。庄子与荀子一样重德，他说："德有所长，则形有所忘。"

儒家与道家共同的重德行、重内在心灵美的美学观，也可以溯源于禹治水的传说，前面说到，大禹治水，过于劳累，以致"手不爪，胫不毛，生偏枯之疾，步不相过，人曰禹步"。这种形象当然是难看的，而禹本来也长得很丑，《尸子》一书说他"长颈鸟喙，面貌亦恶矣"，然而"天下从而贤之，好学也"。这与《荀子》《庄子》所说如出一辙。

从以上两点来看，大禹治水传说中也包含有中国古典美学的关于美的基本理念的母题。

大禹治水传说中所包含的中国文化母题很多，不止上面说的三个方面。从某种意义上看，大禹治水传说当得上中国文化的胚胎，它的重要性类似于《圣经·创世记》中诺亚方舟的故事。

《中国风尚史》绪论①

陈炎

(1957—2016)，文学博士，原山东大学副校长，文艺美学中心教授。

"风尚"是一个颇为模糊、颇为多义的概念。"风"为风格，"尚"为时尚。无论"风格"还是"时尚"，都是属于"文化"范畴。问题在于，同"风尚"相比，"文化"是一个更为模糊、更为多义的概念。这个概念不仅在国内"文化热"的讨论中聚讼纷纭，而且在国外的学术界也莫衷一是。有学者指出："英语中文化的定义有260多种，据说是英语词汇中意义最丰富的二三个词之一。"因此，在提笔撰写《中国风尚史》之前，有必要交代一下我们自己对"文化"的理解。

谈到"文化"，又不能不涉及与之相关的"文明"一词，因为这两个概念之间有着极为复杂的内在联系。我在《"文明"与"文化"》一书中曾经指出：

> 所谓"文明"，是指人类借助科学、技术等手段来改造客观世界，通过法律、道德等制度来协调群体关系，依靠宗教、艺术等形式来调节自身情感，从而最大限度地满足基本需要、实现全面发展所达到的程度。因为在我看来，人作为一种"类存在"，至少具有使用和制造工

---

① 国家社科基金重大招标项目"文明、文化与构建和谐世界研究"。(批号12&ZD010)

具（包括一切科技手段）、依赖和凭借社会关系（包括一切社会制度）、渴望和追求情感慰藉（包括一切精神享受）这三个基本特征。唯其如此，人类才可能有对真的探索、对善的追求、对美的创造。反过来说，只有在对真、善、美的探索、追求、创造之中，人类才能最大限度地满足自身的基本需要、实现自身的全面发展。在这一点上，任何时代、任何地域、任何种族的人类群体概莫能外。从这一意义上讲，人类文明有着统一的价值标准。而所谓"文化"，则是指人在改造客观世界、在协调群体关系、在调节自身情感的过程中所表现出来的时代特征、地域风格和民族样式。由于人类文明是由不同的民族、在不同的时代和不同的地域中分别发展起来的，因而必然会表现出不同的特征、风格和样式。

如此说来，"文明"与"文化"是两个既相联系又相区别的概念：文明是文化的内在价值，文化是文明的外在形式。文明的内在价值通过文化的外在形式得以实现，文化的外在形式借助文明的内在价值而有意义。举个例子，如果说穿衣有着一种文明的内在价值，那么穿西服还是穿和服则是一种文化的外在形式——我们很难设想有一种不带民族、时代、地域特征的、没有任何风格和样式的抽象的服装；如果说吃饭有一种文明的内在价值，那么吃中餐还是吃西餐则是一种文化的外在形式——我们很难设想有一种不带民族、时代、地域特征的、没有任何风格和样式的抽象的饭菜；如果说使用器皿有一种文明的内在价值，那么用中式的陶瓷酒盅还是用西式的高脚玻璃杯则是一种文化的外在形式——我们很难设想一种不带民族、时代、地域特征的、没有任何风格和样式的抽象的容器……在前一种意义上，我们可以说衣衫褴褛是不文明的表现；在后一种意义上，我们却不能说穿中山装是没有文化的标志。在前一种意义上，我们可以说茹毛饮血是不文明的表现；在后一种意义上，我们却不能说吃美国快餐是没有文化的标志。在前一种意义上，我们可以在石器时代、陶器时代、青铜器时代之间排列出一个文明的序列；在后一种意义上，我们却不能说色调单一而又质地细密的黑陶没有文化品位……

我们可以从"文明"与"文化"的关系中来理解"文化",也可以在"存在"与"意识"的关系中来理解"文化"。我在《反理性思潮的反思》一书中也曾经分析,我们所说的"文化",是指介于"存在"与"意识"之间的一个特殊层次:

> 对于客观的物质存在来讲,文化属于社会意识方面的东西。尽管我们可以从仰韶的彩陶和殷商的饕餮中发现那个时代的"文化",但是我们所指的并不是这些彩陶和饕餮本身,而是指通过它们所反映出来的那种看不见摸不着的东西:一种时代的风尚、一种民族的习惯、一种社会的心理、一种集团的气质……对于主观的社会意识来讲,文化似乎又属于社会存在方面的东西。因为它既不是偶然的思想观点,又不以个人的主观意志为转移;相反,它是决定具体观点、影响个人意志的一种相对稳定的社会存在。尽管这种存在并不是以物质的形态摆在人们面前的,但却又是每一个社会的人所无法摆脱、难以超越的。这种文化不仅体现在人们外在的行为规范和典章制度之中,而且还会渗透到人们内在的心理习惯和思维方式之中,在历史的长河中积淀成所谓"文化-心理结构",所谓"集体无意识"……因此,如果要用一种哲学的语言来概括上述含义的话,那么我们将把"文化"界定为:一种非物质形态的社会存在。

在我们从两个角度上界定了"文化"的概念之后,让我们再来看一看"风尚"与"文化"之间的关系。在我看来,"风尚"是"文化"中最有时代、地域特色,从而最具有民族个性特征的生活样式和行为方式。如果我们把文化比作一顿美味大餐,那么风尚就是其中的味精和调料;如果我们把文化比作一件华丽的衣服,那么风尚就是衣服上的纽扣和装饰;如果我们把文化比作一场盛大的晚会,那么风尚则是晚会上的灯光和焰火……

当然,比喻永远是蹩脚的。从最概括的意义上讲,历史是由时间和空间中所发生的一系列具有因果关系的事件组成的自然或社会现象。而历史学的任务就是要确定这些事件所发生的时间和地点,并揭示其相互之间的因果关系。"风尚"即为一种社会现象,也便有着时间性和空间性的双重特征。从时间上看,"风尚"是一种"流行一时的"社会现象;反过来说,任何长期稳定的生活样式和行为方式都不可能成为"风尚"。这样一来,"风尚"便有了"历史"的意义。从空间上讲,"风尚"是一种"局部发生的"社会现象;反过来说,任何人类共有的、普世的生活样式和行为方式都不可能成为"风尚"。这样一来,"风尚"便有了"民族"的特征。于是,我们的研究和写作也便有了"时间"与"空间"、"历史"与"民族"的双重维度。首先,我们要告诉读者,中国历史上曾经出现过、流行过什么样的社会现象;其次,我们要告诉读者,这些曾经出现过、流行过的社会现象又有哪些时代性、地域性的社会根据;最后,这些具有时代性、地域性的生活样式和行为方式,便最终构成了我们中华民族的风尚史。

时间是世间万物生命的尺度,在这一尺度的丈量下,任何事物都不可能是一成不变的。就算是坚硬的岩石,也会随时间的推移而风化为泥土;就算是浩瀚的沧海,也会随时间的发展而演变成桑田。然而,在人类出现以前,自然界的演变是自发的,从而也是缓慢的。在人类出现之后,社会生活的演变则是自为的,从而也是迅速的。正像英国社会学家安东尼·吉登斯所说的那样,"现代世界的生活模式和作为其特征的社会结构与哪怕是最近的过去也截然不同,仅仅经历了两三个世纪——人类历史长河中的一瞬——人类社会生活就脱离了持续数千年之久的社会秩序类型"。考察几千年的人类文明史,我们不仅处在一个不断变化的世界之中,而且处在一个加速变化的世界之中。蓦然回首,我们或许会觉得上古时代的"卜筮"是那样的可笑,我们或许会觉得先秦时代的"殉葬"是那样的残忍,我们或许会觉得魏晋时代的"谈玄"是那样的滑稽,我们或许会觉得宋明时代的"贞烈"是那样的愚蠢……我们知道,在几千年的文明史中,人类的生理进化是微乎其微的,甚至可以是忽略不计的。那么,和我们同样聪明的古人何以会做出这些匪夷所思的事情呢?这便是"风尚"研究的"历史"意义所在。换言之，我们在这部著作中不仅要给读者提供一系列五光十色的"现象"，而且要为读者分析这些光怪陆离的现象背后所隐藏着的"原因"。

如果说时间是生命的尺度，那么空间则是个性的依据。按照黑格尔的理解，所谓个性就是无限规定的总和。就像"橘生淮南则为橘，橘生淮北则为枳"一样，这种"无限的规定性"显然与具体的空间环境有着错综复杂的联系。正如《礼记·王制》所说的那样："凡居民材，必因天地寒暖燥湿、广谷大川异制，民生其间者异俗。"以中国人的饮食为例，所谓"东酸西辣南甜北咸"，看上去似乎仅仅是一种毫无道理的习惯而已，细加分析却不难发现，这些习惯的形成或受制于不同地域的物产条件，或归因于人体在不同气候环境下的生理需求，各有各的道理。某些文化现象，在该文化圈以外的人看来似乎是十分荒谬的，但经过认真考察却往往能发现其潜在的功能和意义。就像中国人不太理解西方式宗教的迷狂一样，西方人也不太接受中国式礼教的烦琐。事实上，作为文化的"代偿"模式，正是由于中国古代宗教信仰的薄弱，才导致宗法礼教的烦琐；也正是由于西方古代宗法礼教的薄弱，才导致了宗教信仰的迷狂。而这一切，又可以在"古典的古代"之海洋文明和"亚细亚的古代"之黄河文明中找到根据。因此，在全球化进程不断加速的今天，对于中国古代风尚的研究，显然有利于其他民族对我们的理解和认同。换言之，我们在这部著作中不仅要给读者提供一系列色彩绚丽的"形式"，而且要为读者分析这些五彩斑斓的形式背后所隐藏着的"意味"。

俄国思想家别林斯基曾经指出：

> 每个民族的独特性，表现在什么地方呢？就在于它特殊的、只属于它的思想方式和对事物的看法，就在于宗教、语言，尤其是风俗。……在每一个民族的这些差别之间，习俗恐怕起着最为重要的作用，构成他们最为显著的特征。我们不可能想象一个民族没有采取顶礼膜拜的宗教形式，不可能想象一个民族没有阶层共通的语言，尤其不可想象一个民族没有一种特殊的、仅属于它的习俗。这些习俗，包

括着服装的样式,其原因应该求之于这国土的气候;包括着家庭及社会生活的形式,其根源隐藏在这民族的信仰、迷信和理解之中;包括着不可分割的国家之间的交换形式,其浓淡色度是由社会法制和社会阶层判别造成的。这些习俗,被传统巩固着,在时间的流转中神圣化,从一族传到另一族,从一代传到另一代。正像后代继承着祖先一样。它们构成一个民族的面貌,没有了它们,这个民族就好像是一个没有脸的人物,一种不可思议、不可实现的幻象。

当然,并不是说任何社会现象都具有天然的合理性,也不是说中国古代的民族风尚中没有需要改造的陈规陋习。"凡是现实的就是合理的,凡是合理的就是现实的。"这句出自辩证法大师黑格尔的名言,只在辩证法的意义上才能够被理解。包括"风尚"在内的任何现象只要存在,便有其历史的理由和社会的根据,而随着历史的进步和社会的发展,当这些理由和根据不复存在的时候,这种"风尚"也便失去了其存在的价值和意义。正像恩格斯在《路德维希·费尔巴哈和德国古典哲学的终结》一书中所说的那样:"这样一来,黑格尔的这个命题,由于黑格尔的辩证法本身,就转化为自己的反面:凡在人类历史领域中是现实的,随着时间的推移,都会成为不合理性的。"于是,任何流行一时的风尚,都会在人类历史的长河中呈现由不合理到合理再到不合理、由不存在到存在再到不存在的辩证运动轨迹。于是,一部风尚史也变成了人类经验由戏谑到庄严再到荒诞、由悲剧到正剧再到喜剧的运动过程。于是,揭示我们民族经验的这一辩证发展的复杂过程,也便成为本书的趣味所在、价值所在、意义所在。

本书没有采取编年史或断代史的方式,而是将不同的风尚编纂成不同的词条,再以大致的时间顺序加以排列。这样一来,我们便给读者提供了一个有关中国古代民族风尚的"万花筒",其词条就是万花筒中的彩色玻璃,读者可以随意旋转、穿插组合,以获得五彩缤纷的图案……

论汉传记文化中的"实录"叙事与民族精神[①]

王成军

男，1961年生，江苏师范大学比较诗学与比较文化研究中心主任，教授。

一

法国当代思想家保尔·利科（Paul Ricoeur）对叙事在认识论次序中的优先地位给予了充分肯定，并指出，叙事过程所带来的文化秩序或者文化统一性、连续性，实际上正是整个价值世界的文化基础。[1]汉文化是一个对叙事，尤其是对真实发生过的人物事件的叙事高度重视和践行的国家。"二十四史"之史传叙事的存在，是东西方其他国家望尘莫及的。如此推崇史官文化且给予史传叙事极高荣誉的也只有我们中国。日本学者吉川幸次郎不无羡慕地说："在西方，作者人生观、世界观的表达，通过新奇的事件进行架空的'创作'；在中国，则始终要求事件是实在的经验，人物是实在的人物，这反映了在文质彬彬之中讲求踏实的中国文化的倾向。"[2]这种不愿架空，希望在"行事之深切著明"（孔子语）的人物历史事件里寄托理想的传记文化，确实是中国文化所独有。[3]

---

① 国家社会科学基金一般项目"20世纪西方自传理论的话语模式研究"（编号：13BZW018）、江苏省社会科学基金项目："西方自传理论比较研究"。（编号：11WWB003）

实录无隐,秉笔直书,是中国汉传记文化叙事中"万代一准"的第一律法,是"编撰史传的唯一标准"[4],已经成为汉传记文化中的共识。在中国,上至帝王领导者,下至史传叙述者和欣赏者,莫不有此文化自觉。《新唐书》记载:褚遂良迁谏议大夫,兼知起居事。帝曰:"卿记起居,大抵人君得观之否?"对曰:"今之起居,古左右史也,善恶必记,戒人主不为非法,未闻天子自观史也。"帝曰:"朕有不善,卿必记邪?"对曰:"守道不如守官,臣职载笔,君举必书。"刘洎曰:"使遂良不记,天下之人亦记之矣。"帝曰:"朕行有三:一、监前代成败,以为元龟;二、进善人,共成政道;三、斥远群小,不受谗言。朕能守而勿失,亦欲史氏不能书吾恶也。"唐太宗的父亲李渊于《命萧瑀等修六代史诏》中明确表达了他对史传实录原则的赞美:"务加详核,博采旧文,义在不刊,书法无隐。"朱元璋对编撰《元史》的宋濂等人说:"但据事直书,具文见意,使其善恶自见。"(《纂修元史凡例》)宋濂完全认同这种观念:"古人作史,虽小善必录,小恶必记,不然,何以示劝诫?"(《赠传神陈德颜序》)我们甚至可以说,这种"实录叙事"的编撰原则,已经上升为一种叙事文化权力。在汉传记文化中,史传叙述者一直被赋予极大的叙事权威,这种叙事权威通常表现为直书无隐、讲真话、准确再现历史真相的执行力。

左丘明在《左传·襄公二十五年》里记载了史官们为"实录叙事"而不惜前仆后继的悲壮故事,大史书曰:"崔杼弑其君。"崔子杀之。其弟嗣书而死者,二人。其弟又书,乃舍之。南史氏闻大史尽死,执简以往。闻既书矣,乃还。吕祖谦赞美道:"身可杀而笔不可夺,铁钺有敝,笔锋益强,威加一国,而莫能增损汗简之半辞"[5]。美国学者汪荣祖更是感叹曰:"太史以死殉职,诚如烈士殉名,然其要犹不止史氏之令节、千秋之美名,其尤要者实乃维持之功。"[6]这里的"维持之功"指的正是中国史官文化中叙事权力的保有。故刘知几说:"史之为务,申以劝诫,树之风声。其有贼臣逆子,淫君乱主,苟直书其事,不掩其瑕,则秽迹彰于一朝,恶名被于千载。"[7]即便是手握生杀大权的崔杼等流,最后都不得不服从史传叙事者书写"崔杼弑其君"的最终结果。

另一方面，被孔子称赞为"古之良史也，书法不隐"的董狐，其所记载的"赵盾弑其君"的传主赵盾事实上并没有直接参与弑杀晋灵公的行动，可当太史董狐直书其"弑其君。以示于朝"并向其解释之所以说他"弑其君"的原因后，也无奈接受了史传叙事者的"实录叙事"的义法原则，被动"维持"了史传文化叙事的权威。大史书曰："赵盾弑其君。"以示于朝。宣子曰："不然。"对曰："子为正卿，亡不越竟，反不讨贼，非子而谁？"宣子曰："呜呼，'我之怀矣，自诒伊戚'，其我之谓矣！"孔子曰："董狐，古之良史也，书法不隐。赵宣子，古之良大夫也，为法受恶。惜也，越竟乃免。"（《左传·宣公二年》）由此看来，"实录"的概念与内涵，包括孔子所说的赵盾"为法受恶"的"法"，是颇具汉文化民族特色且展示了中国民族精神之特质，值得我们进一步展开探讨。

二

"实录"概念最早见于两汉时代刘向、扬雄、班彪、班固等对司马迁的评价中。《汉书·司马迁传》曰："故司马迁据《左氏》《国语》，采《世本》《战国策》，述《楚汉春秋》，接其后事，讫于天汉。其言秦、汉，详矣。至于采经摭传，分散数家之事，甚多疏略，或有抵牾。亦其涉猎者广博，贯穿经传，驰骋古今，上下数千载间，斯以勤矣。又，其是非颇缪于圣人，论大道而先黄、老而后六经，序游侠则退处士而进奸雄，述货殖则崇势利而羞贱贫，此其所蔽也。然自刘向、扬雄博极群书，皆称迁有良史之材，服其善序事理，辨而不华，质而不俚。其文直，其事核，不虚美，不隐恶，故谓之实录。"

为此，《汉书·司马迁传》颜注引汉末应劭释"实录"义为"言其录事实"也。事实上，应劭这里只说出了"实录"中的一个最基本的含义，而班固代表刘向、扬雄、班彪等已经把话说得很明白了，所谓"实录"，就是"其文直，其事核，不虚美，不隐恶"。"文直"指的是"文（史家的记述）与事（史实）相合，也就是说史家的文字记述如实地表达史事的真相"，

"事核"强调的是"对事物进行正反两面的考察和多方审核,去伪存真而求得其实"。[8]

我们认为,所谓"实录"的这个含义不能忽视,"不虚美,不隐恶"指的就是史传作家应像董狐、齐太史那样时刻心存"义法",用"不虚美和不隐恶"的史实来展示传主的美丑,以使"乱臣贼子惧"。这一点我们需要特别强调,因为这正是史传叙事中最具有汉文化特色和可升华为汉民族文化精神的叙事特质之一。

梁启超指出,孔子之所以删改《春秋》,是不愿意将其载入空言中,而是将其植入"深切著明"的历史事实之中:"孔子所作《春秋》,表面上像一部二百四十年的史,然其中实蕴含无数'微言大义',故后世学者不谓之史而谓之经。"同理,司马迁写《史记》也有此目的。"司马迁实当时《春秋》学大师董仲舒之受业弟子,其作《史记》盖窃比《春秋》,故其《自序》首引仲舒所述孔子之言曰:'我欲载之空言,不如见之于行事之深切著明也。'其意若曰:吾本有种种理想,将以觉民而救世,但凭空发议论,难以警切,不如借现成的历史上的事实做个题目,使读者更为亲切有味云尔。《春秋》旨趣既如此,则窃比《春秋》之《史记》可知。故迁《报任安书》云:'欲以究天人之际,通古今之变,成一家之言。'"[9]

日本学者吉川幸次郎从日本人的角度敏锐地发现了汉传记文化的这个特征:"司马迁并不是以朴素的记叙和本能来写作《史记》的,所谓'我欲载之空言'。可以说,司马迁记叙的许多'行事'也得益于'空言',由于以'空言'的形式写成的而未能达到'深切著明',也就是由于不够深切、不够明了,所以才利用'行事',也就是用事实来表达这个目的。从而,司马迁所作的《伯夷传》《伍子胥传》《乐毅传》之类的古代英雄传记,就不只是伯夷、伍子胥、乐毅个人的传记,而是推而广泛地指出人间现实中的伯夷式的、伍子胥式的和乐毅式的人物。也就是说,单数的伯夷、伍子胥和乐毅代表了复数的伯夷、伍子胥和乐毅的传记。这一倾向,在与司马迁自身的命运相联系的同时代人的传记中,则更为确切明显。总之,司马迁在《史记》中所写下的,毕竟有着对人间和世界的思索。"[10]也就是说,中国史传叙事中的"实录"内涵,永远彰示"不虚美,不隐恶"理念,但是在叙录事实的同时却始终有着用事实展示思想的目的。"迁著书最大目的乃在发表司马氏一家之言,与荀况著《荀子》、董生著《春秋繁露》性质正同,不过其一家之言乃借史的形式以发表耳,故仅以近代史的观念读《史记》,非能知《史记》者也。"[9]

事实上,西方近代之史学观念,已经受到了 20 世纪后期解构主义思潮,尤其是新历史主义观念的怀疑与颠覆。在新历史主义者看来,任何史学作品都包含了一种深层结构,它是诗学的,实质上也是语言学的,是一种未经批判而被接受的范式。海登·怀特认为,只要史学家继续使用基于日常经验的言说和写作,他们对于过去现象的表现以及对这些现象所做的思考就仍然会是"文学性的",即"诗性的"和"修辞性的",其方式完全不同于任何公认的明显的"科学的"话语。在他看来,历史事实都是在思想观念中构成的,是以对文献和其他类型的历史遗存的研究为基础的构造。"历史事件首先是真正发生过的,或是据信真正发生过的,但已不再可能被直接感知的事件。由于这种情况,为了将其作为思辨的对象来进行建构,它们必须被叙述,即用某种自然或技术语言来加以叙述。因此,后来对于事件所进行的分析或解释,无论这种分析或解释是思辨科学性的还是叙述性的,都总是对于预先已被叙述了的事件的分析和解释。"[11]这里,新历史主义的观念,正暗合了中国传记文化中借史的形式以发表"一家之言"的"实录叙事"之理念。

三

学者易宁、易平研究发现,所谓董狐笔、太史简的春秋笔法应该表述为"直笔"而非"实录":董狐是亲见晋灵公被杀之事,知灵公实为赵穿所杀,却书赵盾有罪。他的依据是"法"。按当时"法"规,赵盾身为正卿执政大夫,国君被杀时尚未逃出国境,返朝后又不讨弑君者赵穿,就必须承担弑君罪责。董狐只认定"法",所书依"法"行事。至于事实情况如何,不予追究。因此，董狐所书已不是对事件的直接记录，而是对其性质的判断。他的判断标准是"法"。这种"书法"就有可能出现与事实背离的情况。齐太史所书，只是对事件某一部分的记录，而非事实的全部。他依据部分事实来对整个事件定性，就会有片面性。这同样是受"书法"限制。由此可见，春秋时史官记事原则，往往是以当时的一般观念——"法"为准绳来记述历史的，"法"是第一位的。而司马迁则异于是，他首先是对事件全过程进行考察审核以求得其真相（事核），然后把它如实地记述下来（文直），事实是第一位的。作者本人的见解和是非评议乃是从具体事实的记述中间接地反映出来。这就是《史记》"实录"与《春秋》"直笔"最主要的不同点。[8]

我们认为，易宁、易平指出《春秋》"直笔"与司马迁"实录"的这一区分，是极有学术价值的。但是，把"直笔"从"实录书法"中剔出却实在是没有必要，这既违反中国史传叙事的事实，包括《史记》纪传的叙述事实，又抹杀了汉传记文化"实录叙事"的整体独特性。也就是说："古者人君立史官，非但记事而已，盖所以为监诫也。动则左史书之，言则右史书之，彰善瘅恶，以树风声。故南史抗节，表崔杼之罪；董狐书法，明赵盾之愆。是知直笔于朝，其来久矣。"（《周书·柳虬传》）在汉传记文化中，"直笔"二字，绝非"但记事而已"，它要"申以劝诫，树之风声"，以表明崔杼、赵盾等流的"弑君"之罪愆。作为史官叙事者就是要坚守这个叙事"律法"。细读《左传·宣公二年》，虽然书写为"赵盾弑其君"，但传文前后，已经明示晋灵公不君，赵盾在多次被晋灵公追杀的情况下，不得不出逃。"乙丑，赵穿攻灵公于桃园。宣子未出山而复。大史书曰：'赵盾弑其君。'以示于朝。"杜预注："灵公不君，而称臣以弑者以示良史之法，深责执政之臣。"孔颖达《正义》"《释例》曰：'经书赵盾弑其君，而传云灵公不君，又以明于例此弑宜称君也。'弑非赵盾而经不变文者，以示良史之意，深责执政之臣，传故特见仲尼曰：'越竟乃免'，明盾亦应受罪也。虽原其本心，而《春秋》不赦其罪，盖为教之远防也。"也就是说，这里的史传叙事者，明确告诉读者，亲手弑君的与难逃弑君之传记文化"律法"的是赵穿和赵盾二人。因此，我们认为这里的董狐所书既是对历史事件的直接且准确的记录，又达到了借史以劝惩戒的征用之目标。

总之，中国汉文化是一个对叙事尤其是对真实发生过之人物历史事件的叙事高度重视的国家。二十四史之史传叙事的存在，是东西方其他国家望尘莫及的。史官文化的制度设计且给予史传叙事者极高荣誉的也只有我们中国。在世界叙事这个大舞台中，20世纪以来，我们曾经过分高估了西方文化中架空的小说叙事等虚构美学，对中国汉文化纪实叙事的客观评价不无缺失，尤其是忽略了史传文化叙事这一富有中国民族精神特色叙事经验的总结与发明。由此，在构建"中国梦"的大时代文化背景中，我们认为，"实录叙事"是汉传记文化中最独具中国民族特色的传统叙事经验之一，它是中国汉传记文化叙事中"万代一准"的第一律法，它彰示"不虚美、不隐恶"之叙事理念，并且在叙录事实的同时始终有着用事实展示其思想之宏大旨归，体现了汉文化在"文质彬彬之中讲求踏实的中国文化之倾向"。

【注释】

[1] 转引自王鸿生，《叙事与中国经验》序言，上海：同济大学出版社2008年版，第2页。

[2] 吉川幸次郎，《纪实与虚构——文学革命与中国文学的未来》，《日本学者中国文学研究译丛》，长春：吉林教育出版社1990年版，第226页。

[3] 《史记·太史公自序第七十》引孔子语："我欲载之空言，不如见之于行事之深切著明也。"司马贞索隐案："孔子言我徒欲立空言，设褒贬，则不如附于当时所因之事。人臣有僭侈篡逆，因就此笔削以褒贬，深切著明而书之，以为将来之诫者也。"

[4] 俞樟华，《中国传记文学理论研究》，长沙：湖南文艺出版社2000年版，第17页。

[5] 吕祖谦，《东莱博议·曹刿谏观社》卷二，台北：三民书局2009年版，第2页。

[6] 汪荣祖，《史传通说》，北京：中华书局1989年版，第271页。

[7] 刘知几，《史通·直书》，上海：上海古籍出版社2009年版。

[8] 易宁、易平，《史记"实录"新探》，《史学史研究》，1995年第4期。

[9] 梁启超，《梁启超国学讲录二种》，北京：中国社会科学出版社1997年

版，第 21 页。
[10] 吉川幸次郎，《我的留学记：中国文学中的希望与绝望》，北京：光明日报出版社 1999 年版，第 123 页。
[11] 张京媛主编，《新历史主义与文学批评》，北京：北京大学出版社 1993 年版，第 100 页。

新汉学论

自在、自为与自觉：汉民族研究百年学术史

徐杰舜

1943年生，广西民族大学民族学与社会学学院教授，博士生导师。

汉民族的形成不是一蹴而就的，汉民族研究也不是一步登天的。汉民族研究学术发展史百余年来，经历了从自在转化到自为，再转向自觉研究的三个阶段。本文不揣冒昧，试对此作一回顾，就教于大方之家。

一、历史文献的记载：自在研究汉民族的阶段

人过留名，雁过留声。汉民族不因他者的在场或不在场而存在于世界的东方，却在浩如烟海的历史文献中留下了"名"，留下了"声"。

与汉民族的形成起于夏、商、周三代，经春秋战国的民族大融合，汉民族的前身——华夏民族横空出世相匹配，在先秦的历史文献中有许多记载，透露出华夏民族的形成。如先秦的历史文献中多称华夏民族为"夏"或"诸夏"。《尚书·虞书·舜典》有"蛮夷猾夏"的说法，《左传》闵公元年又有"诸夏亲昵"的记载。[1]有的又称之为"华"或"诸华"。《左传·襄公十四年》有"诸戎饮食衣服不与华同"的说法，又有"诸华必叛"的记载。[2]可见，古人时而以"夏"和"蛮夷"对称，时而又以"华"与"夷"对称，所以孔子干脆视"夏"与"华"为同义词，他说："裔不谋夏，夷不乱华。"[3]最早把"华""夏"连用的也是《左传》，即《左传》襄公二十六

年云:"楚失华夏。"这是关于"华夏"一词的最早记载,也可以说是汉民族自在研究的"留名"。所以,春秋之时文献中以"夏"或"诸夏"、"华"或"诸华"称呼在民族大融合的潮流中横空出世的新民族。随着历史的推移,"华夏"一词遂成为这个新民族的族称。

华夏民族横空出世之时,其民族的自我意识也开始产生。它的表现就是春秋时期民族关系朝着民族大融合的大趋势发展的同时,民族关系的另一个趋势也得到了发展,这就是随着华夏民族的形成,其与周边的"夷、蛮、戎、狄"的民族界限更加明显。首先是地域界限自此明确固定下来,所谓"内诸夏而外夷狄"的观念,正是这个时期形成的。春秋初期被称为"诸夏"的国家,主要包括姬姓的鲁、蔡、曹、卫、晋、郑、燕,姜姓的齐、许、申、吕,子姓的宋,妫姓的陈等国。至于与"诸夏"对称的所谓"夷、蛮、戎、狄",则基本上不再指中原地区内的夷、蛮、戎、狄,而专指中原地区以外的"夷、蛮、戎、狄"了。其次,不同的民族语言也明显表现出来,民族与民族之间的交往都需"重译而至"[4],经过翻译方能了解。其三,在风俗习惯方面的区别也更为突出。例如服饰,华夏民族是头着冠、发着笄[5],而戎狄是"被发"[6],百越是"断发"[7]或"劗发"[8],西南诸少数民族则是"盘发"[9]或"编发""辫发"[10]。华夏民族的衣服为右衽,夷、蛮、戎、狄则多为左衽。华夏民族行土葬,夷、蛮、戎、狄则或行火葬,或行岩葬,或行悬棺葬等。因此,所谓"尊王攘夷"口号的提出,从汉民族研究的意义上来说,这也是一种自在的表现。

汉民族族称的确定,从汉民族研究的意义上来说,又是一种自在研究的表现。

司马迁在《史记》中首称汉民族为"秦人"。《史记·大宛列传》载,贰师与赵始成、李哆等计:"闻宛城中新得秦人知穿井,而其内食尚多。"据查,《汉书·李广利传》在抄录这段文字材料时,仅将"秦人"改为"汉人",可见此所谓"秦人"即指汉民族。随后,班固在《汉书》亦称汉民族为"秦人"。《汉书·匈奴传》载:"于是卫律为单于谋,穿井筑城,治楼以藏谷,与秦人守之。"这里的"秦人",即"秦时有人亡入匈奴者,今其子孙尚号秦人"[11]。可见秦人后裔在汉代仍被匈奴称为"秦人"。

那么，汉帝国之人是否也被称之为"秦人"呢？《汉书·西域传》武帝征和四年下轮台之诏罪己，引军侯弘上书："匈奴缚马前后足，置城下，驰言'秦人，我丐若马'。"对此，颜师古《注》中明确指出："谓中国人为'秦人'，习故言也。"宋代胡三省在注《资治通鉴》时亦云："据汉时匈奴谓中国人为'秦人'。"可见汉帝国之人也被称之为"秦人"。

除历史文献的记载外，历史文物也提供了例证，永寿八年石刻《刘平国治□谷关颂》："龟兹左将军刘平国以七月二十六日发家，从秦人孟伯山、狄虎贲、赵当卑、万□羌、石当卑、程阿羌等六人共来作□□□谷关。"王国维考此石刻，证明汉代"皆谓汉人为秦人"[12]。

然而，随着历史岁月的蹉跎，东汉之时汉民族已有"汉人"之称，除上已提及的《汉书·李广利传》将"闻宛城中新得秦人知穿井"中"秦人"改称为"汉人"外，在《后汉书》中更是频频出现[13]，而且《后汉书·乌桓鲜卑传》所载建安十一年，"时幽、冀吏人奔乌桓者十万余户"一事，《资治通鉴》卷六十五记为："乌桓乘天下大乱，掠有汉民十余万户。"从这些历史文献中可见汉帝国通西域，伐匈奴，平西羌，征朝鲜，服西南夷，收闽粤南粤，与周边邻国和邻族进行了空前频繁的交往，逐渐被人们所认识。各邻国和邻族遂弃旧称，在称汉帝国的使者为"汉使"、汉帝国的军队为"汉兵"的同时，顺理成章地改称"秦人"为"汉人"。当然，此时所称之"汉人"或"汉民"，均为汉朝人之义。同时，无庸赘言，"汉人"之称则源于汉帝国。这也是现代一些史学家认为汉族之名起于汉帝国的主要原因。[14]

其实，"汉人"一词真正被赋予"汉族"之义、指称汉民族是在南北朝之时。这时国运长达400年之久的汉帝国被魏、蜀、吴三国肢解后，经五胡十六国，到南北朝，正是北方少数民族入主中原之时。北方少数民族所建之割据政权，特别是北朝的北魏、东魏和北周的统治者都是鲜卑族，他们对所统治的中原居民，统称为"汉人"或"汉儿"[15]。对此"汉人"一词指称汉民族之缘起情况，清末文学家李慈铭在《越缦堂日记》中作了详细的论述，可作见证。[16]

及至唐代，由于唐帝国是中国封建社会的黄金时代，所以唐帝国时，又出现了"唐人"一词指称汉民族的新情况。如唐沈亚之《沈下贤文集》称："自瀚海以东，神鸟、敦煌、张掖、酒泉，东至于金城、会宁，东西至于上邽、清水，凡五十郡、六镇、十五军，皆唐人子孙，生为戎奴婢。"[17]《新唐书·吐蕃传》刘元鼎出使吐蕃经过兰州时，所见"兰州地皆粳稻、桃李榆柳岑蔚，户皆唐人。见使者麾盖，夹道观。"又如元人吴鉴在《岛夷志略·序》中云："自时厥后，唐人之商贩者，外蕃率待以命使臣之礼。"再如《明史·外国真腊传》云："唐人者，诸番呼华人之称也。凡海外诸国尽然。"关于"唐人"一词出现的原因，清初诗人王士禛在《池北偶谈·汉人唐人秦人》中作了明确的说明，其云："昔予在礼部，见四夷进贡之使，或谓中国为汉人，或曰唐人。谓唐人者，如荷兰、暹罗诸国。盖自唐始通中国，故相沿云尔。"可见称汉民族为"唐人"者，多为自唐帝国开始才与中国有往来的国家。所以至今东南亚一带及海外仍有人称华侨为"唐人"，不少国家华侨聚居的地方还建有唐人街。

但是，"唐人"一词作为族称，并没有被汉民族本身所承认，唐帝国时虽比汉帝国更繁荣、昌盛，但其在与周边邻国和邻族交往中仍自称"汉"。由于唐帝国是一个多民族的国家，加之实行了比较开放的民族政策，所以边疆少数民族在唐任高级武将的很多，如契苾何力、薛吐摩支、安禄山、哥舒翰、李光弼等，他们与汉人郭子仪、郭虔瓘等统领的军队均系蕃汉兵混编而成，故《唐书》上常称某某"率蕃汉兵"若干万。特别突出的是在与吐蕃的交往中，即称"蕃汉两家"[18]，在划定边界时也称蕃界、汉界，至今仍耸立在拉萨的"唐甥舅联盟碑"碑文中，就有蕃、汉两文，或分写，或联写。在新疆出土的藏文书信中，就有一封命令中说："驻陇州大臣：猪年期间发布手令，据汉（苗）两族官员呈报，先是，蕃松及相论亚耶二人，编造谎言，取沙州汉人女子，名为娶妻，实则用作奴婢。"[19]可见唐时所称的"汉"，就是指唐地及唐人，"汉"字原来所指的汉朝人之义已完全消失，而指汉民族之义则由南北朝时北方少数民族对汉民族的他称而转变、发展为汉民族的自称了。

正因为"汉人"之称在唐代已从他称变为自称,所以唐以后,"汉人"(或"汉民")一词的应用更为广泛了。如《旧五代史·张砺传》载,辽代的张砺在被契丹虏获后说:"砺,汉人也!衣服饮食与此不同,生不如死,请速就刀。"[20]张砺自称为"汉人",民族自我意识感跃然纸上。在金代,《金史·卢彦伦传》载,临潢留守耶律赤狗儿云"契丹、汉人久为一家""番汉之民皆赤子也"。"汉人"作为族称之意不言而喻。在西夏,成书于公元1190年、至今保存完好的西夏文汉语对照词典《番汉合时堂中珠》中说:"不学番语,则岂和番人之众;不会汉语,则岂入汉人之情。番有智者,汉人不敬;汉有贤者,番人不崇,若此者,由语言不通故也。"在这里,"汉人"一词指称汉民族是再明白不过的了。在元代,元王朝将全国人分为蒙古人、色目人、汉人、南人四等。此所谓"汉人""南人"之分以宋、金疆域为界,实承袭金代的传统说法。后元王朝取消了"汉人"与"南人"之间的界限,统称为"汉人"。由此之故,原是南宋宫廷琴师的诗人汪元量,在元灭宋,随三宫被虏北去后所写的很多纪实诗中常以"汉人"或"汉儿"入诗,如《湖州歌》有"汉人歌罢楚人歌""汉人犹惧夏爷爷"之句,这既说明了元代"汉人"一词的含义,又反映了宋王朝的人对"汉人"一词的认识。这样,"汉人"一词作为汉民族的族称,在历史文献中一直延续到明、清两代亦然。

纵观自汉至清2000多年的历史,"汉人"之称作为汉民族的族称,虽源于汉帝国,但在历史长河的衍变中,经过历史的洗礼,早已与历代朝号无关,基本上成了汉民族族称的专有名词。

总之,无论是他称还是自称,汉民族纯粹地与它的对立相区分。几千年的历史文献都准确地、鲜明地、生动地记载和证明了汉民族顺其自然、客观的自在。

二、20世纪汉民族研究的崛起:自为研究汉民族的阶段

历史终于有了突破。汉民族自为的存在就是汉民族意识面对自我的在

场。而在汉民族研究从自在转为自为之时，突破来自20世纪初西方学者在汉民族起源问题上提出的"汉族西来说"。

(一) 汉民族自为研究的突破来自汉族西来说

汉族西来说源于中国人种西来说。早在1654年德国耶稣会会士戴进贤（Kircher）在其所著《埃及谜解》以及《中国图说》中，根据所谓中国与埃及象形文字有颇多相似之处，断定中国古代的人是埃及人的苗裔，从而提出中国人种源于埃及。继之法国人余厄（Huet）更谓中国为埃及的殖民地，法国人都·给纽（De Guignes）亦云中国文化出自埃及。

有的却说汉民族来源于巴比伦。鼓吹此说最力者为法国人拉克伯里（Terrien de Lacouperie），在其1894年出版的《早期中国文明的西方起源》（又译《支那太古文明公元论》）中认为，《尚书》中所说之"百姓"，是巴比伦巴克（Bak）之转音，故汉民族传说中的始祖黄帝即是巴比伦巴克族的酋长。[21]拉氏在1899年出版的《支那文明史》中，列举中国与巴比伦在文字、信仰、传说、政治制度等方面70条相类之处，从而证明汉民族源于巴比伦之说的正确。

有的又说汉民族源于印度。法国人戈比奈（Godineau）在1853年就说："一要足以证明《摩奴法典》所言之无误，而且因之足以证明中国文化实由印度英雄时代后一支印度民族（即白色阿利安的首陀罗人）所传入，而中国神话中之盘古实即印度民族迁入中国河南时之酋长。"[22]

有的又说汉民族源于中亚细亚。英国人波尔（Ball）、美国人攀柏里（R. Pumpelly）、威廉士（E. F. Williams）等因为安诺（Anau）和墨夫（Merv）两个古址的发现，推论人类应发源于中亚细亚，后由于其地变得干燥，才分为两支，一支向西迁入巴比伦，一支向东迁入中国。

此外，对于汉民族的起源，还有什么印度支那说、北亚美利加说、土耳其说，等等，真是众说纷纭，五花八门。[23]其中以"巴比伦说"影响最大，从19世纪末到20世纪初，一般所说的"中国人种西来说"或"汉族西来说"即指巴比伦说。尽管如此众说纷纭，对汉民族研究的意义却只有一个，即成了汉民族研究从自在转向自为的拐点。

拐点一出现，中国汉民族研究就从自在转向自为了。民族意识面对自我的在场，学者们开始关心汉民族的起源问题了。刘师培在《中学历史教科书》中就明确认同西来说："汉族初兴，肇基迦克底亚，古籍称'泰帝''泰古'，即迦克底之转音，厥后逾越昆仑（今帕米尔高原），经过大夏（今中亚细亚），自西徂东以卜居于中土。故西人谓华夏之称起于昆仑之花国（西人谓'华'字起源，由中国开基祖东渐时，途经昆仑山下，有雄大之邦名曰'华国'，心醉其隆盛，因记而传之子孙；及后人继先祖之志，遂称为'华'）。"刘师培列举了盘古和天皇地皇人皇氏等人，"皆汉族初入中国之君也"。1908年出版的《中学中国历史教科书》坚持汉族西来说。在"华族西来说"一节中，详述了华族来源诸种说法，如高原说、东方说和西方说。其中关于"西方说"，"主是说者，为欧洲学者拉克伯里（Lacouperie），谓古代巴比伦，为华族祖国。当西历纪元前二二八二年，有那苛黄特（Nakhunte）者，率巴克民族东迁达于昆仑山脉之东方，盖即中史黄帝其人也"。作者列举了"纪时相同""文字相同""庶政相同"三个证据，认可中国人种来自巴比伦。认为"华族""即泛称汉族者是，由西方迁入本部"[24]。从这本中学教科书对中国人种起源的记述来看，可见汉族西来说在20世纪初期是流行于世的。如1915年袁世凯政府制定的国歌中，就有"华胄来从昆仑东，江河浩荡山绵连"的词句。

（二）汉民族自为研究的新拐向：中国人种土著说的确立

汉族西来说启发了中国学者对汉民族研究的自在认识，但在汉民族研究从自在转向自为之后，随着民族意识的觉醒，汉民族意识的内在结构也逐渐发生变化。辛亥革命后，较早把西方学者关于民族的概念介绍到中国来的梁启超，在其所著《中国历史上民族之研究》论及"诸夏"时说："吾族自古名曰'诸夏'，以示别于夷狄；诸夏之名立，即民族意识自学之表征；'夏'而冠以'诸'，抑亦多元结合之一种暗示也。"对于"诸夏"地域之扩大，又说："春秋初期，诸夏所支配地，惟有今河南山东两全省（其中仍有异族）及山西、陕西、湖北、直隶之各一小部分；及其末期，除此六省已完全归属外，益以江苏、安徽二省及浙江省之半、江西省之小部分；

及战国末年,则除云南、广东、福建三省之外,中国西部,皆为诸夏势力范围矣。"[25]因人们一般都认为"诸夏"即华夏族,是汉民族的前身,故梁启超《中国历史上民族之研究》可以说是近代中国学者研究汉民族的先声。

而中国人种土著说的确立,与中国近代考古学的兴起,特别是北京人的发现有关,使得人们相信中国人起源于本土。但是,考古发现只能说明远古中国有人居住,他们是不是中国人的祖先,尚有疑问。土著说的确立中,除了考古发现的证据外,还有民族感情的因素。

从20世纪三四十年代,人们开始对汉民族西来说提出了质疑,不少学者纷纷著书立说,一面质疑汉民族西来说的种种论点,一面论述汉民族的形成、发展及其民族精神。其中最有代表性的是商务印书馆1936年出版的由林惠祥先生所著的《中国民族史》。关于汉民族的起源和形成,林惠祥先生认为汉民族来源于中国古代的华夏系、东夷系、荆吴系、百越系。华夏系"为今汉族之主干","汉以前只称华夏,汉以后则称汉族"。[26]此外,吕思勉在《中国民族史》中,以详尽的考证,说明某些"学者"所据之"汉族西来说"之理,都是"实不可信"的伪作,认定汉族"为最初组织中国国家之民族。其语言、习俗、文化等,皆自成一体,一线相承"。在《中国民族演进史》中,他曾提出过汉民族形成于秦汉的观点。因此,"汉族之称,起于刘邦有天下之后"[27]。所有这些关于中国人种土著说的论说,构成了汉民族自为研究的新拐向。

(三)汉民族自为研究的第一个高潮:20世纪50年代汉民族形成的讨论

中华人民共和国成立后,尤其是在20世纪50年代中期,汉民族形成问题的讨论掀起了一个高潮。1953年下半年,苏联学者格·叶菲莫夫发表了《论中国民族的形成》一文,论证了中国(指汉民族)在封建制度消灭与资本主义发展过程中形成民族的过程,但他却称封建社会时期的汉民族为部族。[28]与此针锋相对,1954年上半年,范文澜在《历史研究》上发表了《试论中国自秦汉时成为统一国家的原因》一文,[29]提出了汉民族形成于秦汉时期的意见。他认为,中国自秦汉起,已经具备了斯大林所指出的关于民族的四个特征。"汉族自秦汉以下，既不是国家分裂时期的部族，也不是资本主义时代的资产阶级民族，而是在独特的社会条件下形成的独特的民族。"范文澜的这个观点，是我国学者用马克思主义的民族理论，结合中国的国情，创造性地研究汉民族形成问题的第一炮，是汉民族形成问题上的一个重大突破。

对此，我国学术界展开了引起国际学术界重视的讨论。当时，除章冠英发表文章，同意范文澜的观点外，其余均持反对意见，宫显、曾文经、杨则俊、魏明经、张正明等认为秦汉以来开始形成的是汉部族而非汉民族。汉民族形成的具体时间在这些学者之中又分为两种，一种是宫显、曾文经等的汉民族形成于鸦片战争以后的观点；另一种是张正明、杨则俊等汉民族形成于明代后期的观点。凡此种种，分歧很大。[30]

分歧虽大，不如影响更大。这次关于汉民族形成问题的讨论，当时就被中国学术界称为中国历史讨论的五朵金花。[31]但是随着时间的推移，特别是汉民族形成问题讨论原来浓重的意识形态色彩逐渐褪去后，其学术意义和价值更加彰显。五十多年后的今天，我们可以更清楚地看出范文澜的观点，不仅是对刻板苏联民族理论的巧妙突破，在汉民族形成问题的研究上具有划阶段的意义，而且在一个特殊年代，能通过新的观察视角、运用新的概念工具思考中国民族研究，其理论胆识之大、论证技巧之妙、坚持真理之切，至今都是学术界的楷模。更重要的是从学术对话的意义上去评价，汉民族形成问题的讨论在开与"西方话语"对话机制之先河的同时，又是建构本土化历史话语系统的滥觞。

（四）汉民族自为研究的第二个高潮：汉民族研究意义的再认识

学术的发展往往是高潮之后为低谷。汉民族自为研究的第一个高潮兴起之后，学者们发现在与"西方话语"对话中产生分歧的一个重要原因，是人们对"民族"一词译名的不同认识和理解。找到了产生分歧的原因，研究自然转向深入。20世纪60年代初，北京座谈会的召开，《人民日报》发表了《关于"民族"一词的译名统一问题的讨论》[32]，牙含章根据恩格斯"从部落发展成了民族和国家"[33]的观点，在不经意中把范文澜提出的汉民族形成问题转换成了汉民族起源问题。他认为:"从秦及以前汉族自称'诸夏之族'这一名称推断,汉族这个民族可能是在夏代就已形成的一个古老民族。"[34]文传洋则提出了汉民族起源于夏、商、周诸民族,而正式形成于秦汉的意见。[35]而最有影响的是徐旭生在《中国古史的传说时代》(修订本)中所说:"把我国较古的传说总括起来看,华夏、夷、蛮三族实为秦汉间所称的中国人的三个主要来源。"[36]

进入20世纪80年代以来,汉民族自在研究日趋活跃而兴起,一时论著蜂起,无论在广度还是在深度都有新的发展。这个时期虽然对汉民族研究的具体问题有种种创见,如普遍承认华夏民族是汉民族的前身、对华夏民族起源多元还是一元的讨论,等等,但最重要的是对汉民族研究意义和价值的再认识。

最先认识到汉民族研究新意义和价值的是费孝通。1983年,他借给《盘村瑶族》写序之机说:

> 我最近越来越感觉到在民族地区做社会调查不应当只调查少数民族,因为在民族地区的汉族常常对这地区的发展起着重要的作用。少数民族的社会不能离开他们和汉族的关系而存在的。要研究民族地区的社会也不能不注意研究当地的民族关系,特别与汉族的关系,希望今后做民族研究的人能考虑我的这种体会。[37]

与此同时,费孝通在《广西民族学院学报》上还发表论文批评说:"我们所通用的'民族学',却不包括汉族的研究在内,顾名思义当然是不合理的。"[38]费孝通的批评和提醒,一反汉民族自在研究对汉民族形成和起源问题上的具体纠结,而是首次明确了汉民族研究的学科意义和价值。这种认识使汉民族自在研究有了一个升华。

不久,秋浦也发表文章,更明确地说:"应当指出,民族学的研究应当包括汉族,在目前情况下有其迫切的现实意义,绝不能视作一时的权宜之计,而应当看作是一个长远的方针,一个不可忽视的方面。只有这样,我们关于民族学的研究对象问题,才算是有了一个比较完整的理解。"[39]杨堃也强调:"就我国来说,我们不仅要研究少数民族,也要研究汉族。"[40]

费孝通、秋浦和杨堃的意见虽然非常重要,但由于媒介传播的限制,影响力受到束缚。殊途同归,1985 年,徐杰舜在《光明日报》上发表了《汉民族研究刍议》,文字不长,反应却强烈,引述如下:

> 汉民族拥有近十亿人口,又有上下几千年的历史。但是,我国学术界对于这个世界上最大民族的研究现状,说来令人难以相信:全国数以百计的各种社会科学研究机构中,唯独没有专门研究汉民族的机构;中国社会科学院有研究世界民族的任务,也有研究我国少数民族的任务,唯独没有研究汉民族的任务;研究少数民族的专门刊物虽然不多,但是总算还有几家,唯独没有专门研究汉民族的刊物。这种情况,与汉民族在世界民族中的地位和作用是极不相称的。
>
> 一些同志认为搞汉民族研究没有学术价值,因而不愿去从事这项工作。事实上,汉民族的研究是大有可为的。例如,汉民族自西汉形成以后,在两千多年的历史中,历经内忧外患,不管是五胡十六国的混战、南北朝的分裂,还是辽、夏、金的割据,元和清的统治,汉民族都没有被同化或被分裂,反而从小到大,逐渐发展起来,表现出惊人的同化力和凝聚力。研究汉民族的发展,特别是其同化力和凝聚力形成的规律和表现,不仅有重大的学术价值,而且对台湾的回归、祖国统一大业的完成也是有现实意义的。又如,汉民族乡土观念的形成与共同地域的关系,汉民族复杂的方言与共同语言的关系,汉民族"以农为本"的传统与共同经济生活的关系,汉民族丰富多彩的风俗习惯与共同心理素质的关系,等等,都是内容极其丰富的研究课题。总之,对汉民族这个人们共同体的形成、发展和特征等问题进行具体、深入、系统的研究,既有重要的学术价值,又是进行爱国主义教育和社会主义精神文明建设的需要。[41]

徐杰舜的文章虽短，但却从理论到现实两个维度简明扼要地阐述了汉民族自在研究的价值所在，值得注意的是这篇短文不仅是对费孝通批评的回应，更是一种理性的倡议。而且由于《光明日报》传播作用大、影响力强，加上此后徐杰舜又连续发表《汉民族研究再议》和《试论汉民族研究的学术意义》等论文，[42]反复强调在历史学、民族学和民族理论学科中，无论从哪一个方面、哪一个角度、哪一个层次去看，汉民族研究的地位和作用都是至关重要、无以取代的。从此汉民族研究才真正开始引起学术界的注意。

一石激起千层浪。就是在徐杰舜的倡议下，1986年6月25日至27日，由中国社科院民族研究所、四川民族研究所、广西民族研究所、云南大学历史系、广西民族学院民族研究所等五个单位联合发起，在广西南宁召开了"全国首次汉民族研究学术讨论会"，从而揭开了我国汉民族自在研究新的一页。对此，许多著名学者纷纷发表意见。

牙含章说："我认为广西民族学院这个头带得好，希望从此打开我国研究汉民族问题的局面，为我国的'汉学'研究做出贡献，也为全世界的'汉学'研究做出贡献！"[43]

章开源说："过去，汉民族研究在民族学中往往被对少数民族的研究挤掉了，汉民族史的研究也常常湮没在通史或断代史的研究之中。其实，汉民族有许多特殊的课题值得深入探讨，如汉民族的起源、形成和发展，汉民族的民族特征、文化传统和风俗习惯，汉民族与国内、国外其他民族的联系和交通，等等。除了20世纪50年代对汉民族形成问题开展过一些讨论外，其他问题鲜有专门研究，这与汉民族在世界民族之林的重要地位是不相称的，与汉民族在当前四化建设中所肩负的任务也是不相适应的。这种状况亟待改变。"[43]

吴泽说："作为一名史学工作者，我尤其感到高兴的是，这次会议汇集了历史学和民族学两方面的专家学者，这十分有利于历史学与民族学两门学科的协同研究。汉民族问题同许多其他课题一样，只有充分和有机地开展跨学科的探讨和研究，才能真正在科学的基础上得到较为深入和全面的解决。我相信,历史学与民族学工作者相互间的切磋与交流,一定会使汉民族问题的研究提高到一个新的水平。"[43]

张正明说:"汉民族是全中国人口最多的民族,可谓根深叶茂,源远流长。她在夷夏相激相汇中形成,在夷夏交流交融中壮大。要深刻认识汉民族,不可不对少数民族也有相应的认识;反之,要深刻认识少数民族,不可不对汉民族也有相应的认识。可想而知,对汉民族的研究必能获得超出汉民族自身的广泛效益。汉民族又是全世界人口最多的民族,声名文物,震古烁今。其生命力之顽强,创造力之旺盛,堪称卓绝。把她作为一个民族来研究,对于我们继往开来的伟大事业无疑有不可低估的重要意义。"[43]

贾敬颜说:"中国民族问题的研究在中国的过去与现代研究中一直居于颇为重要的地位,汉民族是中国各民族中最大的民族,但对它的形成和发展,一直研究得不深不透,因此汉民族研究学术讨论会的召开是十分必要的,也是很有意义的。我相信经过大会的召开,定能把汉民族的研究推向一个新的阶段。"[43]

陈永龄说:"汉民族研究,这个被忽视了几十年的极其重要的课题是应该提到议事日程上来了。""汉民族作为世界上最大的民族共同体,历来是世界学术研究的热点,但迄今仍有许多难点和疑点,甚至还是个'谜',有待于探索其规律性。"[44]

拐点出现后,剩下的就是勇往直前。汉民族自在研究的破冰之旅开通后,1994年中国民族学会汉民族研究分会成立,其后在长沙、南宁、泉州、宝鸡、昆明、章丘、洛阳、成都举行过八届年会,出版了部分会议论文集,努力在全国推进汉民族研究,使汉民族研究波及全国。在此还要提出的是,2008年4月在美国斯坦福大学召开的"汉民族研究反思国际学术研讨会",邀请徐杰舜作了《汉民族研究的雪球理论》的报告,获得国际学术界的广泛认同。从相思湖[45]到斯坦福,20年历程的中国的汉民族研究终于获得了国际认同。

学术界有一句俗话:靠成果说话。学术研究是否兴盛,靠的是学术成果。20世纪80年代以来,汉民族研究的著作不断问世,最主要的有徐杰舜的《汉民族历史和文化新探》(1985)、《汉民族发展史》(1992)、《汉族民间风俗丛书》(1990,1994)、《汉族民间风俗》(1998)、《雪球——汉民族的人类学分析》(1999)、《汉族风俗史》(1—5卷)(2004)、《汉族风俗文化史纲》(2004)、《中国汉族》(2012)、《中国汉族通史》(1—2卷)(2012)等汉民族研究系列,以及李龙海的《汉民族形成之研究》(2010)[46]等。

自世纪之交后的十余年,学术会议与研究专著合成了一部交响乐,形成了汉民族自在研究的第二个高潮,汉民族研究从此在中国、在世界兴起。

三、21世纪中华民族研究的重构:自觉研究汉民族的阶段

高度决定视野。正如杜甫在《望岳》诗中所言:"会当凌绝顶,一览众山小。"

汉民族研究从自在到自为,都是就汉民族论汉民族,就汉民族研究论汉民族研究,可以看到汉民族的过去,也可以看到汉民族的现在,但却看不清汉民族的未来走向。

那么在世界民族发展史的视野中,站在全球化的高度上,从中国民族关系发展的大趋势来看,汉民族及汉民族研究应处于一个什么位置呢?

(一)中华民族概念的变奏与汉民族的位置

中华民族虽然很古老,但中华民族的概念却只有一百余年。在这一百多年中,人们对中华民族的概念有一个认识和完善的过程。

1902年梁启超在《论中国学术思想变迁之大势》一文中,先对"中华"一词的内涵做了说明。他说:"立于五洲中之最大洲而为其洲中之最大国者,谁乎?我中华也;人口居全地球三分之一者,谁乎?我中华也;四千余年之历史未尝一中断者,谁乎?我中华也。"[47]随后,他在论述战国时期齐国的学术思想地位时,正式使用了"中华民族",又云:"齐,海国也。上古时代,我中华民族之有海权思想者,厥惟齐。故于其间产出两种观念焉，一曰国家观；二曰世界观。"[47]那么，梁启超所言"中华民族"何所指呢？1905 年，梁启超在《历史上中国民族之观察》中七次以上使用了"中华民族"一词，更是明确指出，"今之中华民族，即普通俗称所谓汉族者"，它是"我中国主族，即所谓炎黄遗胄者"。[48]可见，在此"中华民族"就是汉民族。在梁启超的这个概念里，汉民族的位置就是中华民族。

但是梁启超有时又以"中华民族"指中国所有的民族，在《历史上中国民族之观察》中，梁启超以汉族与别的民族的"混合"与"同化"为中心展开论证。他认为，汉族（在此指中华民族）"自始本非一族，实为多数民族混合而成"[48]。在"先秦以前，中国本土除华族以外，还有八族，即苗族、蛮族、蜀族、巴族、氐族、徐淮族、吴越族、百濮族。最后，除苗、濮二族外，其余六族皆已同化于中华民族（即汉族）"[48]。从历史演变的角度指出中华民族是中国境内的所有民族，汉、满、蒙、回、藏等为一家，是多元混合的。在此他承认了中国民族的多元，但他又把这个多元的民族视为一个整体，可指"汉族"，又称"中华民族"。这正是梁启超既可贵又矛盾之处。

但梁启超的思想并没有停滞。他在《中国历史上民族之研究》一文中，提出了"民族之分野，民族成立之唯一要素，在'民族意识之发现与确立'。何谓民族意识？谓对他而自觉为我"。而且"凡遇一他族而立刻有'我中国人'之一观念浮于其脑际者，此人即中华民族之一员也"。[47]此时梁启超已把对中华民族的认识提升到"民族意识"的范畴内，如其所言"吾所释民族之意义略如是，今准此以论中华民族"。[47]在这里，梁启超将"中国人"与"中华民族"等同起来，非常智慧地把国家认同与民族认同整合了起来。

一石激起千层浪。

1907 年 5 月 20 日，杨度在他创办的《中国新报》发表系列文章《金铁主义说》，提出了"文化边界"说。他认为"今日之中华民族，则全国之中除蒙、回、藏文化不同，语言各异而外，其余满、汉人等，殆皆同一民族"。[49]在此，杨度视中华民族为满汉融合下的汉民族。章太炎的《中华民国解》一文，从其"反满"立场出发，提出"中华民族"，并以自问自答的语气确认"夫岂徒保中华民族之空模，而以他人子弟充其阙者"，最终提出"汉人以一民族组织一国家，平等自由，相与为乐"的理想目标。[50]在此，章太炎所言的"汉人"是"排满"的汉民族。从上可见，章太炎与梁启超、杨度虽然在使用"中华民族"上，都是指代汉民族，但是由于各自的政治立场和文化取向不同，在对"中华民族"的指称上却有着不同内容。在他们那里"中华民族"只是汉族的一个别称而已。

确实，当时中华民族的精英们认识的中华民族概念，无一不是"忧天下之忧"之举。它超越了传统的种族和地域的束缚，体现了中国各民族是一家的新的民族理念；它告别了"夷夏之辨"的陈腐观念，反映了中国各民族平等相处、团结一致的新的追求。它是中国传统民族观念开始走向现代的重要标志之一。但也要指出的是以"华族""真支那民族""中国民族""中华民族"等来称谓汉族，在此后的立宪派和革命派那里，都不是个别现象。即使是用来指称"汉族"的"中华民族"一词，在清末也还不算常见词，甚至比"中国民族"一词的使用率还要少得多。这可能与日本的用法有关。当时，日本一般称汉族为"支那民族"。中国留日学生或照搬使用，如1904年陶成章著《中国民族权利消长史》[51]中的"中国民族"即指汉族。[52]但是，诚如黄兴涛所言，"在清末，'中华民族'一词和'大民族'观念、各民族平等融合的共同体观念虽然都已经出现，但这两者之间却还没有有机地结合在一起，也就是说'中华民族'这个符号，与中国境内各民族平等融合的一体化民族共同体的现代意义当时还并未完全统一起来。这两者间合一过程的完成，是在辛亥革命爆发后逐渐实现的。"[52]

辛亥革命的爆发及其胜利，促使革命党人特别是领袖人物迅速实现了从"造反者"到执政者和建设者的角色转变，而很快抛弃了"排满"的种族革命方略，全力专注于实现民族平等与融和的事业。而具有现代"民族国家"性质的中华民国的建立，特别是"五族共和"政治原则的公然宣布和毅然实行，又使各族人民在政治上开始真正成为平等的"国民"，实现了名义上平等的联合，尤其是占人口绝大多数的汉族，从此摆脱了受民族歧视和压迫的地位,作为主体民族的心态得到了平衡和提升。在这个背景下,识时务的孙中山审时度势,很快摈弃了"五族共和"说,而将"中华民族"作为一个以汉族同化融合其他民族而新生成的政治共同体的代称。1912年1月5日孙中山向世界各国发表的《对外宣言书》中说:"盖吾中华民族和平守法,根于天性,非出于自卫不得已,绝不肯轻启战争。"[53]这里从中国民族到中华民族,孙中山依据中国政治形势的变化而替换了对国家民族的用法,在此也表明"中华民族"作为民族国家的民族符号出现在了孙中山的政治话语中。

更重要的是,到了1920年,在上海中国国民党本部会议的演说中,孙再次提出了否定五族共和的说法,"现在说五族共和,实在这五族的名词很不切当。我国何止五族呢?我的意思,应该把我们中国所有各族融成一个中华民族。"[53]在此,中华民族概念的确定与汉民族在其中的位置都已十分明确。

到了抗日战争时期,"中华民族到了最危险的时候",所有爱国的人们都义无反顾地投入到伟大的抗日战争之中。正是源于强烈的中华民族意识而爆发出的爱国激情,成为支持中国持久抗战的巨大精神源泉,中华民族的凝聚力、向心力发挥到最佳状态,中国人的民族意识从未如此强烈。抗日战争的胜利,增强了中华民族的认同感,即对共同的民族渊源、共同的民族文化、共同的国家——中国的认同。

综上所述,我们可以从"中华民族"概念的变奏中,认识和明确汉民族在其中的位置,从而实现汉民族研究的自觉。

(二) 在对中华民族的认同中汉民族研究从自在走向自觉

中国的民族研究常常习惯于单打一,即有的学者只研究某一个民族,于是冠以某个民族族称的"某学"蜂起。这当然也是社会的需要,无可非议。

但是,中华民族作为中国各民族共同的认同符号,今天我们站在世界民族发展史的高度,在一个长时段内去观察中国民族关系发展的趋势,可以很清晰地看到中国民族关系发展所经历过的从多元融合到华夏一体的大趋势、从民族互化到以汉化成为民族融合主流的大趋势，也应该可以很清晰地看到当下中华民族认同已成为中国民族关系发展的大趋势。与前两个大趋势相比，这第三个大趋势虽然是刚刚开始，运行的时间也只近百年，但作为大趋势的方向性运动，这个趋势是不可逆转的，了解、研究和增进中华民族认同，对此必须有非常清醒的认识。

因此，在对中华民族的认同中，汉民族研究开始从自在走向自觉。2008年10月，广西师范大学出版社出版了徐杰舜的《从多元走向一体：中华民族论》。这本著作在学习了费孝通中华民族多元一体格局理论后，从互动与轨迹、冲突与整合、文化基因、边疆与中央、草原与农业五个方面，从过程论的层面，论述了中华民族从多元走向一体的过程，并又专写了《汉族案例》一章，特别强调指出："中华民族从多元走向一体是一个过程，而且是一个很长的历史过程。这个过程之所以长，是因为这个过程代表了中国各民族发展的一个历史趋势，甚至可以说也代表了世界民族发展的历史大趋势。在这个历史过程中，民族与民族之间的分分合合、合合分分，必然会形成一些阶段性的民族融合成果，其中汉民族（亦简称汉族）就是一个典型的从多元走向一体的案例。"[54]考察了汉民族从多元走向一体的过程和结构这样一个案例样本，对于我们认识和了解中华民族从多元走向一体有着重要的启示。

启示一：汉民族的形成过程经历了从公元前21世纪夏，到公元3世纪初东汉灭亡，前后2300余年。可以看到中华民族这个更高认同层次民族共同体的形成绝对不是一蹴而就的，它的形成过程应该比汉族漫长得多，不是漫长一两百年，也不是三五百年，而是一两千年。

启示二：汉民族的结构复杂，内部差异巨大，构成汉民族的族群很多，人口多少不等，文化因素的认同不一。有的成片聚居，有的大分散、小聚居。有的处于少数民族的包围之中呈"族群岛"，有的聚居在城市，有的聚居在农村。这样，由许许多多不同类型的族群组成的汉民族，构建了汉民族"多元一体"的结构模式。在这里，各个族群单位是"多元"，汉民族是"一体"。从汉民族的结构,可以看到形成不久的中华民族也是有族群结构的,其结构比汉民族更复杂,内部差异更巨大,构成中华民族的族群更多。

启示三:汉民族是一个"和而不同"的整体,汉民族是一个内部差异巨大,但同时又是一个被高度认同的民族共同体。所以,汉民族虽然"十里不同风,百里不同俗",但却达到了"和而不同"的高度认同的境界。可见,汉民族起源的"多元",经过长期的互动、磨合、整合和认同,终于"混血"而成为高度认同的"一体"。从汉民族的这种整体性,可以看到中华民族也一定是一个"和而不同"的整体,人们不仅在学术上、文化上高度认同中华民族,也一定会在政治上、法律上高度认同中华民族。

启示四:汉民族之所以能从多元走向一体,一个重要的原因是文化认同强化了汉民族的凝聚力。从汉民族的这种凝聚性,可以看到中华民族创造的丰富多彩的中华文化,既是中华民族的灵魂,也是中华民族的凝聚力之所在。这种凝聚力一定会使中华民族这个雪球越滚越大,越滚越结实,而屹立于世界民族之林。[54]

这种跳出汉民族研究的圈子去研究汉民族,把汉民族当作中国各民族从多元走向一体,凝聚成为中华民族的一个阶段性的成果的观点,正是汉民族研究从自为走向自觉的表现。

【注释】

[1]《左传》中关于"诸夏"的记载颇多,此仅举一处为例。
[2]《左传》襄公十四年。
[3]《左传》定公十年。
[4]《淮南子·泰族训》。
[5]《淮南子·齐俗训》:"中国冠笄。"
[6]《淮南子·齐俗训》。
[7]《史记·吴世家》《史记·楚世家》。
[8]《淮南子·齐俗训》;又见《汉书·严助传》。
[9]《史记·西南夷列传》:"自滇以北君长以什数,邛都最大;此皆魋结,耕田,有邑聚。""魋结",颜师古曰:"结读曰髻,为髻如椎之形也。"另见

《史记·陆贾列传》："陆生至，尉他魋结箕倨见陆生。"司马贞索隐："谓为髻一撮以椎而结之。"今人王玉哲认为"魋结"就是"盘发"。参阅《中国上古史纲》，上海：上海人民出版社1959年版，第165页。此从王说。

[10] 《后汉书·南蛮西夷传》。

[11] 《汉书·匈奴传》颜师古注。

[12] 王国维：《刘平国治□谷关颂跋》，北京：中华书局1984年版，《观堂集林》卷二十。

[13] 据查主要有：(1)《后汉书·西域传》载，莎车国大人休莫霸"与汉人韩融等杀都末兄弟，自立为王真王"。(2)《后汉书·南匈奴传》载，"比密遣汉人郭衡奉匈奴地图……求内附""汉人韩琮随南单于入朝"。(3)《后汉书·西羌传》载："霍去病破匈奴，取西河地，开湟中，于是月氏来降，与汉人错居。"(4)《后汉书·乌桓鲜卑传》载，蔡邕在议及破鲜卑问题时曰："汉人逋逃，为之谋主，兵利马疾，过于匈奴。"(5)《后汉书·耿恭传》载，车师国后王夫人"先世汉人"。

[14] 如吕思勉在《先秦史》中说："汉族之名，起于刘邦称帝之后。"（上海：上海古籍出版社，1982年版，第32页）；吕振羽在《中国民族简史》中说："华族自前汉武帝章帝以后，便开始叫作汉族。"（北京：生活·读书·新知三联书店1950年版，第19页）

[15] 如《北齐书·祁武纪上》高观云："今以吾为王，当与前异，不得欺汉儿。"《资治通鉴·梁纪》"汉儿"作"汉人"。

[16] 《越缦堂日记》第29册第51页下至52页上，《桃花圣解庵日记》辛集第二集光绪四年二月二十日。转引自贾敬颜：《"汉人"考》，《中国社会科学》，1985年第6期。又见徐杰舜，《汉民族发展史》，武汉：武汉大学出版社2012年版，第197页。

[17] 沈亚之，《沈下贤文集》卷十，《贤良方正能直言报谏策》，上海涵芬楼影印本。

[18] 《旧唐书·吐蕃传》。

[19] 转引自汶江：《吐蕃治下的汉人》，载《西藏研究》1982年第3期。

[20] 见《旧五代史·张砺传》。

[21] *Western Origin of the Early Chinese Civilization*，1894.

[22] 转引自郭维屏：《中华民族发展史》，成都：四川学生集中训练总队1936年版，第14页。

[23] 以上所引述"汉民族西来说"参阅林惠祥：《中国民族史》上册，上海：商务印书馆1936年版；郭维屏：《中华民族发展史》，成都：四川学生集中训练总队1936年版；吕思勉：《中国民族史》，上海：上海亚细亚书局1935年版；李亚农：《西周与东周》，上海：上海人民出版社，1956年

版；岑仲勉：《汉族一部分西来之初步考证》，《两周文史论丛》，北京：商务印书馆1958年版。

[24] 蒋由智，《中国人种考》，上海华通书局1929年版。

[25] 《梁任公近著》下册，上海：商务印书馆1924年版，第61—62页。

[26] 林惠祥，《中国民族史》上册，上海：商务印书馆1936年版，第9—10页。

[27] 吕思勉，《中国民族史》，上海：世界书局1934年版，第6页。

[28] 参阅《民族问题译丛》，1954年第2辑。

[29] 《历史研究》，1954年第3期。

[30] 均参阅《汉民族形成问题讨论集》，北京：生活·读书·新知三联书店1957年版。

[31] 所谓"五朵金花"是指马克思主义理论话语下的中国古代史分期问题、中国资本主义萌芽问题、中国封建社会农民战争问题、中国封建土地所有制形式问题、汉民族形成问题这五个基本历史理论问题。

[32] 见《人民日报》，1962年6月14日。

[33] 《马克思恩格斯选集》第3卷，北京：人民出版社1972年版，第515页。

[34] 牙含章，《民族形成问题研究》，成都：四川民族出版社1980年版，第25页。

[35] 文传洋，《不能否认古代民族》，《学术研究》，1964年第5期。

[36] 徐旭生，《中国古史的传说时代》（修订本），北京：科学出版社1960年版，第39页。该书于1943年已由中国文化服务社印行，1960年出修订版时将"民族"一词改为"部族"，即改我国古代华夏、东夷、苗蛮三民族集团为"我国古代三部族集团"。

[37] 胡起望等：《盘村瑶族》，北京：民族出版社1983年版，第15页。

[38] 《广西民族学院学报》，1983年第1期。

[39] 《民族学研究》第七辑，北京：民族出版社1984年版，第2—4页。

[40] 杨堃，《民族学概论》，北京：中国社会科学出版社1984年版，第4页。

[41] 徐杰舜，《汉民族研究刍议》，《光明日报》，1985年4月22日。

[42] 徐杰舜，《汉民族研究再议》，《学术论坛》，1986年第6期；徐杰舜，《试论汉民族研究的学术意义》，《广西民族学院学报》，1986年第1期。

[43] 袁少芬、徐杰舜主编，《汉民族研究》第一辑，南宁：广西人民出版社1989年版，第2—8页。

[44] 陈永龄，《探索汉族民族学研究的几个问题》，载《汉民族研究》第一辑，南宁：广西人民出版社1989年版，第9、15页。

[45] 相思湖是广西民族大学内的一个湖，1986年6月全国首届汉民族学术研究会在广西民族大学校园内召开。

[46] 李龙海，《汉民族形成之研究》，北京：科学出版社2010年版。

[47] 《梁启超全集》（第二册），北京：北京出版社 1999 年版，第 561—3435 页。
[48] 梁启超，《饮冰室专集》，上海：中华书局 1936 年版，第 1—13 页。
[49] 刘晴波编，《杨度集》，长沙：湖南人民出版社 2008 年版，第 372 页。
[50] 章太炎，《太炎文录初编》（别录卷一），上海：上海书店 1992 年版。
[51] 见《陶成章集》，北京：中华书局 1986 年版。
[52] 参阅黄兴涛：《现代"中华民族"观念形成的历史考察——兼论辛亥革命与中华民族认同之关系》，载《浙江社会科学》，2002 年第 1 期。
[53] 《孙中山全集》（第二卷），北京：中华书局 1981 年版，第 8、394 页。
[54] 徐杰舜：《从多元走向一体：中华民族论》，桂林：广西师范大学出版社 2008 年版，第 152、169—171 页。

魏崇新

男，1959年生，北京外国语大学中国语言文学学院院长，教授，比较文学与跨文化研究专业博士生导师。

"汉学"概念的梳理与辨析

"汉学"一词，概念复杂，因历史时间与区域空间的不同而发生变化，在不同的时期、不同的地域，有不同的内涵。究其变化之因，皆因对"汉"的理解与运用不同所致。"汉"既可指汉代，也可指汉族，还可以作为中华民族的代称，所以"汉文化"可以指两汉文化，也可以代指中国传统文化。故"汉学"一词在不同的语境中可指称不同的内涵，可以指两汉的学术文化，可以指清代的汉学流派，也可以指中国及海外关于中国文化的研究。中国古代学术有"汉学"之称，海外有研究中国的"海外汉学"或"国际汉学"，由此引申而来的还有"汉学主义"与"新汉学"等。"汉学"作为当今比较热门的学术话语，学者们运用起来往往语焉不详，或会引起歧义与误解，故应有必要予以辨析。辨清"汉学"的概念与内涵，对于规范学术词语的运用以及建构新时代的汉学研究皆具有学术意义。

我们先看国内一些具有代表性的辞书关于"汉学"词义的解释：

1.《辞源》（商务印书馆1984年版）"汉学"条的释义仅有一项。

"汉儒治经，多注重训诂文字，考订名物制度。清代乾隆、嘉庆间称其学为汉学，与宋明理学相对，又称朴学。汉学重实证而轻议论，对整理古籍，自群经至于子史，辨别真伪，往往突过前人。"

2.《辞海》（上海辞书出版社1989年版）"汉学"条的释义有三项。

（1）亦称"朴学"。指汉儒考据训诂之学。

（2）指清代专力于训诂、辨伪的乾嘉学派。与"宋学"对称。推崇汉儒朴实学风，反对宋儒空谈义理。继承和发展汉儒的训诂方法，对整理古籍有不少贡献，但也形成了一种为考据而考据的学风。

（3）外国人称中国学术为汉学，研究中国学术的人称为"汉学家"。

3.《汉语大词典》（汉语大词典出版社1990年版）"汉学"条释义有三项。

（1）汉代经学中注重训诂考据之学，清代乾隆、嘉庆间的学者崇尚其风，形成与"宋学"相对的"乾嘉学派"，也称"汉学"。清代"汉学"治学严谨，对文字训诂、古籍整理、辑佚辨伪、考据注释等有较大的贡献，但存在泥古、繁琐及脱离实际等流弊。又称"朴学"。

（2）外国人称研究中国的学问为"汉学"。

（3）指私塾。

4.《现代汉语词典》（商务印书馆2012年第6版）"汉学"条释义有两项。

（1）汉代人研究经学着重名物、训诂，后世因而称研究经、史、名物、训诂、考据之学为汉学。

（2）外国人指研究中国的文化、历史、语言、文学等方面的学问。

《辞源》因为重在中国古代词义的解释，所以仅列出"汉学"在中国古代学术中的义项，即汉代汉学与清代汉学。《辞海》的三种义项，分别指汉代汉学（朴学）、清代汉学与海外汉学。《汉语大词典》的三项释义中，第三项与"汉学"无关，第一项指以乾嘉学派为代表的清代汉学，第二项所指近似于我们今天所说的海外中国学。《现代汉语词典》的两项释义，第一项指汉代的汉学，第二项与《汉语大词典》的第二项释义相同。由此可见，不同的工具书关于"汉学"的释义虽有差异而词义相近，主要集中于两方面的内容：一是中国古代的汉学，包括汉代的经学与清代的汉学；二是外国人对中国的研究，类似于我们今天所说的"海外汉学"或"海外中国学"。

再看日本具有代表性的辞书关于"汉学"的解释：

1.《广辞苑》(1974年版)关于"汉学"的释义有两项。

(1) 在日本一般对于有关中国的儒学以及中国学问的称谓。

(2) 在中国和宋明理学相对的汉唐训诂之学；清代惠栋、戴震的考证之学。

2.《日本语大辞典》(讲谈社1990年版)关于"汉学"的释义有两项。

(1) 中国清代以客观的实证的训诂之学为中心的学问；经学。

(2) 一般的中国学问；以传统的所有中国文化为研究对象。

《广辞苑》的第一项解释指日本汉学研究的内容，以儒学为主，包括"中国的学问"，但"中国的学问"范围很广泛，可以指所有关于中国的学问；第二项指的是中国传统学术中的汉唐与清代的训诂考证之学。《日本语大辞典》对"汉学"的解释包含两个义项，第一项指清代的考据学与经学；第二项指对所有中国文化研究的学问，但这一义项表达不太清楚，因为它没有界定研究中国文化的主体（研究者）是日本人还是所有从事这项研究的人，揆之常理，此处的研究主体应该如《广辞苑》所说是日本人关于中国问题的研究。[1] 从日本词典关于"汉学"的解释看，它们对"汉学"的解释大体一致，主要含义有两项：一是以乾嘉考据学为代表的中国传统汉学；一是国外关于中国传统文化的学问。它们关于"汉学"概念的解释，与国内的几部辞书对"汉学"的释义基本一致。

国内的一些学者也撰文对"汉学"的概念进行阐释，如计翔翔在《"汉学"正名》一文中认为，汉学在中国学术史上包括了三种不同的含义：其一，"汉学"与"番学"相对，是历史上我国境内的少数民族对汉族或中原地区文化的称谓；其二，"汉学"是中国学术史上的流派，与"宋学"相对，出现于清代中叶，与"朴学"同义；其三，"汉学"为英语Sinology、法语Sinologie的翻译，泛指一切研究中国的学问。计翔翔在此提出了常为学术界忽略的"汉学"的另一层含义，即历史上少数民族对汉族或中原地区文化的称呼，并举西夏设"番学"与"汉学"为例，将"汉学"等同于汉文化。[2] 但这一含义在中国历史上或学术史上没有多少代表性，也没有产生学术影响，故可以忽略不计。

1991年，在新加坡国立大学中文系召开了一次规模盛大的国际汉学会议，题为"汉学研究之回顾与前瞻"。参加会议的三百多位代表来自世界各地，其中中国代表三十余人。新加坡国立大学中文系主任林徐典教授在"欢迎辞"中说："汉学是以中国语言、文学、历史、文化、哲学、宗教等社会意识形态为研究对象的学问。这种学问，早就已经成为一种国际学问。"[3]在题为"汉学研究在新加坡"的主题讲演中，林徐典梳理了"汉学"的不同含义，指出"汉学原本指的是汉儒的文字、训诂、考据之学"，与偏重义理的"宋学"是对称的。称"西人所谓'汉学'，在广义上，不但包括考据之学，而且包括义理之学，甚至包括经世之学、词章之学。所以'汉学'不仅是中国学术的别称，而且是中国学术的总称"。[3]澳大利亚的柳存仁教授在题为"从利玛窦到李约瑟：汉学研究的过去与未来"的主题讲演中对"汉学"做了说明，认为"第一点是中国清代的汉学，研究的文字训诂、典章文物，强调所谓'实学'的……第二点是汉学也包括研究域外之学。"任继愈教授在题为"汉学研究在中国"的主题讲演中称："汉学是研究中国之学，但中国学术界并未接受'汉学'这个概念，他们不认为自己从事的中国文学、中国史学、中国哲学或中国其他学问的研究是汉学，这属于习惯问题，这里可不必深论。"[3]中国台湾地区的刘增泉教授在《汉学在法国》一文中称："'汉学'一词在中国，原本指汉代'经学'，就是传统的训诂学、注疏学或考证学。可是'汉学'已被国外人士普遍接受，所以现在'汉学'已经成为研究中国共称的学问，其范围相当的广。"[3]从上述学者所提出关于"汉学"的观点看，"汉学"不论是"中国学术的总称"，还是"研究中国之学"，抑或是"研究中国共称的学问"，皆将"汉学"视为世界范围内研究中国的共同之学，使"汉学"成为一种国际性的学问，可以说是一种广义的"汉学"概念。例如台湾"汉学研究中心、蒋经国国际学术交流基金会"出版的《汉学研究》《汉学研究通讯》，就是以中国文史哲研究为主体，其"汉学"概念所包含的是中国文化。

但也有学者认为将中国学术称为"汉学"不合适，如台湾的高明教授在《汉学的名义与范畴》一文中说，很多人不满意将 Sinology 译为"汉学"，认为不应将中国学术称为"汉学"，并提出四点理由：一、欧美学者称中国学术为"汉学"，多少有歧视的意味；二、"汉学"的名称太过笼统；三、用"汉学"的名称，有将满、蒙、回、藏等各民族从中国分割出去的嫌疑；四、"汉学"之名是汉人经学的别称，不应作为中国学术的总称。[4] 这说明在中国学术界，关于"汉学"概念的认识与界定存在着分歧。

从中国学术史看，"汉学"是中国传统学术的一部分，在中国学术史上是一个专门的名词概念。"汉学"一词在南宋就已出现，专指两汉时期的学术思想。如宋人刘克庄说："《易》学有二：数也，理也。汉儒如京房、费直诸人，皆舍章句而谈阴阳灾异，至王辅嗣出，始研寻经旨，一扫汉学。"（《后村先生大全集》卷九十五）这里"汉学"指的是两汉时期的《易学》研究。元初的戴表元也说到"秦祸息，汉学兴，传言者杂"（《剡源戴先生文集》卷七）。清代惠栋一生治经以汉儒为宗，有《易汉学》一文，惠栋的再传弟子江藩著有《汉学师承记》。汉学又称"朴学"，"朴学"一词也出于汉人的命名，初见于《汉书·儒林传·欧阳生》"宽有俊材，初见武帝，语经学。上曰：'吾始以《尚书》为朴学，弗好，及闻宽说，可观。'"这里"朴学"意为朴质之学。晚清章太炎专以"朴学"指称戴震一系的皖派考据学。后来推崇汉儒朴实学风、反对宋儒空谈义理的清代乾嘉学派所治之学，也被称为"汉学"。

在中国学术史上，"汉学"至少有两种指向：一指汉代之经学。后人视两汉学术，多分为今文经学派与古文经学派。今文经学以义理为尚，主张经世而致用，与现实紧密结合，守家法、立章句，以公羊学为主，杂以阴阳谶纬。古文经学起于民间，重文献，求通识，力图破除今文经学章句烦琐的弊病，在礼制、训诂、音韵、考据等诸多领域与方法上有所建树。一指清人之考据学。清人为了自立门户，倡导汉代古文经学训诂考据的功夫，以朴实为尚，与注重"性命义理"之学的宋代理学派别的"宋学"相对，以矫正宋明理学空疏的学风，人称"朴学"或"汉学"。我们现在通常所说的"汉学"多指清人之汉学。戴震在《题惠定宇先生授经图》中曾说：

> 言者辄曰：有汉儒经学，有宋儒经学，一主于故训，一主于理义。此诚震之大不解也者。夫所谓理义，苟可以舍经而空凭胸臆，将人人凿空得之，奚有于经学之云乎哉？惟空凭胸臆之卒无当于贤人圣人之理义，然后求之古经；求之古经而遗文垂绝，古今悬隔也，然后求之故训。故训明则古经明，古经明则贤人圣人之理义明，而我心之所同然者，乃因之而明。[5]

"汉学"（朴学）重在语言文字的训诂和考辨，但又不能把它单纯归于语言文字学。语言文字的考辨只是治学的方法，它涉及的范围广泛，诸如音韵、金石、典章制度、地理、目录、版本、校勘、辨伪、辑佚等诸多学术领域。汉学的特点虽是主张实证的考据方法，但在戴震看来其考据的目的是求"义理"，故考据与义理二者不可分割。此为中国传统之汉学，起于汉代经学，后发展为一种治学方法与学术流派，成为中国重要的学术传统，迄今仍为治中国古代学问者所宗。

从国际学术史的发展看，"汉学"指的是国外学者对中国及中国文化进行研究的一门学问。世界各国对中国文化的研究构成一门独特的学问，其经典名称为"汉学"（Sinology），有的称为"中国学"（Chinese Studies）。"汉学"或"中国学"是国外研究中国的学术总称，它们具有跨学科、跨文化的特征，反映着世界范围内的学术变化及学术发展趋势。国内学术界或称之为"国际汉学""海外汉学""域外汉学""世界汉学"，或称之为"海外中国学""国际中国学"等，不一而足。在西方，主要是欧洲，严格意义上的汉学研究已经有400多年的历史。这一学科的形成，表明了中国文化所具有的世界历史性意义。胡适在1916年4月5日的日记中说："西人之治汉学者，名Sinologists或Sinoloques，其用功甚苦，而成效殊微。然其人多不为吾国古代成见陋说所拘束，故其所著书往往有启发吾人思想之处，不可一笔抹煞也。"胡适已认识到汉学的特点。

但是，国内学术界关于海外的"汉学"概念及名称也有分歧。张效民在《海外中国学研究学科建设刍议》一文中总结了国内学术界关于"汉学"

与"中国学"概念界定的争议,主要有以下几种观点:1."汉学"等同于"中国学"。又可分为两种情况:一是"汉学"就是"中国学",即国外关于中国的研究的统称;二是将现代汉学等同于中国学。认为传统汉学(Sinology)和现代汉学(Chinese Studies)是两种汉学形态:传统汉学从18世纪起以法国为中心,崇尚中国古代文献和文化经典研究,侧重于哲学、宗教、历史、文学、语言等人文学科的探讨;而现代汉学则兴起于美国,以现实为中心,以实用为原则,侧重于社会科学研究,包括政治、社会、经济、科学技术、军事、教育等一切领域,重视正在演进、发展着的信息资源。2."汉学"包括"中国学"的内容。"汉学"有广义、狭义之分,狭义汉学指英文 Sinology 所包含的内容,广义汉学指英文 Chinese Studies 所包含的内容。3."中国学"包括"汉学"内容。因为"中国学"包括所有关于中国的研究。4."中国学"与"汉学"迥然有别。"汉学"指海外学者对中国历史、文化和文献的研究,属于人文学科;"中国学"指对中国政治、社会、经济、军事、法律等方面的研究,属于社会学科。[6]严绍璗在《我对 Sinology 的理解和思考》一文中说:"我国学术界在关于'Sinology'这一概念的汉语文化的表述中,还存在着相当大的分歧,而这样的分歧,事实上也表现出我们的研究在学术史的层次上还不够清晰;在与国际学术界的对话中,例如在与日本学术界的对话中,事实上也还存在着不同学术概念的混乱和差异。""我个人以为,学术史上关于'Sinology'所表述的学术内涵,是有一个历史性的与时间性的区分的概念的。例如把欧、美、日本各国在工业文明建立之前所存在的对中国文化的研究,在汉语文化中可以称之为'汉学';在各国的近代文化确立之后所开展的对中国文化的研究,在汉语文化中可以称之为'中国学'。"[7]在《我对国际中国学研究的再思考》一文中,严绍璗再次重申:"学术概念表达的差异,意味着我们对这一学科本质的理解与把握还存在着相当大的分歧,而这样的分歧,又表现出我们的研究在学术史的层次上还存在着相当大的争议和不够清晰的层面,从而在与国际学术界的对话中,还存在着不同学术概念的混乱、差异和讹误。""在这样的学术状态下,我以为使用'中国学'的概念与范畴应该说是合适的。我们应该确立'中国学'的概念与范畴,把它作为世界近代文化中对中国文化研究的核心与统摄。'汉学'是它的历史传承。"[8]严绍璗认为海外"汉学"因历史性的发展可以分为两个阶段,欧、美、日本各国在工业文明建立之前对中国文化的研究称为"汉学",相对应的英文词汇是"Sinology",而工业文明建立之后对中国的研究则称之为"中国学",对应的英文词是"Chinese Studies"。李学勤先生认为,对历史中国之研究可称为"汉学",对现当代中国的研究可称为"中国学"。李学勤对"汉学"与"中国学"的界定与严绍璗相近,但他不是从"汉学"历史发展的角度考察"汉学"与"中国学"概念的不同,而是从研究内容方面界定的。

学术界一般认为,海外"汉学"发轫于16世纪末的西方,至20世纪渐趋兴盛。海外对中国问题的研究,最早起源于欧洲,称之为"汉学"(Sinology)。英文"Sinology",从其构词渊源看,"Sino-"是希腊语,表示"秦"的意思;"-ology"指学科。"汉学"的定义是对中国历史、语言、文化的研究,基本上是以历史中国为研究对象的。汉学在欧洲最初只是对中国古代文化的研究,主要涉及中国历史、哲学和文学。第二次世界大战后,研究中国的中心转移到了美国,美国对中国的研究逐渐从古代中国扩展到现当代中国的研究,因之有人将美国的中国研究称之为"中国学"(Chinese Studies)。有人认为"汉学"侧重对中国古代文化的研究,带有古典色彩,更多一些人文精神;"中国学"侧重于对中国现实问题的研究,带有现代色彩,更强调当代意识。

就目前我国学术界对海外"汉学"概念的使用与理解看,仍然存在不同的认识,这从我国近些年来出版的相关刊物与学术丛书的命名就可以看出来。相关的学术刊物如:华东师范大学海外中国学研究中心主办、朱政惠主编的《海外中国学评论》(上海古籍出版社),刘梦溪主编的《世界汉学》(世界汉学杂志社),任继愈、张西平主编的《国际汉学》(大象出版社),阎纯德主编的《汉学研究》(学苑出版社)等。丛书如王元化主编的《海外汉学丛书》(上海古籍出版社),刘东所主编的《海外中国学丛书》

（江苏人民出版社），北京外国语大学海外汉学研究中心主办、任继愈主编的《国际汉学书系》（大象出版社），中华书局出版的《世界汉学论丛》《日本中国学文萃》等。所用的名称不一，在名称混乱的背后其实是对"汉学"理解的歧义。

在当今的学术界，"汉学"作为中国传统学术流派的称谓，常常与"国学"混淆，也有人赋予"汉学"以新内涵，将国内的中国学研究也称为"汉学"，可以称之为"新汉学"概念。但一个学术概念的使用或流行，既有历史因素，也有学术规范的要求，同时也要考虑到约定俗成的习惯。尤其对于像"汉学"这样历史与内涵比较复杂多变的学术概念，需要认真辨析、慎重使用。在当今学术全球化的今天，由于中国国力的日渐强盛，世界语境中的中国研究也随之兴盛，作为国际学术一部分的"汉学"研究也有成为显学的趋向。因此，梳理中外学术史上"汉学"的内涵及其变迁，以正其名，定其义，确立其在世界学术中的位置，乃是"汉学"研究的当务之急。

【注释】

［1］ 参看李庆，《日本汉学史》第一部"前言"，上海：上海人民出版社2010年版。
［2］ 计翔翔，《"汉学"正名》，《浙江社会科学》，2002年第5期。
［3］ 林徐典编，《汉学研究之回顾与前瞻》，北京：中华书局1995年版，第3—232页。此书是该会议的论文集，分"文学语言卷"与"历史哲学卷"两卷。
［4］ 高明，《汉学的名义与范畴》，《幼狮学志》第13卷第1期。
［5］ 戴震，《戴震集》，上海：上海古籍出版社2009年版，第214页。
［6］ 张效民，《海外中国学研究学科建设刍议》，《国际汉学》第23辑。
［7］ 严绍璗，《我对Sinology的理解和思考》，《世界汉学》第4期。
［8］ 严绍璗，《我对国际中国学研究的再思考》，《国际汉学》第21辑。

两汉经学与"汉学"词义之转换

> **赵兴勤**
> 男，1949年生，江苏师范大学文学院教授，硕士生导师。

"汉学"是一个当今中外文化交流中出现频率较高的词语，所谓"汉学家""汉学名著""汉学研究机构"等，几乎触目可见。然而，从古至今，该词语的内涵却几经变换。这些转换，似都与对两汉学术的认知有关。在此，不妨约略论之。

一、两汉经学——"汉学"之称的本源

何谓"汉学"，在学术语境中，今人之见解不尽相同：或以为汉学即"汉代之学术"，或以为此种解释"有望文生义之嫌"。"'汉学'的含义更迫近崇尚，于内是一种学术理念，于外是一种学术范型。"[1]后者在对词义的理解上，似乎更深入一层，然"崇尚"云云，所论仍较浮泛。崇尚者何，仍离不开汉代学术、汉代治学方法与路径。清人曾这样为"汉学"作定义：

> 汉学者何？汉人注经讲经之说是也。经是汉人所传，注是汉人创作，义有师承，语有根据，去古最近，多见古书，能识古字，通古语，故必须以汉学为本而推阐之，乃能有合。[2]

汉代学术的主要特征在于："一音读训诂，一考据事实。音训明，方知此字为何语；考据确，方知此物为何物，此事为何事，此人为何人，然后知圣贤此言是何意义。不然，空谈臆说，望文生义，即或有理，亦所谓郢书燕说耳，于经旨无与也。"[2] 故而，清人强调"经语，惟汉人能解。"[2] 上引诸语，乃出自清末大臣张之洞之口。张氏生当中外、新旧思想交争之际，为学"合汉、宋、中、西，以求体用兼备"[3]，为官曾"连督湖北、四川学政，教士通经学古，撰《輶轩录》《书目答问》以示途径，增设书院，选师儒，立课程，贮书籍，优廪饩，成材甚盛"[3]。又曾任两江总督，召授军机大臣，晋体仁阁大学士，管理学部。厘定学堂课程，训养人才，著有《广雅堂集》。张氏学养深厚，为学不偏于某派，"实事求是，师汉儒；检束身心，师宋儒"[3]，所言当有一定的代表性。

清儒为何对汉代学术情有独钟，这大概与两汉在经学研究上取得的令后世瞩目的成就有很大关系。汉高祖刘邦之登大宝，是"居马上而得之"，故鄙弃儒生与《诗》《书》。然而，由于陆贾、叔孙通的反复诱导以及朝仪制定，才使刘邦逐渐明白身为皇帝之贵以及儒家"难与进取，可与守成"（《汉书》卷四三《叔孙通传》）[4]的道理，并进而接纳了儒者。"诸儒始得修其经艺"（《史记》卷一二一《儒林传》）[4]。高祖十二年（公元前195年）十一月，刘邦自淮南回，经鲁地，还"以太牢祀孔子"（《汉书》卷一下《高帝纪》）[4]。刘邦同父弟刘交（字游），"好书，多材艺。少时尝与鲁穆生、白生、申公俱受《诗》于浮丘伯。"（《汉书》卷三六《楚元王传》）[4] 浮丘伯，乃荀况弟子，秦时著名儒生。刘交从刘邦驰入蜀汉，还定三秦，为兄所信赖。刘邦即帝位后，"交与卢绾常侍上，出入卧内，传言语诸内事隐谋。"（《汉书》卷三六《楚元王传》）[4] 以其有功，受封为楚王，"王薛郡、东海、彭城三十六县"（《汉书》卷三六《楚元王传》）[4]。"元王既至楚，以穆生、白生、申公为中大夫。高后时，浮丘伯在长安，元王遣子郢客与申公俱卒业。文帝时，闻申公为《诗》最精，以为博士。元王好《诗》，诸子皆读《诗》，申公始为《诗》传，号《鲁诗》。元王亦次之《诗》传，号曰《元王诗》，世或有之。"（《汉书》卷三六《楚元王传》）[4] "元王敬礼申公等，穆生不耆（嗜）酒，元王每置酒，常为穆生设醴。"（《汉书》卷三六《楚元王传》）[4]足见其对儒生礼敬有加。刘交既然能随侍刘邦左右，出入卧内，那么，他的崇儒敬贤之举，使刘邦对儒生态度的改变或能起到一定作用。史书谓：

> 高皇帝诛项籍，引兵围鲁。鲁中诸儒尚讲诵习礼，弦歌之音不绝，岂非圣人遗化好学之国哉？于是诸儒始得修其经学，讲习大射乡饮之礼。叔孙通作汉礼仪，因为奉常，诸弟子共定者，咸为选首，然后喟然兴于学。（《汉书》卷八八《儒林传》）[4]

上面所描述的正是汉初儒学复兴初见端倪这一实际。然而，由于当时兵革未息，尚无暇顾及兴办学校之事。孝惠、高后时，虽废除秦时"敢有挟书者族"（《汉书》卷二《惠帝纪》）[4]这一酷法，鼓励百姓和睦家庭、努力耕作，"举民孝弟力田者复其身"（《汉书》卷二《惠帝纪》）[4]，然所用公卿皆武力功臣。孝文"好刑名之言"，孝景"不任儒"，窦太后"又好黄老术，故诸博士具官待问，未有进者"（《汉书》卷八八《儒林传》）[4]。然已留意文献的搜辑，"大收篇籍，广开献书之路"（《汉书》卷三〇《艺文志》）[4]。且儒学专门之家，已为人所关注，"言《易》自淄川田生；言《书》自济南伏生；言《诗》，于鲁则申培公，于齐则辕固生，燕则韩太傅；言《礼》，则鲁高堂生；言《春秋》，于齐则胡毋生，于赵则董仲舒。"（《汉书》卷八八《儒林传》）[4]武帝时，大臣窦婴、田蚡"俱好儒术"，起用儒士，"务隆推儒术，贬道家言"（《汉书》卷五二《田蚡传》）[4]。《汉书·儒林传》亦称："窦太后崩，武安君田蚡为丞相，黜黄老、刑名百家之言，延文学儒者以百数，而公孙弘以治《春秋》为丞相，封侯，天下学士靡然向风矣。"[4]武帝遂令"建藏书之策，置写书之官，下及诸子传说，皆充秘府。至成帝时，以书颇散亡，使谒者陈农求遗书于天下。诏光禄大夫刘向校经传诸子诗赋，步兵校尉任宏校兵书，太史令尹咸校数术，侍医李柱国校方技。每一书已，向辄条其篇目，撮其指意，录而奏之。会向卒，哀帝复使向子侍中奉车都尉歆卒父业。歆于是总群书而奏其《七略》，故有《辑略》，有《六艺略》，有《诸子略》，有《诗赋略》，有《兵书略》，有《术数略》，有《方技略》"（《汉书》卷三〇《艺文志》）[4]。有政府之倡导、利禄之引诱，于是天下攻读、钻研儒家著述者一时蜂起。据《汉书·艺文志》载述，当时，《易》之研究的专著，凡"十三家，二百九十四篇"（《汉书》卷三〇《艺文志》）[4]；《尚书》研究，凡"九家，四百一十二篇"（《汉书》卷三〇《艺文志》）[4]；《诗》之研究，"六家，四百一十六卷"（《汉书》卷三〇《艺文志》）[4]；《礼》之研究，"十三家，五百五十五篇"（《汉书》卷三〇《艺文志》）[4]；《乐》之研究，"六家，百六十五篇"（《汉书》卷三〇《艺文志》）[4]；《春秋》之研究，"二十三家，九百四十八篇"（《汉书》卷三〇《艺文志》）[4]；《论语》研究，"十二家，二百二十九篇"（《汉书》卷三〇《艺文志》）[4]；《孝经》，"十一家，五十九篇"（《汉书》卷三〇《艺文志》）[4]。其他尚有《子思》二十三篇、《曾子》十八篇、《宓子》十六篇、《孟子》十一篇、《董仲舒》百二十三篇、《儒家言》十八篇等儒家著述，凡"五十三家，八百三十六篇"（《汉书》卷三〇《艺文志》）[4]。其数量十分惊人。

其实，西汉与东汉，治学路径并不一致。西汉，主要治今文经学，所传儒家经典，是用当时通行的隶书传写，即所谓今文经。又有所谓古文经，是指汉初以来陆续发现的儒家经典。用王国维的话来说，即用战国时东方六国文字记述抄写的旧籍，如《乐》，《汉书·艺文志》曰：

> 《易》曰："先王作乐崇德，殷荐之上帝，以享祖考。"故自黄帝下至三代，乐各有名。孔子曰："安上治民，莫善于礼；移风易俗，莫善于乐。"二者相与并行。周衰俱坏，乐尤微眇，以音律为节，又为郑、卫所乱，故无遗法。汉兴，制氏以雅乐声律，世在乐官，颇能纪其铿锵鼓舞，而不能言其义。六国之君，魏文侯最为好古，孝文时得其乐人窦公，献其书，乃《周官·大宗伯》之《大司乐》章也。武帝时，河间献王好儒，与毛生等共采《周官》及诸子言乐事者，以作《乐

记》，献八佾之舞，与制氏不相远。其内史丞王定传之，以授常山王禹。禹，成帝时为谒者，数言其义，献二十四卷《记》。刘向校书，得《乐记》二十三篇。与禹不同，其道浸以益微。[4]

故知河间献王刘德等在发掘民间所藏旧籍尤其是《乐记》方面花费不少气力。再如，该书还载：

《易》曰："河出图，洛出书，圣人则之。"故《书》之所起远矣。至孔子纂焉，上断于尧，下讫于秦，凡百篇，而为之序，言其作意。秦燔书禁学，济南伏生独壁藏之。汉兴亡失，求得二十九篇，以教齐鲁之间。讫孝宣世，有欧阳、大小夏侯氏，立于学官。《古文尚书》者，出孔子壁中。武帝末，鲁共王坏孔子宅，欲以广其宫。而得《古文尚书》及《礼记》《论语》《孝经》凡数十篇，皆古字也。共王往入其宅，闻鼓琴瑟钟磬之音，于是惧，乃止不坏。孔安国者，孔子后也，悉得其书，以考二十九篇，得多十六篇。安国献之。遭巫蛊事，未列于学官。刘向以中古文校欧阳、大小夏侯三家经文，《酒诰》脱简一，《召诰》脱简二。率简二十五字者，脱亦二十五字，简二十二字者，脱亦二十二字，文字异者七百有余，脱字数十。《书》者，古之号令，号令于众，其言不立具，则听受施行者弗晓。古文读应《尔雅》，故解古今语而可知也。（《汉书》卷三《艺文志》）[4]

又知一部分旧籍来自孔子宅之墙壁中。此事又见于《汉书·刘歆传》《汉书·景十三王传》等记载，所言当可信。鲁恭王即汉景帝之子刘余。但由于种种原因，古文经在当时并未引起广泛关注，直至西汉末至东汉，学人的研究重心始逐渐由"今文经"转向"古文经"。故皮锡瑞《增注经学历史》谓：

治经必宗汉学，而汉学亦有辨。前汉今文说，专明大义微言；后汉杂古文，多详章句训诂。章句训诂不能尽餍学者之心，于是宋儒起而言义理。此汉、宋之经学所以分也。惟前汉今文学能兼义理训诂之长。武、宣之间，经学大昌，家数未分，纯正不杂，故其学极精而有用。以《禹贡》治河，以《洪范》察变，以《春秋》决狱，以三百五篇当谏书，治一经得一经之益也。[5]

治古文经者，名家不乏其人。如刘向、刘歆父子，均以治经驰名于世。刘向初治《易》，宣帝时，奉诏始受《穀梁春秋》。十余年，学有所成。刘歆始治今文经，"及歆校秘书，见古文《春秋左氏传》，歆大好之。时丞相史尹咸以能治《左氏》，与歆共校经传。歆略从咸及丞相翟方进受，质问大义。初《左氏传》多古字古言，学者传训故而已，及歆治《左氏》，引传文以解经，转相发明，由是章句义理备焉。歆亦湛靖有谋，父子俱好古，博见强志，过绝于人。"（《汉书》卷三六《楚元王传附》）[4]刘向校书天禄阁，曾撰《别录》，开目录学之先河，另撰有《尚书洪范五行传论》《五经通义》《五经要义》《列女传》《列仙传》《新序》《说苑》《世说》等书。刘歆承其父志，以《别录》为基础，修成《七略》，并将《古文尚书》（十六篇）、《逸礼》（三十九篇）发现于孔子宅之事，借助《移书让太常博士》一文予以首次披露，确立《毛诗》为古文经典，并着手整理《左氏春秋》等古文经。为古文经学的发展奠定了较好的基础，使兼通古今经学者逐渐多了起来。"及光武中兴，爱好经术，未及下车，而先访儒雅，采求阙文，补缀漏逸。先是，四方学士多怀挟图书，遁逃林薮。自是莫不抱负坟策，云会京师，范升、陈元、郑兴、杜林、卫宏、刘昆、桓荣之徒，继踵而集。于是立《五经》博士，各以家法教授，《易》有施、孟、梁丘、京氏，《尚书》欧阳、大小夏侯，《诗》齐、鲁、韩、毛，《礼》大小戴，《春秋》严、颜，凡十四博士。"（《后汉书》卷一〇九上《儒林传》）[4]章帝"建初中，大会诸儒于白虎观，考详同异，连月乃罢。肃宗亲临称制，如石渠故事，顾命史臣，著为通义。又诏高才生受《古文尚书》《毛诗》《穀梁》《左氏春秋》，虽不立学官，然皆擢高第为讲郎，给事近署，所以网罗遗逸，博存众家"

（《后汉书》卷一〇九上《儒林传》）[4]。游学之经生，以至达到三万余人。其中，尤以许慎、郑玄对清代学术发展影响最大。

二、清代学术走向与"汉学"的复兴

汉学之名目，据钱穆《中国近三百年学术史》、李海生《朴学思潮》等著述考证，大概起于清代乾隆中后期。《四库全书总目》卷一《经部·总叙》谓："国初诸家，其学征实不诬，及其弊也琐。要其归宿，则不过汉学、宋学两家，互为胜负。夫汉学具有根柢，讲学者以浅陋轻之，不足服汉儒也；宋学具有精微，读书者以空疏薄之，亦不足服宋儒也。消融门户之见，而各取所长，则私心袪而公理出，公理出而经义明矣。盖经者非他，即天下之公理而已。"[7]此或为较早见于官方的表述。清初之学人，在述及汉代学术时，往往称之为汉儒如何，称宋代学人为宋儒，而未见有汉学、宋学之称。至生于乾隆中叶的焦循，在《论语通释·释据》始谓："近之学者，以考据名家，断以汉学。"[8]生活于同时代的凌廷堪所写《与胡敬仲书》亦云："近之学者，多知崇尚汉学。"[9]"汉学"之名大起。尤其是江藩所撰《国朝汉学师承记》，大张汉学之帜，鼓吹"崇尚实学，不务空言""尊崇汉儒，不废古训"，[10]并力诋宋学之"妄出己见""乱经非圣"，谓"自宋儒道统之说起，谓二程心传直接邹鲁，从此心性、事功分为二道，儒林、道学判为两途，而汉儒之传经，唐儒之卫道，均不啻糟粕视之矣。"[11]至方东树《汉学商兑》，则力攻汉学，径称训诂考据，与"身己心行""民人家国"[12]无益，"名为治经，实足乱经；名为卫道，实则畔道"[12]，为学应求"义理"。如此一来，汉、宋双方，各树壁垒，争论纷起。其实，汉学之复兴，恰折射出清廷每每兴起的文字狱对读书人心灵的震慑。政治上的高压，使得他们失去言论自由，不得不在故纸堆里做文章，而不敢妄谈国事。这一点，前辈学人业已指出，不再赘语。仅就考据学的复兴与当时学术背景的关系发表点意见。

有清一代，乃是学术上的总结时期。清代统治者对理学家朱熹曾尊崇有加。然而，宋代理学家有的尽管在对经书的考证、训诂上下过一些气力，但更多关注的是"天理、人欲、义利、公私、善恶之辨"(《宋元学案》卷四八《晦翁学案上》)[13]，即所谓"义理"。至明代中后叶之阳明后学，往往倡言"不泥传注，信口谈解"，更多强调的是个性的自觉。可是，对儒家经典的诠释，一凭己意，或与孔、孟初衷有些疏离，遭到不少人的抨击，所谓"有明以来，学术大坏""牵滞闻见""师心自用""迂疏无当""牵合欺人"，均即此而发。故时人欲以擅考据、训诂之汉代学术方法、路径矫正之。惠周惕论《周礼》曰：

《礼经》出于屋壁，多古字古音。经之义存乎训，识字审音，乃知其义，故古训不可改也。康成注经，皆从古读，盖字有音义相近而伪者，故读从之。后世不学，遂谓康成好改字，岂其然乎！康成《三礼》、何休《公羊》，多引汉法，以其去古未远，故借以为说。贾公彦于郑注如"飞茅"、"扶苏"、"薄借綦"之类，皆不能疏，所读之字亦不能疏，辄曰从俗读，甚违"不知盖阙"之义。夫汉远于周，而唐又远于汉，宜其说之不能尽通也，况宋以后乎！[10]

掖县学人王尔膂，"读经宗汉学"，认为"汉儒有家法，七十子之大义赖汉以存"。郑樵所谓"穷经而经亡"，当在魏晋以后。"其幸存者，毛、郑之诗，何氏之《公羊》，郑氏之《三礼》耳。穷经当以毛、何、郑为主，然后参以六朝、唐、宋、元、明诸儒，择其善而折衷焉，庶乎可矣"。[10]言下之意是说，儒家经典所蕴真义的消亡，是在魏晋之后，应从汉代学人注疏中寻其踪迹。在他们看来，汉人治经，"纯采先儒之说，末乃下以己意，令学者审其异同"[10]，态度十分认真、审慎，而不是逞一己之见，妄作断语。而且，汉人传注，多引汉法，去古未远，所言可信，故"诂训必以汉儒为宗"[10]。"于《诗》则依据毛、郑，溯孔门授受之渊源，事必有征，义必有本，臆说武断，概不取焉。于《礼》则以康成为宗，探孔、贾之精微，综群儒之同异，本天毂地，经国坊民，法治备矣。于《春秋》则采三传之精华,斥安国之迂谬,阐尼山之本意,洵为百王之大法也"[10],为学以汉代学术为旨归,故有汉学之称。

另有一部分学人,也批评明人学风之空疏,然又恪守宋代程、朱理学之格范。陆陇其尝称:

> 自阳明王氏倡为良知之说,以禅之实而托儒之名,且辑《朱子晚年定论》一书,以明己之学与朱子未尝异。龙溪、心斋、近溪、海门之徒从而衍之,王氏之学遍天下。几以为圣人复起。而古先圣贤下学上达之遗法灭裂无余,学术坏而风俗随之。其弊也,至于荡轶礼法,蔑视伦常。天下之人,恣睢横肆,不复自安于规矩绳墨之内,而百病交作。……故至于启、祯之际,风俗愈坏,礼义扫地,以至于不可收拾。其所从来,非一日矣。故愚以为,明之天下不亡于寇盗,不亡于朋党,而亡于学术!学术之坏,所以酿成寇盗、朋党之祸也。[3]

所以,强调"寻程、朱之遗规"[3]。日后衍生出"宋学"之说,与清初的学术论争不无关系。

然而,不管何种行为,似乎都难以解除人们对学术发展前景的焦虑。正如有人所说:

> 自孔氏没而或为杨,或为墨,或为申、韩,或为黄、老,驯至后世而为词章,为训诂,为功名,为禅玄,种种不一,而"学"之一字,败坏分歧极矣。且不特异学一途有以坏正学,即正学一途,又有无限分争树帜,阳顺阴逆,为正学之蠹者。"学"之一字,至今日而遂不可复问。举世读圣贤书,不知圣贤之学为何物矣![3]

这里所贬斥的,不仅仅是"异端",即便是以程朱理学为代表的"正学"一脉,其流衍的驳杂亦堪忧。在当时,"'诵四书,尊程朱,而未见有为其道者'、'所诵者礼义,所好者名利',已成了较为普遍的社会现象,以致时常遭到人们的批评。所谓'有明以来，学术大坏，谈性命者，迂疏无当；穷数学者，诡诞不精；言淹雅者，贻讥杂丑；攻文词者，不谙古今'、'而近世学者，牵滞闻见，既迷离于原本，其师心自用、兢口实于六经注脚之语，蔑典籍而不事，吾深病之'，所表达的均是这一意思。"[14]

"较早起而扭转这一学风的，当为有开国儒宗之誉的顾炎武。其对朱熹在研究儒家经典方面的基础工作如诠释、训诂、考订时有肯定，但对其理学思想的地位却评价甚少。曾称：'理学之名，自宋人始有之。古之所谓理学，经学也，非数十年不能通也。……今之所谓理学，禅学也，不取之五经而但资之语录，校诸帖括之文而尤易也。又曰：《论语》，圣人之语录也。舍圣人之语录而从事于后儒，此之谓不知本矣。'（《亭林文集》卷三《与施愚山书》）[15]很明显，顾炎武在这里指出了学术研究上的另一条路径，即绕开理学门径，寻本究源，直接从儒家经典中汲取有益于世道的营养，大有以经学家之识见来改造理学的况味。"[14]顾氏之学说，催生了汉学在清代的复归。尽管理学著述在清代被悬为令甲，但仍有人不时对其提出挑战，"谓宋人说经，好为新说，弃古注如土苴"[10]。强调从研究古注入手，进而理解儒家经典之精蕴，拨去理学后儒在阐释义理上曲解经典的雾障，还原其本真面貌。甚至有人直斥宋儒及其后学，称：

> 至于濂、洛、关、闽之学，不究礼乐之源，独标性命之旨，义疏诸书，束置高阁，视如糟粕，弃等弁髦，盖率履则有余，考镜则不足也。元明之际，以制义取士，古学几绝，而有明三百年，四方秀艾困于帖括，以讲章为经学，以类书为博闻，长夜悠悠，视天梦梦，可悲也夫！在当时岂无明达之人、志识之士哉，然皆滞于所习，以求富贵，此所以儒罕通人、学多鄙俗也。[10]

宋代理学之代表人物，几乎无一不在贬抑之列。此事若发生在文字狱极为严酷的雍乾之时，其后果不堪想象。只是嘉庆之后，清政府内外交困，矛盾重重，亦无暇顾及这类"张狂"之语了。

后儒之所以批评理学家，有的或是出于门派之见，但理学阵营内部的因素是其诱因，也不可否认。他们的语言看起来似乎有些激烈，但所论并非无所根据。皮锡瑞曾指出：

> 宋人不信注疏，驯至疑经；疑经不已，遂至改经、删经、移易经文以就己说，此不可为训者也。世讥郑康成好改字，不知郑《笺》改毛，多本鲁、韩之说；寻其依据，犹可征验。注《礼记》用卢、马之本，当如卢植所云"发起纰缪"；注云"某当为某"，亦必确有凭依。《周礼》故书，不同《仪礼》；今古文异，一从一改，即以《齐》《古》考《鲁论》之意。《仪礼》之《丧服传》，《礼记》之《玉藻》《乐记》，虽明知为错简，但存其说于注，而不易其正文。先儒之说经，如此其慎，岂有擅改经字者乎！唐魏徵作《类礼》，改易《礼记》次序，张说驳之，不行，犹得谨严之意。乃至宋而风气大变。……若王柏作《书疑》，将《尚书》任意增删；《诗疑》删《郑》《卫》，《风》《雅》《颂》亦任意改易，可谓无忌惮矣。《四库提要》斥之曰："柏何人斯，敢奋笔以进退孔子哉！"经学至斯，可云一厄。他如俞廷椿《复古编》，"割裂五官，以补冬官"；吴澄《礼记纂言》，将四十九篇颠倒割裂，私窜古籍，使无完肤。宋、元、明人说经之书，若此者多，而实宋人为之俑始。[5]

即使大儒朱熹，在《四书章句》中，也据己意妄加增补《大学》"格物致知"一章，凡一百二三十字，充作往圣之意，显然是不严肃的。

如此看来，时人崇尚汉学，自有来由，以至有"家家班马，户户许郑"之说。班、马之史学成就且不必论，这里着重介绍一下许、郑在经学方面的学术贡献。郑玄，字康成，北海高密人，自幼好学，不乐为吏。起初，师事京兆第五元先，始通《京氏易》《公羊春秋》《三统历》《九章算术》。又从张恭祖受《周官》《礼记》《左氏春秋》《韩诗》《古文尚书》。因其学问大增，山东无足问者，乃西入关，经人介绍，师事著名学者马融。为学刻苦攻读,"日夜寻诵,未尝怠倦"(《后汉书》卷六五《郑玄传》)[4],十年乃归乡里。客耕蓬莱,从之学者数百千人。"时任城何休好《公羊》学,遂著《公羊墨守》《左氏膏肓》《穀梁废疾》;玄乃发《墨守》,针《膏肓》,起《废疾》。休见而叹曰:'康成入吾室,操吾矛,以伐我乎!'"(《后汉书》卷六五《郑玄传》)[4]连著名经学家何休,都深感来自对方的压力,足见郑玄学养之深。玄著述颇丰,"所注《周易》《尚书》《毛诗》《仪礼》《礼记》《论语》《孝经》《尚书大传》《中候》《乾象历》,又著《天文七政论》《鲁礼禘祫义》《六艺论》《毛诗谱》《驳许慎五经异义》《答临孝存周礼难》,凡百余万言。"(《后汉书》卷六五《郑玄传》)[4]为学"质于辞训""经传洽孰",被誉为纯儒、通儒,为后儒治经立一样范。

许慎,字叔重,汝南召陵人,"少博学经籍,马融常推敬之,时人为之语曰:'五经无双许叔重'"(《后汉书》卷一〇九下《许慎传》)[4]。"初,慎以五经传说臧否不同,于是撰为《五经异义》,又作《说文解字》十四篇,皆传于世"(《后汉书》卷一〇九下《许慎传》)[4]。所著《说文》一书,"推究六书之义,分部类从,至为精密"[7]。

郑玄、许慎均是借考据、训诂,以求得经典之本义,故而后人称其著述"引经据古,犹见典型,残章断简,固远胜于后儒之累牍连篇矣"[7]。对许、郑二人推崇不已,谓:"若许若郑,尤皆一代通儒,大敌相当。输攻墨守,非后来一知半解所可望其津涯。"[7]清代汉学家,"长于比勘,博征其材""一言一事,必求其征""耻于轻信,而笃于深求""不肯妄徇古人之成说,一己之臆见,而必力求一是真非之所存"[16],正是继承的这一"汉学精神"。

三、汉文化的域外传播与当下"汉学"词义的特定内涵

晚明之后,外国传教士纷纷来华,既裹挟进带有不同内蕴的异质文化,又为外国人了解古老中国之文明提供了条件。晚清以来,外国列强数次入侵中国,给中国带来沉重灾难,同时,大批文物、图籍,也随同珠宝、金

银等被掳往国外。另外，随着使节往来、留学生互派、商贾泛海等活动的开展，加速了中外文化交流。如此一来，域外的中国文化研究也开始升温。尤其是以戏曲、小说为代表的大量通俗文学，更为外国学人所接受。据陈铨《中德文学研究》一书介绍，自1749年德文译本《中国详志》出版以来，中国小说、戏曲的德文译本层出不穷。小说方面，如小说选本《今古奇观》中的若干篇什、才子佳人小说《好逑传》《二度梅》《玉娇梨》、神怪小说《封神演义》《西游记》《聊斋志异》，以及明清长篇小说杰作《金瓶梅》《水浒传》《三国演义》《红楼梦》等，均有德文译本出现；戏曲方面，《赵氏孤儿》《灰阑记》《西厢记》《琵琶记》都曾走进德国社会，引起一定的关注。[17]

至于日本，所藏中国古籍善本，仅严绍璗就访得近8 000种，涉及丛书、类书、总集、别集、语言文字以及小说、戏曲文本等各种门类。[18]即以诗话而言，早在平安时代（794—1185）就已传入日本，"至五山时期，宋人诗话的大量传入，遂在禅林中激发起评诗、论诗之风，并在江户时代达到高峰"[19]。仅清诗话传入日本者，就不下于一百二十种。[19]研究戏曲、小说等通俗文学者，亦大有人在。如日本学者笹川临风，于1897年就出版有《中国戏曲小说史》，"真正全力治曲的是森槐南的弟子盐谷温和狩野直喜的弟子青木正儿（1887—1964）。他们分别成为东京与京都的中国戏曲研究的核心人物。盐谷温除了前述的翻译与他在大学的教学之外，还著有《元曲研究》和《元曲概说》；青木正儿著有《元人杂剧序说》（按：译本改为《元人杂剧概说》）与著名的《中国近世戏曲史》"[20]。其他如吉川幸次郎担任主任的东方文化研究所经学文学研究室，以集体研究的形式，"于1940—1942年在《东方学报》（京都）上连载《读元曲选记》，评注了《陈抟高卧》《任风子》《玉壶春》《渔樵记》《魔合罗》《燕青博鱼》《救风尘》《桃花女》《谢天香》，这是他们发表的第一批集体研究成果。1951—1952年，他们又发表了《汉宫秋》《杀狗劝夫》《金钱记》《潇湘雨》《虎头牌》《金线池》的评注。这些集体合作使得京都研究中国古典文学和古典戏曲的阵容比东京强大得多。其后日本最有成就的中国戏曲研究者大多出自这个群体。"[20]还有八木泽元的《明代剧作家研究》、入矢义高的《元曲选释》、田中谦二的《西厢记》研究、波多野太郎的《关汉卿现存杂剧研究》《中国文学史研究——小说戏曲论考》、岩城秀夫的《中国戏曲演剧研究》《中国古典剧研究》等,均称胜一时。[20]

这类研究中国文学的域外学者,逐渐形成气候,引起国内学人的关注,纷纷予以介绍。在早期的相关著述中,译本称之为"汉文学者"[21]。近几十年来,中外文化交流日益频繁,人们在论及域外研究中国文化的学者时,往往称之为"汉学家"。此类例证甚多,恕不列举。由此可知,无论是中国学者指称研究中国及中国文化的外国学人,还是外国学人指称自己所从事的中国及中国文化研究,都往往冠以"汉学"二字。在域外,还成立了专门研究汉学的机构,如荷兰莱顿大学,就设有汉学研究院。美国学者伊维德(Wilt L. Idema),曾于1970年被聘为莱顿大学汉学研究院"当代中国文献中心"讲师,1973年又被聘为该院中国文学讲师。[22]可知,在当代语境下的"汉学",已失去其学术流派之意义,而演变成域外研究中国及中国文化的代称。"汉"者,乃中国之谓也,因汉代国势强盛著称于世界,故域外称中国文化,往往冠之以"汉";"学"者,文学、文化之谓也。"汉学",作为一种他者的存在,正以其特殊的视阈,成为中国学术传统重建过程中的一面不可缺少的反光镜,既能映射传统,又可彰显未来。

【注释】

[1] 李海生,《朴学思潮》,上海:上海社会科学院出版社2006年版。
[2] 徐珂,《清稗类钞》第八册,北京:中华书局1984年版。
[3] 徐世昌等,《清儒学案》,北京:中华书局2008年版。
[4] 《二十五史》,上海:上海古籍出版社、上海书店1986年版。
[5] 皮锡瑞,《增注经学历史》,台北:台湾艺文印书馆2000年版。
[6] 《全上古三代秦汉三国六朝文》第一册,石家庄:河北教育出版社1997年版。
[7] 《四库全书总目》上册,北京:中华书局1965年版。
[8] 焦循,《论语通释》,清木犀轩丛书本。
[9] 凌廷堪,《校礼堂文集》,北京:中华书局1998年版。

[10] 江藩,《国朝汉学师承记》,北京:中华书局 1983 年版。
[11] 江藩,《国朝宋学渊源记》,北京:中华书局 1983 年版。
[12] 方东树,《汉学商兑》,清光绪十一年刻本。
[13] 黄宗羲,《黄宗羲全集》第四册,杭州:浙江古籍出版社 2005 年版。
[14] 赵兴勤,《理学思潮与世情小说》,北京:文物出版社 2010 年版。
[15] 顾炎武,《亭林诗文集》,《四部丛刊》。
[16] 郑鹤声、郑鹤春编,《中国文献学概要》,上海:上海书店出版社 1983 年版。
[17] 参看陈铨,《中德文学研究》第二章、第三章,沈阳:辽宁教育出版社 1997 年版。
[18] 严绍璗,《汉籍在日本的流布研究》,南京:江苏古籍出版社 1992 年版。
[19] 张伯伟,《清代诗话东传略论稿》,北京:中华书局 2007 年版。
[20] 孙歌、陈燕谷、李逸津,《国外中国古典戏曲研究》,南京:江苏教育出版社 2000 年版。
[21] 陈铨,《中德文学研究》,沈阳:辽宁教育出版社 1997 年版。
[22] 伊维德著,《朱有炖的杂剧》"作者简介",张惠英译,北京:北京大学出版社 2009 年版。

潜夫议政 代有知音
——王符社会批判思想的特色、影响和价值

❀ **王健**

男，1956年生，史学博士，教授，江苏师范大学历史与旅游学院院长、汉文化研究院副院长。

王符是东汉社会批判思潮的思想先驱，他远承诸子之学的优良传统，以儒家立场为出发点，对东汉中期的政治、经济和社会现象进行真实剖析与深刻批判，表达了一位隐居"潜夫"对于时代、人生的忧患意识，提出了改革时弊的真知灼见，直接开启了东汉后期的社会批判之风[1]。本文拟在学术界既往的研究基础上，进一步诠释王符所开创的独特的"潜夫议政"传统，探讨东汉后期批判思潮的发展脉络，考察后世以潜夫身份议政立说的文化现象，分析其社会批判思想的历史评价及其现代价值，这对深化关于中古思想传统的认识，无疑具有重要的学术意义。

一、"潜夫议政"传统的思想特征

从两汉历史的轨迹看，思想家对时局的态度及其政治取向，经历了复杂的演变过程。大体说来，西汉时期从董仲舒到扬雄的言论，皆是以维护和颂扬当朝政治为主调，这也是他们所处时代各种因素聚合的结果。东汉前期，朝廷政治振作进取，国家经济和社会治理均展现了盛世气象。生逢其时的思想家为社会进步所鼓舞，同样禀承了颂扬时代的汉家传统，无论是班固还是王充，都是满腔热情赞颂盛世文化和清明政治，典型之作有

《论衡》书中的《须颂》《宣汉》等篇。

进入东汉中期，政治形势急剧变动。和帝安帝之后，"大权旁落，君主势微，外戚宦官窃柄乱政"[2]，社会危机催生了思想家群体的忧患意识。作为民间思想家，王符奋笔直书，发起对时政和社会弊端的激进批判。他对时代的特殊困境，"表现出了非凡的敏感性，有勇气和正义感去批评朝廷政治和维护儒家正统的观点"[3]。史家的分析，彰显了王符思想体系最突出的特征，即社会批判精神。王符是以时代问题批判者的角色，树立了独到的"潜夫议政"传统，彪炳于汉代思想史册。

王符从事社会批判的心路历程和开启的"潜夫议政"传统，具有以下几个特点：

其一是对布衣身份的自我体认。他在《潜夫论》中反复说到这一点，《叙录》中说，"阘茸而不才，先器能当官，未尝服斯役，无所效其勋"[4]，并以"刍荛"自居。但是，与仕途无缘的布衣生涯，并没造就那种无法摆脱的自卑心态。相反，儒家"以德抗位"的传统，赋予王符一种自我认同的精神归宿："惟有古烈之风、志义之士，为不然尔。……心有所矜，贱而益笃""故岁寒然后知松柏之后凋，厄隘然后知其人之笃固也""未可以富贵骄贫贱，谓贫贱之必我屈也"，"富贵未必可重，贫贱未必可轻"[4]。这些说法，虽非直接表达王符个人境遇，但无疑包括了作者的自况。面对命途多舛的遭际，王符怀才不遇，心潮难平。他痛切地指出，时君以"贤皆无益于救乱"谬见，失却了岩穴之中的贤人志士，那必将为此付出惨重代价，"因废真贤不复求进，更任俗吏，虽灭亡可也"[4]。悒愤之词，溢于言表。

其二是虽居下位而不能忘情政治的救世、淑世心态。他以治世之才自视，"处子虽躬颜、闵之行，性劳谦之质，秉伊、吕之才，怀救民之道"，"处位卑贱而欲效善于君"，"忧心相瞵"，却"不见资于斯世"[4]。但是，"士之志量，固难测度"，他仿效左丘明撰《左传》为后世立言的行迹，著书立说，"前纪帝王，顾定百世"[4]，提出"将修太平，必循此法"的为政设计，希冀治国者能够"咨询刍荛"，使"愿忠之士"得以"效其勋"。同时，岩穴之士"修德见于世"，他们"守志于一庐之内，而义溢乎九州岛之外,信立乎千载之上,而名传乎百世之际"[4]。

其三,对潜夫横议之合法性的自辩。由于在位者"好蔽贤而务进党","郊野之贤"被隔绝于九重宫阙之外,"终不得遇"[4]。那么,他们"假仁效己""裁量执政"[5],便有了合理性。目睹主荒政谬种种情景,"诚可愤净"!正如他激愤的反诘之辞:"如何弗议?"[4]他指斥"欺诬细民"的迷信阴霾"何足信哉";他援用当年孟子挺身捍卫儒学的措词,申明自己的求真态度:"予岂好辩?将以明真。"[4]正如前人所揭示的,王符确实是"以贤者自居,照察汉代的奸邪世界"[6]。

其四,直面社会,敢说真话。王符虽为布衣处士,却勇于担当道义,面对强大的专制政治体制,上至天子三公王侯贵戚,下至令长乡吏阀阅豪右,进行正面、直接、强烈的抨击。他把批判矛头指向帝王昏聩、吏治腐败、外戚宦官弄权、选举不实、羌战误国、弃边失策等政治现象,以及民风浮侈、末业伤农、迷信盛行等社会现象。以他批评君主政治为例:"人君配乾坤而仁,顺育万物以成大功,非得以养奸活罪为仁,放纵天贼为贤也。""故凡立王者,将以诛邪恶而养正善。而以逞邪恶逆,妄莫甚焉。"[4]"苟惮民力之烦劳,而轻使受灭亡之大祸。非人之主,非民之将,非主之佐,非胜之主者也。"[4]请看,从"养奸活罪""放纵天贼""逞邪恶逆"到"非人之主",这些激烈大胆的言辞,毫不留情地指斥最高统治者,无所忌讳,无所畏惧,勇气令人感佩。

其五,立足儒学传统,依托神权制衡和伦理制衡方式。两汉时期,经学思潮笼罩学术界,今文经学一方面讲"天人感应"和"君权神授"来维护皇权;但另一方面,他们也讲天谴论,用神权制衡君权。例如,董仲舒、刘向、京房、匡衡等著名经学家都利用经义和灾异说批评时政[7]。从王符的思想实践看,今文经学的思想观念方法对其有许多影响。其中显例就是他多次讲到"天心"、讲到"天人",利用皇天权威来指斥现实政治。在更多情况下,王符是运用儒家政治伦理,采取理性分析方法来进行具体的褒贬。如书中十几次讲到"明君",几次讲到"仁君",就是借助儒家君道的权威,树立明君贤主的政德标准,来批评当朝君主的昏乱失德。

其六，儒道互补，追求超越俗世之利害的性灵解放。在王符生活的时代，道家思潮的发展趋向，一方面是日益与民间思潮相结合，呈现了向早期道教的演化趋势；另一方面，则与儒家互动互补，逐渐渗入汉代士人的心灵志趣层面。试看他在《交际》篇展示的人生境界："鸿鹄高飞，双别乖离，通千达万，志在陂池。鸾凤翱翔黄历之上，徘徊太清之中，随景风而飘飖，时抑扬以从容，意犹未得，喈喈然长鸣，蹶号振翼，陵朱云，薄斗极，呼吸阳露，旷旬不食，其意尚犹嗛嗛如也。"字里行间，道家风骨依稀可见[6]。在汉晋历史上，兼采儒道营造士人尤其是失意士人的精神世界，王符算得上一位滥觞者，这为后来玄学兴起埋下了伏笔。那以后，中世纪的布衣士人多循此寻找精神归宿，这也成为文化史上的常态。

二、汉末批判思潮的弘扬光大

王符去世不久，汉桓帝也撒手人寰，随后灵、献诸帝依次登场。这几位末世皇帝，的确是一代不如一代。东汉晚期的半个多世纪中，先是朝政腐败、宦官专权、后又民变骤起、军阀篡政，造成社会失序，帝国每况愈下，分崩离析。置身于这种严酷的社会危机当中，以履践儒家理想为己任的儒生和清流士大夫联袂而起，为挽救皇朝的命运，也为了谋求自身的政治出路，与外戚、宦官集团展开了殊死较量。波澜壮阔的党人斗争和惨绝人寰的党锢之祸，由此开启了序幕。

与这场历史巨变同步展开的，是东汉晚期思想界批判之风的蔚然兴起。这种思潮的兴起，在某种意义上，可视为朝野儒者对王符思想的弘扬和光大。一代"潜夫"议政所展现的理论勇气和思想锋芒，在随后崔寔、仲长统、徐干和荀悦等人的言论和著作中激起了历史回声，获得了新的学术生命[8]。

先看崔寔，他是王符好友崔瑗之子，约生于公元120年，历经顺帝、桓帝和灵帝时期，卒于灵帝建宁三年（170）。荀悦，生于桓帝建和二年（148），卒于献帝建安十四年（209）。徐干，生于灵帝建宁四年（171），卒于献帝建安二十三年（218）。还有仲长统，生于灵帝光和三年（180），卒于献帝延康元年（220），跟东汉皇朝同时谢幕。

阅读东汉晚期诸子著作后不难发现，从《潜夫论》到《政论》《申鉴》《中论》和《昌言》，思想家群体虽然地位悬殊、仕途穷达有异，但都有着相同的批判立场，他们的政治理念和主张是一脉相通的，并且前后相踵，不断推进、丰富和发展[9]。

一是直面政治危机，批判外戚、宦官乱政。如崔寔纵论东汉政治危机："自汉兴以来，三百五十余岁矣。政令垢玩，上下怠懈，风俗凋敝，人庶巧伪，百姓嚣然，咸复思中兴之救矣。"[10]仲长统认为，乱政危害甚烈，"宠幸佞谄，壅蔽忠正者也；骄贵外戚，淆乱政治者也；此为疾痛在于膏肓，此为倾危比于累卵者也。然而人臣破首分形，所不能救止也。"[11]汉献帝时，荀悦抨击朝廷的佞臣："人臣有三罪，一曰导非，二曰阿失，三曰尸宠。"[12]

二是对帝王政治的鞭挞，以及对治国政策的检讨。如荀悦论九种政风："惟察九风以定国常。一曰治，二曰衰，三曰弱，四曰乖，五曰乱，六曰荒，七曰叛，八曰危，九曰亡。"[12]其中，八种均是主荒政乱的类型。再如仲长统指斥"人主有常不可谏者"："一曰废后黜正，二曰不节情欲，三曰专爱一人，四曰宠幸佞谄，五曰骄贵外戚。"[11]他径直指斥当朝君臣是"昏乱迷惑之主，覆国亡家之臣"[11]。

三是揭露社会问题，提出各种对策性主张。如崔寔揭露奢侈性消费破坏农业生产："且世奢服僭，则无用之器贵，本务之业贱矣。农桑勤而利薄，工商逸而入厚，故农夫辍耒而雕镂，工女投杼而刺文。躬耕者少，末作者众，生土虽皆垦义，而地功不致，苟无力穑，焉得有年？"[10]王符曾提到中期社会"多务交游以结党助"的不良风气，及至晚世，此风愈炽。对此，徐干进一步给予尖锐抨击，由于"上无明天子，下无贤诸侯。君不识是非，臣不辨黑白"，放纵了末世交游恶俗，"桓灵之世，其甚者也，自公卿大夫，州牧郡守，王事不恤，宾客为务，冠盖填门，儒服塞道"，"详察其为也，非欲忧国恤民，谋道讲德也，徒营己治私，求势逐利而已"。他提出釜底抽薪的改良办法，就是"不以交游导民""不以交游举贤"[13]。

这些锋芒毕露的批判言辞，有些直接与王符相呼应，有些则是随着社会危机的加剧而深化。与当年王符相对乐观的期待不同，晚期诸子言论无疑是一曲悲观的政治挽歌。如学者所指出："王充在前期，重视汉代的功德，认为'周不如汉'，主张'宣汉'。王符在中期，社会问题很多，政治腐败，已有千疮百孔，亟待整治。仲长统在后期，东汉统治已到穷途末路，只能垂死挣扎，无力回天，认为到了三部曲的最后一曲，敲响丧钟。"[14]诸子的思想，反映了东汉不同时期时代精神的精华，其批判言论"是一面忠实的镜子"，"以清醒的理性对现实的危机做了大胆的揭露，深刻的分析"[15]。

三、"潜夫议政"的历代践履

王符的布衣论政实践，的确为历代在野知识分子著书立说、大胆进行社会批判，起到了"导夫先路"的引领作用。在中国文化史上，像王符这样以一介布衣身份，留下名作传世并开创社会批判风气的，实不多见。尤为可贵的是，这种传统从此不绝如缕，代有传人。后世学者以潜夫身份议政立说，在思想史上留下名作佳话的，代表人物主要有：

唐末无能子，姓名已失传。他自少年时，即"博学寡欲，长于穷理尽性"，似曾游宦，并授徒讲学。后避黄巢起义战火，四处漂泊，生活艰难。光启三年（887），游寓左辅（今陕西东南部）隐居民间，著《无能子》一书，指责君主专制制度违反自然，提倡道教的服气和坐忘修炼法，并宣扬儒家的宿命论、仁义道德和近似佛教禅宗思想的"无心"[16]。

邓牧（1247—1306），生活在宋元之际，自称"三教外人"。邓牧有政治抱负，并热心仕进，但仕途不顺。32岁时，元灭南宋，他决心不与元统治者合作，寄身幽谷，浪迹山林。元成宗大德三年（1299），邓牧到余杭山中的洞霄宫隐居。玄教大师吴全节奉元朝的命令，请邓牧出山，他严词拒绝。《伯牙琴》是宋亡后他隐居时的作品，主张君民相安，一律平等，各司其职,安居乐业[17]。

唐甄(1630—1704),明末清初的思想家。清顺治十四年(1657)中举人。曾在山西长子任过10个月的知县,后流寓江南民间,靠讲学卖文维持生活。所著《潜书》原名《衡书》,意在权衡天下,后因连蹇不遇,深受王符的影响,遂更名《潜书》。此书写作历"三十年而成",潘耒在序中赞扬此书,"独抒己见,无所蹈袭。……其文高处,闳肆如庄周,峭劲如韩非,条达如贾谊,……直名'唐子'可矣"[18]。唐甄吸取明末教训,抨击君权专制,倡导以民为本,旨在善政养民,摒弃程朱理学,以实学济世扶危。

唐甄对君主专制制度进行大胆揭露和批判。他指出,皇帝是一切罪恶的根源:"川流溃决,必问为防之人,比户延烧,必罪失火之主,至于国破家亡,流毒无穷……,非君其谁乎?"[18]"自秦以来,凡帝王者皆贼也。"进而提出"抑尊",即限制君权的主张,要求提高大臣的地位,使他们得以"攻君之过""攻宫闱之过""攻帝族、攻后族、攻宠贵之过"。他发展了民本思想,强调民是国家的根本,提出了爱民、保民、富民的具体主张,提倡为民的功利主义,反对理学家们"儒者不计其功"的说法。《潜书》在当时很受重视,"每一篇出,人争传写"[18]。正如学人所论,"《潜书》精华,也正在于他的平民干政的精神"[6]。

王夫之(1619—1692),明清之际杰出思想家。他隐身山林间写作《读通鉴论》,同样因循了王符的一些观点。仅以评价新汉之际的刘崇、翟义为例,先看王符的原话:"自成帝以降,至于莽,公卿列侯,下讫令尉,大小之官,且十万人,皆自汉所谓贤明忠正贵宠之臣也。莽之篡位,惟安众侯刘崇、东郡太守翟义思事君之礼,义勇奋发,欲诛莽。功虽不成,志节可纪。夫以十万之计,其能奉报恩,二人而已。"[4]王夫之《读通鉴论》卷五重评这段历史时,曾写道:"刘崇、翟义、刘快败死而后王莽亡。……二刘、翟义不忍国雠,而奋不顾身,以与逆贼争存亡之命,非天也,其志然也。而义尤烈矣。义知事不成而忘其死,智不逮子房而勇倍之矣。当莽之篡,天下如狂而奔赴之,孔光、刘歆之徒,援经术以导谀,上天之神,虞舜之圣,周公之忠,且为群不逞所诬而不能白。义正名其贼,以号召天下于魔魅之中，故南阳诸刘一起，而莽之首早陨于渐台。……而义也、崇也、快也，自输其肝脑以拯天之衰而伸莽之诛者也。不走而死，义尤烈哉！"[19] 显然，王夫之极力表彰刘䎉、推崇其志节的高度评价，是受到王符影响，甚至连措词也非常相似。

宋恕（1862—1910），字平子，号六斋，清末著名思想家。他目睹清帝国末期社会的黑暗，穷读古今中外之书，探寻国家兴乱之机。曾两次上书张之洞和李鸿章，痛陈时势，以图变革。著有《六字课斋卑议》《六字课斋津谈》等书，并发表了一系列的政论和杂谈。其代表作《六字课斋卑议》，仿效王符"潜夫"论政风格，纵览古今中外，出入经史子集，提出在当时堪称先进的维新变法思想主张。初稿一出，即被目为惊世骇俗，在晚清维新变法之前，有着极大的影响。梁启超将其列入《西学书目表》，俞樾称之为"实《潜夫论》《昌言》之流亚也"[20]。

追溯中古历史上布衣学者前后相踵的批判行踪，足以看出，如果说王符开创了独到的"潜夫议政"传统，那么，后世学人则"继其统而扬其绪"，由此充分彰显了社会批判思想的发展脉络及其历史价值，不愧为中古文化中可贵的文化遗产。

四、后世评价及其现代意义

后世对王符的社会批判思想给予了崇高的评价，产生了深远的历史影响。

首先值得关注的，是正史记载中的回响。南朝范晔撰写《后汉书》时，极为重视王符的社会批判思想。他在王符传记中完整收录了《潜夫论》的5篇文章，内容与传世本基本一致，仅有几处文字略有出入。基于东汉诸子的共同特征，将王符与王充、仲长统合传，又在论赞中褒扬了诸子"详观时蠹，成昭政术"的社会批判。范晔认为，他们都继承了先秦诸子激扬议政的传统，虽然对其理论激进程度有所保留，但充分肯定了东汉诸子的深度思考和社会关怀。

唐代韩愈著《后汉三贤赞》云:"王符节信,安定临泾。好学有志,为乡人所轻。愤世著论,潜夫是名。述赦之篇,以赦为贼,良民之甚,其旨甚明。皇甫度辽,闻至乃惊,衣不及带,屣履出迎。岂若雁门,问雁呼卿?不仕终家,吁嗟先生!"[21]赞叹推崇之情,溢于言表。

清人的评价,也同样看重王符的社会批判成就。《四库全书总目提要》认为:"符书洞悉政体似《昌言》,而明切过之;辨别是非似《论衡》,而醇正过之。前史列之儒家,斯为不愧。"《四库全书简明目录》写道:"符遭逢乱世,以耿介忤俗,发愤著书。然明达政体,所敷陈多切中得失,非迂儒矫激务为高论之比也。"嘉庆时期的汪继培,是历史上《潜夫论》的第一位注家,对王符思想的洞悉又深入一层,他在推重王符思想成就的同时,还对其身世别有一番慨叹:"符以边郡一缝掖,闵俗陵替,发愤增叹,未能涉大廷与议论以感动人主,又不得典司治民以效其能,独蓄大道,托之空言。"[22]时隔千载,仍为其未能一展平生抱负而惋惜。

其次,现代研究者更深刻揭示了王符社会批判的历史意义。侯外庐充分褒扬王符的进步立场,认为这位理论家是"进步的,有人民性的思想家",王符的命题,"成为中世纪的有价值的遗产"[6]。当代学者李敖也十分推重王符的批判勇气:"这些大胆的言论,千载之下,还令我们崇敬。"[23]

站在新世纪的高度,回眸汉代思潮,人们不禁要问:王符的社会批判精神还有现实意义吗?

回答是肯定的。我们知道,优秀文化传统的传承是一个民族文明发展的动力和前提,思想者所承载的社会批判功能并没有穷期,它其实应该是思想界万古常新的主题。这是因为,人类理想社会的追求永远没有止境,当下社会总是不够完美的,这就需要有理性的思想来引导社会,树立更高更完美的社会模式和评判标准来引领政治进步,批评社会种种不如人意的地方,从而将社会引向更美好的未来。

因此,社会批判是一个健康社会所必须具备的文化机制,社会批判永远是知识分子的天职之一。激进思想家来充当社会的牛虻,可以提高社会机体的免疫力和紧张度,便于为改革开道。正如当今学术界的探讨所昭示的，知识分子凭借知识与理性的力量，铸造独立人格，恪守自由思想，坚持说真话，敢于抨击社会弊端，推动社会改良，从而促进社会进步。社会批判为一个社会提供改革的动力和支撑，社会批判者也是扬善惩恶、弘扬正气、抵制邪气的文明守望者和建设者。

朱学勤曾指出："真正的知识分子都是悲剧命运的承担者……他们要提前预言一个时代的真理，就必须承受时代落差造成的悲剧命运。"[24]随着改革开放的深度推进，知识分子的批判功能将得到更充分的重视和发挥，王符时代"潜夫"横议的悲剧命运，终将成为遥远的过去。这也是我们"居今之世，志古之道"[25]，重温汉代思想史获得的启示。

【注释】

[1] 王符思想研究的代表性成果有王步贵《王符思想研究》（兰州：甘肃人民出版社 1987 年版），刘文英《王符评传》（南京：南京大学出版社 1993 年版）等，但迄今缺乏对"潜夫议政"传统的专题探讨。

[2] 萧公权，《中国政治思想史》，沈阳：辽宁教育出版社 1998 年版，第 300 页。

[3] 陈启云，《中国古代思想文化的历史论析》，北京：北京大学出版社 2001 年版，第 221 页。

[4] 王符，《潜夫论》，程荣辑《汉魏丛书》，长春：吉林大学出版社 1992 年版。

[5] 范晔，《后汉书》，北京：中华书局 1962 年版。

[6] 侯外庐主编，《中国思想通史》（第 2 卷），北京：人民出版社 1964 年版，第 2 卷第 436、441、430 页。

[7] 汤志钧，《西汉经学与政治》，上海：上海古籍出版社 1994 年版，第 198 页。

[8] 关于东汉晚期社会批判思潮的上述人物，过去都笼统划分到东汉末年里面，这种长达百年的末世说法令人难以信服。（见任继愈主编的《中国哲学发展史》秦汉卷，第 687 页）笔者主张将东汉划分为前期、中期和晚期三个阶段。光、明、章、和为前期，安、顺为中期，桓、灵、献为晚期。这样，王符为中期人物，崔、荀、仲等均生活在晚期。

[9] 有的研究者误将这几位批判学者，归结为"一批在野的儒生"，"游学乡里、著书立说"（见《哲学研究》，2006 年第 11 期，罗传芳文），殊误。其实，除了王符之外，徐干做过五官中郎将文学，除上艾长。崔寔做过

五原郡和辽东郡太守、尚书。荀悦担任过朝廷的黄门侍郎、秘书监等职。仲长统官至尚书郎、参丞相曹操军事。

[10] 崔寔,《政论》,严可均辑《全后汉文》(上册),北京:商务印书馆1999年版,第462页。

[11] 仲长统,《昌言》,严可均辑《全后汉文》(下册),北京:商务印书馆1999年版,第899页。

[12] 荀悦,《申鉴》,程荣辑《汉魏丛书》,长春:吉林大学出版社1992年版,第559页。

[13] 徐干,《中论》,程荣辑《汉魏丛书》,长春:吉林大学出版社1992年版,第575页。

[14] 周桂钿,《秦汉思想史》,石家庄:河北人民出版社2000年版,第417页。

[15] 任继愈等,《中国哲学发展史》(秦汉卷),北京:人民出版社1985年版,第713页。

[16] 王明,《无能子校注》,北京:中华书局1981年版,第4页。

[17] 邓牧,《伯牙琴》,北京:中华书局1981年版。

[18] 唐甄,《潜书》,北京:中华书局1963年版,第17页。

[19] 王夫之,《读通鉴论》,北京:中华书局1981年版,第5卷。

[20] 胡珠生编,《宋恕集·俞曲园师书后》,北京:中华书局1993年版,第42页。

[21] 《文渊阁四库全书》第12卷《东雅堂昌黎集注》,台北:台湾商务印书馆1986年版。

[22] 汪继培,《潜夫论笺注·序》,上海:上海古籍出版社1978年版。

[23] 李敖,《中国名著精华全集·序文》,台北:文津出版有限公司1998年版。

[24] 朱学勤,《思想史上的失踪者》,广州:花城出版社1999年版,第43页。

[25] 司马迁,《史记·高祖功臣侯者年表》,北京:中华书局1962年版。

试论汉文化对中国社会的深远影响
——以汉武帝"罢黜百家,独尊儒术"为例

◆ 叶正渤

男,1948年生,江苏师范大学文学院教授,硕士研究生导师。

汉文化,是指我国两汉时期所形成的社会生活方式和文化典章制度及价值观念等。西汉以前,尤其是春秋战国时期,由于国家处于分崩离析的状态,虽然有一个所谓的天下共主周天子,但是,一些势力强大的诸侯尾大不掉,各行其政,形成东汉许慎所说的"诸侯力政,不统于王"的局面。当时各种思想学说及流派纷呈,在思想史上形成了百家争鸣的繁荣局面。至西汉武帝(前140—前87年在位)时,武帝采纳董仲舒的意见,推行"罢黜百家,独尊儒术"的政策,于是以孔子、孟子为代表的儒家思想成为正统观念,统治与影响汉族乃至整个中国思想文化两千余年。同时,也程度不同地影响到与中国相邻的民族与国家。所以,探讨汉文化对中国社会的深远影响,尤其是儒家思想在陶冶国民的道德情操和治国理民过程中发挥的巨大作用,做到以史为鉴,是继承和发扬优秀传统文化的重要举措。

一、西汉以前的儒学及儒者

春秋战国时期,各种思想学术流派纷纷出现,如以孔子、老子、墨子为代表的三大思想体系——儒、道、墨,形成诸子百家争鸣的繁荣局面。儒,仅仅是三大学术流派之一,其地位无所谓轻与重,且经常受到其他学

术流派的非议与责难。例如，墨子在《非儒篇》中对儒家学说基本上是持批评和否定态度的。可举事例较多，从略。

荀子在其书《儒效》篇中把儒分为大儒、小儒。而大儒、小儒的效用是不同的。荀子曰："志安公，行安修，知通统类，如是则可谓大儒矣。大儒者，天子三公也；小儒者，诸侯、大夫、士也。"

荀子在《非十二子》中对某些儒者有所褒贬。例如，"略法先王而不知其统，犹然而材剧志大，闻见杂博。案往旧造说，谓之五行，甚僻违而无类，幽隐而无说，闭约而无解。案饰其辞，而只敬之，曰：此真先君子之言也。子思唱之，孟轲和之。世俗之沟犹瞀儒、嚾嚾然不知其所非也，遂受而传之，以为仲尼、子游为兹厚于后世：是则子思、孟轲之罪也"。

> 若夫总方略，齐言行，一统类，而群天下之英杰，而告之以大古，教之以至顺，奥窔之间，簟席之上，敛然圣王之文章具焉，拂然平世之俗起焉，六说者不能入也，十二子者不能亲也。无置锥之地，而王公不能与之争名，在一大夫之位，则一君不能独畜，一国不能独容，成名况乎诸侯，莫不愿以为臣，是圣人之不得执者也，仲尼、子弓是也。一天下，财万物，长养人民，兼利天下，通达之属莫不从服，六说者立息，十二子者迁化，则圣人之得执者，舜、禹是也。
>
> 今夫仁人也，将何务哉？上则法舜、禹之制，下则法仲尼、子弓之义，以务息十二子之说。如是则天下之害除，仁人之事毕，圣王之迹著矣。[1]

很显然，荀子在《非十二子》中对儒者的子思、孟轲等是有批评的。但是，对仲尼、子弓，尤其是舜、禹则是褒奖有加。荀子是儒家学说的集大成者，尚对儒学及儒者有所评判。

此外，《庄子·外物篇》也是批判儒者的。讲一个"以诗礼发冢"的儒，借以批判儒家追求私利的、人伪的、炫耀自己的、自以为是的盗丘式的人物，说明儒家的政治观是唯利是图而不择手段。

但是,《庄子·天下篇》中有关儒的论述就显得客观一些。"其明而在数度者,旧法、世传之史尚多有之;其在于《诗》《书》《礼》《乐》者,邹鲁之士、缙绅先生多能明之。《诗》以道志,《书》以道事,《礼》以道行,《乐》以道和,《易》以道阴阳,《春秋》以道名分。其数散于天下而设于中国者,百家之学时或称而道之。"庄子认为儒家主要是明传《诗》《书》《礼》《易》《春秋》者。《庄子·天下篇》还提出儒家"内圣外王"的思想。"内圣外王"体现了完美的人格修养,是儒家最高的理想境界。内圣指的是:"圣有所生,王有所成,皆原于一。不离于宗,谓之天人。不离于精,谓之神人。不离于真,谓之至人。以天为宗,以德为本,以道为门,兆于变化,谓之圣人。以仁为恩,以义为理,以礼为行,以乐为和,熏然慈仁,谓之君子。"君子,是儒家观念中理想的人格体现者。内圣也即修身。外王指的是:"以法为分,以名为表,以参为验,以稽为决,其数一二三四是也,百官以此相齿;以事为常,以衣食为主,蕃息畜藏,老弱孤寡为意,皆有以养,民之理也。"即齐家、治国、平天下。[2]

韩非是法家代表人物,所以他在《五蠹篇》中对当时诸侯国养儒的做法持否定态度。曰:

儒以文乱法,侠以武犯禁,而人主兼礼之,此所以乱也。

然则为匹夫计者,莫如修行义而习文学。行义修则见信,见信则受事;文学习则为明师,为明师则显荣:此匹夫之美也。然则无功而受事,无爵而显荣,为有政如此,则国必乱,主必危矣。

又曰:

国平养儒侠,难至用介士,所利非所用,所用非所利。是故服事者简其业,而于游学者日众,是世之所以乱也。……今修文学,习言谈,则无耕之劳而有富之实,无战之危而有贵之尊,则人孰不为也?是以百人事智而一人用力。事智者众,则法败;用力者寡,则国贫;

此世之所以乱也。

是故乱国之俗：其学者，则称先王之道以籍仁义，盛容服而饰辩说，以疑当世之法，而贰人主之心。……此五者，邦之蠹也。人主不除此五蠹之民，不养耿介之士，则海内虽有破亡之国、削灭之朝，亦勿怪矣。[3]

很明显，韩非把研习文学的儒者与带剑者等一起看作是邦国的五种蠹虫，应该去除之。

以上资料充分说明，儒术在先秦时期并没有占据学术思想的主导地位。由此也证明，在春秋战国之际各种学说的确是可以自由批评的。

二、董仲舒对汉武帝"罢黜百家，独尊儒术"的影响

董仲舒（前179—前104），汉广川郡（今河北景县广川镇大董古庄）人。今文经学大师。汉景帝时任博士，讲授《公羊春秋》。公元前134年，汉武帝下诏征求治国方略。董仲舒在《举贤良对策》中系统地提出了"天人感应""大一统"学说和"罢黜百家，表彰六经"的主张，即"天人三策"，深刻地影响了汉武帝，确立了以儒术为治国理民的方略。

《资治通鉴·汉纪九》："建元元年辛丑（前140）。冬，十月，诏举贤良方正直言极谏之士，上亲策问以古今治道，对者百余人。贤明仁君，招四方贤士，征治国方略。广川董仲舒对曰：'道者，所繇适于治之路也，仁义礼乐皆其具也。儒学也。故圣王已没，而子孙长久，安宁数百岁，此皆礼乐教化之功。夫人君莫不欲安存，而政乱国危者甚众；所任者非其人而所繇者非其道，是以政日以仆灭也。夫周道衰于幽、厉，非道亡也，幽、厉不繇也。至于宣王，思昔先王之德，兴滞补敝，明文武之功业，周道粲然复兴，此夙夜不懈行善之所致也。'"[4]

1. 阐述、宣扬先王之道

《汉书·董仲舒传》："盖闻五帝三王之道，改制作乐而天下洽和，百王

同之。"其效用,则曰:"自非大亡道之世者,天尽欲扶持而全安之,事在强勉而已矣。强勉学问,则闻见博而知益明;强勉行道,则德日起而大有功;此皆可使还至而有效者也。《诗》曰'夙夜匪解',《书》云'茂哉茂哉',皆强勉之谓也。"又曰:"道者,所繇适于治之路也,仁义礼乐皆其具也。"其功效,则曰:"故圣王已没,而子孙长久安宁数百岁,此皆礼乐教化之功也。"

　　臣谨案:《春秋》之文,求王道之端,得之于正。正次王,王次春。春者,天之所为也;正者,王之所为也。其意曰,上承天之所为,而下以正其所为,正王道之端云尔。然则王者欲有所为,宜求其端于天。天道之大者在阴阳。阳为德,阴为刑;刑主杀而德主生。是故阳常居大夏,而以生育养长为事;阴常居大冬,而积于空虚不用之处。以此见天之任德不任刑也。……为政而任刑,不顺于天,故先王莫之肯为也。

　　臣谨案:《春秋》谓一元之意,一者万物之所从始也,元者辞之所谓大也。谓一为元者,视(示)大始而欲正本也。《春秋》深探其本,而反自贵者始。故为人君者,正心以正朝廷,正朝廷以正百官,正百官以正万民,正万民以正四方。四方正,远近莫敢不一于正,而亡有邪气奸其间者。

　　凡以教化不立而万民不正也。夫万民之从利也,如水之走下,不以教化堤防之,不能止也。是故教化立而奸邪皆止者,其堤防完也;教化废而奸邪并出,刑罚不能胜者,其堤防坏也。古之王者明于此,是故南面而治天下,莫不以教化为大务。立太学以教于国,设庠序以化于邑,渐民以仁,摩民以谊,节民以礼,故其刑罚甚轻而禁不犯者,教化行而习俗美也。

　　圣王之继乱世也,扫除其迹而悉去之,复修教化而崇起之。教化已明,习俗已成,子孙循之,行五六百岁尚未败也。……臣闻圣王之治天下也,少则习之学,长则材诸位,爵禄以养其德,刑罚以威其恶,故民晓于礼谊而耻犯其上。

故圣人法天而立道，亦溥爱而亡私，布德施仁以厚之，设谊立礼以导之。春者天之所以生也，仁者君之所以爱也；夏者天之所以长也，德者君之所以养也；霜者天之所以杀也，刑者君之所以罚也。繇此言之，天人之征，古今之道也。

天令之谓命，命非圣人不行；质朴之谓性，性非教化不成；人欲之谓情，情非度制不节。是故王者上谨于承天意，以顺命也；下务明教化民，以成性也；正法度之宜，别上下之序，以防欲也；修此三者，而大本举矣。

臣闻夫乐而不乱复而不厌者谓之道；道者万世亡弊，弊者道之失也。先王之道必有偏而不起之处，故政有眊而不行，举其偏者以补其弊而已矣。三王之道所祖不同，非其相反，将以救溢扶衰，所遭之变然也。故孔子曰："亡为而治者，其舜乎！"改正朔，易服色，以顺天命而已；其余尽循尧道，何更为哉！故王者有改制之名，亡变道之实。然夏上忠、殷上敬、周上文者，所继之救，当用此也。孔子曰："殷因于夏礼，所损益可知也；周因于殷礼，所损益可知也；其或继周者，虽百世可知也。"此言百王之用，以此三者矣。

《春秋》大一统者，天地之常经，古今之通谊也。今师异道，人异论，百家殊方。指意不同，是以上亡以持一统；法制数变，下不知所守。臣愚以为诸不在六艺之科孔子之术者，皆绝其道，勿使并进。邪辟之说灭息，然后统纪可一而法度可明，民知所从矣。[5]

2. 针对时弊，提出良策

今汉继秦之后，如朽木粪墙矣，虽欲善治之，亡可奈何。法出而奸生，令下而诈起，如以汤止沸，抱薪救火，愈甚，亡益也。窃譬之琴瑟不调，甚者必解而更张之，乃可鼓也；为政而不行，甚者必变而更化之，乃可理也。……夫仁谊礼知信五常之道，王者所当修饬也；

五者修饬，故受天之佑，而享鬼神之灵，德施于方外，延及群生也。

故养士之大者，莫大乎太学；太学者，贤士之所关也，教化之本原也。今以一郡一国之众，对亡应书者，是王道往往而绝也。臣愿陛下兴太学，置明师，以养天下之士，数考问以尽其材，则英俊宜可得矣。

古者修教训之官，务以德善化民，民已大化之后，天下常亡一人之狱矣。今世废而不修，亡以化民，民以故弃行谊而死财利，是以犯法而罪多，一岁之狱以万千数。以此见古之不可不用也，故《春秋》变古则讥之。

夫天亦有所分予，予之齿者去其角，傅其翼者两其足，是所受大者不得取小也。古之所予禄者，不食于力，不动于末，是亦受大者不得取小，与天同意者也。

夫已受大，又取小，天不能足，而况人乎！此民之所以嚣嚣苦不足也。身宠而载高位，家温而食厚禄，因乘富贵之资力，以与民争利于下，民安能如之哉！是故众其奴婢，多其牛羊，广其田宅，博其产业，畜其积委，务此而亡已，以迫蹴民，民日削月朘，浸以大穷。富者奢侈羡溢，贫者穷急愁苦；穷急愁苦而不上救，则民不乐生；民不乐生，尚不避死，安能避罪！此刑罚之所以蕃而奸邪不可胜者也。故受禄之家，食禄而已，不与民争业，然后利可均布，而民可家足。此上天之理，而亦太古之道，天子之所宜法以为制，大夫之所当循以为行也。

董仲舒对策的主要内容，可以概括为：先王之道，改制作乐，仁义礼乐是具体内容。圣王之道合于天，故应行之。王道要合于天，王道之端在正朔。天道之大者在阴阳，天道任德不任刑，王道应顺天。君王要自强黾勉。君王应正本，正本在于正心，心正而邪气无。教化立而万民正，教化行而习俗美。王者承天以顺命，明教化民以成性，正法度、别次序以防欲。以"仁谊礼知信五常之道"作为教化民的具体内容。强调办太学，教化民，育人才。以德化民，则刑狱不兴。明确提出"罢黜百家，独尊儒术"的主

张。为官不得贪欲,不得与民争利。老子曰:"天之道损有余而补不足,人之道损不足以奉有余。"(《老子》第七十七章)

这些建议,得到汉武帝的采纳。建元五年(前136),汉武帝开始将儒家思想作为正统意识形态,罢黜百家后,设立五经博士,从而奠定了儒学及儒家经典的正统地位。这就等于说,汉武帝最终找到了治国理民的根本方略,就是儒术。

三、儒学对后世深远影响的具体表现

汉武帝"罢黜百家,独尊儒术",不仅确立了儒术的正统地位,而且逐渐成为国人的人生信仰和行为规范。儒学对后世社会产生了深远的影响,反映为多方面,现略举其荦荦大者。

1. 理念

《汉书·艺文志》:"儒家者流,盖出于司徒之官,助人君顺阴阳明教化者也。游文于六经之中,留意于仁义之际,祖述尧舜,宪章文武,宗师仲尼,以重其言,于道最为高。"儒术包括:仁、义、礼、智、信、德、恕、忠、孝、悌等。其具体内容古代读书人皆耳熟能详,如数家珍。几个主要方面早在汉代及汉代以前就已成为朝廷的治国理念。[6]

仁,仁者爱人。《孟子·离娄下》:"君子所以异于人者,以其存心也。君子以仁存心,以礼存心。仁者爱人,有礼者敬人。爱人者,人恒爱之;敬人者,人恒敬之。"这是儒者最高的道德原则、道德标准和道德境界。"仁政"很早就成为治国理念,违此则不长久。《论语·里仁》:"子曰:'不仁者不可以久处约,不可以长处乐。仁者安仁,知者利仁。'"[7]

仁政的基础是民本思想。《尚书·泰誓》:"天视自我民视,天听自我民听。百姓有过,在予一人,今朕(武王)必往。"[8]《孟子·尽心下》:"民为贵,社稷次之,君为轻。"

德。《尚书·皋陶谟》:"皋陶曰:允迪厥德,谟明弼谐。"《尚书·蔡仲之命》:"皇天无亲,惟德是辅。民心无常,惟惠之怀。"《论语·为政》:"为

政以德，譬如北辰，居其所而众星共之。道之以政，齐之以刑，民免而无耻；道之以德，齐之以礼，有耻且格。"[9]独尊儒术及以德治国的理念到清代女真人入主中原时也影响深远。《清史稿·世祖福临本纪》："（顺治元年）冬十月乙卯朔……丙辰，以孔子六十五代孙允植袭封衍圣公，其五经博士等官袭封如故。"（十年六月）"谕曰：帝王化民以德，齐民以礼，不得已而用刑。""诏曰：帝王以德化民，以刑辅治。苟律例轻重失宜，官吏舞文出入，政平讼理，其道曷由。"[10]

孝。《孝经·开宗明义章》："子曰：'夫孝，德之本也，教之所由生也。'""身体发肤，受之父母，不敢毁伤，孝之始也。立身行道，扬名于后世，以显父母，孝之终也。夫孝，始于事亲，中于事君，终于立身。"《三才章》："子曰：'夫孝，天之经也，地之义也，民之行也。天地之经，而民是则之。则天之明，因地之利，以顺天下。是以其教不肃而成，其政不严而治。先王见教之可以化民也，是故先之以博爱，而民莫遗其亲，陈之于德义，而民兴行。先之以敬让，而民不争；导之以礼乐，而民和睦；示之以好恶，而民知禁。'"《圣治章》："子曰：'天地之性，人为贵。人之行，莫大于孝。孝莫大于严父。严父莫大于配天，则周公其人也。'"又曰："父子之道，天性也，君臣之义也。"[11]

《孟子·梁惠王上》："老吾老，以及人之老；幼吾幼，以及人之幼。"以孝治天下，是汉代以后重要的治国理念。汉代除了开国皇帝刘邦和东汉开国皇帝刘秀外，皇帝都以"孝"为谥号，曰孝惠帝、孝文帝、孝武帝、孝昭帝等，表明朝廷对"孝"的尊崇。魏晋相承，亦以孝治天下。《晋书·世祖武帝纪》："士庶有好学笃道，孝悌忠信，清白异行者，举而进之，有不孝敬于父母，不长悌于族党，悖礼弃常，不率法令者，纠而罪之。"[12]从晋武帝开始，至清世祖福临，历史上有多位皇帝为皇子讲习《孝经》，或者注解《孝经》。

2. 实践

《汉书·儒林传》："古之儒者，博学乎'六艺'之文。'六艺'者，王教之典籍，先圣所以明天道、正人伦、致至治之成法也。"《汉书·艺文志》:"'六艺'之文:《乐》以和神,仁之表也;《诗》以正言,义之用也;《礼》以明体,明者著见,故无训也;《书》以广听,知之术也;《春秋》以断事,信之符也。五者,盖五常之道,相须而备,而《易》为之原。故曰:'《易》不可见,则乾坤或几乎息矣',言与天地为终始也。"[13]《庄子·天下篇》:"《诗》以道志,《书》以道事,《礼》以道行,《乐》以道和,《易》以道阴阳,《春秋》以道名分。"[2]《大学》:"大学之道,在明明德,在亲民,在止于至善。"由于"六艺"是"王教之典籍,先圣所以明天道、正人伦、致至治之成法",所以在儒术取得独尊地位以后,君王必然将其作为教化人民的宝典。汉武帝独尊儒术、罢黜百家后,遂将"五经"列为官学,设五经博士。这五部经书是:《易》《书》《诗》《礼》《春秋》。

其后,历代朝廷又扩大儒家经典的范围。汉朝是以《易》《诗》《书》《礼》《春秋》为"五经",立于学官。唐朝时,把《春秋》配以"三传",即《左传》《公羊传》《穀梁传》;《礼经》分为"三礼",即《周礼》《仪礼》《礼记》。这六部书再加上《易》《书》《诗》,并称为"九经",也立于学官,用于开科取士。至晚唐已经有了十二经。唐文宗开成年间,在国子学刻石,内容除了"九经"之外,还加上了《论语》《尔雅》《孝经》。

南宋时十三经正式形成。南宋时《孟子》正式成为"经",和《论语》《尔雅》《孝经》一起,加上原来的"九经",构成"十三经"。南宋以后,著名理学家朱熹把《论语》《孟子》《大学》和《中庸》合称为"四书";把《诗经》《尚书》《礼记》《周易》《春秋》合称为"五经",统称为"四书五经",作为儒学的基本书目和儒生修身立世的必读之书。其后历代沿用。

3. 正史为儒林立传

首为儒林立传者是司马迁的《史记·儒林传》。《史记正义》引姚承曰:"儒谓博士,为儒雅之林,综理古文,宣明旧艺,咸劝儒者,以成王化者也。"[14]据初步研究,除《三国志》《宋书》《南齐书》《旧五代史》《新五代史》《辽史》《金史》七部正史,由于种种原因未作《儒林传》而外,其他正史均列有《儒林传》。可见在传统社会人们对儒学以及有成就的儒者的重视。

4. 选拔人才，以儒为标准

举贤良方正。从汉文帝二年（前178）朝廷开始推举贤良方正。《史记·孝文本纪》："二三执政……举贤良方正直言极谏者，以匡朕之不逮。"《史记·平准书》："当是之时，招尊方正贤良文学之士，或至公卿大夫。"据研究，这种不定时的推举人才的做法，唐宋至清一直沿用，设"贤良方正科"。薛福成《应诏陈言疏》："诚法圣祖、高宗遗意，特举制科，则非常之士，闻风兴起。其设科之名，或称'博学鸿词'，或称'贤良方正'，或称'直言极谏'，应由部臣临时请旨定夺。"[15]

举孝廉。孝廉，是孝顺父母、办事廉正的意思，即孝子廉吏。根据儒家思想，为人立身以孝为本，任官从政以廉为方。因此，察举孝廉被确定为朝廷选拔人才的最重要的科目。汉武帝元光元年（前134）初令郡国举孝廉各一人。被举人的资历，大多为州郡属吏或通晓经书的儒生。到了明清之际，孝廉成了对举人的雅称。

科举考试以儒家经典为题。科举，是通过考试，采用分科取士的办法选拔人才。从隋朝大业三年（607）开始实行，到清朝光绪三十一年（1905）举行最后一科进士考试为止，历时1300多年。历代各级科举考试，考试内容基本是儒家经义（围绕经书义理展开议论），以"四书五经"文句为题，文章格式为八股文，解释必须以儒家经典解释为准，如明代以朱熹《四书集注》为准。之所以考试内容皆以经义为主，正如清代康熙年间礼部侍郎黄机所说："先用经书，使阐发圣言微旨，以观心术。不用经书为文，人将置圣贤之学于不讲。请复。"目的还是为了宣传、灌输儒家思想。历时1300多年的科举制度，于社会发展和人才选拔，虽然有利有弊，但开科取士皆以儒者为对象这一点是肯定的。这是文举，武举则另当别论。

汉武帝采纳董仲舒"罢黜百家，独尊儒术"的建议，对后世产生深远的影响。后世对董仲舒之说，既有肯定的，亦有怀疑《汉书·董仲舒传》所记董仲舒建议汉武帝"罢黜百家，独尊儒术"是班固假托董仲舒而实无其事。兹不赘述，笔者相信班固不会凭空造假。

由以上叙述，可以体会到：一、"罢黜百家，独尊儒术"，是汉武帝采纳董仲舒的建议而施行的治国方略。其内容涉及个人修养和治国理念，关系重大，影响深远。二、作为一种治国方略，涉及社会生活多个方面，是个系统工程，只有全面贯彻，不可顾此失彼，这样才能取得预期的目的和效果。三、儒学是经得起历史检验的有生命的学说，是符合社会发展规律的，作为国学应继承发扬并光大之。

【注释】

[1] 章诗同注，《荀子简注》，上海：上海人民出版社1974年版，第45页。
[2] 陈鼓应，《庄子今注今译》，北京：中华书局1985年版，第852页。
[3] 陈奇猷，《韩非子新校注》，上海：上海古籍出版社2000年版，第1085页。
[4] 《资治通鉴》，上海：上海古籍出版社1991年影印版，第112页。
[5] 《汉书·儒林传》，北京：中华书局1996年版，第2495页。
[6] 《汉书·艺文志》，北京：中华书局1996年版，第1278页。
[7] 杨伯峻，《孟子译注》，北京：中华书局1984年版，第197页。
[8] 朱骏声撰、叶正渤点校，《尚书古注便读》，台北：花木兰文化出版社2013年版，第92页。
[9] 杨伯峻，《论语译注》，北京：中华书局1988年版，第12页。
[10] 赵尔巽等，《清史稿》，北京：中华书局1986年版，第88、134页。
[11] 《孝经》，北京：中华书局，2008年版第1、29、41页。
[12] 房玄龄等，《晋书》，北京：中华书局2010年版，第49页。
[13] 《汉书》，北京：中华书局1996年版，第3593、1723页。
[14] 《史记》，北京：中华书局1985年版，第3115页。
[15] 薛福成，《庸庵全集》，民国二十三年（1934年）贵阳陈夔龙氏珂罗版铅印本。

老子的海外传播
关于天下观的世界意象

宫慧玲
女，1957年生，江苏师范大学外国语学院副教授。

世界文明的存在形式是多种多样的，各种文明在发展过程中不断产生交流，是文化活力的组成部分。在历史上不仅接受外来文化的影响。而且也对世界产生影响。文化交流是历史发展的必然。中国是一个文明古国，历史上产生了辉煌灿烂的文化，出现过老子、孔子等有世界性影响的人物。中国古代的智慧在现代也具有十分重要的意义，它以独特的思想与价值体系，给现代社会的人们提供一个参照系，给整个西方文明以极大的冲击。老子思想以其独特的内涵与张力，以深刻的哲理与洞察力成为思想史上的一个奇迹，老子的思想已经成为构造一个新世界意象的启示录。本文就老子的海外传播进行探讨，论文主旨是老子海外传播的历史过程、老子思想核心的理解，及老子对西方现代学术的启示。

一、老子海外传播的历史之途

在中国文化中，以老子为代表的道家文化是最具有本源性的文化。在历史的"轴心期"[1]，他代表了中国当时的最高智慧。中国古老的智慧与古希腊文明及古代印度文明在对世界的认识方面有所不同。老子留下了仅仅五千言便骑牛西去，有人讲他影响了印度宗教，也有人讲他启示了西方文明。[2]老子以一个智慧者与预言家的先知形象向人类文明描绘了他所理解的世界。这个世界里，包含中国古代的治国之道，充满对现实的批评精神，启示着未来社会的发展蓝图。

老子的著作又称为《道德经》，大约产生在公元前500年，二千五百年来仅有五千余言的《道德经》注家蜂起，译文迭出，超越时空，影响寰宇。元代正一天师张与材说："《道德经》八十一章，注者三千余家。"可见老学典籍在当时已是蔚为大观了。明代以降，《老子》一书渐被域外广泛翻译与研究，目前已达四十种语言，一千一百六十二部之多，居外译汉籍之首。据河南省社会科学院丁巍的《老学典籍考：二千五百年来世界老学文献总目》统计，汉语《道德经》注释本就有2 048种。[3]2007年在"西安·香港《道德经》展览会和国际论坛"上发布的新闻说，目前《道德经》的西文译本估计在500种，以前说《道德经》是地球上仅次于《圣经》被翻译最多的一部作品，现在《道德经》已经超过《圣经》，成为全球翻译注本最多的典籍。[2]著名学者、老子研究专家陈鼓应本人收集的历代研究老子的著作有262种。近年随着一些简牍本的出土，西语翻译的注释还在不断增加。在东方也有许多译本。[4]老子给我们留下的是一个永远说不尽的思想世界，尽管老学的争论不休，对老子的解释玄妙纷纭，但是经过大浪淘沙，老子仍然保持超越时空的巨大价值与深远的意义。为什么两千年前的一本书有如此大的影响，在一个异域的文化中它是怎样被接受与阐释的，老子怎样改变了一些西方人的世界想象，这的确值得探讨。

老子说："道可道，非常道。"对世界的存在及其言说，永远是困惑人类的谜题，老子的传播也是如此。《老子》一书言简义丰，玄妙无比，对中国人来讲许多思想都难以理解，对不同语言的外国人来讲就更难理解了。因此老子的传播，总是一个对老子理解、阐释、误读、接受与创造的过程。这个过程我们根据历史的发展是可以总结出几种模式的。

(一) 传教士的老子传播

尽管中西文明的交流可以追溯到遥远的古代，但是17到18世纪是中国古代典籍真正西传的繁盛期。繁盛的原因主要是西方的一些传教士来华，他们一方面要向中国人传播他们的宗教信仰,另一方面要向外介绍中国的传统文化。为了成功在华传教,传教士积极地在汉文经典中寻找《圣经》的教义。开始传教时受官方的影响,他们的注意力主要集中在儒家著述的外译,后来发现老子的《道德经》才是中国智慧的源泉。

据李约瑟考证,最早的《道德经》传译本有三个:一是17世纪末比利时传教士卫方济的拉丁文译本,二是18世纪初法国传教士傅圣泽的法文译本,三是18世纪末德国神父格拉蒙特的拉丁文译本。有学者把他们的翻译与研究称为《旧约》索隐派(又译形象派),其核心思想是用中国历史来验证《旧约》的可靠性,他们关心的问题是中国的上帝、中国的起源、文明的年代、美德源于宗教、信仰源于基督等。他们在《道德经》中关于"天下之母""人类之始""天地之源"的道,以及《易经》中的太极生万物中,看到了创造之主基督;在《道德经》中,在圣人圣德中,看到了基督的信仰。

这一时期,由于传教士的信仰及来华目的是为了传教的限制,他们对老子的理解是片面的。

(二)汉学家时期的老子传播

到了19世纪,世界局势与中国历史都发生了很大变化。一些国家开始设立汉学家讲席,这种职业性研究推动了文化的传播,促进了对老子思想研究的进程。1814年12月法国把中文正式列入法兰西研究院的课目,1837年在俄国、1875年在荷兰与英国、1886年在美国、1912年在德国也开设了汉学课。《老子》的传播进入了一个快速发展期。1842年法国汉学家儒莲在法国出版了《老子》的法文全译本。1870年德国人维克多·冯·斯特劳斯也以《关于神性与德性之书》为名,出版《老子》的译本。1868年伦敦出版了凯莫斯·约翰翻译的《老子玄学、政治与道德的思辨》。1891年来华的传教士、后来任英华书院院长的理雅各布在1891年出版了他的《道德经》译本,被东方学家麦克斯·缪勒收入他主编的《东方圣书》中。以后译本逐渐加多。[2]

这一时期的老子传播,显示了一个时代特征,就是西方汉学家在翻译老子时，往往套用西方人的哲学观、宗教观来解释老子。如法国人普兰克内尔和德国的斯特劳斯的译本，把老子的学说用基督教的情调来翻译，把老子著作视作"神秘主义"的或"灵智主义"的；贾尔斯在他的《老子格言》中把"道"看作一种"超验的存在"，把"德"翻译成一种"道德原则"；卡洛斯的译本《理性与德行的典范》把"道"理解为和西方意义上的逻各斯（Logos）一样的理性。老子在19世纪的西方翻译中，充满一种文化误读的过程。甚至像黑格尔、马克斯·韦伯这样的大家也没有真正理解老子的学说。黑格尔就认为道家思想是哲学的婴儿期，这一派的重要概念"道"，就是理性。《道德经》就是关于理性和道德的书。所以黑格尔用他的理性哲学观来解释老子。[5]

（三）老子翻译的繁荣期

随着翻译的深入，一些汉学家也逐渐摆脱传教士对老子思想的解读，企图从历史的客观性方面来认识老子，有些研究与翻译突出了回归元文本的要求。对老子思想智能的回归研究，使一些人看到了用基督教来解释老子的误读。他们在理解了老子的智慧后，反而提出一种企图从老子阐发的理论中寻觅到一种新的信仰的方式。

19世纪末，美国社会开始对中国的老子产生兴趣。1893年在芝加哥举行的"宗教世界大会"上，塞缪尔·约翰逊关于道家思想研究的论文获得了大奖。这篇论文高度赞扬了老子的学说，认为老子的思想代表了宇宙的真理，老子的学说倡导了生命的直觉体验与淳朴回归，以及对其他生命无干扰的自由状态。

第一次世界大战后，一些研究者发现老子思想与西方基督教的原罪意识、上帝救赎观念是完全不同的，传教士的解读只是一种一厢情愿的误读。他们便重新解释老子，把老子思想看作新观念的启示录。如宾纳的译本就认为："老子弃绝了充当误导性和毒害性精神幻象的宗教和文明的仪式，他的信念和行为依赖的不是外在的支持而是内在的宇宙意识。"[6]而蒙若认为，在西方，人们内心自我意识的膨胀导致其内心的暴力，而老子的"道"却提供给现代人一条另外的"路"。

20世纪西方文化面临的唯理主义、技术至上、官僚体制、精神危机等方面的问题，使一些哲学家在重新思考西方文明的缺陷时，从老子思想中受到启示，看到了希望。如法兰克福学派认为西方启蒙运动以来的人类已渐渐远离自然本性，使"理性"走到了它的反面，已经成为一个新的枷锁。尼采则宣布上帝的死亡与形而上学的邪恶。海德格尔呼唤回归人类的存在之始，使人类生存在天地人神的"诗意"世界中。德里达呼唤"逻各斯中心主义"的解题，回归事物的初始状态，事物才会生发出无限的创造力。列夫·托尔斯泰、汤因比、荣格、李约瑟、卫礼贤、郝大伟、安乐哲、瓦格纳等一大批历史学家、哲学家、文学家等都对老子充满敬意，或翻译传播，或阐释析疑，或弘扬光大，企图从老子思想中汲取力量，寻求一种文明世界的新意象。老子的智慧成了针对西方精神危机的另一种参照系。

到了20世纪后半期，针对老子的翻译进入了一个新时期，表现为对原位性的探索：一是老子的本意探索，另一个是文本的考据，还有针对西方社会政治发展带来的问题进行的反思。在世界的本体性、存在的本体性、道德的本体性方面进行了阐释。随着《老子》不同版本的出土，如马王堆汉墓《老子》甲乙本、郭店楚简本《老子》的出土，引发了对《老子》文本初意的探讨。在世界文明逐渐进入信息社会、地球村理论、后现代时代、后工业社会等世界意象时，老子哲学的巨大张力，给一些西方的理论家提供了一个古老的寓言与启示录。在老子思想的指导下，一个新世界的意象在不断创造中。

二、老子海外传播的世界意象解析

老子思想在西方的传播过程，是由一种语言转化为另一种语言，这个翻译过程不仅仅是一个语言对应的问题，而是一个不断阐释的过程。阐释与阐释者的思想有极大的关系，所以老子的传播意象是在思想的途中，没有定论只有阐释。

在人类思想史上，当社会不断现代化的时候，总有一批理论家企图从远古社会的状态中找到理想的缩影，以便与现代社会形成对比，对现代社会持一种批判态度。从老子的"小国寡民"的理想，到孔子"克己复礼"的说教；从西方文艺复兴对古希腊罗马的理想构建，到马克思主义共产主义理想的"原始回归"；从后现代主义否定现实对"原始"状态的痴迷，到生态学的人文转向而出现的"生态文化"学科的建立。

伟大的哲学家往往是时代精神的表征，老子哲学从人与自然的关系中受到灵感的启示，教导我们要顺应自然之道。中国在传统上是个农业社会，人与环境的关系十分重要，所以在思想观念上便产生人与自然协调发展的历史智慧。在科学技术大力发展的今天，我们从传统社会产生的观念上，可以对比出现代社会存在的问题，以便找到一个新的解决问题的办法。老子认为万物的生存离不开自然环境，万物从自然环境中产生，又复归于自然环境。老子强调谦卑地对待自然以及人与自然的和谐统一，反对人类片面追求物质享受，破坏生态平衡。

老子倡导系统整体观点，反对"人类中心主义"，反对对自然的扭曲与施虐，倡导顺应自然无为而治。"天人合一""道法自然""无为而治"等思想，在某种意义上，成了中西会通的丰富思想资源。

(一)"道"的世界意象

《老子》中一个最基本的理念是强调自然、天地万物（包括人类）作为统一整体的自然存在性，其生态智慧所追求的最高境界是人与自然相和谐的生态整体境界。所谓"人法地，地法天，天法道，道法自然"。"无为即自然"，是老子哲学的基本观点。

《老子》认为"道"是天地万物的本原和基础："道生一，一生二，二生三，三生万物。""有物混成，先天地生。寂兮寥兮，独立而不改，周行而不殆，可以为天下母。吾不知其名，字之曰'道'。"老子认为，人与万物都根源于"道"，"道"是人与世界的一种本原关系，它是"天地之始""万物之母""众妙之门"，是一切实践活动的出发点和归宿。天地万物是一个整体，"道"被看作生态自然系统运动变化的法则、规律，"道"的基本法则是"道法自然"。这里的自然是"自然而然"，是一种在功能与过程中存在的法则。

按照"道"的原理生成的人也是宇宙的一个有机组成部分，老子以"道"为开端的自然思想，奠定了《老子》的思想基础。老子"人与自然和谐共处"的思想内核，是一种对自然法则的尊重和敬畏。

"道法自然"暗合着"无为而治"的存在立场与"自患"意识。"自然无为"是由"道"推演出来的老子生态智能的基本立场。《老子》告诫我们，"为无为，事无事，味无味"。天道自然无为，人道应该遵从天道，顺应自然，方能"无为而无不为"。这里，老子的"无为"并不是消极地不作为，而是指顺其自然而不加以人为的意思。"无为"即不妄为、不做违反自然的事，"人为"则含有不必要的作为，甚至含有强作妄为的意思；"为无为"是说以"无为"的态度去"为"。老子思想充分地表达了天地自然无为状态与和谐本质，对人类无限膨胀的工具理性的邪恶智能做出无情的揭露。

"道"之所以受到尊崇，"德"之所以珍贵，就在于它不加干涉，而"纯"任自然、顺其本性。性真如此，自然之道才能臻至理想的境界，具有最大的"纯"美性。这种自然主义的审美观表明了"纯"自然的即是最美的，最高的审美标准和审美境界就是要合乎自然之道，体现自然无为生态"纯"。庄子说："天地有大美而不言，四时有明法而不议，万物有成理而不说。圣人者，原天地之美而达万物之理。是故圣人无为，大圣不作，观于天地之谓也。"得一和合的最终目的是要回到生态自然的本来状态。

(二)"天人合一"

中国传统哲学里的"天人"关系，实际上是指人与自然的关系。中国长期以来是农业文明，传统文化特别强调人与自然的亲和与协调，达到"天人合一"。《老子》是较早提出并阐释"天人合一"思想的著作之一。《老子》曰："天之道，其犹张弓欤？高者抑之，下者举之；有余者损之，不足者益之。天之道，损有余而补不足。人之道则不然，损不足以奉有余。孰能有余以奉天下，唯有道者。"《老子》在天之道与人之道的对比中，舍弃"人之道"而崇尚"天之道"，保持天地自然的均衡与和谐，以获得"天人"之亲和。"天地相合，以降甘露，民莫之令而自均"。《老子》中贵"天道"而轻"人道"的思想，是生态自然自身整体性、均衡性与自然和谐美的体现，体现了老子对大自然通过自我调节以保持其本身和谐与完整之特征的充分认识。而人生于自然并融于自然，同时，又必须在自然给予的条件下才能生存，也必须遵循自然的法则才能发展，这是《老子》生态美学思想理解人和自然关系的基本观点。人在生态的演化过程中成为其中之一："故道大、天大、地大、人也大。域中有四大，而人居其一焉。"

"道"的意义不仅在于自然生态和谐统一，更在于人与宇宙的和谐统一，在于生命的主体和自然的客体在生态学和美学基础之上，实现"天人合一"的生态美的合理结合。中国传统文化特别强调人与自然的亲和与协调，追求"天人合一"境界。《老子》提出了"天人合一"思想并作了阐释。《老子》既讲了"道"运行的基本规律，又讲了"道"的美学精神和美学原则："道"遵照的是"自然而然"的原则，"自然而然"就是美。在道家看来，"人为"、背道之为是与自然无为之为完全相反的，所以自然无为就是循道而行的无为之为，是顺应自然、顺物之性。反之，如果不"顺物之性"，违背自然规律就要受到自然的惩罚。"夫物芸芸，各复归其根，归根曰静，是谓复命。复命曰常，知常曰明。不知常，妄作凶。"万物纷纷纭纭，都要回复到自身的根，返回本根就叫作静，静叫作复命，复命叫作常。"知常"，即认识自然界；不知常，即违背自然的常道，则是逆天行事，必然会遭到自然的惩罚。

《老子》是一门生存哲学，是关乎人存在的基本意义的智慧学说。"无为"首先是一种内在的行为约束系统，讲究清心寡欲，要合理控制人的邪恶心理，如欲望、野心、虚荣。而世界性的环境污染，究其源头，哪一个不是与人类的贪婪和占有欲息息相关？资本原始积累、海外殖民、战争，这些在历史长河中波澜起伏的大事件，无不是带来毁灭森林、荒废土地、荼毒海洋、污染大气的后果，造成生灵涂炭。同样，"无为"还讲求一种外在的德行约束机制，也就是不竞争、不对抗、不抢夺、不占有。而上述人类的自以为是的行为，全部是在背离这种"无为"的外在形式，以一种"征服的快感"的态度对待自然，并以此为"现代化"的荣耀，实在值得当代人深思。

(三)"返璞归真"

"返璞归真"表现了老子的人生观。

《老子》除了讲人与宇宙的和谐统一,还讨论了人自身的和谐问题,即人自身的内在和谐。他首先阐释了生态人的内涵。人之生态首先是"无乐"及"至乐无乐"。"无乐"即是不为身外的利禄、名声、富贵等外物所牵累的一种平常心,是一种放弃名利、一切顺其自然的自然之情。自然之情乃人之常情,无所谓快乐与不快乐,安适、恬静、自然,"无乐"才是人的自然常态。《老子》还为人的生态设计了一条审美之路:虚己。在《老子》中,老子提出了"涤除玄鉴"的观点,即要洗去人们的各种主观欲念、成见和迷信,保持内心的虚静,保持心灵深处明澈如镜,保持心灵的深邃灵妙,从而实现对"道"的观照。只有保持虚静,"致虚极,守静笃",才能达到"虽有荣华,燕处超然"的审美境界。《老子》还认为:"五色令人目盲,五音令人耳聋,五味令人口爽,驰骋畋猎令人心发狂。"所以生命的价值取向应该是"返璞归真",人应恬然淡泊、清静无为、顺其自然,诗意般生活在世上。提倡"见素抱朴""粗茶淡饭"的节俭生活方式,"知足常乐",保持内心的安宁平静。提倡个人要于社会无害亦无争,从而在个人与宇宙自然的大范围内实现和谐。

老子说:"天下皆知美之为美,斯恶已;皆知善之为善,斯不善已。"天下人如果都知道美好的东西之所以是美好的原因,这就是丑了;如果都知道善良的东西之所以是善良的原因,这就是不善良了。为什么知道了美就有了丑呢?为什么知道了善就有了恶呢?在老子看来,美与丑、善与恶,都是在对立的关系中产生的,都是相辅相成的,如果没有美就没有丑了,没有善就没有恶了。更重要的是相互对立的东西是可以相互转化的,美可以变丑,善可以变恶。我们知道什么是"美"了,人们都去追求美的东西,美就变成了一个功利的存在,失去自然的天性,变成人为的"伪"作,就变得不美了。老子从对立的事物中看出了相互之间的关系,这一点和西方人的传统是有区别的。西方人在对立中看出的是斗争,所以形成了"二元对立"的思维方式；而老子在对立中看出的是相辅相成、相反相成、互相转化，进而形成"阴阳和谐"的思维方式。

既然人世间的一切概念，如美与丑、善与恶，都是人为设定的，都是有了价值判断、道德伦理之后才形成的，那么在老子看来就应该要打破这种人为的、执着的设定，打破这种后天的价值判断。

（四）"无为而治"

"无为而治"表现了老子的社会观。

老子的理想社会是"小国寡民，使有什伯之器而不用，使民重死而不远徙；虽有舟舆，无所乘之；虽有甲兵，无所陈之；使人复结绳而用之。甘其食，美其服，安其居，乐其俗；邻国相望，鸡犬之声相闻，民至老死不相往来"。其理想的社会是一个无剥削、无压迫，按着自然规律发展的和谐社会，民众不受干扰，人间无猜忌，无矛盾，无冲突，自由平等，人民各尽其性，各安其事，各得其所，整个社会安泰和美，其乐融融。这是道家生态美学思想在社会领域的体现。《老子》认为"治大国，若烹小鲜"，治国安民，关键在于安静无扰，顺其自然。"我无为，而民自化""悠兮，其贵言，功成事遂，百姓谓我自然""生而不有，为而不恃，长而不宰，是谓玄德"。老子认为在社会生活领域，对百姓和国家也要采取心平气和、无为而治的态度，以使社会达到祥和的理想境界；最后又把范围扩展到整个宇宙自然，认为这种无欲柔和的自然无为的精神境界，就是最高深的"玄德"，是人性修养的最高境界。

1987年世界环境与发展委员会提出"满足当代人的需要，又不对后代满足其发展需要的能力构成威胁的发展"。可持续发展观念协调社会与人的发展之间的关系，包括生态环境，经济、社会的可持续发展，但最根本的是生态环境的可持续发展。这跟老子的智慧不谋而合。

三、《老子》思想对西方世界意象构图的影响

目前世界性的"老子热"不是出于偶然，而是老子思想中包含着无与伦比的智慧使然。就目前世界上发生的文明冲突、生态危机,以及自然科学中的宇宙大爆炸理论,微观世界的量子力学、粒子物理等都证明老子是个伟大的预言家,他像一个先知,预言了未来的发展道路。李约瑟认为道家思想具有世界性的意义,他说:"老子似乎用惊人的洞察力看透个体的人和整个人类的最终命运。"

今天西方的学科划分已经是十分精微了,老子的思想却没有这种知识爆炸时代的精神分裂性特征。老子对今天的社会科学、自然科学、人文科学的影响都是极其惊人的。有时我们津津乐道于西方的理论,实际上,这些理论都是从道家的思想中演化出来的。

下面我们就从社会科学、自然科学与人文科学方面略作展示。

(一) 老子与西方社会科学

《老子》一书,本来就是为了治理国家的,是中国古代治国之道的哲学升华,其治国理念成就了田齐,使其成为战国七雄之首,也成就了两汉的文景盛世。现代老子研究专家尹振环认为:"《老子》本来是战国时史官向王侯献上的南面之术",或者说是"圣人之治"的设计书。"[7]当西方人把《老子》译为西文时,其思想也对西方产生了影响。

如老子的"无为而无不为"的思想,被美国自由主义思想家罗斯巴德称为"世界上第一批古典自由主义思想者"。在美国学者包雅士编著的《古典自由主义精粹》一书中,他认为老子是古典自由主义第一人。有学者甚至认为马克思的自由发展观与老子的思想有许多相通之处。自由发展是共产主义特征,无为是原始共产主义特征。老子的道法自然、道常无为、无为而治的观点,包含人与自然和谐相处,依据自然法则而生产、生活的智慧。马克思把自由提高到人的本质,老子把无为提高到世界的本质;马克思提倡自由发展,老子提倡无为而治;马克思反对劳动的异化,老子提倡道法自然。

老子的这些思想,还对魁奈的重农经济学中的自然法则是财富之源、斯密的《国家论》阐述的自由经济是财富之源、萨伊法则论证的自由市场是经济发展之本、洛克的《政府论》阐述的"有限政府"是最好的政府、哈耶克阐述的自由是秩序之源等理论产生了影响。[2]

（二）道家思想与自然科学

老子核心思想是"道常无为而无不为"。现代系统科学的发展，论证了老子思想的正确性，这与现代西方的自组织理论有关。自组织理论的创始人都认为他们的理论同中国道家理论相通。

耗散结构理论的创始人普里高津因1969年发表的《结构、耗散和生命》论文而获得1977年诺贝尔化学奖，他认为："中国道家对人类社会和自然之间有着深刻的理解，这对西方哲学家和科学家始终是个启迪的源泉。"[8]道家的"无为"思想与"自组织"理论是相通的。

道家思想与协同论也是相吻合的，协同论的创立者是德国物理学家哈肯（Haken）。他认为生物自组织系统从无序到有序的演化，不论它们属于自然系统还是社会系统，都是量子系统之间相互协同作用的结果。这种思想与老子思想相通。哈肯说："协同学含有中国基本思维的一些特点。事实上，对自然的整体理解是中国哲学的一个核心部分。"[9]老子指出了宇宙万物和谐的根源，认为"道生一，一生二，二生三，三生万物""万物负阴以抱阳，冲气以为和"及"人法地，地法天，天法道，道法自然"。

老子的思想还影响了法国数学家托姆的"突变论"。他在《转折点》一文中说："在老子的理论中，有很大一部分是关于突变理论的启蒙的论述。我相信今天中国许多喜欢这个学说的科学天才，会了解突变理论是如何证实这些发源于中国的老子学说的。"

其他的如丹麦物理学家玻尔的"互补"理论、霍金的宇宙自足理论、美国当代物理学家约翰·惠勒的质朴性理论、日本核物理学家汤川秀树的混浊学说都受惠于老子学说的启示。

（三）人文学科中的老子影响

道家思想在西方的传播极其广泛，这个影响可以追溯到17世纪的德国著名哲学家莱布尼茨（1646—1716）。他通过传教士了解并积累了中国知识，对阴阳学说、有无学说、太极学说都有精深的理解。他创立了微积分、二进制、单子论、"预定和谐"论。在现代哲学家中，不论是叔本华的唯意志哲学和悲观主义生活态度,还是海德格尔的本体性的存在主义都在不同程度上受到老子的影响。

在生态伦理学方面,老子影响更大。老子启发我们要遵循事物发展的自然规律,不要为了人类利益而对自然肆意妄为。人类只有尊重自然,使万物各得其所、各尽其性才能从根本上实现人与自然的和谐共生,也才能从根本上实现人类自身的自由。老子强调"无为",而现代生态学理论中有一条"最小化原则",认为事物的自然状态往往是最佳的、最合理的状态。在没有人类行为强烈干预的情况下,自然界通常都能够以它的最佳状态存在着,发挥出最大的能量和最高的效率,保持着最合理的发展速度和最长久的持续性。因此,人类应该尊重生物自身的生存权利,把宇宙万物都看作充满灵性的生命来崇尚和热爱,从而达到人与自然的和谐统一。因此,道家坚决反对人的破坏行径,一再强调人类要处理好物质欲望和外在自然的关系。"天长地久。天地所以能长且久者,以其不自生,故能长生"。天地之所以能够长生,因为它们不是为自己而生存,所以能够天长地久。两千多年前的老子具有前瞻性的告诫,对于我们维护生态环境有着重大的启示意义。

老子"尊道贵德"的"天人合一"思想,与西方的生态伦理观相合,令西方人感到惊诧不已。人类的过度追求发展与享乐,导致了生态危机。老子提出人应该顺应天道,唯道是从,有深远的意义。日本物理学家汤川秀树说:"老子是在两千多年前就预见并批判了今天人类文明缺陷的先知。老子似乎用惊人的洞察力看透个体的人和整体人类的命运。"[10]老子思想扎根在古老的中国,体现了顺应自然、无为而无不为的自然和谐的自然自由主义精神。在世界变得愈来愈背离自然天性的现代,老子思想是一个启示、一个预言。老子思想财富既属于中国,也属于世界。当今人们在重构对世界的意象时,从老子的思想中汲取营养。老子思想的极具韧性的张力,促使我们重新认识自然,重新构造一个和谐世界。

进入21世纪,中国的哲学文化面临着很大的转型,从主客二分、人做中心到人和自然相互影响。法国哲学家德里达(Derrida,1930—2004)提出了一个著名的"去中心"概念,他认为,中心可以在结构里面,也可以在结构外面,所以中心就不存在了。福柯提出了"人的终结"即人的死亡。美学的文学学科在20世纪面临转型,新的生态哲学观必然引发新的美学观念。当代的生态美学就是基于生态哲学基础上的美学思考。它从自然与人共生共存的关系出发来探究美的本质,从自然生命循环系统和自组织形态着眼来确认美的价值,其宗旨是对生态环境问题予以审美观照,重建人与自然和社会的亲和关系。

总之,老子思想对现代西方人构筑一个新的世界意象起到重要的作用,老子思想是一个奇迹,老子是一个先知,老子的学说是一个寓言。我们对自然、社会、人生的理解,离不开老子的教导。

【注释】

[1] 卡尔·雅斯贝尔斯,《历史的起源与目标》,北京:华夏出版社1989年版,第8页。

[2] 李世东、陈应发、杨国荣,《老子文化与现代文明》,北京:中国社会出版社2008年版,第78、73、53、77页。

[3] 丁巍主持了1997年的国家社科基金项目《老学典籍考》,经过14年的访求,汇编了两千多年来能收集到的《老子》及老学的文献,对中外文献进行了数字统计。见《自然·和谐·发展:弘扬老子文化国际研讨会论文集》,郑州:中州古籍出版社2006年版,第220页。

[4] 据丁巍《二千五百年来世界老学文献书目数据库》(2009),收录《老子》有关资料:西方语言系有拉丁文(5种)、法文(109种)、德文(241种)、俄文(15种)、英文(182种)、捷克文(2种)、西班牙文(5种)、意大利文(11种)、荷兰文(13种)、瑞典文(4种)、世界语(1种)、保加利亚文(3种)、奥地利文(1种)、芬兰文(1种)、丹麦文(5种)、挪威文(2种)、葡萄牙文(3种)、冰岛文(1种)、匈牙利文(2种)、拉脱维亚文(1种)、克罗地亚文(2种)、北日耳曼文(1种)、泰米尔文(1种)、斯洛伐克文(1种)、希腊文(1种)、阿拉伯文(2种)、罗马尼亚文(3种)、匈牙利文(2种)、波兰文(2种)。东方语言系有梵文(1种)、日文(430种)、高丽文(91种)、印地文(1种)、越南文(4种)、土耳其文(1种)、希伯来文(4种)、马来文(1种)、泰文(4种)。

[5] 黑格尔,《哲学史演讲录》(一),贺麟、王太庆译,北京:商务印书馆

1983年版,第124页。
[6] Witter Bynner. *The Way of Life According to Laotzu*. New York: The John Day, 1944, p. 25.
[7] 尹振环,《重识老子与〈老子〉——其人其书其术其演变》,北京:商务印书馆2008年版,第1页。
[8] 普里高津,《从混沌到有序》,上海:上海译文出版社1979年版,序。
[9] 哈肯,《协同学——自然成功的奥秘》,上海:上海科学普及出版社1988年版,序言。
[10] 汤川秀树,《创造力和直觉》,上海:复旦大学出版社1987年版,第28页。

博山熏炉形制考源

练春海

男，1975年生，艺术学博士，中国艺术研究院助理研究员。

考古发掘报告习惯用"博山炉"这个术语来命名那些在形制上有着如起伏山峦（或者如花瓣、刺状物）的锥形器具，主要功能为焚香的器物。这类文物遗存在汉代墓葬中十分常见，给人们留下了很深刻的印象。但是实际上在汉代文献中找不到名为"博山炉"的事物，只有"铜炉器"[1]或"熏炉"[2]，并非文献失载，而是汉代尚无"博山炉"这个叫法，可见汉人对于博山炉的认识大概与我们所理解的那层意义略有不同。

一、博山炉形制的特殊性

从考古的视野来看，汉代的博山炉似乎是在西汉中期突然出现的，而且一出现就展示了非常精彩的一面，很显然，它的背后隐藏着许多信息，这些信息或者与皇家有关，或者与工官有关，又或者与封禅有关，无论如何，这些信息都表明博山炉的形制可能具有它自身的特殊性。为了进一步理解这种特殊性，我们先要总结一下汉代应用博山来装饰器物的大体概况，通过它来评价博山炉在汉代同类器物中的实际地位。在汉代以博山为饰的器物不胜枚举。如在西汉初期南越王墓出土的两件漆瑟上我们发现了以博山为饰的瑟柄八件（两套）[3]；在满城汉墓出土的仪仗有两件顶饰博山，该墓同时还出土了两件精美绝伦的博山熏炉[4]。日常用具（或它们的模仿物）也常见饰博山者。在河南陕县刘家渠汉墓出土的陶尊（图1）[5]，河南新野樊集汉画像砖墓群中出土的陶鼎、陶仓和陶壶等器皿上都有饰以博山的器盖[6]，甚至在江苏邗江姚庄101号西汉晚期墓出土的殉葬器物中我们还发现饰有博山的木砚[7]，河南南阳英庄汉墓出土的一个陶盒上面也有博山盖饰[8]。其中可以大致明确下葬时间的是南越王墓和满城汉墓。南越王墓的墓主赵眛卒于公元前122年，入葬年代亦在当年或稍晚一两年[9]；满城汉墓的墓主死于武帝元鼎四年（前113）二月，下葬的时间最晚不会晚于太初元年（前104）[9]。这两个墓葬为我们下文的讨论提供了一个参照。从出土的实际情况来看，在这些出土或传世以博山为饰的器物中数量最多者要数熏炉。综观各种饰有博山的出土器物，笔者有两个推论。其一，博山炉是最早以博山为饰的一种器物。考古发掘报告最早具有确切年代的博山炉是茂陵陪葬坑出土的金黄涂竹节熏炉，该熏炉盖口外沿有铭文"内者未央尚卧，金黄涂竹节熏卢一具，并重十斤十二两，四年内宫造，五年十月输，第初三"（图2），座圈足外沿有铭文"内者未央尚卧，金黄涂竹节熏卢一具，并重十一斤，四年寺工造，五年十月输，第初四"。[10]说明它是在建元四年（前137）制作的。其二，博山不仅首先出现在汉代香熏器物上，而

图1 / 英国大不列颠博物馆藏汉代陶尊

图2 / 金黄涂竹节熏炉局部

且用博山为饰的器物中最具代表性的亦非博山炉莫属。这个推论提示我们，尽管汉代以博山为饰的器物众多，但是其装饰很可能都源自对博山炉的模仿，而结合博山炉在汉代中期"突然出现"这个现象，我们不难得出博山炉形制具有特殊性的观点。

博山炉作为熏炉的一种，尽管比较特殊，但是在汉代并没有专门的名称，这从有关的铭文中可以看出。"博山炉"这个名称实际是三国以后才流行的。依照张翔的考证，"博山"一词的出现晚于东汉，甚至要到东晋，在东晋的时候其实这个词也不特别针对博山炉，还可以指代织锦上的纹样、宫观上的金属装饰物等。[11]迄今最早提到"博山炉"的文献是传为晋葛洪所撰的《西京杂记》，文中提到了"九层博山香炉"。[12]

博山熏炉这种形制产生以后，就一直被沿用下来，有关的器物自汉朝一直到近代出土或传世的文物中均可见到。但南北朝以后，由于佛教文明的传入，博山炉的形制吸收了佛教的莲花纹样，发生了变异。实际上，东汉以后博山炉的形制或博山炉的某些局部造型广为民间作坊所仿造和挪用，早已背离了它最初被创造出来时所具有的高贵和神秘性。

二、博山炉形制的皇权色彩

从出土状况来看，博山熏炉的创造有着深刻的皇家背景，它的原型由工官设计和制作而成。汉代的工官分为中都官与地方官，其中如内官、寺工等都是专门为皇家制作日用器物的手工作坊，属少府管辖。那些最精彩的博山炉无不由少府督造而成。就博山炉而言，如果单从满足燃点香料这个功能来看，普通的熏炉足以应付，甚至有些熏炉，如满城汉墓出土的鼎形熏炉、盆形熏炉、豆形熏炉[9]，西汉南

图3／刘胜墓出土错金博山炉

越王墓出土的四连体铜熏炉[3]，在充分实现香炉这一种功能的同时，还兼顾了造型上的美感与制作工艺上的考究。尽管如此，它们在汉代人们眼中的地位仍然不能与饰有博山的熏炉相提并论。正如艾素珊（Susan N. Erickson）所指出的那样，相对于普通熏炉，一个墓葬中通常只会发现一件博山炉[13]，而且同一墓葬中出土的博山炉通常要较其他熏炉精美许多。博山炉在墓葬中的这种尊贵地位大概与它的高贵出身有关。考古资料显示，目前发现的博山炉中，年代最早且制作精良的博山炉大都产生于汉武帝执政时期（前140—前87），与汉武帝或汉代宗室关系密切。出土这些精美博山炉墓葬的墓主基本都是汉代诸侯王[14]，证实了"汉朝故事诸王出阁则赐博山香炉"[15]之说可信。故南宋赵希鹄也说博山炉"乃汉太子宫所用者，香炉之制始于此"[16]。这句话虽说未必是定论，但是目前为止还没有发现有力的反证。前文已经提到，茂陵陪葬坑出土的金黄涂竹节熏炉制作年代为公元前137年（建元四年）。满城一号汉墓出土的错金博山炉，从形制上来看，它应该是一件生器，制作时间亦不晚于公元前113年（图3），该墓墓主刘胜是汉武帝同父异母兄弟，艾素珊认为该错金博山炉很可能"在长安城制作，或在长安的宫殿中使用过"[13]。弗利尔美术馆亦收藏有一件精美的汉代博山炉，学者宗像清彦（kiyohiko Munakata）和斯蒂文斯（Stevens）也认为它是皇帝或诸侯王的御用之物。[13]此外，有关文献也反映了博山熏炉在汉代上层社会的人际交往中所扮演的重要角色。据《西京杂记》载：汉成帝立赵飞燕为皇后时，赵飞燕的妹妹赵合德送给她的一份有三十五件物品的大礼中，其中有一件就是"五层金博山香炉"。[17]这些例证都表明了博山炉最初是由汉代工官生产并专供皇室或王公贵胄使用的，甚至很有可能就是专门生产出来作为一种特殊的礼物赏赐给那些皇子、诸侯与公主的。这种尊贵的血统使得博山熏炉常常被当成贵重礼物在贵族之间相互馈赠，同时也使得博山炉（或者是贵族们使用的博山炉仿造品）在日常生活与丧葬礼仪中具有举足轻重的地位。

三、"博山"阐释的定式思维

基于博山炉与汉代皇族关系密切的缘故，有些研究试图通过探讨博山炉与汉武帝求仙活动之间的联系，从而证明博山炉可能具有的升仙功能与造型渊源。他们的依据，一是博山炉出现的时期与汉武帝开始狂热求仙活动的时间基本平行。汉武帝"年四岁"就被"立为胶东王"[18]，"胶东王"的身份无疑喻示了他日后的"尤敬鬼神之祀"[19]。汉武帝执政时期也是西汉求仙活动发展进入鼎盛的时期，这个时期的求仙活动为汉代文化注入了浓厚的升仙信仰观（至少从墓葬发掘情形来看如此）。依据二是，博山炉的原型来自西汉王朝的东部地区。先秦时期不同地区都有具有地方特色的熏炉出现，但大多数熏炉器型（如镂孔型熏炉）在战国末期就已绝迹，唯有山东以及南方地区的豆形香炉在汉代得以流行。[14]这两个地区也是升仙观念最为盛行的地区。尤其山东地区，它不仅有传说中神仙所居住的海上三山，而且汉武帝所重用的方士如李少君、齐人少翁、栾大、公孙卿等几乎都来自这个地区。然而，这两个依据都不能直接说明问题，不能说明"博山"就是"蓬莱、方丈、瀛洲"三座海上仙山中的一座或全部[20]，它们之间没有必然联系，更不能据此说明博山炉的造型渊源。就以豆为原型设计博山炉的原因，韩波提出了一个与升仙活动没有太大关系的解释，认为这是因为"豆的阔口收腰的造型，十分便于把持和移动"[21]，有一定的合理性。

在对博山饰造型来源的探讨中，之所以众多研究者会不由自主地把"博山"与"仙山"联系起来，其中的原因可能是使用博山炉燃点熏香时会烟雾缭绕，让身处其中者产生如临仙境的视觉效果。我们不能否认，烟雾缭绕的效果在视觉上极为曼妙，这也是王公贵胄们对它推崇备至的原因，其意象也与文献中所描述的"仙山"相去不远。但我们不要忽略了汉代装饰博山的器物并不止熏炉一种，退一步说，其他更早产生的熏炉形制也同样可以满足这种需要，由此说来，产生烟雾缭绕的效果并不是熏炉饰博山的关键。

这种对博山作如是解析的原因无疑是认为"博山"是"山"或者与山有关的思维定式使然[14],他们只会从现实中的华山找到想象中的蓬莱仙境——"世界山"或"宇宙山"[22],但此说法不得要领。当然也有人不找山,而从"博"字入手,提出它可能与六博有关[23]。诸如此类的望文生义、先入为主都不能回答博山炉形制的起源问题。

四、博山炉造型的植物特征

图 4 / 茂陵陪葬坑出土金黄涂竹节熏炉

从"山"的角度出发确实很难对博山炉形制来源做出令人信服的解释,实际上,如果摆脱这种定式思维的束缚,从图像学的角度,不难发现,博山炉可能与植物有着密切的关系。博山炉的植物特征表现在两个方面,一是指博山炉整体上看起来就像是一株植物,二是博山炉的局部采用了植物的造型。举例如下:

(一)茂陵陪葬坑出土的金黄涂竹节熏炉。这个博山炉非常特殊,它的炉柄造型为竹节(图4),这个竹节不是笔者作为距离汉代两千年后的观众的主观臆断,而是原作设计制作者的意图,熏炉盖口外沿的铭文和熏炉底座圈足外沿的铭文所铭刻的"竹节"二字可资为证。[24]

(二)山东博物馆馆藏的一件东汉博山炉(图5)。该作品托盘内蜷卧着一条龙,龙口衔着炉柄,炉柄、炉盖、炉盘整体设计成一株植物的造型，炉柄长着四片叶子，炉盖与炉盘看起来更像是一朵花苞而不是山峦。

图5／山东博物馆藏汉代博山炉

图6／山东嘉祥县满硐乡宋山出土画像石

（三）在广州汉墓出土的几件博山炉中，有两件"器盖如一花蕾形状，盖面的镂空图突破了以前的格调，以瓣叶形立体图案为主体，造型新颖"。它们的盖面镂空气孔与常见的博山炉不同，直接做成"花蕾形"。[25]显然，这又是一件与山东博物馆藏博山炉十分相像的作品。

孙机通过把茂陵出土的金黄涂竹节熏炉与广州横枝岗2030号西汉墓出土的铜灯进行比较后得出如下结论：熏炉本应使用竹柄，但该器中使用了铸铜仿造的竹柄。[26]笔者以为这种横向对比的意义不大，实际上，博山炉的炉柄设计成竹节或树枝，其用意都在于把博山炉塑造成一个相当于"建木"一样的神树，具有沟通天地的功用。不过它又与建木略有不同。《山海经》载："有木，青叶紫茎，玄华真实，名曰建木，百仞无枝，有九欘，下有九枸，其实如麻，其叶如芒。"[27]建木弯弯曲曲，却没有枝叶，当然在此我们没有必要苛求造型的细节必定要与文献的记载严丝合缝。博山炉选择竹节的用意或许是想要利用其"节"来构建梯级的概念，再后来，则渐渐演变成用树枝（在博山炉柄上则表现为叶子）来实现这种"九欘"了。事实上，炉柄上叶子的瓣数与形状皆有深意。四片叶子的组合从它们所属的平面来看，形成了汉代典型的"柿蒂纹"图案（图6）。这个纹样具有宇宙论的意义，在汉代的墓葬中经常可以看到用这样的符号来表示"天"或"天堂"的概念，在某种层面上，它丰富了博山饰的内涵。[28]

五、博山炉造型上的龙纹

至于博山炉上的龙纹，其重要性往往为研究者所忽视。汉代贵族使用的熏炉通常与龙纹（包括浮雕甚至立体造型的龙形象）组合在一起。龙纹并不是普通人可以随便使用的符号，有汉一代关于这方面的文献证据目前仅见《后汉书·舆服志》中提到的"乘舆备文、日月星辰十二章，三公、诸侯用山龙章"句[29]，九卿以下的服饰不见龙纹的踪迹[30]。龙纹出现在博山炉中，还有另一层意义，即它最初是构成博山炉装饰的基本元素之一。据考古材料显示，龙在博山炉上存在的方式多种多样，炉盘、炉柄、托盘、炉盖等位置均有出现，位置十分灵活。其中有一个共同点，即但凡有龙的博山炉都会制作得比较精致，结合前文的观点（即汉代龙纹的应用范围是受限制的），我们大致可以推断这种有特殊装饰的博山炉属于专供皇家宗室的一种日用物品。

通过上面的分析，我们得出结论，博山炉最原始的形制不仅与植物有关，而且还与龙有关，不像已有研究的结论所说的那样（即博山这种装饰的起源与海中仙山有关）。这种与龙有关的植物实际上就是所谓的"尺木"，有关的文献记载有：

《意林》引《新论》："龙无尺木，无以升天。圣人无尺土，无以王天下。"[31]

《论衡》："《短书》言：'龙无尺木，无以升天。'又曰'升天'，又言'尺木'，谓龙从木中升天也。"[32]

《三国志·吴书·太史慈传》注引《江表传》："龙欲腾骞，先阶尺木者也。"[33]

由此可见，龙欲升天，须有尺木，尺木是龙升天的标志。关于博山与尺木的关系，唐人段成式在《酉阳杂俎》中说道："龙，头上有一物如博山形，名尺木。龙无尺木，不能升天。"[34] 段成式谓尺木在龙首，它是不是"龙角"（或者说龙角可能是由尺木幻化而成的）还需进一步考证，但此处明确点出了尺木与博山的关联。文中之所以用"博山"喻"尺木"是因段成式为唐人，他知道唐代的人们对博山炉非常熟悉，故在描述尺木的形象时，以博山炉为例，尽管颠倒了因果，但他对博山与尺木的关系倒是说得很清楚：尺木的艺术造型与我们见到的博山一样。

实际上，博山或尺木这个事物在中国文化中可以追溯到非常久远的过去。晁福林对甲骨文中的"龓"字进行讨论时，指出其实指"受帝令驱使的龙神"，同时也是古人心目中唯一可以升天的龙，而这种龙最重要的标志就是其字形构造中包含了" "形符号，这个符号即所谓的"尺木"。[35] 这个符号与考古发掘出土的博山炉造型极为相似。前文的讨论已经说明了，汉代博山炉是由汉代的工官首先设计制作出来的，而且设计博山炉形制的时候，正当汉武帝求仙活动进行得最热烈的时候，要说博山炉的设计没有考虑到这层因素不大可能。何况从出土的汉代用具来看，大多会雕刻或描绘升仙或祈福之类的吉祥图案。劳福尔（Berthold Laufer）甚至提出博山炉可能是司马迁在《史记》中提到的为封禅而做的新器物。[13] 据司马迁所言，"上为封禅祠器示群儒，群儒或曰'不与古同'"[36]。不过，拙见以为，这批为封禅专门设计和制作的礼器中并没有包括博山炉。从汉武帝封禅泰山的时间（前110）来看，茂陵陪葬坑出土的金黄涂竹节熏炉（制作年代为公元前137年）、满城一号汉墓出土的错金博山炉（制作时间不晚于公元前113年）早都制作出来了。再说，作为封禅的礼器，尤其是专门为封禅而设计的礼器，肯定不会（或至少不会在施行封禅祭奠之前）轻易地赏赐或赠送给王公贵族。虽然不是封禅秘器，但作为可能的"诸王出阁"赏赐，它是为汉代宗室、龙子龙孙们生产的特供物品，因此在设计博山炉时，那些设计师们一定会考虑到这些因素，对包括"龙升尺木"等典故在内的图像系统进行了全面的研究，所以当他们设计这个新事物时，选择了与

"Ψ"形最为接近，同时又具有美观等特征的熏炉加以改造。这就是何以汉代以后先秦时期不同地区所出现的熏炉造型相继绝迹，唯独山东等地区的豆形熏炉得以广泛流行的缘故。[14]有些研究者认为它是豆的仿制品，作用等同于豆（同时出现在祭仪上）[21]，这个观点笔者持有疑义。出土的汉代熏炉中，有些只是在豆形熏炉上增加了龙形纹饰，如满城汉墓出土编号为2:3109的熏炉[9]，可以说是"龙升尺木"造型的简洁化处理，看来不一定非要把山的形状（此处暂且这么说）塑造出来，关键在于如何表达对尺木这种传说中的事物的认识。

六、博山炉变体的意义

博山炉的造型因为涉及一个民间不可以随意使用的符号——龙纹，所以民间开始仿造博山炉时，为了不逾越规制，必然会在细节上（或构成元素）加以处理。博山炉的民间变体有助于我们去理解博山炉的设计初衷。尽管变体发展到后来逐渐地偏离了设计的根本用意，但是它们或多或少地保留了博山炉经典样式的痕迹。

博山炉的第一种变体为盖饰立鸟型。造型上较朴素的博山炉或者是出土于汉代平民墓葬的博山炉（包括画像石或画像砖上出现的博山炉形象）采用了去除龙纹、盖饰立鸟的方式，这种方式发展了博山炉的样式。当然，有时也有省去立鸟的造型，目前还没有足够的材料来说明它到底属于盖饰立鸟型博山炉的简省[38]，还是属于传统博山炉与盖饰立鸟型博山炉之间的过渡。然而，毕竟博山炉的造型非常典型，即使省却了其中的一些符号，博山炉的基本特征仍然可以得到很好的表现。实际上盖饰立鸟，其造型源于古代神树建木上立鸟的造型，在四川出土的各种神树画像，以及青铜摇钱树、陶树或一些陶枝灯等，树顶上都会有立鸟的造型（图7），有关论述参见笔者对汉代天梯信仰的研究。[39]尺木作为一种神树，同样被视为具有建木一样的功能，甚至被认为是另一种建木。饰鸟的博山炉可以说是对经典博山炉样式的一种转化，利用这种随处可见的形式来转化在当时人们看来与荣耀、权势等联系在一起的事物在汉代很常见，用这种转化后的符号加工随葬品，既可以提高九泉之下祖先的社会地位，也是对逝者最好的祝福。

博山炉的第二种变体则是把博山炉的底座变成托盘状的池海。这种变化虽然延续了早期的一些做法，但它并不像文献中所说的那样，是为了容纳进气孔落下的灰烬，或者是为了制造水汽。据孙机所言，早期的熏炉，由于燃烧的是薰草，为使它充分燃烧，可能会在炉身下面镂有进气孔，而后发展到汉武帝执政时期，熏炉里燃烧的更多是树脂一类的香料，这时通常熏炉的炉身都做得比较深，以放置木炭，为防止炭火过旺，底部往往是封闭无孔的。[26]宝鸡博物馆藏有一件降龙博山炉，炉柄与底座以一人驭龙的形象取代，制作精美，非普通人家用品，其造型表明托盘不是必要的。[40]1991年荆州瓦坟园4号墓出土的一件西汉晚期铜熏炉，出土时器内尚存木炭两块，表明了它的实用性，但该炉亦只有圈足而已。[41]吕大临是第一个著录博山炉的金石学家，他在《考古图》中说："炉像海中博山，下有盘贮汤使润气蒸香，以像海之回环。"[42]认为托盘蓄水是为了制造与博山相关的环境，实则不然，蓄水的目的是（以龙生存的环境）象征龙的存在，这可以说是中国古代匠人智慧的又一个重要呈现。实际上有些托盘并不一定蓄水，当然更不能盛灰，因为它上面有孔。[43]不过吕大临在《考古图》上所留下的一幅线描图，图中所绘的博山炉造型倒是与笔者对博山饰原型的假设非常吻合（图8），与山东博物馆藏的那件也很相似。

图7／四川绵阳何家山2号墓出土的摇钱树

图 8 / 吕大临所绘博山炉线图　　　　图 9 / 窦绾墓出土的博山炉

除了底座上的变化外，博山炉还出现了其他的变体。一种是以龙、鸟或羽人等造型来置换植物型的炉柄（图 9），使之看起来更像是龙、鸟或羽人所承托的一个花蕾或其他物体，这个变化使得博山炉看起来像一个表演场景的雕塑，与典型的博山炉相比显得更加活泼。变体还包括用虎或鹿来代替龙，增加了四神、铺首符号等。在汉代漫长的四百多年中，这种变化最终也延伸到皇宫禁苑中所使用的各种饰有博山的器物之中，因此，贵族们所使用的博山炉其实也不是一成不变的。这里要特别加以说明的是，杰西卡·罗森（Jessica Rawson）教授在她的论文中曾对博山炉作了非常深入的讨论，许多结论至今都无懈可击，但她关于博山炉形制来源于西亚和中亚的香炉，是一个舶来品的说法，笔者认为值得商榷。[44] 比如说，从她所提到的尼尼微和波斯波利斯宫殿石浮雕上的香炉造型，与先秦时期中国境内出土的豆形香炉相比，后者无论是形状还是比例都更接近汉代的博山炉，所以她的推断显得有点牵强。至于她所强调的"锥体特征、链子以及鸟饰"这三个特征中，后两种其实不能作为一个重要的证据，从目前的发掘情况来看，最重要的博山炉都没有鸟饰，而链子又是一个可有可无的结构。尽管我们不能排除这样的情况：博山炉作为一个专门设计的产品，汉代工官们在设计时很有可能参照了一些当时异域进贡的物品进行形制设计，但从根本上讲，结合汉代前后出土的各种熏炉的造型来看，博山炉造型主要的来源还是尺木，不仅表现在龙纹位置的变化上及植物造型的创造上，还表现在对博山炉中的各个元素的取舍、倚重等处理技巧上。

【注释】

[1] 吴冠文、谭蓓芳、章培恒汇校，《玉台新咏汇校》，上海：上海古籍出版社2011年版，第59页。

[2] 刘向，《熏炉铭》，载汪绍盈校，欧阳询著，《艺文类聚》，上海：上海古籍出版社1982年版，第1223页。

[3] 广州市文物管理委员会、中国社会科学院考古研究所、广东省博物馆，《西汉南越王墓》，北京：文物出版社1991年版，第44—46、82—84、324页。

[4] 中国社会科学院考古研究所、河北省文物管理处，《满城汉墓》，北京：文物出版社1978年版，第63—66页。

[5] 黄河水库考古工作队，《河南陕县刘家渠汉墓》，《考古学报》1965年第1期。

[6] 河南省南阳地区文物研究所，《新野樊集汉画像砖墓》，《考古学报》1990年第4期。博山陶壶在中原地区的汉墓中似乎非常流行，其中仅河北阳原三汾沟西汉晚期墓群出土的56件陶壶中，带博山盖者就占33件。河北省文物研究所、张家口地区文物局：《河北阳原三汾沟汉墓群发掘报告》，《文物》1990年第1期。

[7] 扬州博物馆，《江苏邗江姚庄101号汉墓》，《文物》1988年第2期。

[8] 南阳地区文物工作队、南阳县文化馆，《河南南阳县英庄汉画像石墓》，《文物》1984年第3期。

[9] 中国社会科学院考古研究所、河北省文物管理处，《满城汉墓发掘报告》（上），北京：文物出版社1980年版，第66—337页。

[10] 茂陵地区文管会、茂陵博物馆，《陕西茂陵一号无名冢一号丛葬坑的发掘》，《文物》，1982年第9期，以及员安志：《谈"阳信家"铜器》，《文物》，1982年第9期。黄金涂竹节中的涂读成"镀"，本字为"涂"。参见练春海，《汉代车马形像研究——以御礼为中心》，桂林：广西师范大学出版社2012年版，第109—114页。

[11] 张翔，《双面观照——博山炉：出土实物与咏物诗的互证》，《辽宁师范大学学报（社会科学版）》2013年第5期。

[12] "又作九层博山香炉,镂为奇禽怪兽,穷诸灵异,皆自然运动。"见葛洪撰,《西京杂记》卷一,北京:中华书局1985年版,第8页。

[13] 艾素珊(Susan N. Erickson),《答威利之疑:论弗利尔美术馆馆藏汉代博山炉的风格和年代》,《西北美术》2002年第3期。

[14] 惠夕平,《两汉博山炉研究》,山东大学考古学与博物馆学专业2008届硕士学位论文,第12、45、7、45页。

[15] 周嘉胄,《香乘》卷二十六,影印《钦定四库全书》,台北:台湾商务印书馆1985年版,26. 2a(844—560)页。

[16] 载《洞天清录集·古钟鼎彝器辨》,转引自张建中、金芷君,《医文化撷芳》,上海:上海中医药大学出版社2005年版,第4页。

[17] 葛洪撰,《西京杂记》卷一,北京:中华书局1985年版,第8页。

[18] 《武帝纪第六》,班固撰,颜师古注,《汉书》卷六,北京:中华书局1962年版,第155页。汉代诸侯王受封后一般应该就封国,倘若年纪尚幼,也可能留在京城的国邸中,但即便这样,我们也有理由相信刘彻有更多的机会了解和熟悉胶东地区的民俗风情。参见张功,《汉代邸之研究》,首都师范大学2002级中国古代史专业硕士学位论文,第7—8页。

[19] 《封禅书第六》,司马迁撰,裴骃集解,司马贞索隐,张守节正义,《史记》卷二十八,北京:中华书局1959年版,第1384页。

[20] 笔者相信,把博山与海上三山联系起来的研究者,无形中把"博"字解释成了"多",而"三山"即"多山",通过这样的一系列概念转换,从而建立起"博山"即"蓬莱、方丈、瀛洲"三座仙山的联系。如巫鸿:《汉代道教美术试探》,《礼仪中的美术:巫鸿中国古代美术史文编》,北京:生活·读书·新知三联书店2005年版,第463—464页;林娟:《博山炉考》,《四川文物》2008年第3期。也有学者可能通过阅读诸如东汉李尤等人的文学作品产生这样的认识。李尤所写的《熏炉铭》:"上似蓬莱,吐气委蛇,芳烟布写,化白为香。"见《全后汉文》卷五十,严可钧校辑,《全上古三代秦汉三国六朝文》,北京:中华书局1958年版,50.11a(751a)页。

[21] [37] 韩波,《汉代宫廷香熏活动及香熏器具的艺术成就》,《艺术百家》2010年第5期。

[22] 指早期萨满教或萨满文化中的"世界山"或"宇宙山"。林娟:《博山炉考》,《四川文物》2008年第3期。

[23] 惠夕平,《两汉博山炉研究》,山东大学考古学与博物馆学专业2008届硕士学位论文,第43页。作者的依据是《神仙传》记载:卫度世遇父获得仙方时,其父正与众仙人玩六博。因此得出六博与升仙有关的结论,较为牵强。

[24] 据孙机推测,该博山炉可能不止一件,而且其配件由不同的工官机构来

生产。拙见以为孙机的推论值得商榷，倘若这件博山炉就是工官试制的样品之一的话，那么这种新的尝试是有可能在同属少府管辖下几个工官机构之间进行分工合作的。孙机，《汉代物质文化资料图说》，北京：文物出版社1991年版，第364页。

[25] 广州市文物管理委员会、广州市博物馆，《广州汉墓》，北京：文物出版社1981年版，第221页。

[26] 孙机，《汉代物质文化资料图说》，北京：文物出版社1991年版，第364、360—361页。

[27] 郭璞注，郝懿行笺疏，《山海经·海内经》，台北：台湾中华书局1982年版，18.3b—4a页。

[28] 陈亮，《汉代墓葬门区符箓与阴阳别气观念研究》，《中国汉画研究》第三卷，桂林：广西师范大学出版社2010年版，第117页。

[29] 《舆服》（下），司马彪撰，刘昭注补，《后汉书志》第三十，北京：中华书局1962年版，第3663页。

[30] 但是我们又在一些普通墓葬中看到应龙图案（这很有可能是一种摄盛礼仪，即他们可能在跟丧葬有关的仪式中被允许使用）。Arlen Lian（练春海），The Shesheng Adjustments to the Rites in Early China, *Journal of the American Oriental Society*, 128.4 (2008), pp. 723-735。

[31] 马总撰，《意林》卷三，影印《钦定四库全书》，台北：台湾商务印书馆1985年版，3.11a（872—240）页。

[32] 《龙虚篇》，黄晖撰，《论衡校释（附刘盼遂集解）》卷六，北京：中华书局1990年版，第289页。

[33] 《吴书·刘繇太史慈士燮传第四》，陈寿撰，裴松之注，《三国志》卷四十九，北京：中华书局1999年版，第879页。

[34] 段成式撰，方南生点校，《酉阳杂俎·鳞介篇》，《酉阳杂俎》前集卷十七，北京：中华书局1981年版，第163页。

[35] 晁福林，《补释甲骨文"兕"字并论商代与之相关的社会观念》，《中华文史论丛》2007年第2期。

[36] 司马迁撰，裴骃集解，司马贞索隐，张守节正义，《史记》卷二十八，北京：中华书局1959年版，第1397页。

[38] 它也可能是明器博山炉（如宁夏中卫县张家山出土的一件陶博山炉）的一个特点，汉代有通过有意将明器做得与生器略微不同的习俗，这是另一个问题，不在此处讨论。王凤菊，《宁夏中卫县出土一件汉代博山炉》，《考古与文物》2001年第5期。

[39] 练春海，《汉代艺术与信仰中的天梯》，《民族艺术》2009年第4期。

[40] 王桂枝，《汉降龙博山炉》，《文博》1986年第2期。

[41] 成都华通博物馆、荆州博物馆编，《楚风汉韵：荆州出土楚汉文物集萃》，

北京：文物出版社 2011 年版，第 50—51 页。

[42] 吕大临、赵九成撰，《考古图·续考古图·考古图释文》，北京：中华书局 1987 年版，10.16a（180）页。

[43] 《西清古鉴》卷三十八《汉博山炉》载："按《东宫故事》、《洞天清录》、《西京杂记》诸书，博山实始于汉，今详此器分三层，盖为山形，下为承盘，此刘向铭称上贯太华承以铜盘者是也，补笔谈谓防炉热灼席，则为盘荐水以渐其趾，今按：盘底有孔，非可以盛水者，惟云承火炲之坠则得之矣。"由此看来，池海也未必盛水，它的存在就是一个符号。《钦定四库全书·西清古鉴》卷三十八。

[44] 杰西卡·罗森，《中国的博山炉——由来、影响及其含义》，《祖先与永恒——杰西卡·罗森中国考古艺术文集》，北京：生活·读书·新知三联书店 2011 年版，第 463—481 页。

汉代八卦洗(先天八卦图)真伪考辨
——兼谈八卦源流问题

❀ **王先胜**

男,1963年生,重庆文理学院非物质文化遗产研究中心副研究员。

　　八卦图有先天、后天之分,先天八卦又名伏羲八卦,后天八卦又名文王八卦,这是八卦最基本的两种图式。自古以来,人们用得最多、谈得最多、最重要的也是这两种图式。按现在的一些流行观点,先天八卦方位图、后天八卦方位图均出自宋儒邵雍。后天八卦方位图在《说卦传》中已有明确的说明,汉、唐期间的式盘、铜镜上也常能见到,因此后天八卦图并非邵雍所作是无疑义的。关于先天八卦方位图,虽然大多数学者都认为是邵雍所作,但也存在着一些异议和细微差别。先将各种不同的观点举例如下:

　　1. 认为先天八卦图为邵雍所创作。这种观点以李申先生为代表。他说,"邵雍《皇极经世书》中已有先天卦序的论述,而邵雍死后不久即有成图流传,也是事实。说《先天图》出自邵雍,是不错的。至于传自陈抟,来自《参同契》,也仅是传闻和臆测而已。""在我们看来,说《先天图》是伏羲所画,当然不可相信;说《先天图》邵雍以前就有,是方士所传云云,同样不可相信。可以相信的只有一条,这乃是邵雍的作品。""然而无论如何,有一点是清楚的,《先天图》的产生,乃是邵雍据《易传》'天地定位'、'天尊地卑'、太极两仪四象八卦之说,对成卦过程的一种解释。简而言之,可说是对《易传》的图解。"[1]冯时先生也支持这种观点,他认为"所谓伏羲先天方位乃是出于宋儒的杜撰,宋以前的遗物中未见其痕迹"[2]。

2. 认为先天八卦为邵雍所作，但它与《说卦传》"天地定位，山泽通气，雷风相薄，水火相射，八卦相错。数往者顺，知来者逆，是故《易》，逆数也"一段话有一定渊源关系。如南怀瑾、徐芹庭先生认为宋儒乃据《说卦传》"天地定位"章画了伏羲先天八卦的圆图[3]，杨德智先生认为《说卦传》"天地定位"章是画先天八卦方位的理论依据。[4]这种观点与第一种观点的区别在于，它认为《说卦传》"天地定位"那一段话就是先天八卦方位图产生的依据或渊源所在，而第一种观点不是这样。

3. 认为先天八卦图为邵雍所作，但与汉代易学或《参同契》有关。如郑万耕先生认为邵雍"以汉易中乾南坤北离东坎西的图式为先天图，乃伏羲氏所画，以汉易中离南坎北震东兑西的图式为后天图，乃文王之易，是伏羲易的推演"[5]。黄汉立先生认为先天易的说法至少在晋代干宝时已出现，因为干宝说："伏羲之易小成，为先天；神农之易中成，为中天；黄帝之易大成，为后天。"他认为伏羲八卦方位图为邵雍据《说卦传》"天地定位"章而制，但同时又说"邵雍此图，其实是汉易卦气图的改革，原本卦气图以震离兑坎为四正卦，但邵说改以乾坤坎离为四正卦，这是始于东汉末魏伯阳的《周易参同契》，而为北宋初陈抟所继承发展的。而其直接的来源，则是李之才的卦变说"[6]。

4. 认为先天八卦图为邵雍所作，但其渊源可上溯至汉代和《说卦传》。如张其成先生一边说"先天、后天八卦是北宋邵雍的发明"，"它与《周易》六十四卦基本思想不仅不相违背，而且是对《周易》卦爻的最科学的解读"；一边又说"伏羲图式源于《周易参同契》，经陈抟至邵雍"，而且还说伏羲八卦方位图源于《说卦传》"天地定位"章[7]，好像面面说到。陆思贤先生认为"现传宋人绘先天八卦方位图、后天八卦方位图，应包含了历代易学家研究《周易》的作品"[8]。

5. 认为先天八卦图非邵雍所作，而是源于陈抟或道家。潘雨廷先生认为先天八卦图系陈抟据《说卦传》"天地定位"章阴阳相对之理排成，而"于陈抟前尚未发现有先天图的存在"[9]。唐明邦先生主编的《周易评注》中，认为先天八卦图"所定方位，宋人以为创自伏羲，故又称伏羲八卦方位图，恐不可信。但其渊源甚古似无可置疑，推其源，当出自道家"[10]。

6. 认为《说卦传》"天地定位"一章即为先天八卦方位。欧阳红详细分析了《说卦传》"天地定位"章，认为它记叙的就是先天八卦方位，而"爻卦次序同时与天地定位、八卦相错、往顺来逆相吻合者唯有先天八卦方位"，之所以引起争议，只是因为它没有像《说卦传》后天八卦方位那样逐一详说。[11]常秉义先生引荀爽注《系辞》《左传》有关资料及近代尚秉和研究结论认为先天八卦方位"其渊甚古"，可上溯至先秦《说卦传》。[12]金良年先生主编的《中国神秘文化百科知识》认为，《说卦传》"天地定位"章及《帛书易》"天地定立，山泽通气，水火相射，雷风相薄"句均是言先天八卦方位。[13]这种认识与第二种观点的区别是，它认为《说卦传》"天地定位"只是没有画成图而已，而前述第二种观点则只是认为《说卦传》"天地定位"章对邵雍画先天八卦方位有所启发。

除上述种种观点外，还有一类特殊的认识，即认为先天八卦方位在上古以至远古伏羲时代即已创立（传邵雍并不认为先天八卦图是自己的创作，而认为此图是自伏羲时代相传下来的）。邹学熹先生按先天八卦的对待原理，将先天八卦方位图由内至外按三个周期（即初、中、上爻之位）逐一分析，认为它是古天文学家本自然法理研究天体运行的周期图，是古天文学家用以表示年月日时周期的符号，而且他确信"易学起源于古天文学，从我国进入农耕社会就开始了，这在《周易》和《内经》中，皆有历历天象可考，不是人的善辩可以改变的"[14]。陈久金先生1986年发表《阴阳五行八卦起源新说》，认为太极八卦、阴阳五行、河图洛书的起源和本原均与十月太阳历和古代天文历法有关，在它们成为哲学范畴之前，"太极"即一年的通称，"两仪"（阴阳）即古代历法所划分的一年中的冬、夏或春、秋两个半年，"四象八卦"即四时八节，"五行"即十月历的五季，河图洛书数阵的十个数就是十月太阳历的十个月，同时先天八卦与季节和方位都是相应的。[15]1989年，陈久金和张敬国先生又将这种八卦理论用于解释安徽含山县凌家滩新石器遗址出土的玉版刻纹，认为玉版上的八角星纹和其周缘呈圆形分布的八个圭形箭标就是原始八卦。用卦名卦画的方法虽然大约在西周时才开始出现,但"就八卦本身而言,并不一定非有卦名和卦画不可,如西南少数民族中所流行的八卦,就只有八方而无卦名卦画"。他们还认为,含山玉版周缘的钻孔与表现洛书和"太一行九宫"有关。[16]虽然他们并没有明确说先天八卦方位图在距今5 000年前的含山玉版时代就已经存在,但这个研究隐含着这个意思,因为他们是用先天八卦方位图的阴阳爻变关系及方位关系去看待含山玉版刻画的圆形图案的,只是他们认为当时没有也可不必画出八卦符号罢了。田合禄、田峰先生则认为伏羲六十四圆图就是古老的十月太阳历,这种历法产生于立竿测影(自然先天八卦方位图也属十月历体系),同时他们还认为后天八卦方位图是火历图,用于火历历法原理。[17]他们没有说明伏羲六十四卦圆图存在的具体年代,但既认为伏羲六十四卦是湮失已久的十月太阳历,则其年代亦当是悠久的,因为陈久金、刘尧汉、卢央等自然科学史、民族史专家们认为《夏小正》即是十月太阳历,而十月太阳历的创制"大约是从伏羲时代至夏代这段时期内形成的。这种历法一旦创立,便在夏羌族中间牢固地扎了根,并且一直沿用到今天。它是世界历法史上创制时间最早的历法之一,是使用时间最长久的一部历法"[18]。关于八卦或先天八卦图反映远古时候的天文历法,还有不少学者论述,这里不再一一转述。

不难看出,先天八卦方位图是否为邵雍所创作,是否为道家道教所传,是否在先秦时即已存在乃至是否可以上溯至新石器时代,与我们对中国文化发展脉络、渊源关系乃至其早期面貌、性质的认识与把握大有关系。简单一点说,如果先天八卦方位图为邵雍所创作,此图的基本内容和思想不可能上溯至先秦乃至史前时代,那么这是有利于(但并不证明或支持)八卦起源于商周占卜、数卜这种为大多数中国学者,特别是从哲学、义理角度研究《周易》的中国学者所持观点的(这种"有利于"不等于证明或支持,它只是让八卦源于商周占卜、数卜说又减少了一个障碍)。这种认识的基本轮廓是:由商周占卜或数卜产生八卦,由八卦产生《易经》《易传》,直到邵雍画出先天八卦图,中国八卦文化就是经由巫术、占卜起源,再由儒家《易传》哲学化这样一条主线发展下来。当然,这也意味着陈久金、邹学熹、田合禄等学者所论是毫无依凭或者至少是以后证前、牵强附会而已。相反，如果先天八卦方位图的基本内容和思想可以上溯至先秦时期乃至史前时代，而且它是古人的天文历法作品，则意味着八卦并非起源于商周乃至史前时期的占卜、数卜，易学思想也并非是因为有孔子和儒家的阐扬才变得伟大、深刻，当然中国古代文化的主线条也不再是"巫术—儒家"这样一个轮廓，孔子和儒家对中国文化的贡献就要大打折扣；而孔子之前有许多没有留下姓名的中国古人对中国文化的贡献之比重就会上升，而且中国文化的起源、文明的历程就会上延，甚至那种把巫术、占卜视作文明和文化主要源头的流行观点，也需要重新审视。

　　长期以来，八卦起源问题扑朔迷离。在当代，研究易学的学者们达成了一定的共识，即八卦或者起源于卜筮或者起源于古天文历法。余敦康先生归纳学界对《周易》的认识，认为有四种看法是具有代表性的："一种看法认为，《周易》本是卜筮之书，其中所蕴含的巫术文化的智慧就是中国文化的基因，因而应从卜筮的角度来解释。另一种看法认为，虽然《周易》由卜筮演变而来，但它的宝贵之处不在卜筮，而在于卜筮里边蕴含着的哲学内容，卜筮不过是它的死的躯壳，哲学才是它的本质，因而应从哲学的角度来解释。第三种看法认为，《周易》是一部讲天文历法的书，也就是一部科学著作，其中所蕴含的科学思维不仅对古代的科技产生了深刻的影响，而且与现代自然科学的基本思想相吻合，因而应从自然科学的角度来解释。第四种看法认为，《周易》是一部史学著作，其中保存了多方面的古代珍贵史料，特别是反映了殷周之际的历史变革，因而应从史学的角度来解释。"[19]从这个归纳里可以看出，哲学是蕴含于卜筮之中，因卜筮而产生；历史资料隐含于卦爻辞，因卦爻辞而产生，因此《周易》的哲学内容和历史内容都不涉及八卦起源，而卜筮与天文历法才可能与八卦起源产生关系。所以吕嘉戈先生归纳说："专业研究《易经》学术圈内存在两种意见，即认为《易经》源于古文说与源于卜筮说。"[20]吕嘉戈先生是主张八卦起源于天文历法的，余敦康先生是主张八卦起源于卜筮的，二者实际上在这里达成了共识，即八卦起源于天文历法或者起源于卜筮。这种"共识"来之不易，它是当代易学研究的重要成果和收获，同时也是《易经》八卦起源和真相研究的一大进展。但这种"共识"事实上又是不能共存共处的，甚至它们也是互相否定和对立的，而且关乎中国文化的起源、基本面貌和发展轮廓的认识、清理，如前所述。

图1／汉八卦洗图

八卦起源于卜筮说和天文历法说两派各执己见，但都没有过硬的证据，所以两说长时间处于相持阶段。十多年前笔者对1995年四川绵阳出土西汉木胎漆盘纹饰及西汉时期特别是前期非常流行的老子太极图（即用两个耳形勾画的阴阳两仪圆图）、耳形纹饰做了释读[21]，后来又发现一件汉代铜洗的摹本，其内底铸先天八卦方位图（图1）。笔者认为，这些材料足以证明先天八卦方位图并非邵雍所创作，而是可能上溯到先秦时期以至更远的时代的，这里主要就铸有先天八卦方位图的汉代铜洗的真伪问题谈一下个人的看法和意见，并请专家指教。

笔者于2003年5月下旬在漓江出版社1999年8月出版的《古器造型与纹饰》一书中发现这件汉代八卦洗的摹本，随即与漓江出版社及该书编者联系。承该书编著者之一、桂林市图书馆的李达林先生相告，该汉代八卦洗摹图原载乾隆十四年开始编撰的《西清古鉴》一书。之后，笔者找到了《西清古鉴》及其中所载汉代八卦洗相关图文资料。《西清古鉴》（卷三十三）对八卦洗的文字介绍非常简略，仅二十余字："右高一寸八分，深一寸七分，口径九寸四分，重三十五两。"不过，"汉八卦洗"这个定名以及摹图中的先天八卦方位图非常明确，而且《西清古鉴》还在这个条目下另外画了一个先天八卦方位图并注明八卦名称（图2），确证先天八卦图无误。由于此汉代八卦洗在近世以来的学界罕见提及（以笔者陋见，所知如此），目前也不见实物及其存世的信息，因此对其来历及基本情况只能做一些很主观的推测。

李达林先生认为此八卦洗是清代宫廷中赏玩之物，现在很可能流落海外,或者已经毁灭而不存于人世,笔者也是这种感觉。据有关资料,清代部颁铜尺当今0.32米,营造尺当今0.32米,裁衣尺当今0.352米,部颁牙尺当今0.31米[22],与现在所用度尺差别均不大。所以根据《西清古鉴》所介绍汉代八卦洗"高一寸八分,深一寸七分,口径九寸四分",其重"三十五两"约合今之1.3公斤可知,此洗可能并非日常生活所用盥洗之物,其产生和铸造的原因当不是因生活实用所起。笔者推测此八卦洗的产生可能由于礼仪或者纯粹的赏玩之用所致。据1995年四川绵阳出土木胎漆盘纹饰内涵表达可知,在宋代之前易图的确秘密流传于道家、道教之中而不为儒者所知,所以汉代八卦洗很可能为道教礼仪用器或者为道家、道教中人所制作。汉唐时期铸有后天八卦方位图的铜镜很是流行,但先天八卦方位图却不见踪影,笔者推测,这很可能与《说卦传》有关。因为《说卦传》对后天八卦方位有明确的描述,而关于"天地定位,山泽通气,雷风相薄,水火不相射,八卦相错"的描述虽然与先天八卦有关,但不知先天八卦方位的儒者或古人却不敢贸然地排出乾南坤北、离东坎西的先天图式(古人以铜镜之光喻日月之光,按理宜铸先天八卦图以象天,而后天八卦图多用于地理方位如式盘、司南之类)。清代黄宗羲、黄宗炎以及当代的一些易图学家如李申先生等正是认为《说卦传》"天地定位"一段话与邵雍所传先天八卦方位图无关,以此来否定《易传》中已有先天八卦方位的基本内容和思想。[23]由于先天八卦图可能流传于道家、道教而不为儒者所知,所以汉、唐之世仅见后天八卦方位图而不见先天八卦方位图,不能成为否定先天八卦方位图的基本内容和思想在宋以前早已存在的理由和证据,也不能成为否定《说卦传》"天地定位"一节与先天八卦方位有关的理由和

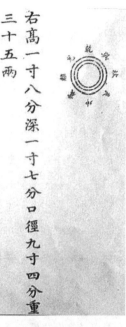

图2/《西清古鉴》载汉八卦洗解说

证据。

铸有先天八卦方位图的汉代铜洗存在的时间即使从东汉末期算起，距今也有1800年左右，学术史上为什么罕见提及，没有相关的讨论和文献资料呢？我认为这个问题可能与如下一些原因和情况有关。

其一，如上所述，在北宋邵雍传先天八卦图之前，先天八卦图仅在道家、道教中传承而不为儒者所知，汉代八卦洗或者类似的这种器物极少，又仅在道教中存在，所以儒者特别是那些有影响的大儒一般而言是没有机会得见的，甚至即使有某种特殊机缘见到，恐怕也不愿或者不敢为之宣扬。

其二，与中国古代的文化专制和禁锢有关。西汉前期，统治者采用道家黄老学说治国，实行休养生息政策。到汉武帝时期，采纳董仲舒"罢黜百家，独尊儒术"的建议，从此道家失势、儒家独尊一直到近、现代。董仲舒在《举贤良对策》中向汉武帝建议说："诸不在六艺之科、孔子之术者，皆绝其道，勿使并进。"由于前有秦始皇"焚书坑儒"之鉴，近有升官发财以及生存之虞，所以董仲舒和汉武帝搞的"独尊儒术"非常成功。西汉前期特别是江淮流域、江汉流域流行因纪念老子而产生的双耳圆形太极图、耳形纹饰，据绵阳出土西汉木胎漆盘纹饰内涵考察，一个包含太极八卦六十四卦、阴阳五行、河图洛书以及古代天文历法的道家易学和知识体系在西汉前期可能并不是一件非常秘密的事[21]，但是这些事在汉代及其他古代文献中竟然没有一点记载和线索，当世的司马迁在《史记》中仅载儒家易学的传承关系而毫不涉及道家易学，立《孔子世家》《仲尼弟子列传》《儒林列传》三卷详述儒家人事，而于道家仅有《老子韩非子列传》记老子、庄子各数百言，于墨家仅在《自序》中提及，这些都足以证明"独尊儒术"的成功。后天八卦方位因在儒家经典《易传》中有明确的记载，所以被视为儒家的学问，在汉、唐时期铜镜上能够流行。而《说卦传》"天地定位"一段话没有明确指明八卦方位，在儒家逐字逐句注经释经的文化背景下，自然不被视为先天八卦方位，这样先天八卦方位自然也不能视为儒家的学问，这一点直到宋儒、清儒基本上都是这样认识的。所以虽然汉代去古未远，包括先天八卦在内的易图寻找起来可能并不困难，但在"独尊儒术"的文化专制政策下，回避和不言先天八卦等"道家学问"恐怕是儒、道两家学人共同的心愿，最终致使易图、道家易学完全销声匿迹或隐藏起来，之后便为道教和道徒改造利用。

其三，北宋邵雍在《皇极经世书》中指明先天八卦方位后，宋儒都认为邵雍受传于道徒而非邵雍的发明。朱震说："陈抟以先天图传种放，放传穆修，穆修传李之才，之才传邵雍。"（《汉上易传·进易说表》）晁错之说："有宋华山希夷先生陈抟图南，以《易》授终南种征君放明逸，明逸授汶阳穆参军修伯长，而武功苏舜钦子美亦尝从伯长学。伯长授青州李才之挺之，挺之授河南邵康节先生雍尧夫。"（《嵩山集》卷十八《王氏双松堂忆》）程颢、程颐兄弟与邵雍在同一巷里居住了三十年之久，程颢说："独先生之学为有传也。先生得之于李挺之，挺之得之于穆伯长。推其源流，远有端绪。"（《邵尧夫先生墓志铭》）朱熹说："先天图传自希夷，希夷又自有所传。盖方士技术用以修炼，《参同契》所言是也。"（《朱子语类》卷一〇〇）邵雍的儿子邵伯温说："先君受易于青社李之才，字挺之。为人倜傥不群，师事汶阳穆修。挺之闻先君好学……于是先君传其学……伯长，《国史》有传，其师即陈抟也。"（《易学辨惑》）邵雍自己认为《说卦传》"天地定位"一节讲的即是先天八卦方位，是伏羲所作，而不是他自己所创（《皇极经世书》）。可见先天八卦方位的来历在宋儒那里是明确的，它来自于道徒所传，远及东汉魏伯阳《参同契》（邵雍说是伏羲所作可能接受了某种传说，或者直承《易传》的说法，不想把画先天八卦的功劳归于道家、道教，因为邵雍是一位儒者）。所以即使某个宋儒有机会一见汉代先天八卦洗，那也没有什么特殊的意义，因为没有人坚持认为先天八卦方位图为邵雍创作，也就不必拿汉代八卦洗去反驳这种说法，汉代八卦洗进入学术视野、学术史的一点可能性也自然消弭。

其四，汉八卦洗何时进入宫廷不得而知，清廷得之于何处、以何种方式得到也不得而知，但汉八卦洗作为一个小件且可能存在于道家、道教中难为世人所知，进入深宫则难为一般易学家所知，其情形大体相似。乾隆年间编撰《西清古鉴》后，应该有懂《易经》八卦的学人看到《西清古鉴》

和汉八卦洗，但自朱熹后，先天八卦图源于道教、《参同契》几乎已成为定论。实际上，根本问题可能就在这里，由于《易传》明确指出后天八卦方位而对先天八卦方位没有明示，而《周易》又一直被视为"六经"之首、大道之源，在死抠字眼的经学大师、小学大师、儒学大师以及历朝历代的儒士儒生那里，只有后天八卦方位才是儒家的学问，是经书上说了的，而先天八卦方位是道家、道教的东西。朱熹虽然认为先天八卦仍是儒家的学问但并不认为是邵雍所创，他认为邵雍接受的是道教陈抟及《参同契》所传。而《参同契》还是根源于儒家易学，其源头在《易传》。即使有人坚持认为先天八卦图为邵雍所作，但正方、反方都无缘见到汉代八卦洗，所以双方打的只是文字官司。再说，先天八卦既然是道家、道教的学问，其产生年代的早晚、是否在汉代已经存在，并不是儒家所关心的问题。儒家关心和争论的是，先天八卦究竟是不是儒家的学问，跟《易传》有没有关系？汉八卦洗并不能回答和解决这种问题。张其成先生认为，在宋儒眼里，先天八卦图远没有河图洛书重要，因为它来自于道教，在儒者看来根底不正。[24]邵雍曾想把学问传给程颐，但程颐并不以为然，不买他的账。清代编纂《四库全书》，终于把《皇极经世书》逐出易学，归之于术数类，其原因也在于清儒认为邵雍的学问来自道教陈抟所传，先天图不是儒家的学问。所以即使《西清古鉴》编成，汉八卦洗也无缘进入学术视野。

其五，汉八卦洗真正有机会进入学术视野是在当代，因为在疑古思潮、实证主义以及比较严谨的科学研究的精神影响下，不仅"伏羲画卦"只是传说没有依据，而且历史上认为宋、明易图学的产生与道家、道教易学传出有关，太极八卦图、河图洛书图均源自陈抟这种上千年的主流认识和传统观点也受到怀疑。当然将这些图式上溯至汉代以至先秦，就更是没有实物证据，所以研究易图来源的专家们争论得颇为热烈。近代易学虽然出了尚秉和、李镜池、高亨等一些大家，但似乎没有关于先天八卦图的来历和产生年代的争议，没有人坚持认为先天八卦方位是邵雍的创作，所以像郭沫若、于省吾、闻一多这种既研究甲骨文、金文又研究易学，有可能看到《西清古鉴》汉八卦洗的大学者没有发挥的理由。当代易学研究与文物考古研究，与传世及出土古代器物刻画图案、符号的研究基本上是互相隔离的，所以易学家们关于易图来源的争议是在易学界和古代文献的范围内进行的。《西清古鉴》以及《古器造型与纹饰》这类书的主要读者对象是文物考古界的学者、古文字研究和美术工作者以及一部分古董商，易学家发现汉代八卦洗的可能性很小。当代像张政烺、李学勤、饶宗颐这种既研究甲骨文、金文、文物考古又涉足易学的大学者有可能见到《西清古鉴》所载汉八卦洗，但他们有可能对易学界的争议不了解或者不感兴趣。当然除这几位外，也还有一些涉足古文字、文物考古和易学的学者，但总数并不多。冯时和陆思贤两位先生可以说是中国天文考古学（或谓"考古天文学"）的创始者和奠基者，冯时著有《中国天文考古录》《中国天文考古学》二书，陆思贤著有《神话考古》《天文考古通论》（与李迪合著），两位均在考古界，多用出土器物研究古代天文学和易学，按理他们两位是最有可能理清八卦图来源的学者，但是两位先生都没有注意到西昌博物馆还保存着南诏时代与汉族先天八卦在结构上完全一致的彝族八卦实物这一事实[25]，当然也没有注意到《西清古鉴》所载汉代八卦洗。所以汉代八卦洗进入学术视野看来还有个机缘问题。

以上是笔者对《西清古鉴》所载汉代八卦洗在此前大约1 800年的时间里没有进入学术视野和易学史之原因与情形的一种推测、理解，不当之处可能难免，但大体情形当是如此。与其说是阴差阳错，不如说是其间存在着一种必然的逻辑和理路。总之，不论汉代八卦洗因何原因没有进入学术史、易学史，它的存在是一种事实。以下我们来判断这件器物的真伪及先天八卦方位图的年代。

《西清古鉴》为乾隆十四年（1749年）廷臣梁诗正等奉敕编纂，全部收录清代宫廷所藏古代青铜器（商周至唐代），计40卷1 529器（含铜镜），仿宋《宣和博古图》体例，用两年时间编成。该书按器绘图，因图系说，附铭文并加考释，每器皆记大小尺寸、重量，有的还附考证。虽然铜器图像"摹绘甚精"，但"铭文缩小，亦多失真，铭文见解浅陋，多无足取"，而且"伪器颇多，估计有十分之三四"[26]。据容庚先生统计，乾隆年间编成的《西清古鉴》、《宁寿鉴古》、《西清续鉴》甲编及乙编四书,共收有铭文青铜器1 176件,其中伪造者有317件,可疑者有173件。[27]虽然如此,但我们认为,《西清古鉴》所载汉八卦洗并非伪器,先天八卦方位图也并非后人伪造。理由如下:

1. 古代青铜器作伪主要有两种情况:一种是仿造、复制,一种是在真器上增加或改制铭文、花纹。如果是前者,则证明汉代先天八卦洗有真器,只不过《西清古鉴》所载为伪器;如果是后一种情况,也证明《西清古鉴》所载八卦洗为汉代器物,只需考察先天八卦方位图加饰的时间。

2. 古代青铜器作伪主要是因商周青铜器重要的历史和艺术价值而起,仿造、复制虽然古已有之,但比较流行则始于宋代,后来由于清廷编纂《西清古鉴》等书,一批身高位重的学者如端方、潘祖荫、吴大澂等加入收藏和研究,刺激了大量伪器的产生。无论《西清古鉴》编纂之前或之后,古代青铜器作伪主要都是针对先秦时期的器物;汉代铜器多无铭文、花纹,无论其历史价值还是艺术价值都不可与先秦相比较,从这个角度说汉代八卦洗作伪的可能性较小。

3. 如前所述,先天八卦图自汉代至清代皆被儒家视为道家、道教的学问而不屑一顾甚至被视为异端,所以社会上层绝不会无中生有地在邵雍之后来铸造一个汉代八卦洗或者在汉器上加铸先天八卦方位图。从文化发生的角度看,没有动因和可能。

4. 古代铜器作伪主要是针对先秦时期,从经济利益的角度说,汉器特别是汉洗的可能性也很小。《西清古鉴》所载汉洗实用器很多,大多是素面无纹,也有造型、纹饰均有特色的,而汉八卦洗器形小,形制也无特色,从牟利的角度看,作伪者也不会选择这种小件在上面去刻铸先天八卦方位图。

5. 汉八卦洗上的先天八卦方位图明确无误,一般的古董商人制作的可能性极小。如果为牟利,这样的小件应该是批量制作,至少不会是一两件或几件。但如果批量制作,必须要有市场行情,从八卦文化的角度看,古代是没有这种行情的:在社会上层行不通,因为它没有什么历史价值和艺术价值；在日常生活中也行不通，因为汉八卦洗非生活实用器。

6.《西清古鉴》所载虽然有不少伪器，但并不等于说编者就毫无判断力或者随便给器物定名断代。宋代至清代乾隆年间编定《西清古鉴》前，青铜器作伪主要是仿造、复制，如果汉八卦洗先天八卦方位图是宋代至清代这段时间在汉器上新加饰的，编者应该能够辨识从而加以说明，如同其他器物有"考证"一样。既无这种交代，则说明不存在后人新加饰这种情况。此外，判断八卦洗的年代只有两个因素，即器型与先天八卦方位图。虽然自宋代至清代，儒家一直认为先天八卦方位来自道教，但先天八卦方位自产生以来，历朝历代都可能为人所用，所以《西清古鉴》的编者给八卦洗断代的依据只有一个，即器物本身，而八卦洗正是汉代常见的那种宽折沿、平底、广腹铜洗。

总之，《西清古鉴》汉八卦洗作伪，从背景的角度看，没有动因；从利益驱动的角度看，也没有理由。现在通过电镜扫描、观察和X射线衍射分析等现代科学技术能够在一定程度上判断古代青铜器是否伪作[28]，惜八卦洗器物不见。虽然如此，我们仍可从三个角度判定《西清古鉴》汉八卦洗的真实性：先天八卦方位图不是邵雍之后在汉洗上新刻，否则《西清古鉴》当有相关记载；八卦洗器型为汉代，不伪，这是《西清古鉴》编者断代的依据；如果没有1995年四川绵阳出土西汉木胎漆盘和西昌博物馆所藏彝族先天八卦实物（约在唐代）的存在，学者或许可凭先天八卦方位图断汉八卦洗为伪器，但事实上不是如此。目前只能说，没有一个依据和理由可以断《西清古鉴》汉八卦洗为伪器及存在作伪的情况。

1995年四川绵阳出土西汉木胎漆盘，其内底用两个耳形构成连笔S形阴阳两仪太极图，其周缘绘两圈经过精心设计、有着严密的古代天文历法和易学数理的各种符号，笔者认为前者即明初赵撝谦《六书本义》所公开传世阴阳鱼太极图的前身，系道家为纪念老子而作，而整个木胎漆盘图案和纹饰的表达则囊括了太极图、八卦六十四卦生成序、河图洛书、十月太阳历、阴阳合历、二十八宿、干支、节气、大衍数等几乎所有中国古代天文历法和《周易》数理。从木胎漆盘纹饰所反映的基本思想和主要的内涵表达上看，它们与传统的《周易》知识结构、面貌、观念有所区别，而与《老子》思想、《归藏》易有明显的渊源关系。木胎漆盘的存在大体上证实宋、明之际易图学的兴起与道家易学、道教易学传出有关，邵雍先天图、刘牧河图洛书、周敦颐太极图及阴阳鱼太极图均源自道家、道教，道家易、道教易源头在《归藏》，它们是有别于《易经》、《易传》、儒家易传承关系的另一类易学传承系统。[21]2001年吕绍纲先生发表《〈老子〉思想源自〈周易〉古经吗？》，通过对《老子》与《周易》古经、老子与孔子、殷道与周道、《归藏》与《易经》等诸方面的对比分析和研究，认为《老子》思想源于殷易《坤乾》（即《归藏》），而不是源自《周易》。[29]吕先生的研究与笔者对绵阳出土西汉木胎漆盘纹饰内涵的分析从不同的角度探讨和论证了同一问题，即"《归藏》易—道家思想（道家易）—道教易"与"《易经》—《易传》—儒家易"各是一条线。《西清古鉴》铸有先天八卦方位图的汉代铜洗的存在无疑进一步印证了这些认识的合理性、正确性，使之变得更为牢固。

"《归藏》易—道家易—道教易—宋明易图学"这一易学发展、演变线索的揭示和呈现对搞清八卦起源及其本来面目是有益的。比如八卦在彝族文化中正是历法，而绵阳出土西汉木胎漆盘纹饰内涵表达显示，太极八卦、阴阳五行、河图洛书与古代天文历法有着至为紧密的联系，它们是支持陈久金先生关于阴阳五行、太极八卦、河图洛书皆起源于十月太阳历和古代天文历法这种观点和认识的。所谓"礼失而求诸野"，先天八卦在中原地区以外的西南彝族文化和四川西部发现，而且它们都与古代天文历法相关，看来并非偶然。再由于1993年湘北江陵王家台15号秦墓《归藏》竹简的出土[30]，早于《易经》的《归藏》易的存在大体上得到证实（有的学者认为王家台秦简"易占"即殷易《归藏》之内容，有的学者认为秦简"易占"系战国时据《归藏》筮法重新编制的筮书，后者亦证殷易《归藏》当为一真实存在）。[31]《礼记·礼运》记载孔子之言说："我欲观夏道，是故之杞，而不足征也，吾得《夏时》焉。我欲观殷道，是故之宋，而不足征也，吾得《坤乾》焉。《坤乾》之义，《夏时》之等，吾以是观之。"郑玄注曰：

"夏四时之书,存者有《小正》;殷阴阳之书,存者有《归藏》。"孔子和郑玄都视殷易《归藏》是与《夏小正》同类的书,这可能传递了八卦起源和本来面目的真实信息。又如连劭名先生认为甲骨文四方风名、四方神名与后天八卦之四仲卦名相合,说明后天八卦图可能追溯到商代(此又佐证殷易的存在)[32],又专门论述了楚帛书与卦气说的关系。[33]后天八卦与方位和季节的关系见于《说卦传》,而卦气说则反映八卦与节气、历法之关系。以前认为卦气说为汉人孟喜、京房所创,八卦与历法的关系乃是先秦之后古人以历法附会八卦,《说卦传》后天八卦与季节的关系也是一种附会的趋势。现在看来,早在商代,八卦与季节、历法可能就是"二合一"的关系或者说二者可能存在着某种紧密的或者内在的联系。即使绵阳出土西汉木胎漆盘,其年代也比孟喜、京房创"卦气说"早约半个世纪,而且木胎漆盘易学内涵上承道家思想、《归藏》易,与《易经》《易传》各是一条线,所以八卦与历法的关系并非汉人或《易传》作者附会所能概言。

由于八卦起源问题涉及面广,更涉及先秦时期及史前时代出土器物纹饰、八卦符号(包括数字卦以及用阴阳爻画的八卦符号)以及其他表达方式的识读和研究问题,笔者已有多篇论文涉及[34],故本文就此打住。

【注释】

[1] 李申,《周易与易图》,沈阳:沈阳出版社1997年版,第120页。
[2] 冯时,《中国天文考古学》,北京:社科文献出版社2001年版,第399页。
[3] 南怀瑾、徐芹庭,《白话易经》,长沙:岳麓书社1988年版,第406页。
[4] 杨德智,《八卦与生命预测》,北京:地震出版社1992年版,第10页。
[5] 郑万耕,《易学源流》,沈阳:沈阳出版社1997年版,第142页。
[6] 黄汉立,《易学与气功》,上海:学林出版社1999年版,第191页。
[7] 张其成,《易符与易图》,北京:中国书店1999年版,第72、280页。
[8] 陆思贤,《神话考古》,北京:文物出版社1995年版,第266页。
[9] 潘雨廷,《周易表解》,上海:上海社会科学院出版社1993年版,第9页。
[10] 唐明邦,《周易评注》,北京:中华书局1995年版,第291页。
[11] 欧阳红,《易图新辩》,长沙:湖南文艺出版社1996年版,第42页。

[12] 常秉义，《周易与历法》，北京：中国华侨出版社1999年版，第90—91页。

[13] 金良年，《中国神秘文化百科知识》，上海：上海文化出版社1994年版，第147页。

[14] 邹学熹，《易学十讲》，成都：四川科技出版社1986年版，第26—28、59页。

[15] 陈久金，《阴阳五行八卦起源新说》，《自然科学史研究》第5卷第2期，1986年。

[16] 陈久金、张敬国，《含山出土玉片图形试考》，《文物》1989年第4期。

[17] 田合禄、田峰，《中国古代历法解谜——周易真原》，太原：山西科技出版社1999年版，第3—15页。

[18] 陈久金、卢央、刘尧汉，《彝族天文学史》，昆明：云南人民出版社1984年版，第237页。

[19] 余敦康，《易学今昔》，北京：新华出版社1993年版，第1页。

[20] 吕嘉戈，《易经新探——易之数理及医易同源的启示》，北京：中国文联出版公司1993年版，序言。

[21] 王先胜，《绵阳出土西汉木胎漆盘纹饰释读及其重要意义》，《宗教学研究》2003年第2期。

[22] 张传玺，《中国古代史教学参考手册》，北京：北京大学出版社1985年版，第513页。

[23] 李申，《先天图的渊源》，载朱伯昆主编《周易知识通览》，济南，齐鲁书社1993年版，第480—486页。

[24] 张其成，《易符与易图》，北京：中国书店1999年版，第229页。

[25] 卢央、陈久金、刘尧汉，《彝族天文学史的研究》，载《中国天文学史文集》第三辑，北京：科学出版社1984年版。

[26] 马承源，《中国青铜器》，上海：上海古籍出版社2003年版，第554页。

[27] 容庚，《西清金文真伪佚存表》，《燕京学报》第五期，民国十八年（1929年）六月。

[28] 周双林、田小龙、杨文言，《一件赝品青铜器鉴定过程中的仪器分析佐证》，《电子显微学报》2012年第4期。

[29] 吕绍纲，《〈老子〉思想源自〈周易〉古经吗?》，《周易研究》2001年第2期。

[30] 荆州地区博物馆，《江陵王家台15号秦墓》，《文物》1995年第1期。

[31] 王明钦，《试论〈归藏〉的几个问题》，载古方编《一剑集》，北京：中国妇女出版社1996年版；连劭名，《江陵王家台秦简与〈归藏〉》，《江汉考古》1996年第4期；李家浩，《王家台秦简"易占"为〈归藏〉考》，《传统文化与现代化》1997年第1期；邢文，《秦简〈归藏〉与〈周易〉

用商》，《文物》2000 年第 2 期；林忠军，《王家台秦简〈归藏〉出土的易学价值》，《周易研究》2001 年第 2 期；梁韦弦，《王家台秦简"易占"与殷易〈归藏〉》，《周易研究》2002 年第 3 期。

[32] 连劭名，《商代的四方风名与八卦》，《文物》1988 年第 11 期。
[33] 连劭名，《长沙楚帛书与卦气说》，《考古》1990 年第 9 期。
[34] 王先胜，《红山文化勾云形玉器内涵探讨——兼及古代纹饰的释读及其方法问题》，载杨伯达、郭大顺、雷广臻编《古玉今韵——2007 朝阳牛河梁红山玉文化国际论坛文集》，北京：中国文史出版社 2008 年版；王先胜，《考古学家应严谨对待器物纹饰》，《社会科学评论》，2007 年第 3 期；王先胜，《大汶口文化遗存与远古天文历法试探》，载王志民主编《齐鲁文化研究》第七辑，山东文艺出版社 2008 年版，第 84—90 页；王先胜，《关于八卦符号及史前研究问题——兼与李学勤先生商榷》，《社会科学评论》，2009 年第 3 期；王先胜，《含山玉版及玉龟甲文化内涵探讨》，载贺云翱主编《长江文化论丛》（第七辑），内蒙古人民出版社 2011 年版；王先胜，《十月太阳历溯源》，《贵州民族研究》2012 年第 6 期。

汉画图像的中国艺术史意义初探

黄雅峰

男,1947年生,杭州师范大学汉画艺术研究所所长,教授。

在中国的长期艺术实践中,艺术史研究逐步进行,汉画艺术是中国艺术史长河中的一颗璀璨明珠。汉画图像博大精深,具有综合性特点,其研究历史积淀丰厚,从汉代至今,一直在绵延发展中,对中国艺术史研究的深入展开有重要的意义。

在历史的发展中,西方的艺术史建立起的形式分析、图像学、心理学等研究体系逐渐成熟。西方的传统图像研究中,"图像学是对艺术作品题材的研究,是对图像的主题、姿态、意义进行描述和分类的方法"。[1]把题材内容与表现形式联系起来进行分析,是图像学的科学研究方法。汉画图像对于形象的形式和意义,从古代金石学研究始,到近现代考古学与其他学科的研究,亦有完整的状态。山东嘉祥的武梁祠,自宋代起,其图像所表现的人类历史、神仙与宇宙世界的完整性,成为古代画像的传统研究经典。"通过几个世纪以来的连续著录和讨论,武梁祠的意义已经远远超过了这个小小的祠堂本身所限定范围。可以说,对它的研究已使它变成各种相互补充或对立的理论及方法论的竞技场。"[2]武梁祠成为"中国艺术史上最精彩的一部'图像历史'"[1]。具有悠久传统的汉画图像是"汉代社会的一面镜子……,生动地画出了当时社会的诸形态"[3]。汉画图像在中国艺术史中有重要的研究价值,极为丰富的内容构成了中国汉代以前的图像艺术史。

1. 绣像的汉代史

汉画图像表现历史与社会，在对三皇五帝、三代至汉代时期的历史进行记载与表现的同时，也对现实社会生活进行艺术再现。汉画像石、画像砖、汉代铜镜、汉墓壁画数量众多，图像丰富，汉代漆器、瓷器及堆塑罐形象别致、蕴涵特殊，汉代帛画内容精炼，含意深长。汉画图像所反映的汉代建筑、雕刻、绘画等形式均再现出历史与社会生活。

汉画图像刻饰了三皇五帝等神话时代人物形象（图1），并精心表现了三代至汉代时期的历史。从夏进入三代时期，商代甲骨文出现，文字开始被用来记载历史，至周代历史的记录逐渐丰富了起来。汉代对历史的记述与研究达到了一个新的阶段。汉画图像以伦理道德为出发点，表现了自西周开始到汉代的历史故事，来教诲世人。如鸿门宴、二桃杀三士、曹子劫桓、专诸刺王僚、荆轲刺秦王、梁节姑姊、齐义继母、伯俞伤亲年老、邢渠哺父、董永佣耕养父、要离刺杀庆忌、豫让刺赵襄子、聂政刺杀韩王等历史故事，其人物形象生动，画面富于情节表现。对于这些历史故事，《史记》以纪传体通史来记叙之，而汉画图像则形象地表现之，以丰富的帝王、忠臣、刺客义士、烈女、孝子故事再现历史。汉代人认为人死后能飞升成仙，长生不死。世间的一切，死后依然能长久享有。因此，在汉画中出现许多表现人们战争、墓祭、升仙、劳作、狩猎、乐舞、庖厨等各个方面的图像，反映了丰富多彩的汉代现实生活。

翦伯赞指出："在中国历史上，也再没有一个时代比汉代更好地在石板上刻出当时现实生活的形式和流行的故事来。……这些石刻画像假如把它们有系统地收集起来，几乎可以成为一部绣像的汉代史。"[4]这部"绣像的汉代史"，成为普通历史的依据，不同学科进行各自领域的研究。自宋代起的金石学家，把汉画图像作为金石学的重要研究对象。鲁迅等社会学家广泛收集汉画图像，形成社会重视汉画艺术的现象。翦伯赞等史学家在秦汉史的研究中大量运用汉画图像来证史，发掘了汉画的史料价值。曾昭燏等考古学家通过汉画图像指导考古实践，总结出重要的考古结论。汉画图像形象生动、内容真切，在某种程度上系统、全面、直接地反映了先秦历史

图1／山东嘉祥武梁祠三皇五帝图像拓本
(图片来源：巫鸿，《武梁祠——中国古代画像艺术的思想性》，第264—270页)

与汉代社会，是"形象"的历史，在社会上得到了广泛的应用。

2. 图像的建筑史

汉画图像映现出中国建筑史的迤逦，在中国建筑史中，汉代是一个重要阶段。梁思成认为："西汉时期，此四百年间为中国建筑的发育时期，建筑事业极为活跃，史籍中关于建筑之记载颇为丰富，建筑之结构形状有遗物可考其大略，但现存之真正建筑遗物，则仅墓室墓阙数处，他为之间接材料，如冥器汉刻之类。"[5] 通过汉画图像可以深刻反映汉代的建筑特点。

中国古典建筑屋顶的翼展外形，自殷代起，绵延发展数千年，形成了固定的模式。"上反宇以盖戴，激日景而纳光。"[6] 汉代建筑已出现屋顶坡面反宇现象。尽管地面上的汉代木构建筑已经无存，但是汉代石阙、石祠、明器及汉画图像中所表现出的屋顶坡面的外部样式与内部斗拱梁架构造，比较直观地表现出汉代屋顶坡面的外部与内部情况。屋顶坡面由直线发展为曲线，汉代是发生变化的开始期。"阶梯形"和"两段式"的屋顶坡面汉代已常出现，如四川雅安东汉高颐墓石阙的顶盖，脊部到檐部整齐递落，形成两段屋顶坡面；四川成都郊区出土的汉画像砖画像显示两段屋顶坡面的变化尺度。汉代明器也比较直观地再现这种形式，如四川双流牧马山汉墓出土的陶屋屋顶坡面已初步显示出凹曲的弧度，其脊部坡度大，檐部坡度小，檐部"上反"，出现了屋顶坡面的"反宇"现象。汉画的众多辎车图像，车盖多呈凹曲弧线，也间接说明凹曲屋顶坡面在汉代一定程度上得到使用。檐口是造成屋顶坡面凹曲状的一个组成部分。汉画图像表现出屋顶坡面檐口的起翘现象弯曲变化，如山东费县汉画像石的楼阁图像，河南嵩山汉太室石阙的顶盖檐部，它们的檐口曲线与屋顶坡面凹曲线组成了和谐美妙的弧线变化。

汉代建筑遗存、汉代明器、汉画图像清楚地表现了斗拱的样式，如山东平邑东汉皇圣卿石阙檐下雕刻有清晰的一斗三升斗拱形式，河南三门峡刘家渠73号墓出土的东汉陶楼檐下有一斗三升斗拱的样式，江苏徐州汉画像石有悬臂外挑以数层斗拱承重楼阁的图像。"结重栾以相承"，汉画图像说明在汉代，前后左右出挑的成组斗拱已经使用。[7] 昂的形成，由商周大叉手始、汉初之"橅"而演化得来，至东汉参加到斗拱的组合体中；湖北当阳刘家冢子M2墓出土东汉陶楼，以昂和斗拱的组合使用来承托檐头的出挑。

汉画图像比较直观地再现了汉代的木构框架建筑，成为重要的汉代建筑研究形象资料。西汉画像石多表现单体建筑图像，如河南南阳唐河石灰窑汉画像石墓图像刻制有三层楼阁建筑；河南南阳针织厂汉画像石墓图像刻制有二层楼阁建筑，其下面一层，以双柱及斗拱相承屋顶，上面一层，两个单柱飞托两个屋顶，建筑以框架支撑。东汉画像石多表现群体建筑，如四川郫县汉代石棺图像刻饰宴客乐舞杂技的场面（图2），其中部为高大的两层楼阁建筑，下层敞宇，坐五位观伎之人，上层以木构分成不同的空间。江苏徐州铜山茅村汉画像石墓图像表现了东汉建筑的丰富式样，有门楼、阙、廊、厅堂、楼阁等，它们皆为敞宇，用木构架支撑。图像还着重木构的各种部件绘制，如柱、斗拱、门、门额、楼梯、栏杆等，表现了日趋成熟的木构架建筑技术，竖向的柱斗结构、梁架的榫卯承垂，初步形成了木构架的建筑方法。汉画图像反映了汉代木结构建筑的艺术与技术特点，完善了木结构建筑体系形象。

图 2／四川郫县汉代一号石棺楼阁建筑图像拓本
（图片来源：《中国画像石全集·四川汉画像石》，第 96 页）

汉画像石、画像砖图像表现了桥梁建筑的特点，如河南南阳新野樊集M35墓泗水捞鼎图像，拱桥身以网状线饰，有两层栏杆，桥下有四柱，分别以一斗二升拱承托桥身。山东邹城李村出土汉画像石泗水捞鼎图像，桥为拱形，由一层层拱券砌筑，桥头有亭。汉代人已经能从力学角度来掌握桥身的跨度及柱栌荷载情况，桥端设有阙，桥已有桥身、栏杆、支柱、斗拱等成部件，这些构件都成为各种桥梁建筑的重要组成部分。

汉画图像附着于汉画像石、画像砖墓与石祠、石阙等汉代建筑，汉画像石、画像砖墓是继秦汉墓葬建筑的特点逐步发展、自成风格的墓葬建筑形式；汉代的地面建筑，现存还有少量的石阙与唯一的山东长清孝堂山石祠，它们与散存的石祠构件成为汉代建筑研究的直接资料。

汉代的建筑遗址遗存也有重要的研究价值。河南偃师岗上村和大郊寨之间的东汉灵台遗址，灵台居中，设计尺寸讲究，造型古朴神秘。周围回廊环筑，四周运用不同的色彩，意在表示东方青土、南方红土、西方白土、北方黑土，灵台中央起自大地为黄土，五种颜色象征国土。灵台一方面祭社稷土地之神，另一方面又表示稳固的皇权统治，它以象征和对比手法取得了建筑和环境的高度统一。

汉代园林呈现与自然和谐的特点，出土的南越国宫苑番池、曲水流渠可见其形式。汉代宫苑和私家园林都有一定规模，据史料记载，东汉洛阳临洛、谷二水，北依邙山，给造园提供了便利的条件，逐步重视了园林的空间功能；出现了自然山水园和人工山水园，园林建筑也有初步表现。

对汉代建筑史的研究已经在汉代建筑遗存和汉画图像方面展开。1932—1943年，建筑学家梁思成、刘敦桢对汉代石阙、石祠的建筑形制与画像分布进行调查研究。1942年，建筑学家陈明达按照当时学术界对建筑与雕塑的整体思想认识，分析崖墓建筑构造、画像装饰艺术特征与文化内涵，写出论文《崖墓建筑——彭山发掘报告之一》。[8]1956年，曾昭燏、蒋宝庚、黎忠义在《沂南古画像石墓发掘报告》[9]中，从建筑形制、构造、雕刻、画像题材、艺术风格诸方面进行研究，为汉画的分类研究广泛性拉开了序幕。半个世纪以来，随着考古发掘的进行，汉代的丰富艺术遗存得到进一步研究。在汉代建筑遗存方面，刘敦桢（《山东平邑县汉阙》[10]、《川、康之汉阙》[11]），罗哲文（《孝堂山郭氏墓石祠》[12]），陈明达（《汉代的石阙》[13]），吕品（《中岳汉三阙》[14]），蒋英炬、吴文祺（《武氏祠画像建筑配置考》[15]、《汉代的小祠堂——嘉祥宋山汉画像石的建筑复原》[16]），曹丹（《试析雅安高颐阙——兼述复位复原加固维修工程技术》[17]），信立祥（《论汉代墓上祠堂及其画像》[18]），黄雅峰（《南阳汉画像石墓的形制、画像与汉代建筑》[19]），杨爱国（《汉代画像石祠研究》[20]），武利华（《徐州汉画像石祠堂和祠堂画像》[21]）等学者对汉画像石所遗存的建筑形制与构造进行了多方位的研究。几十年来，汉代的陵墓建筑研究在建筑学科深入开展，在地下墓室方面，研究土圹木椁墓、崖洞墓、石墓、空心砖墓、小砖墓，以及空心砖与小砖墓、空心砖与石材墓、石材与小砖墓的形制和构造；在墓葬地面设施方面，研究墓阙、墓道、神道柱、石像生、祭堂、墓垣、墓碑的造型与雕刻；在建筑技术方面，研究以石材仿大木做的楹柱、斗拱、屋脊装饰、屋面形式，仿小木做的门窗、天花、藻井，以及石作（仿木构装饰、石刻）、瓦作（小砖、铺地砖、空心砖、瓦当）、金属建筑构件（铺首、套件）、家具及室内装饰。[22]

汉代建筑追求审美功能，完善营造技术，形成了中国土木建筑体系。正如顾森所言，汉代建筑"是中国建筑史上第一座高峰，它具有的建筑思想和创作手法在以后两千年的建筑活动中一直显示出至关重要的作用，并深藏在中华民族的思想意识中"[23]。

汉画艺术形成了汉代的图像建筑史，近百年来学界的研究对这部图像建筑史进行了有益的理论总结。

3. 图像的雕刻塑造史

汉代图像的雕刻与塑造多存在于汉代墓葬的建筑环境中，它包括画像石建筑装饰、画像砖建筑装饰，铜镜、墓葬雕刻、堆塑罐的铸造、凿制、塑作等艺术活动。

汉画像石墓在修建制作之前，要预先进行设计。汉画像石经过选材后要进行石材表面的处理，石面要进行打磨。笔者在考察孝堂山石祠时，当地工匠认为该石祠石面是石头与石头相互磨制的。"细石"阶段是最重要的工序，石材组合后石缝对应整齐、平稳妥帖。

在祠堂的题记中可以看到汉代画师工匠雕刻的过程："寨帷反月，各有文章。雕文刻画，交龙尾蛇，猛虎延视，玄猿登高，狮熊嗥戏，众禽群聚，万兽云布。"[24]其步骤为先进行构思，然后运用"刻画"的制作方法。北魏郦道元《水经注·济水》记叙李刚墓画像用"隐起"的词语。如果我们把

图3 /《营造法式》中的角柱"压地隐起华""剔地起突云龙"雕刻图示

(图片来源:李诫,《营造法式》,第202页)

"隐起"的描述看作一个方法,可以看到古人对汉画像石已经有"刻画"与"隐起"两类不同方法的分类。宋李诫《营造法式》对中国石刻的雕镌方法进行了具体的总结,认为"雕镌制作有四等,一曰剔地起突,二曰压地隐起华,三曰减地平钑,四曰素平"[25]。前二等有"起突""隐起"的提法,"起突"与"隐起"是相对于石材平面而言的,应属于"隐起"系统(图3)。后二等是平面的"平钑""素平"刻法,雕琢后的画面是平面的,应属于"刻画"系统。由此可见,中国传统雕镌分类是基于"刻画"与"隐起"两种类型的,汉代建筑装饰图像雕刻方式应该包括在内。在此基础上,汉画像石的雕刻方法可以总结为线刻、凸凹面刻、隐起刻、起突刻等方面。

线刻有阴线刻和阳线刻两种方式。早期的汉画像石用阴线刻制,西汉早中期的河南永城柿园汉墓叶状树与鸟形图像是用阴线刻制的。"西汉中晚期,……河南南阳赵寨出土的羽人升仙图即为这一时期成熟的阴线刻制品。"[26]阴线刻保持了石材原有的平面感,与《营造法式》所述石作雕镌制度的"素平"刻法较为一致,是中国石刻艺术的主要表现手段,它把所表现的形象镌刻进石质的内部,保持着石材表层的平面形状。线刻的另一种形式是阳线刻,山东平邑县楼阁画像石楼阁用阳线,也显示出平面装饰特点。

凸凹面刻包括凸面与凹面两种刻法:凸面刻把石面磨平,物象之外减地,物象平整凸显,凸显平面以线刻饰细部;凹面刻在石面上减压物象使物象低于石面,成稍有弧度的凹像面,凹像面以线刻饰细部。凹面刻的形成时间较早，山东东平石马居摄三年石柱、山东汶上天凤三年路公食堂画像石均采取了凹面刻方法。[27]凹面刻在凹面上施阴线，是在阴线刻的基础上发展起来的，至东汉中期山东长清孝堂山石祠时，"画像系以光滑平面以阴线为主，并兼用部分凹入的平面，使画面增加变化"[28]。凸面刻在黄家塔永元二年辽东太守墓[29]、陕西绥德四十里铺永元四年田鲂墓[30]等东汉中期墓出现。东汉晚期，凸面刻得到进一步发展，陕西的榆林地区、山西的离石地区、山东的济宁及临沂地区、江苏的徐州地区、安徽的定远、河南的密县等地的画像石使用了凸面刻。

隐起刻是将石面平整后，在物象外剔地，有些石面在剔地时留有凿纹图案，物象内用阴阳线刻饰细部。西汉中期隐起刻开始出现，西汉晚期与东汉时期隐起刻广泛使用，盛行于河南、四川、山东、苏北、皖北等地。西汉中期南阳唐河湖阳镇汉画像石墓开始使用隐起刻方法。该墓的门楣画像为连弧纹，用隐起刻雕凿。至西汉晚期，南阳唐河针织厂、唐河电厂、唐河冯君孺人等五个汉画像石墓均使用了隐起刻方法，反映了隐起刻在一个地区集中发展的过程。这种雕凿方法在东汉时期得到发展并普及于各地的汉画像石墓，同时也形成了各种变化的表现方法，如在石面物象轮廓外或内的石面上雕凿出横纹、竖纹与随意纹路，形成丰富的画面形式。东汉中期以后，四川的崖墓与石棺开始使用隐起刻，此外四川、山东、河南的石阙也用隐起刻雕凿图像。

起突刻在西汉晚期已有使用，山东平阴新屯画像石墓前室门扉铺首，凸起石面1.5厘米，主室隔墙的人面像的鼻子高出脸面2厘米。[31]东汉晚期在山东安丘汉画像石墓、四川芦山王晖石棺都可以看到起突刻的形式。在安丘汉画像石墓的"门额和墓室的三根柱子上雕刻精致，刻得最深的地方达11厘米多"[32]，呈现较强的立体感。门额的仙人骑鹿画像呈半圆形，浑然突起在石面上，画像的每一细部均进行概括处理，然后适度地凸起，尽管仙人与鹿形象距石面有了一定的深度，但画像整体上保持了与石面一致的平面感觉。王晖石棺画像上面为铺首衔环、下面为启门的女子半身像，其"物象起突可高达5厘米以上"[33]，以简练明了的阴线刻饰细节，较好地表现了转折的形体。起突刻根据起突高度与特点呈现多种变化形式。四川内江市红缨崖墓出土的东汉石棺,物象的大部分部位凸起,高度可达10—20厘米,但有一部分部位与背景连接在一起。[34]四川彭山崖墓出土的接吻图像也有较大的起突高度。

四种雕刻技法前两种是属于刻画类,后两种属于隐起类。刻画类是先有阴线刻,又在阴线刻基础上形成凹面刻,然后又发展了凸面刻。隐起类相对于刻画类的凸凹面刻,是根据物象的凸起高度而形成的,因此它的隐起刻凸起度高于凸凹刻,而起突刻又高于隐起刻。刻画类较早于隐起类出现,刻画类中的线刻是产生各种刻法的基础,丰富多样的雕刻方法组成了琳琅满目的汉画像石外在形式。汉画像砖可分为空心砖与实心砖两种类型。西汉时期,河南洛阳、郑州画像砖墓使用空心砖,河南南阳空心砖与实心砖同时使用;东汉时期南阳画像砖在墓葬中得到更为广泛的使用,范围扩大到四川,画像砖为实心砖。空心砖的制造,一般要经过选择原料、制泥拉坯、花纹印制的过程。砖面的质地与平整均与泥土质地和制作工艺有关,最后在细腻平整的砖面上以木质的物象图案印模连续印制,组成画像,这是郑州、洛阳、南阳汉画像砖的常用方法。在南阳汉画像砖还使用了翻倒脱模法与直接刻阴线法;翻倒脱模法即木模上刻有图形,翻倒脱模,画像在制作泥坯的过程中同步产生;直接刻阴线法用阴线在泥坯上直接刻出图形。[34]实心砖制作时先将泥拍打成厚片制成泥坯,再把泥坯放入刻有画像的木模内,经拍打抹平后倒出,入窑烧制成砖。[35]

铜镜的制作有了新的进展。西汉的青铜铸造技术取得新的突破,出现了世界上最早的水法冶金法——胆水浸铜法,该技术被应用于铜雕和铜镜的制作。甘肃武威雷台汉墓出土的铜奔马,马精美矫健,昂首嘶鸣,三足腾空,一足踏着飞鸟。铜奔马准确把握了力学平衡原理,反映了汉代高超的艺术与技术水平。河北满城汉墓出土的长信宫灯、广东广州南越王墓出土的铜人器座、云南晋宁石寨山出土的铜贮贝器造型精美,技艺高超。

汉代墓葬地面上的雕刻,陕西西安霍去病墓前石雕和墓中心祁连山形之石保持和谐统一,采用循石造型的概括手法,象征性地表现了霍去病为国家立下的不朽功勋。其马踏匈奴、跃马、卧虎、卧象、野猪、蝙蝠、怪人、牛、熊、蟾、蛙、鱼等各种大型石雕，呈现出深沉雄大的气魄，造就了森然秩序的肃穆气氛。汉代地下墓室出土的雕刻，堆塑罐在制作陶瓷的坯胎时，先用手工堆塑出立体的实物模型，用捏、贴、黏、塑、模印等不同手法，在主体罐上制作出罐系以及人物、动物、楼台亭阁建筑模型，再将器物施釉并进行烧制。这种艺术手法，形成了随意进行创造塑作的可行性，极大地拓展了陶瓷艺术的表现手法和表现空间。堆塑罐的图像丰富多彩，堆塑罐的器型发展了起来，其艺术形象对后世产生了深远影响。

对汉代雕刻塑作的研究，王伯敏的《汉代的画像石刻》、傅天仇的《陕西兴平县霍去病墓前的西汉石雕艺术》[36]、常任侠的《河南新出土汉代画像石刻试论》[37]、王恺的《秦汉兵马俑的几个问题》[38]、刘云辉的《简论两汉时期的裸体画像与裸体雕塑》[39]、刘兴珍的《汉魏石刻漫谈》[40]等阐述了汉代雕塑的艺术风格。

梁思成指出："至于陵墓表饰，如石人、石兽、神道、石柱，树立之风盛行。有享堂之制，建堂墓上，以供祭祀。堂用石壁刻图为画，以表彰死者功业。石阙石碑，盛施雕饰，以点缀墓门以外各部。遗品丰富，雕工精美，堪称当时艺术界之代表。职是之故，在雕塑史上，直可称两汉为享堂碑阙时代，亦无不当也。"[41]通过众多的艺术形式，汉代的雕刻、铸造、塑作形成了汉代的雕刻塑作史。

4. 图像的绘画与工艺美术史

汉代帛画画面生动，汉代壁画场面宏大，汉画像石、画像砖图像丰富。宗白华认为："商周的钟鼎彝器及盘鉴上图案花纹进展而为汉代壁画，人物、禽兽已渐从花纹图案的包围中解放。"[42]汉代壁画、汉代帛画，以及汉画像石、画像砖的绘画艺术精心表现主题，形成中国绘画史上的一个高峰。

汉墓壁画题材广泛，图像丰富。在绘制时，以毛笔为工具，以墨为主要材料。基本方法为先勾勒用线，后设色渲染，以后发展为没骨法和白描法。在形象描绘时，勾线表现物象轮廓与本身的骨架、体积，显现物象的本质特点。设色以朱、绿、黄、橙、紫、青、白等色。构图场面宏大，形象刻画精细入微。汉墓壁画的情节展现、置陈布势、勾勒用线、设色渲染，均对后代绘画产生影响（图4）。河南洛阳汉墓壁画勾线与设色有五种表现技法。①勾线填色法。西汉卜千秋壁画墓室升仙图像，描绘卜千秋夫妇时用线较细而缓，而表现周围环境的云朵用线较粗而疾。设色与勾线紧密联系。西汉烧沟61号壁画墓神虎食女魃图像，勾线为黑色，底面为黄色，以青、黄饰其间。②色彩渲染法。卜千秋壁画墓的女娲图像，面部娥眉樱唇，脸庞勾线圆润细腻，在额、颧、下颌等骨点高起处用红色渲染

图4 / 甘肃武威韩佐五霸山汉墓舞蹈壁画

（图片来源：傅天仇，《中国美术全集·雕塑编2·秦汉雕塑》，图212）

体积，用线与设色自然柔和。③勾线与渲染结合法。西汉八里台壁画墓的人物图像，除外部勾线较深入完整外，在身体其他部分大胆运用勾线与渲染手法。如大面积的衣服处用渲染，肘、膝等关节与领口、衣服边缘处用勾勒，出现虚与实、面与线的生动对比，描绘出感人的艺术形象。④没骨法。东汉洛阳东郊机车工厂壁画墓的车骑出行图像，各种动势的马运用黑与青调和的颜色随意大胆地描绘，或大笔涂抹或小笔收拾，力图表现马的运动姿态。西汉浅井头壁画墓的顶脊日月星云图，以青与红表现云的飘动情况，似信笔画去，若即若离，恰到好处地表现了流云的感觉。⑤色彩对比法。新莽的金谷园壁画墓，在前室穹窿顶上以流动祥云布满天空，与象征极昼的白色底面形成对比。后室顶脊的月相图底面的红色，与不同面积的青色图像形成对比，日相图以青色底子与不同面积的红色体块形成对比。汉墓壁画给我们描绘出一个五彩缤纷的汉代世界，并展示出汉代壁画墓的构造特点与精湛技术，同时为研究汉代建筑与绘画提供了可贵的实物与

资料。

汉代帛画集中出土在湖南长沙马王堆汉墓，线条生动，色彩斑斓。而山东临沂金雀山汉墓帛画，则线条纯朴，色彩厚重。

汉画像石、画像砖的图像需先在石面上用墨与笔进行画稿，确定物象的位置与轮廓图。在南阳杨官寺汉画像石墓画像中有"人像的头部没有雕出，而隐约可见帽顶；在发掘时发现人头是用墨画的"[43]。山东平阴新屯汉画像石墓主室隔墙正面的人，面部"额、脸框及眉须有墨勾涂的痕迹"[31]，图像雕刻后要敷彩。绘画是汉画像石、画像砖艺术表现的关键步骤，汉画像石、画像砖丰富的图像展示了汉代绘画的辉煌成就。

汉墓壁画、汉代帛画、汉画像石、画像砖图像充满艺术形式表现，它们确立了或横或竖的长条幅的中国画款式。一幅画面有连贯的内容，形成了完整的装饰形式。典型的汉画像石墓中，墓门的铺首衔环，墓前室及中室的宴饮、歌舞，后室的日常起居生活，墓顶的天文星象，基本上是一种格式化的画面，但具体的组合方式与内容因时间、地域的不同而各异，在这些画面中，"人物、禽兽已渐从花纹图案的包围中释放"[42]，而且这些"花纹遗迹环绕起伏于人兽飞动的姿态中间，以联系呼应全幅的节奏"[42]。汉画中生动多变的画面、深邃浪漫的意境、飞动流放的线条"成一体特殊风格，非晋唐所能企及"[44]。汉代已经完成了中国绘画的基本表现形式，出现了帛画、壁画、木笥画、木板画、木简画、漆棺画、木牍画、陶画、纸画等类别，绘画工具、材料使用了毛笔、墨、纸、绢和壁面，选择了矿物质和植物质颜料，运用了漆彩、油彩、墨绘等方法，讲究笔墨与审美情趣、勾线的线形变化，进行了人物画和山水画的实践，形成了生动的汉代图像绘画史。

汉画图像和汉代工艺美术遗存，反映了汉代的工艺美术进入了发展与成熟的历史阶段。漆器工艺、织造工艺、陶瓷工艺、青铜工艺、玉器工艺、金银器工艺、建筑材料工艺形成了奇丽的汉代工艺美术世界。

汉代漆器进行图形和图案的表现与装饰，具有实用功能又具有形式美感。彩色漆绘，是将生漆制成半透明的漆液后调入各种不同的颜料绘制，有色彩光亮、不易剥落的效果。油彩画作，是用朱砂、石绿、石青、白粉等矿物粉状颜料调桐油后画在髹漆的器物上，增加其厚重感。针刻，用针尖在已经涂漆的器物上刺刻花纹，使质地更为华美。刺刻的线缝内填入金彩，达到铜器上金银错的花纹效果。金银箔贴，用金箔或银箔制成各种图纹，贴在器物的漆面上，呈现出"金银平脱"的效果。湖南长沙马王堆汉墓与其他汉墓出土的大量精美漆器说明了汉代漆器的制作过程。

湖南长沙马王堆汉墓出土的"T"形帛画，实际为非衣，非衣虽然"性质和意义不在于生前穿着，而在于死后助丧"[45]，但是非衣"具有与衣服相仿的质料（丝织品），与衣服相似的形状（T形），与衣服相近的作用（覆盖）"[45]，因此，非衣帛画应是衣服上的装饰图案。马王堆汉墓出土的墓主人尸体有22层丝麻衣衾穿着与覆盖。还出土有单幅丝绸布料46卷，单衣夹袍、单裙以及手套、鞋子、袜子等成品五十多件。这些衣物质地大多为轻纱、纺罗、素绢等面料，也多以染色、印花及刺绣加以装饰，具有华贵绮丽的艺术效果。汉代具有完整的服饰制度体系，在汉代生活中，使用了冠、深衣、上衣、下衣、履等丰富多样的服饰。它们独特的造型特点，反映了当时服饰的艺术风格和审美观念。汉代服饰图案将具象的图形提炼，施以艳丽明快的色彩，构成了具有象征意义的符号体系。汉画图像和遗存表现了肃穆凝重、质朴大方、制作精美的服饰特点。

汉代的陶瓷艺术。西汉时仿青铜礼器，造型端庄，讲究规整，制作工艺上比较精美。东汉时风格简约，质朴大方，器型讲究规整和对称，比较灵活与实用，更加注重实用和审美的结合。河南洛阳出土的西汉彩绘陶瓷罐，器型庄重大方，彩绘神秘华贵。浙江上虞东汉墓出土的黑釉胡俑头，形象生动夸张，色釉纯正厚实。陶瓷的造型与色彩富于图形图像变化。

汉代的工艺美术丰厚博大。顾森认为："著名的秦砖汉瓦也从另一个侧面反映了陶埴工艺的成就。印染刺绣工艺的高度发展，丝绸之路的开通，在工艺文化的交流史上写下了光辉的一页。"[23]汉画图像和汉代工艺美术遗存为中国的工艺美术发展奠定了基础。

5. 图像科技史

汉画图像表现了汉代科学技术的鲜明特色和高超技艺。冶铁铸造和纺织、建筑技术，农业生产和制盐、酿酒等手工业，天文地理和机械、器物制作，在这众多方面，汉画图像和汉代遗存进行了具体而详细的表现。

汉代的冶铁业得到发展，《汉书·地理志》载全国有铁官49处，管理全国各地冶铁作坊。根据考古资料，仅河南一地就有14个市、县发现汉代冶铁遗址18处。在南阳的瓦房庄铸铁遗址，发掘面积4 864平方米，其中铸铜遗址900平方米，其出土的遗物反映了汉代铁器铸造和锻造加工的精湛技艺。[46]冶铁铸造业的兴盛，促成了生产工具的革新。农业与手工业，机械、器物制作与建筑业进一步发展起来。

作为表现汉代社会与生产活动的汉画图像，形象地表现了冶铁、铸造、农耕、制盐、酿酒、纺织等科技生产活动的场景，同时也再现了建筑、园林、家具、器皿的生动形象，还清晰地绘制了天文（图5）、地理的具体情况。

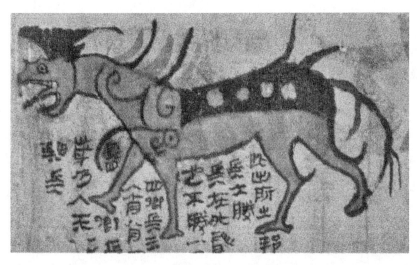

图5／湖南长沙马王堆3号汉墓天文气象杂占图局部
（图片来源：张正明、邵学海，《长江流域古代美术（史前至东汉）·绘画与雕刻》，第216页）

山东滕县宏道院出土的汉画像石的锻铁图像（图6），画面表现了一个锻铁作坊，有三人操皮橐鼓风，三人锻打，一人执钳，还有许多人在打造、试作各种工具。操橐的三人中，一人在橐前压橐取风，一人躺在橐下将橐推回原处，可见以橐鼓风的费力程度。孙机对橐进行了考证："它是一个内部装撑环、两端装挡板的皮囊，前挡板有进气口，后挡板上的排气口外连接着通向炼炉的风管。橐顶装有活动吊杆，使用时需不断推拉，即《管子·揆度篇》所称之'摇炉橐'。"[47]

图6／山东滕县宏道院出土的汉画像石冶铁图像拓本

（图片来源：孙机，《汉代物质文化资料图说》，第50页）

天文神话以对天象的观察为基础。河南南阳许多汉画像石日月星相图像，把日和月刻在一幅画面上。日刻一阳鸟，月刻一蟾蜍，常同向而行。如果画面一行排列，则朝同一方向，或月在前，或日在前，中间以星座饰同一方向的运动；如果是两行排列，下排和上排逆向，两排做一回复，表现了汉代人对天文的科学认识。

中国的艺术史学界开始进行思考，并认真分析西方艺术史研究的特点："简言之，艺术是人类历史不可分割的组成部分，这一信仰是'包罗万象史的观念'的直接产物，但'包罗万象史'的观念并非凭空产生。"[48]在西方艺术史的研究中，研究者们较为全面地看待历史问题，重视社会各要素的相互作用，形成了全面和系统的艺术史。中国艺术史学的研究，需要在这些方面努力，并从研究的传统对象中逐步深化。汉画图像内容包括社会与历史、建筑与雕刻、绘画与工艺、生产与科技，在诸多方面均有深刻和生动的表现。汉画图像形成了汉代的图像艺术史，学者们在自己学科的实践中，已对这个图像艺术史的建立进行了理论研究，但是任重道远，汉画图像的形式和意义尚待深入分析，并逐步建立起汉画图像艺术史的研究成果。

【注释】

[1] 邵宏，《图像学与图像志》，杭州：中国美术学院出版社2003年版，第222页。

[2] 巫鸿，《武梁祠——中国古代画像艺术的思想性》，北京：生活·读书·新知三联书店2006年版。

[3] 常任侠，《东方艺术丛谈》，上海：新文艺出版社1956年版，第24页。

[4] 翦伯赞，《秦汉史·序》，北京：北京大学出版社1983年版，第5页。

[5] 梁思成，《中国建筑史》，天津：百花文艺出版社2005年版，第14页。

[6] 班固，《西都赋》，见范晔《后汉书》（卷四十）上，北京：中华书局2007年版，第398页。

[7] 张衡，《西京赋》，载曾国藩《经史百家杂钞》，北京：西苑出版社2008年版，第118页。

[8] 陈明达，《崖墓建筑（上）——彭山发掘报告之一》，见《建筑史论文集》，北京：清华大学出版社2003年版；陈明达《崖墓建筑（下）——彭山发掘报告之一》，见《建筑史》，北京：机械工业出版社2003年版。

[9] 曾昭燏、蒋宝庚、黎忠义，《沂南古画像石墓发掘报告》，见文化部文物管理局1956年版。

[10] 刘敦桢，《山东平邑县汉阙》，《文物参考资料》1954年第5期。

[11] 刘敦桢，《川、康之汉阙》，载《刘敦桢文集·第三卷》，北京：中国建筑工业出版社1987年版。

[12] 罗哲文，《孝堂山郭氏墓石祠》，《文物》1961年第4期。

[13] 陈明达，《汉代的石阙》，《文物》1961年第12期。

[14] 吕品，《中岳汉三阙》，《河南文博通讯》1979年第2期。

[15] 蒋英炬、吴文祺，《武氏祠画像建筑配置考》，《考古学报》1981年第2期。

[16] 蒋英炬，《汉代的小祠堂——嘉祥宋山汉画像石的建筑复原》，《考古》1983年第8期。

[17] 曹丹，《试析雅安高颐阙——兼述复位复原加固维修工程技术》，《四川文物》1985年第9期。

[18] 信立祥，《论汉代墓上祠堂及其画像》，载南阳汉画像石艺术讨论会办公室编，《汉代画像石研究》，北京：文物出版社1987年版。

[19] 黄雅峰，《南阳汉画像石墓的形制、画像与汉代建筑》，《东南大学学报》1998年第6A期。

[20] 杨爱国,《汉代画像石祠研究》,《中国汉画学会第七届年会论文选》,2000年版。

[21] 武利华,《徐州汉画像石祠堂和祠堂画像》,《中国汉画学会第七届年会论文选》,2000年版。

[22] 参见刘叙杰主编,《中国古代建筑史·第一卷》,北京:中国建筑工业出版社2003年版。

[23] 顾森,《中国美术史·秦汉卷》,济南:齐鲁书社、明天出版社,2000年版,第304、349页。

[24] 济宁地区文物组、嘉祥县文管所,《山东嘉祥宋山1980年出土的汉画像石》,《文物》,1982年第5期。

[25] 李诫撰,邹其昌点校,《营造法式》,北京:人民出版社2006年版,第21页。

[26] 王建中,《汉代画像石通论》,北京:紫禁城出版社2001年版,第492页。

[27] 杨爱国,《幽冥两界——纪年汉代画像石研究》,西安:陕西人民美术出版社2006年版,第37页。

[28] 罗哲文,《孝堂山郭氏墓石祠》,《文物》1961年第4期。

[29] 绥德县汉画像石展览馆编,《绥德汉画像石》,西安:陕西人民美术出版社2001年版,第34—42页。

[30] 榆林地区文管会、绥德县博物馆,《陕西绥德四十里铺画像石调查简报》《考古与文物》2002年第3期。

[31] 济南文化局文物处、平阴博物馆筹建处,《山东平阴新屯汉画像石墓》,《考古》1988年第11期。

[32] 山东省博物馆,《山东安丘汉画像石墓发掘简报》,《文物》1964年第4期。

[33] 罗二虎,《汉代画像石棺》,成都:巴蜀书社2002年版,第234页。

[34] 赵成甫,《南阳汉画像砖》,北京:文物出版社1990年版,第35页。

[35] 张文军,《中国画像砖全集·河南画像砖》,成都:四川美术出版社2006年版,第24—25页。

[36] 傅天仇,《陕西兴平县霍去病墓前的西汉石雕艺术》,《文物》1964年第1期。

[37] 常任侠,《河南新出土汉代画像石刻试论》,《文物》1973年第7期。

[38] 王恺,《秦汉兵马俑的几个问题》,《文物》1987年第1期。

[39] 刘云辉,《简论两汉时期的裸体画像与裸体雕塑》,《文博》1990年第3期。

[40] 刘兴珍,《汉魏石刻漫谈》,《美术史论》1992年第3期。

[41] 梁思成,《中国雕塑史》,天津:百花文艺出版社2006年版,第35页。

[42] 宗白华,《美学散步》,上海：上海人民出版社 1981 年版,第 103 页。
[43] 河南省文化局文物工作队,《河南南阳杨官寺汉代画像石墓发掘报告》,《考古学报》1963 年第 11 期。
[44] 潘天寿,《中国绘画史》,上海：上海人民美术出版社 1980 年版。
[45] 刘晓路,《中国帛画》,北京：中国书店 1994 年版,第 48 页。
[46] 参见李京华、陈长山,《南阳汉代冶铁》,郑州：中州古籍出版社 1995 年版。
[47] 孙机,《汉代物质文化资料图说》,北京：文物出版社 1991 年版,第 40 页。
[48] 曹意强,《图像与历史·哈斯克尔的艺术史观念和研究方法》,载《艺术史的视野——图像研究的理论、方法和意义》,杭州：中国美术学院出版社 2007 年版,第 40 页。

邹城新发现汉安元年文通祠堂题记刻石考略

> **胡新立**
> 男，1956年生，山东省邹城市文物局研究员。

一、题记刻石的发现

2013年4月3日，在山东省邹城市北龙河村南的修建公路工地上，发现北宋时期墓葬4座。邹城文物部门立即组织专业人员进行抢救性发掘，经清理共出土汉代画像石5块，其中在1号墓发现东汉汉安元年祠堂题记，清理后于当日运至邹城博物馆保存。

该题记刻石发现于1号宋墓，系利用汉墓石材改建。经考古发掘清理，墓葬为全石结构单室墓，东西向，前有斜坡状墓道，在墓门外有立式大石板封闭。墓室平面呈正方形，东西长1.92米，南北2.53米，高2.16米。顶部为双层转角叠涩式藻井，均用三角形石块交错扣合，最上部为正方形石板盖顶。经清理，墓室内为男女合葬墓，木棺已朽。棺内有骨架，北侧为男性，约60岁，南侧为女性，约50岁。在墓内清理出20余枚钱币，主要有北宋时期的"皇宋通宝""熙宁元宝"等。在北侧木棺头部还发现一件青釉碗，其时代风格为北宋时期。

题记刻石位于墓室西壁下方，南北向立放于墓室底部，刻面朝向墓内

（图1）。经测量，题记石横长 1.91 米，纵宽 0.47 米，厚 0.28 米。在刻石的两端侧面有较宽的凿痕，应是北宋建墓时加工所致。石刻的左侧断裂，尚可复原。

图1／题记刻石发现位置

题记文字为竖刻的形式，每行之间有竖刻的錾道。文字共 41 行，行距均匀，行宽 2.3 厘米，每行 12—18 个字不等，共 606 个字（包括未识及风化残损字）。字径大小不一，最大 4 厘米，最小 0.8 厘米（图2）。题记左右有人物和动物，浅浮雕技法，图像清楚。题记的刻面未经细致研磨，稍显粗糙，局部还有凸凹不平的痕迹。刻石石质是青灰色石灰石（有细小的鱼子状小麻点，当地俗称鱼子石），质地坚硬。细察刻面稍有风化表，表皮呈白灰色，在刻字前两行还有一些人为碰撞的小圆点。观其风化现象，说明该刻石长期暴露在外，为风雨侵蚀所致。

图 2 / 题记刻字局部

二、题记释读

1. 题记标点句读

由于题记刻制较浅，刻面局部凹凸不平，加之风化剥蚀，给释读带来一定困难（图3）。经反复考释，参照历年汉画祠堂题记及汉代碑刻，释读如下。

（每行后标明字数，不能识读的字，以□表示）

首行：鲁国驺亭掾、主簿掾文通食堂。　　　　　　　　　　12

二行：掾少小读《严氏春秋》，经召县掾、功曹、　　　　　14

三行：府文学、簿曹、掾县三老。掾年八十六以永　　　　　16

四行：和六年十月八日己未以寿终。母年八十四以　　　　　18

五行：永和五年五月八日丁卯以寿终。掾有子　　　　　　　16

六行：男女八人，大女茜侯，字惠迈，适戌父。其　　　　　15

七行：大男宗，字伯宗，年五十病终；有子男久卿，久　　　17

图3／题记文字拓片

八行：卿弟宝公。伯宗弟般，字孟卿，年卅病终；	15
九行：有子男如，字伯商。孟卿弟寅，字仲玉，年	15
十行：五十病终；有子男悥，弟阿奴。仲玉弟识，	15
十一行：字元玉，有子男方，弟扶、弟羡、弟顾。	13
十二行：元玉弟竟，字仲忽，有子男吉，弟福。仲	14
十三行：忽弟强，字季卿，有子男高，弟宝、	12
十四行：弟时、弟少贵。季卿弟兴，字季起，	12
十五行：有子男伯张。季起兄弟八人，诸兄薄	14
十六行：命蚤终。季起秉掾、母奉终。得备衣冠	14
十七行：印绶，长兄虽无，忠孝之心，尤识子道，反（返）□	16
十八行：恩，躬率诸孙，举家竭欢，奉进甘珍。子	14
十九行：孙念无堂，各欲尽口，制□曰愁。□欲	14
二十行：兄姊不使，少子欲养亲不往（在），掩（暗）忽	13
二十一行：□（欲）供养，悲痛达心丧魂魄。岁（遂）置	12
二十二行：自造（这）归幽冥，孤子肠断，维五感常	13
二十三行：□（永）悲伤，掾、母命终，何其垂念之，悲结（切）	14
二十四行：忉怛无穷，其子无随没之寿，王无附死	15
二十五行：之臣，唯愿有石显阙，以奉四时，供祭魂神，以□	18
二十六行：世禄，永享其道。愿勑霜护其子孙。今	14

二十七行：□重□季起与伯张、高、宝等作成　　　　　13

二十八行：石庙堂，以俟魂神往来休息，孝之然也。所　　16

二十九行：以置食堂，虽鄙陋，万世墓表，颂之皆　　　14

三十行：昌，逆之者亡。后子孙免崩落□子。愿　　　　14

三十一行：毋绝缘，常受吉福，永永无极，万岁无央。　15

三十二行：伯宗妻□□□，字惠卿，年六十终。有子女　16

三十三行：褔之□□。孟卿妻高平孔叔阳女，四十八终。　17

三十四行：仲玉妻徐忠□女，字淑，有子、女、孙、女等　15

三十五行：□之。元玉妻瞿伯春，字睦信，有子女潼　　15

三十六行：去。仲忽妻安天□小卿女，字敬郎，有子　　15

三十七行：女□。季卿妻资稚侯女，字敬淑，有子女□。　16

三十八行：季起妻徐季文女，字义亲，有子女。年　　　14

三十九行：十五构（遭？）命夭折附葬（此），谒（竭）家痛切，

治此食　　　　　　　　　　　　　　　　　　　　　15

四十行：堂，以汉安元年六月七日甲寅，毕成。石工高　17

四十一行：平王高、王叔、王□、五庚。此中人马皆食大（太）仓。

　　　　　　　　　　　　　　　　　　　　　　　　17

2. 题记考释

鲁国驺亭掾、主簿掾文通食堂。

"鲁国"，西周时封国。西汉景帝三年（公元前154年）封子刘余为鲁王，传十三王。西汉初年改故秦薛郡为鲁国，属豫州，下辖鲁、驺、下、蕃、汶阳、薛六县。[1]东汉因之。驺县当年属鲁国管辖。

"驺"，原为邾国，西周初年所封，为鲁附属国，战国末年为楚所灭。秦统一后设立驺县，西汉仍之，王莽称驺亭。《汉书·地理志》云："邹，故邾国，曹姓二十九世为楚所灭，峄山在其北，莽曰驺亭。"

东汉时仍设驺县，隶属鲁国。[2]驺县治所仍在峄山之阳的故邾城。驺为大县，设县令，官秩一千石。[3]邹城发现秦代陶量、封泥及汉代器物均有"驺"字陶文，可证驺县之存在。

"亭掾",汉代的社会结构是郡、县、乡、亭、里等政权组织。由于史籍记载简略,一般认为"亭"是统辖里的一级基层政权,由乡辖亭,亭辖里。亭、里相当于村级。"亭"所设的官吏要比乡复杂得多,人数也多得多。凡乡具有的职责都具有外,亭还有许多其他的任务需要完成。据目前所知,亭设有亭长、亭啬夫、亭佐、亭掾等。祠主文通曾任亭掾,是基层的属官,究竟是驺地何亭,没有说明。

"主簿掾",掾是汉代属官的通称。上自三公下至郡县都有掾属,人员由主官自选,不由朝廷任命。单称掾,一般指县掾,是无官秩、没有实权的附属官员,由县令自选任命。在邹城题记中称掾,是掾的儿子避父讳,以官职称之。

文通食堂,文通应是掾的字。食堂,即祠堂,也称斋祠、庙祠、石堂、石祠堂、石庙堂等,是汉代墓地中对地下墓葬中的死者进行祭祀的地面建筑。在历经千年的沧桑巨变后,砖木结构的祠堂已荡然无存,现存完整的石祠堂可谓凤毛麟角。山东与其相邻的苏北和皖北,是唯一保存和发现祠堂画像石的地区。[4]

掾少小读《严氏春秋》,经召县掾、功曹、府文学、簿曹、掾县三老。

即掾在年少的时候,学习诵读过《严氏春秋》。《严氏春秋》即《春秋公羊传》(严氏传本),儒家经典《春秋》三传之一,是专门解释《春秋》的一部典籍。起于鲁隐公元年,止于鲁哀公十四年,与《春秋》起讫时间相同。相传是子夏传于弟子,战国齐人公羊高。西汉景帝时,传至其玄孙公羊寿,由胡毋生(子都)一起将《春秋公羊传》著于竹帛,流传于世。

《公羊传》是经传合并,逐句传述《春秋》大义,是今文经学的重要典籍,历代今文经学家常用它作为议论政治的工具。

《春秋公羊》严氏学派(即严氏春秋)的创始人严彭祖,字公子,西汉初年下邳(今江苏邳州)人,拜眭弘为师学《春秋公羊传》。在眭弘诸门人中,只有严彭祖和颜安乐最精博,质问疑义,各持己见。眭弘去世后,严彭祖和颜安乐各专门教授《春秋公羊传》,从此分为"严氏春秋"学派和"颜氏春秋"学派。西汉宣帝时,严彭祖为博士,后来官至太子太傅,廉洁耿直,为汉代大儒。

东汉时《严氏春秋》影响较大,是儿童启蒙必读之书,一些社会贤良、耆儒以研读此书为荣耀。在汉代画像祠堂题记中,曾发现此类题记,如汶上县发现的新莽天凤三年(16年)路公食堂题记上,在图像右侧刻有题记二行"……天凤三年立食堂,路公治《严氏春秋》不渝……"。[5]

"功曹",亦称功曹史,秦代始设,为郡令、县令的主要佐吏。功曹权力,汉代最盛,实为郡、县长官的助理。如西汉萧何,曾为秦时功曹。

"县三老",三老是古代掌管教化的乡官,最早出现在战国时魏国。秦置乡三老,汉增置县三老、郡三老和国三老。《汉书·高帝纪上》:"举民年五十以上,有修行、能率众为善,置以为三老。乡一人,择乡三老一人为县三老。"可见在汉代对县三老的推举标准还是比较高的。在平邑发现有"国三老"的题记,比较难得,平邑章和元年(87年)功曹阙刻铭有"……朝足□□明君□直任人□□二□来□道,以为国三老。章和元年……"。足见该阙主是国三老,在西汉是国内有名望的贤达人士。

邹城祠主掾文通,德高望重,饱读儒学之书,被推举为县三老,在当时驺县是知名的乡贤鸿儒之士。

掾年八十六以永和六年十月八日已未以寿终。母年八十四以永和五年五月八日丁卯以寿终。永和六年即东汉顺帝时期,公元141年,为东汉中期。寿终,古代将人的寿命长短分为上中下三个等级,即上寿百二十,中寿百岁,下寿八十岁。掾和夫人均在八十以上去世,故称寿终。母是指掾的夫人。因题记文是以祠主的儿子季起的名义撰写,故尊称其父为"掾",其母亲为"母"。

季起兄弟八人,诸兄薄命蚤终。季起秉掾、母奉终。

题记文记述了季起以上共有兄弟(姊妹)七人,即大女、大男(长子)伯宗、(次子)孟卿、(三子)仲玉、(四子)元玉、(五子)仲忽、(六子)季卿,以上人等均已去世。题记文记长子53岁、次子30岁、三子50岁病终,另四、五、六子更可能在50岁以内死亡,可谓薄命蚤终。蚤,即早,蚤终即早死、夭亡。古代男子不满80岁死亡,不能称寿终,只能称薄命或蚤终。汉代题记多用此语，如嘉祥永寿三年许卒史安国祠堂题记："……唯许卒安国，蚤离父母三弟……"。东阿芗他君祠堂题记："旬年二亲蚤去"，"大子伯男年卅二不幸蚤终"，"主吏蚤失，贤子（芎）无患"。[6]

季起，也就是祠主小儿子，秉承、操持、侍奉其父母并养老送终。

得备衣冠印绶，长兄虽无，忠孝之心，尤识子道。反（返）□思，躬率诸孙，举家竭欢，奉进甘珍。

"衣冠"，当指掾、母去世后，季起为其准备的寿衣、服饰等。"印绶"，泛指官印。绶是指系官印的丝带。汉代官员的等级不同，印章的质地和系的丝带颜色也不同。《续汉书·舆服志》载：天子、太皇、太后、皇太后、皇后用黄赤绶，诸侯王、长公主、贵人用赤绶，相国、诸国贵人用绿绶，公、侯、将军紫绶，千石、六百石用黑绶……百石用青绀绶。用印依官阶不同有金、银、铜质及纽式的区别。邹城祠主为县级属官，当有相应的官印，所以季起为其父也准备了随葬用的官印，当然也可能包括相应的寿服。汉代题记中也有印绶的话语，如嘉祥许安国祠堂题记有"学者高迁宜印绶"，是一种吉祥的祝福用语。

"子道"，古代谓孝敬、侍奉父母之道。《史记·五帝纪》："舜顺适，不失子道。"孔子曾说："人之行莫大于孝，孝莫大于严父。"汉代伦理中对父子关系的强调明显表现在《孝子传》早期版本中，其中大量的传记表达了儿子对父亲的孝行。汉画祠堂题记中多子孙为父母作记，强调孝行与子道，以博得孝子名声。如东阿芗他君祠堂题记讲"大子伯南……年卅二不幸蚤终，不卒子道……贤子无患奉宗，克念父母之恩……起立石祠堂"。是说大子伯南蚤死，不能履行孝子之道了，只有小儿子无患侍奉思念父母之恩，建立了石祠堂。[6]又如曲阜延平元年（106年）阳三老食堂画像题字"延平元年十二月……石堂毕成，鲁北乡侯阳三老自思省，居乡里无宜，不在朝廷，又无经学，志在供养，子道未（报），感切伤心，晨夜啼哭，恐身不全，朝半祠祭，随时进口"[7]。也是一处记载子道的资料。

"举家竭欢，奉进甘珍"，竭，竭止。意思是全家停止一切娱乐之事，全力举办掾和母的丧事，奉进为祭祀活动所需要的祭品。见嘉祥许安国祠堂题记"……悲哀思慕,不离冢侧,草卢因容,负土成坟,许养凌柏,朝暮祭祠,甘珍兼设,随时进纳,省定若生时……"。由许安国祠堂题记可以推知,季起等率领诸儿孙们,在父母下葬的坟前设有祭堂(当时石祠堂还没有建起),随时进献祭品,四时祭奠,以表示季起的孝敬之心。

岁(遂)置自造(这?)归幽冥,孤子肠断,维五感常

"幽冥",指阴世间、地下墓室。(自)造归幽冥,当指文通死后。幽冥一词,汉碑、题记中常用。如《汉冀州从事郭君碑》"悼君短折,永归幽冥"。《文选》魏曹子建《王仲宣诔》"嗟乎夫子,永安幽冥"。又如安徽宿县邓文宣祠堂题记有"长入幽冥,悲哉伤心"。再如苍山元嘉元年题记有"长就幽冥,则决绝,闭圹之后,不复发"。大致意思是祠主掾、母死后,灵魂归入地下阴世间,与家人永远决绝。

"孤子肠断",孤子指季起,兄弟七人,只有少子季起还在世。"肠断",描述伤心之极状,汉代碑文、题记中多见,是叙哀、悼亡的主要词语。如"常感悲伤""悲痛达心""涕泣双并""感切伤心,晨夜啼哭""呜呼悲哉",等等。

其子无随没之寿,王无附死之臣。

其子,这里指季起。无随没之寿,指未能跟随父母一起死。这里还是叙哀的继续:季起思念父母,悲切的心情如同肠断,无法用语言形容,当时恨不得跟随(陪伴)父母一同死吧,但季起没有这样的寿限啊!与此相同的语言在嘉祥许卒史安国祠堂题记中几乎一样:"……去留有分,子无随没寿。王无扶(附)死之臣,恩情未反(返)。"[8]大意为:掾的儿子寿数未尽,不能跟着死去,就像国王没有陪死的臣子一样。这种叙哀的语言,或许是汉代鲁南一带流行的吧。

唯愿有石显阙,以奉四时,供祭魂(神)。

"唯愿有",希望有墓阙,当时还没有建立阙,有此推测,该祠完工后,还有建立墓阙的计划。"显阙",就是祠堂前建立的石阙。按《白虎通义》说,"阙者,所以饰门,别尊卑也"。如平邑皇圣卿阙西阙铭中有"南武阳平邑皇圣卿冢之大门",说明石阙就是墓地之大门。汉代墓前阙的建立有礼制规制，不是无官无秩的平民百姓所能配置的。东汉墓祠前配置的典型墓阙有三例：一是著名的武氏祠，"双阙及石雕狮子标志着墓地的入口，四座祠堂（左石室、前石室、武梁祠以及'第四石室'）很可能属于武始公、武梁、武景兴以及武开明为首的武家四系"[9]。现武氏祠双阙仍耸立在当地，是全国唯一的东汉原址原状石阙。二是安徽亳县东汉曹氏家族墓地，据郦道元在其《水经注》的描述："曹嵩（曹操祖父）安葬处是一个独立的墓地，前有阙门、二碑一祠及一冢。"当然还有郦道元记载的李刚墓的阙祠："刚字叔毅，山阳高平人。熹平元年卒。见其碑。有石阙、祠堂，石室三间……"[10]邹城题记中的显阙，当指石阙较为高大、显露。但按祠主的身份仅为县级属官，官秩较低，只能配置单体石阙。

"四时"，即春、夏、秋、冬四季，古人以冬祭即"腊祭"为主要祭祀。

季起与伯张、高、宝等作成石庙堂，以俟魂神往来休息，孝之然也。

季起和儿子伯张、季卿的儿子高和宝，一起修造成祠堂。"石庙堂"词语为汉画题记中首次出现，虽然题记文中三次出现"食堂"（如首行"文通食堂"、二十九行"以置食堂"、三十九行"治此食堂"），但石庙堂的功能讲得更清楚，即让祖先的魂灵休息、享用血食的场所，是季起等子孙应尽的孝道。"石庙堂"一词应是当地方言俗语，它形象地描述了其建筑是全石结构的庙堂式样，为我们进一步探讨鲁南地区东汉中、晚期祠堂建筑，提供了新的资料。另外，"石庙堂"一词非常口语化，直白、上口、通俗，是叙说式语言。

明确表述祠堂是灵魂、神祇的休息活动空间，比东阿芗他君祠堂题记更为明确："起立祠堂，冀二亲魂灵，有所依止。"此为研究祠堂功能又添新的资料。

"以俟"，俟，等待意。《诗经·邶风·静女》："静女其姝，俟我于城隅。"又如《左传·襄公八年》："周诗有之曰：俟河之清，人寿几何？""以俟"词句的意思是等待祖先的魂灵到来。

"魂神"，《礼记》中记载了中国古代关于灵魂二分的信仰，根据这部儒家礼仪的经典，人死后"魂气归于天，形魄归于地"，明代邱琼在《墓祭起源》一文中,认为"墓祭的礼仪始于东汉明帝时……迨其死也,其体魄之归地者,为宅兆以藏之,其魂气之在乎天者,为庙祀以栖之"[11]。鲁南是儒家文化中心区,东汉时期人们对"孝"的观念浓厚,祠堂汉画中魂神意识表现强烈,这种双重灵魂崇拜的信念一直延续到明清。

所以置食堂,虽鄙陋,万世墓表,颂之皆昌,逆之者亡。后子孙免崩落□子。愿毋绝缘,常受吉福,永永无极,万岁无央。

"万世墓表",墓表,即墓碑。这里指题记文,有墓表的功能。明代徐师曾《文体明变序说·墓表》:"墓表自东汉始,安帝元初元年立《谒者景君墓表》,厥后因之,其文体与碑碣同,有官无官皆可用,非若碑碣之有等级限制也。"虽然刘勰说过"自后汉以来碑碣云起",汉代人重视立碑竖表,因为关系到社会观感、家族脸面,是为了夸耀门庭、颂扬祖宗功德,更是聚集家族群体,慎终追远,绵延无极。

邹城祠主身份低,不够立碑的规制,所以立此墓表(即题记文)。作为颂词,皆采用四字一句的韵文体,类似汉赋风格。这种韵文体的颂词,在后代墓志中的"铭"中保留着。所以邹城题记的文体是介于墓碑与墓志之间,总体式又是民间语言的散文。

"愿毋绝缘",与微山永和六年桓子祠堂题记中"何时复会,慎勿相忘,传后世子孙,令知之"词义相仿,是季起对祖宗寄托、希望、祝福的词语。

构(遭?)命夭折附葬(此),谒(竭)家痛切,治此食堂,以汉安元年六月七日甲寅,毕成。

"附葬",推测是在建立祠堂之前,季起完成了对以上六兄弟及妻子的迁葬,附葬在父母墓的周围,形成家族墓地。据巫鸿先生研究,带有祠堂的家族墓地,除武氏墓祠外,还有金乡的朱鲔墓地和徐州白集墓地,两处墓地的共同点是墓与祠堂相邻,建造于中轴线上,形成墓地核心。白集和朱鲔祠后的坟墓都由多个墓室组成,每座墓都有一个主室和数个耳室及后室,祭品置于主室,家庭成员的棺椁则放于后室之中。在这种多室墓里,一个大家庭的各个成员可以被安葬在一处,形成一个地下家庭。一座墓常带有多个墓室,家族的大型墓地也出现了。[9]

笔者 1993 年在邹城西南郭里镇调查汉墓时，就曾发现这种全石结构的大型回廊式家族墓葬。墓葬的前室是较大的公共空间，墓门位于正中，后室则有多个单独的小墓室，每个小墓室都有一对双扉枢轴式石门，门上刻有铺首衔环的图案，想必地上原来应有单独的石祠和双阙。墓中汉画图像与墓葬结构是典型的东汉中晚期风格，与发现的汉安祠堂题记刻石似乎有着某种联系。从地理角度观察，该墓地与发现的宋代墓地直线距离约 13 公里，是否取自郭里区域，有待研究。

"以汉安元年六月七日甲寅，毕成"。汉安元年即东汉顺帝汉安年号，公元 142 年。其上一年是永和六年（141），"毕成"，完毕、祠堂工程全部竣工，当然还完成了将该家族其他成员迁葬（附葬）的内容。从掾在永和六年十月八日去世，到汉安元年六月七日祠堂毕成，其间只用了八个月的时间。

毕成一词是汉代祠堂题记的常用句式。如苍山元嘉元年（151 年）题记"立椁毕成，以送贵亲"，微山永和六年（141 年）桓子祠堂题记"……到六年正月廿五日，毕成"，等等。

石工高平王高、王叔、王□、五庚。此中人马皆食大（太）仓。

"石工高平"，高平即西汉时山阳郡橐县，王莽时改曰高平，东汉因之。《汉书·地理志》："山阳郡，故梁，景帝中元六年（前 144）别为山阳国。武帝建元五年（公元前 136 年）别为郡……县二十三：橐，莽曰'高平'……。"《水经注·泗水》有关于橐县之记述："高帝七年（公元前 200 年）封将军陈锴为橐侯。《地理志》山阳之属县也。王莽改曰高平。"据考古调查，今邹城西部太平镇南陶（橐）城村，尚有城墙遗迹，曾发现西汉铸钱窖藏。其地处泗水与古漷水之间，当与高平侯国有关。

高平侯国位于邹城西南，今郭里、石墙、太平、峄山镇一带，西南有微山两城、马坡镇，南有滕州湖滨（岗头）镇，西有济宁任城区接庄镇相接壤。泗河自北向南流入独山湖，境内为凫山山脉，多为青灰色石灰石，是雕刻汉画石刻的优质石材。20 世纪 50 年代以来这里发掘、收集出 200 余块汉代墓葬、祠堂画像石刻，当是东汉高平侯国的中心地区，也是高平石雕工匠集团的故里。

高平石工、画师在汉画题记中多次提及,如东阿芗他君祠堂题记:"画师高平代盛、邵强生等十余人。"嘉祥许卒史安国祠堂题记:"名工高平王叔、王坚、江湖、栾石……"再如济宁任城王墓题刻"山阳高平锺生",等等。邹城题记中有高平"王高、王叔"的名字,与许卒史安国题记石工名字相同,疑为一个石工集团。杨爱国曾对高平石刻艺人(又称良匠卫改派)的石雕工艺特色、地域活动空间进行了整理研究[12],笔者深表同意,可资参照。

"此中人马皆食大(太)仓"。吉祥祝福语,常见于汉代祠堂题记中,在山东、苏北、皖北汉画题记中多次发现。陈直先生在考察河北望都汉墓壁画时指出:"太仓为汉代太仓令,藏粟最多之处,比拟死者禄食不尽之意。"[13]其实,这些禄食既非国家太仓,也非死者亲人供奉,而是来自幽冥世界的虚拟"太仓"。

在东汉时期的汉画图像中,"此中人马皆食太仓"与共存的图像和道教有一定的关系,如临沂五里堡画像题记:"人马禽兽百鸟,皆食于太仓,饮于河梁之下。"题记上部刻九头人面兽等图像,明显与道教升仙思想有关。[14]再如徐州铜山大庙村画像题记:"此□室中人马,皆食大仓。"祠堂锐顶分刻西王母(或东王公)及青龙、白虎等图像。[15]嘉祥许卒史安国祠堂题记:"此中人马,皆食大仓,饮其江海。"苍山题记:"就天仓,饮江海。"总之,该题记语虽然简单,但从分布区域看,是相当深入人心的,他们除了表示墓主(祠主)想死后"食谷太仓"成为官家人物外,还想借此表达食"不死之药"早日升仙的愿望。[16]

3. 题记文体

新发现的邹城文通祠堂题记,通篇600余字,是目前国内已发现或著录的汉代祠堂题记中最多的一石,可谓突破东汉早中期题记之限制,文似碑制。

众所周知,汉画像石上颇多题刻文字,大多发现于祠堂刻石之上,其文体内容也因时代发展而变化。东汉早期,题记文字简短,略记祠主姓名、卒年、叙哀、费用等,题刻位置多在画像边缘或立柱上,图像为主体,文字偏居一隅,真可谓"榜题"。其文体只是记事而已。东汉中期以降,随着建祠立碑之风的流行[17]，是题记文的发展、繁荣时期，诔碑文走向民间，从而促使题记的阅读形式、内容与文风更接近碑、诔、铭之文体。[18]而且字数增加，呈现越晚越多的趋势。如东阿芗他君祠堂题记、嘉祥许卒史安国祠堂题记，是典型的民间诔碑记事文。

邹城文通祠堂题记，从文体上来看，已突破以往题记之限制，行文力求大而全，侧重家族世系记事。

首先，这篇题记文的刻制布局是以文为主，图像为辅。在通篇布局上，题记占据全石面积约二分之一，按照古代"右为上"的书写习惯，在右上（起首）部位刻写文字，右上一人和左侧六人相对题记呼应，这种"中心为主，对称呼应"的布局在汉画中多见。如邹城卧虎山石椁画像中的"泗水取鼎"的鼎、"伯乐相马"中的马，均采用"中心为主，对称呼应"的布局，可谓这种布局的范例。[19]

其次，刻制形式采用类似简册题写，整齐匀称。先将石面磨平整，界以匀称的线条直格，由画师或写手书写，然后由刻工刻制。整体观察，题记文字通篇字体匀称，虽有少量字体大小悬殊，但不影响整体效果。

最后，题记的文体形式是诔碑记事文。整体而言，题记段落清楚、叙事明确、文字朴实、语句通畅，是汉代诔碑记事文的佳作。总体结构由六部分组成：祠主（及夫人）事迹（祠主里籍、官职、卒年）；子女世系；建祠记事（言孝、叙哀、悼亡、建祠事由）；颂铭；女眷世系；纪年刻工。在颂词中采用四字一句的韵文，但题记的总体行文还是记事散文，内容完整，文字丰茂，已具备记事、颂德、叙哀、悼亡、颂赞、祈福及纪年等后世墓志碑文的基本要素，是汉代题记向墓志碑文的过渡文体，对研究古代墓志的产生具有重要意义。

三、刻石图像与祠堂形制

1. 图像与刻法

题记两侧刻有人物和动物的图像（图4）。题记右侧一人，面左，头戴冠,上伏卧一鸟;身着长襦大裤,下着靴;双手笼袖置于腹前,作行走状。题记左侧五人,皆面右。右一,躬身,手持杖,头戴冠,身着长襦袍,站立。右二似为一老年男性,躬身,双手笼袖置于胸前;头戴冠,身着长袍,腰佩环首长刀,面右而立。右三似为一女性,头束三个半圆形的发髻,着长襦裙,双手笼袖于胸前,面右站立。右四为一武士,身着长襦大裤,下着靴;右袖卷起,手持一物,左手扬起,面右,似跨步行走。左下角一人侧立,双手扬起,似驱赶羊。画面左侧有两只羊,一只肥硕,站立,双角立起;另一只作奔跑状。题记左右两侧人物的布局、朝向,都是以题记为中心,相对而立。(除图中人左右手外,左右都以读图者为准。)

图4/题记拓片全貌

需要说明的是题记右侧的人物,在冠上伏卧一只鸟。长喙、长尾、收翅、圆目。在已发现的山东汉画中,难以找到相同的图像。但在微山两城"西王母、伏羲女娲"图像中,却发现在西王母头上有一只与此相同的鸟,身旁刻有"西王母"榜题。如果没有榜题,难以确认她就是汉画中常见的西王母,图像的奇异之点,就是不见其头戴的方胜,却换上一只卧伏的鸟。这只鸟不见足部,无法判定它是青鸟或三足鸟,但我们只要认识到,它曾是一只刻绘在西王母头上的鸟,就可以了。[20]再观察两只鸟刻绘的细部特征,其刀法一致,如出一人之手!真可谓高平石工卧鸟图像的模本。陈秀慧在复原鲁南小祠堂时,成功复原该西王母画像是永和六年(141)桓子祠堂的右壁。[21]该祠堂与邹城汉安元年(142)的图像极为相似,刻成年月相距一年,难怪两只鸟的图形一致。那么,这位头顶卧鸟的人物,是否受西王母的派遣,前来迎接、引导祠主升仙?有待研究。

此外,在汉画中佩刀的图像少见。其实在两汉时期,从天子到百官无不佩刀，用以表示官员及贵族的身份等级。《后汉书·舆服志》明确记述了东汉时期佩刀的规制，从皇帝到百官在佩刀的尺度、质地、图案、工艺都有严格规定。汉代男子保持佩刀习俗，但所佩之刀，有形无刃，失去实际价值，主要显示仪容。

图像的刻法采用的是浅浮雕技法，在东汉中晚期鲁南地区最为流行。主要分布在邹城、微山、滕州、任城等区县，最集中的区域在邹城郭里、微山两城一带，即泗河以东、凫山以北。赖非将此地区列为"两城—邹城"类型[22]，其主要雕刻特征是：地面平整（大多打磨光净），图像凸起，物象边缘略带弧度，图像粗犷、大气，但面部或衣纹却用细錾刀精凿细刻，在"深沉粗犷"的物象中不失"精细灵巧"的艺术风韵。正如蒋英炬先生所说："邹城汉画像石浅浮雕作品中，有在浮雕出的物象上，留有原来修整石面的粗凿纹，更显出那种拙朴、粗犷、雄健的风格，不乏场面宏大、内容饱满的鸿篇巨制。"[23]

该题记用的石料是青灰色石灰石，刻面加工平整，背面、上下加工粗糙，留有分布不匀的錾纹。刻面中间夹杂少量黄色石筋或斑块。刻面四周是凸起的方形边框，上部是下垂的半圆形垂帐纹。人物及动物均为浅浮雕，净地。题记有阴刻的竖条界格，文字以刻刀直接冲刻，刀法娴熟，字迹清晰。整个题记镌刻精细、技艺高超，是高平石工的精品佳作。

2. 祠堂形制

根据石料的形状及图像文字，推测其用途是祠堂的门楣石，可能是单室祠堂。一是东汉中晚期鲁南地区流行单室石祠堂。如已复原的邹城金山村单室祠堂、嘉祥宋山小祠堂、微山永和六年桓子祠堂等，都是东汉中晚期单室祠堂。蒋英炬先生首先对嘉祥宋山小祠堂进行了复原研究，这具有里程碑式的意义。陈秀慧对鲁南诸多祠堂散石进行了复原整理，并将邹城、微山区域祠堂的形式列为"两城—邹城地区小祠堂"，其形制都是单室祠堂。[21]邹城祠堂建于东汉中期，正是祠堂建造发展的鼎盛时期，其流行式样应是单室祠堂。二是邹城祠主的身份为县级属吏，只能配置单室祠堂。比该祠稍晚九年的武梁祠，也是单室祠堂。武梁的身份为郡从事，略高于邹城祠主，他们都是没有官秩的属吏。武梁和邹城祠主都是饱读圣贤之书、尊崇儒家思想的贤达之士，时时处处恪守礼制，他们的子孙也不会越礼，去建造规模较大的祠堂。汉代封建礼制法规比较完备，它约束着人们的社会行为。

如何知道这是一块门楣石，而不是祠内后壁或祠内两侧上部的条石？笔者仔细观察题记石的下面，即门楣石下方的两侧，有立石砌垒过的痕迹，每侧0.24米。印痕内石面风化较轻，可以看得出是压在立柱石（祠堂边框）之上。该墓还出土一块双面图像的立石，雕刻风格与题记石相近，假如这是该祠的门楣立石，从图像的方位分析，应是右侧的立石，但因立石上部残损，有待进一步研究。

四、结语

20世纪50年代以来，国内陆续发现、出土了一些纪年汉画像石题记，总数百余块。其中约半数发现于山东，百字以上的题记多在鲁南地区。邹城汉安元年文通祠堂题记刻石的发现，为研究汉代画像题记又增添了新的重要资料。

整体而言，邹城题记已经走出东汉早期汉画题记的格局，迈向碑志之路。从形制、功能、内容上与后世的铭、诔、志接近，具有祠堂题记文体特点，行文与正规碑文有所差异。这种差异，因官方与民间、典雅与通俗、过渡与成熟而存在，随着社会的发展而变化。邹城题记，在字里行间显露出质朴的乡土语言，书法拙朴率真，为汉代通俗隶书，处处散发着浓郁的汉代民间气息。

1. 邹城题记为研究东汉墓记到墓志的演变，提供了重要参照。以鲁南地区为例，在东汉纪年画像石中，早期主要是榜题文字，刻写位置多在画像边框以外，单或双行，寥寥数语，简记祠主姓名、亡故年月及言哀之语。在中晚期，随着"厚葬""奢靡之风"的不断升级，墓上建祠之风盛行，且规模变大、工艺考究，注重请用"高平画师""良匠名工"，图像丰富精美，题记也变成长篇宏制。著名的武氏祠、嘉祥许卒史安国祠堂题记、微山桓子祠堂题记、苍山元嘉元年题记、东阿芗他君祠堂题记与邹城题记，都出现在东汉顺、桓时期，相距不过十几年。毋庸置疑，这是汉画题记发展的高峰，也是"高平良匠名工"创造汉画艺术最辉煌的时期。如果把它们联系起来，应该得到一条由墓上画像石题记到墓中画像石题记（或墓室题记）再到墓记的演变脉络。祠堂画像石题记对墓志的形成也应该起到过一定的作用。[24]

2. 题记刻石为研究东汉祠堂的形制提供了新的资料。从复原的角度观察，该题记刻石似为祠堂门楣石，其用料硕大，开间宽敞，应是单室祠堂中的巨室。推测该祠堂的形制可能与已复原的嘉祥宋山一号祠堂相近。[25]一是与宋山祠堂门楣石的长度尺寸相近（邹城横长1.91米，宋山横长1.90米），两侧均有立柱（即祠堂门框立石）。二是上部图案（垂帐纹）与宋山祠堂近似。垂帐纹是古代帷幕纹的变形图案，常在汉画图像的厅堂、门楣上刻绘，起到装饰作用。三是该刻石画面有风化剥蚀的状况，应是长年暴露在屋檐之下，受阳光暴晒和风雨侵蚀所致。此外，在门楣石上应有安装的屋顶石和屋脊石，以显现出"石庙堂"的式样。

3. 邹城题记刻石对研究山东纪年汉画及高平石雕工艺特点具有重要意义。邹城题记纪年明确，图像清晰，雕刻技法特点突出，是判定山东汉画石刻年代的可信标尺，对研究纪年汉画及年代序列具有重要意义。"高平石工"是活跃在鲁南地区的石雕工艺集团，其活动中心在邹城—微山一带。邹城题记刻石无论浮雕的图像还是题记文字，都能反映其工艺特点。若与东阿芗他君祠堂和许卒史安国祠堂共同研究，足以证明该石工集团的精湛技艺，其线刻和浮雕两种工艺均有明显的地域特点。"高平石工"不仅标明了地理方位，而且在汉代鲁南地区享有较高的美誉度。

由于笔者学识有限，文中讹误难免，恳请批评指正。

注释：

[1]《前汉书·地理志》卷二十八，"鲁国，故秦薛郡，高后元年为鲁国，属

豫州。县六，鲁、卞、汶阳、蕃、驺、薛"。中华书局1977年版。

[2] 《后汉书·郡国志》卷三十，"鲁国，秦薛郡，高后改，本属徐州。光武改属豫州，辖六城：鲁、驺、汶阳、蕃、卞、薛"。"驺本邾国，有邹山（峄山），高五里，秦始皇刻石焉"。中华书局1977年版。

[3] 钱穆，《中国历代政治得失》："汉县仅分二级，万户以上为大县，其长官称令，万户以下为二级县，其长官称长。"北京：生活·读书·新知三联书店2005年版，"汉代地方政府"条；又《后汉书·郑弘传》："明帝时会稽山阴人郑弘，拜为驺令，政有仁惠，民称苏息。"由此可知，东汉时驺为大县，民在万户以上。

[4] 蒋英炬、杨爱国，《汉代画像石与画像砖》，北京：文物出版社2001年版，第83页。

[5] 付惜华，《汉代画像全集》，北京：学苑出版社2014年版，图129。

[6] 罗福颐，《芗他君石祠堂题字解释》，《故宫博物院院刊》，1960年总二号。

[7] 端方，《陶斋藏石记》卷一，上海：商务印书馆1909年版。

[8] 李发林，《山东汉画像石研究》，济南：齐鲁书社1982年版，第106页。

[9] 巫鸿，《武氏祠——中国古代画像艺术的思想性》，北京：生活·读书·新知三联书店2006年版，第43、40页。

[10] 郦道元，《水经注·阴沟水》卷三十三，"曹嵩墓"条。

[11] 朱孔阳，《历代陵墓备考》，上海：上海申报馆1937年版，第10页。

[12] 杨爱国，《幽明两界：纪年汉代画像石研究》，西安：陕西人民美术出版社2006年版，第45、63、133—134页。

[13] 陈直，《望都汉墓壁画题字通释》，《考古》1962年第3期。

[14] 临沂博物馆，《临沂汉画像石》，济南：山东美术出版社2002年版，第45页。

[15] 徐州博物馆，《江苏徐州大庙晋汉画像石》，《文物》，2003年第4期。

[16] 杨爱国，《此上人马皆食大仓解》，《纪念汉长安城考古五十年论文集》，北京：科学出版社2008年版，第565页。

[17] 刘勰，《文心雕龙·诔碑篇》："自后汉以来，碑碣云起。"

[18] 赵超，《中国古代石刻概论》，北京：文物出版社1997年版，第61页。

[19] 胡新立，《邹城汉画像石》，北京：文物出版社2008年版，图11，图12。

[20] 邢义田，《画为心声：画像石、画像砖与壁画》，北京：中华书局2011年版，第87、191—192页。

[21] 陈秀慧，《滕州祠堂画像石空间配置复原及其地域子系统》，《中国汉画研究》第三卷，桂林：广西师范大学出版社2004年版，第288—290、310页。

[22] 赖非主编，《中国画像石全集》第2卷，济南：山东美术出版社2000年

版,《概论》第 6 页。
[23] 蒋英炬,《邹城汉画像石·序言》,北京:文物出版社 2008 年版,第 3 页。
[24] 赵超,《古代石刻》,北京:文物出版社 2001 年版,第 127 页。
[25] 蒋英炬,《汉代的小祠堂——嘉祥宋山汉画像石建筑复原》,《考古》1983 年第 8 期。

汉画像神话"理想乐土"的空间诗学探讨[①]

> **邢龙**
> 男，1988年生，江苏师范大学文学院研究生。

> **朱存明**
> 男，1956年生，江苏师范大学汉文化研究院院长，教授。

古往今来，人类总是会不满于当下的现实生活，总是幻想一个未来或异域空间的"理想乐土"。在西方，从基督教的伊甸园到古希腊柏拉图的理想国，从中世纪奥古斯丁的上帝之城到莫尔的乌托邦，从空想社会主义幻想到科学共产主义的理想，无不表现出这种精神。在中国，《诗经·魏风·硕鼠》就表达了对"乐土"的追求[1]；儒家一直推崇尧天舜日，幻想着大同社会；老子提出小国寡民的构想；东晋的陶渊明更是构想出超越人世的"桃花源"。[2]汉代人当然也有对"理想乐土"的追求。汉画像艺术是汉代人社会生活的反映，同时也是当时人们审美理想的表现，从汉画像艺术中我们能最直观地领悟汉代人心目中的"理想乐土"。

一、先秦诸子的理想乐土与神仙观的形成

人类对"理想乐土"的追求与神话密不可分。其中最直接的原因即为

[①] 教育部项目"中国古代神话图像研究"（编号10YJA760084）；国家社科基金项目"汉代谶纬的图像美学研究"（编号：11BZX081）；江苏高校哲学社会科学重点研究基地重大项目"汉画像的神话学研究"（编号：2010JDXM041）中期成果之一。

神话世界本身就是古时人们心中的一片理想乐土。弗莱说："神话意象的世界，通常是用宗教中天堂或乐园的概念表现出来的，而且这个世界是神启示的……"[3]中国古代哲人的空想也都是顺着神话传说的方向描绘的："大体来说，最初'发现'的远古理想世界是所谓的尧舜时代，这在孔子、墨子的思想中表现得最为突出；接着又'发现'了前于尧舜的所谓黄帝的时代，以道家为代表；继而又'发现'了前于黄帝的所谓神农的时代，以农家许行为代表；最后更'发现'了前于神农的美妙世界，以晚期儒家的'大同'理想为代表。"[4]

汉画像作为汉代的一种图像艺术，蕴含着十分丰富的古神话信息。一方面，从整体上来说，汉画像的神话内涵表现为一种来源于中国古老神话的宇宙观。在汉画像中，天、地、神、人、鬼都在一个神话的宇宙世界中存在，它呈现出一种宇宙象征主义的图式。另一方面，汉画像中集中描绘天界与神仙世界的图像，更是直接表达了汉代人的神话观。因此，汉画像神话中的"理想乐土"，就是汉代人运用汉画像神话图像来构建他们那个时代的乌托邦理想，围绕着"理想乐土"这个主题来阐述汉代人的追求的同时，神话的文化内涵也就在汉画像这一图像中显现。我们从汉画像的神话图像中解读汉代人心目中的"理想乐土"，这一"理想乐土"即是汉代人用艺术图像构建的乌托邦[5]，是汉代人在神仙信仰的基础上对长生不死、长乐富贵、天人合一的追求，而它具体所指向的就是汉画像中求仙、升仙的一类图像。

汉画像神话中的理想乐土，是先秦诸子理想观念的现实化。先秦诸子已经对他们心目中的理想世界作了说明，这些思想从根本上影响着汉代人的思维方式，但也与汉画像中所表达的理想乐土存在某种差别[6]。同时，从远古时期以来慢慢形成的神仙思想在秦汉时期逐渐成形，汉画像艺术中神仙世界的图像就是一个最好的证明。

儒家对理想乐土的构建，主要是通过对过去时代的怀念来表述的，《中庸》第三十章曰："仲尼祖述尧舜，宪章文武。"[7]孔子把尧舜时代想象成一个近乎完美的时代，万物苍生都有条不紊地发展。《礼记·礼运》中孔子提出了"大同"与"小康"的构想。"大同"社会，经济上是"天下为公"，社会关系上秩序井然，人与人之间平等、博爱；而"小康"即"小安"，就是社会达不到理想中的"大同"社会，退而求其次的一种状态。在这样的社会状态里，一切不再是为"公"，而是"天下为家"，礼义开始在生活中占有重要地位。可以认为，儒家一直致力于建立一个"礼"的乌托邦，孔孟推崇的都是一种理想的道德状态，拥有这种道德状态的人即是"君子"，相比孔子，孟子把他心目中的理想社会表述得更为现实，也更明确，这是一种生活丰衣足食、社会秩序井然、道德上尊老爱幼的小康社会。

同样是把希望追溯到过去时代，道家与儒家的选择却不同。老子在《道德经》第八十章中表达了"小国寡民"的理想。相比"大同"理想，老子的理想彰显了他所向往的"无欲"与"无为"。庄子继承了老子的这种理想，但他更极端，最集中的表述是《庄子·山木》中市南宜僚向鲁侯描述的"建德之国"的景象。在这个庄子所期望的"建德之国"里，人民纯朴，少私欲；耕作而不储备，助人不图酬报；不去管义和礼；随心所欲任意而为，竟能各自行于大道；他们生时自得而乐，死时安然而葬；国君也要舍弃世俗，与大道通行。庄子的"大道"即是他所追求的自由。在他的理想乐土中，一切都是一种自然而然的美好状态。

表面上看，儒家与道家都是通过对过去时代的怀念来实现他们心中的理想乐土的。其实，中国古代哲人的空想一直是顺着神话传说的方向来描绘的。无论儒家还是道家，都是通过对当时现实的批判来表达他们心目中的理想乐土的。他们虽然是努力回到所谓的"过去时代"，但并不是如西方基督教一样通过神启来回到一个天堂般的美好时代，而是通过人在现世的努力，构建"礼"的乌托邦，通过对过去的怀念在未来抵达完美世界。如果我们按照人与现实世界、人与神的关系，大致可以把理想乐土分为现实的理想乐土、精神的理想乐土、神圣的理想乐土。可以发现，儒、道无论积极还是消极，都对"现实"充满了关怀，而这种现实的理想乐土，又都是通过提高精神修养，或者主体的生命超越，在精神的理想乐土中来实现的。因此，儒家、道家的思想围绕着精神与现实两个方面展开，但却都没有直接涉及西方文化中"至上神"这一维度。基督教的《圣经》，它对理想乐土的追求表现在两个方面，一是从宏观上表现出来的，上帝对人类的正义、公道、博爱等要求；二就是《圣经》中对伊甸园的描绘，而这一切都以上帝为中心展开。这种神圣的理想乐土，或许在中国古代的祭祀、神话、信仰中才能寻得。汉画像所反映的汉代人心目中的理想乐土，就是一种神圣的理想乐土，但与西方宗教中上帝的神圣所不同的是，它始终充满了世俗性，它是在世俗社会基于现实的内在超越，它的神圣指向的是"神仙世界"这个特殊的存在。

中国先秦诸子是着重从"民"的角度或者说民与社会的关系角度，描绘一种理想的"状态"，东晋陶渊明的桃花源也是遵循了这样的逻辑。而西方思想家在建构理想社会时一般从政治学的角度出发，描绘乐园或者城邦的经济、法律的详尽情况，从柏拉图的《理想国》到莫尔的《乌托邦》一直秉承这样的传统。柏拉图从"正义"的核心理念出发，设计一个由哲人当国王的理想国。莫尔的《乌托邦》就如他的书名一般，描绘了一个不存在的地方。康帕内拉的《太阳城》、安德里亚的《基督城》以及培根的《新大西岛》都与莫尔的《乌托邦》在这一点上保持了统一。

既然神圣的理想乐土在祭祀、神话、信仰中才能寻得，汉画像图像又正是承载了这些信息的艺术，我们就必须通过研究汉画像神话的图像来追寻汉代人的理想乐土。而研究这一类图像，离不开对汉代的神仙观的分析。[8]闻一多在《神仙考》中给神仙下了个定义："所谓神仙者，实即因灵魂不死观念逐渐具体化而产生出来的想象或半想象的人物。"[9]他强调的是神仙"不死"的特点，并且突出了神仙的虚幻性。实际上，所谓神仙，侧重点在仙，并且不是完全超脱世俗的仙，而是肯定人世欲望，追求"长乐未央"的仙。对"神"与"仙"的文字学解读或许可以说明这一问题。"神"，《说文》曰："天神引出万物者也，从示，申声。"又"示"下曰："天垂象，见吉凶，所以示人也。从二，三垂，日月星也，观乎天文以察时变，示神事也。"[10]"仙"，也作"僊"或"仚"。《说文》："仚，人在山上见，从人山。"《说文》："僊，长生僊去，从人䙴。"段玉裁注："僊去，疑当为千去。《释名》曰：老而不死曰仙，仙，迁也。迁入山也，故其制字人旁作山也。"[10]可以看出，"神仙"既与神一样能超越时空的束缚，同时又充满了人的世俗享乐，其中虽然有"神"，但着重点放在了"仙"字，可以说，"神仙"相比"神"而言更具人格化，更具世俗性。从根本上来说，人类都有逃避死亡、追求生命永恒的渴望。"神仙"就是中国古人在面对死亡、想要追求永恒的世俗快乐而幻想出来的存在。在中国，神仙观的形成与人们在对外部世界的探索中对自身生命的思考相关，这种探索和思考的结果就是人们认为自身在宇宙中的存在能够"天人合一"。人们俯仰天地，发现天地四方、日月星辰存在一种永恒不变的规律，很自然地，人们认为自身的存在与活动也是这种宇宙、天地规律的表现。人与天上的神能够沟通，灵魂能够如日月星辰一样不灭，生命能够如天地般永恒，幸福快乐能够无限绵延。而一旦成了"神仙"，进入昆仑或者蓬莱仙境，就可以实现以上的所有可能。

　　神仙思想是在汉代开始真正从贵族到平民全面流行，并且影响了汉代人生活的方方面面，如建筑、养生、丧葬、文学、艺术等等。但实际上，神仙观是逐步从古代人的鬼神信仰、神话观念中慢慢发展形成的，经历了一个漫长的时期。西周之前主要是神仙信仰的最初形态，即原始的巫鬼信仰；从西周到战国是神仙信仰的形成时期；秦汉时期，经过秦皇汉武的求仙活动，西汉后期之后神仙信仰在民间普及开来，并且特别表现为西王母信仰的盛行，西王母成了仙境的象征。

　　西周之前，巫鬼信仰是神仙信仰的最初形态。这一时期先民们对世界的认识是通过巫术、神话来进行的，譬如殷商之际人们用甲骨来占卜问神。他们信奉万物有灵，认为人死后可以灵魂不灭，或升为天神，或降为地鬼。但无论鬼神，都是他们崇拜的对象，因为鬼神可以庇佑他们，降福去灾。这种思想的形成与原始人和自然的关系相关，在原始时期，自然对于原始人来说是神秘的，其力量远远胜过人类，故而人们把许多难以解释的现象归于鬼神，并且通过巫术来与鬼神沟通。

　　西周之后，"天"的观念开始确立，国君被称为"天子"，人与神的直接关系，转为人与"天"的关系，而人与"天"又是通过人与"祖先"的关系建立。这一时期的变化源于在生产力的发展推动下，自然对人来说，不再仅仅是一个到处充满神秘力量的存在，而是演变为一个需要认真面对人与人关系的社会，不可知的"神"也慢慢演变为"天""祖先"这样能为人所认识和掌握的更具人性的存在。

在战国时神仙思想已经在上层社会流行，蓬莱、方丈、瀛洲三仙山的神话传说在此时也流传开来，地点指向渤海，而且仙山中有仙人及不死药。这一时期昆仑神话也早已经成形。《山海经》中有多处提及"昆仑"，屈原在《楚辞·涉江》曰："登昆仑兮食玉英，与天地兮同寿，与日月兮同光。"[11]可以看出，昆仑这个圣地在此时已经完全可以被称为仙境了，成仙需要登昆仑，这样才能获得长生。

秦汉时期，神仙信仰在秦始皇和汉武帝求仙活动的推动下，变得极为盛行。西王母信仰在此时也渐渐发展起来并很快达到鼎盛。关于西王母信仰的由来，不管其更多来源于华夏文明，还是直接从中亚文化中嫁接而来，有一点是毋庸置疑的，西王母神话肯定是在战国以来中原文化与西域文化的交流中逐步形成的。到了西汉司马相如《大人赋》的描绘中，我们能解读出西王母已经完全成为"长生不死"的代表。《淮南子·览冥训》中的材料则指明了不死之药与西王母的关系。《汉书·哀帝纪》记载："（建平）四年春，大旱。关东民传行西王母筹，经历郡国，西入关至京师。民又会聚，祠西王母。或夜持火，上屋、击鼓、号呼，相惊恐。"[12]这说明了此时西王母信仰已经在民间普及。综合以上材料，可以认为，在西汉末期，以西王母为代表的昆仑山仙界理想的系统已经成型。

二、汉画像神话中理想乐土的空间性与象征性

在汉代成为风气的神仙信仰形成之后，在蕴含着神话观念的汉画像图像中，理想乐土又是如何表达的呢？信立祥将汉画像的图像分为四层：天上世界、仙人世界、人间世界以及鬼魂世界。[13]巫鸿也对"天堂"图像做出了分类和解读。在《汉代艺术中的"天堂"图像和"天堂"观念》一文

中，巫鸿首先区分了天堂与理想家园这两个概念："回过头来看一看汉代的墓葬，不难发现大量随葬品和画像的目的是构造一死后的理想世界。对考古略有涉猎的读者都知道汉马王堆軟侯妻墓中的丰富随葬品，既包括美食佳肴、珠被罗帐，又有大批木俑表现男女侍从、舞伶伎乐。大量东汉墓葬更饰以石刻壁画，惟妙惟肖地描绘种种现实生活场面以及孝子烈女、历史故事。我们可以把这种种模拟和美化现实的器物和画像统称为'理想家园'（ideal homeland）艺术，其与表现'天堂'或'仙境'的作品在艺术语言及宗教涵义上都是大相径庭的。"[14] 巫鸿认为二者不同主要有四点：

一、每一"理想家园"总是为一特殊死者所设，因此可以说是一种理想化的"私人空间"（private space）。"天堂"或"仙境"则是大家共同的理想，可以说是一种理想化的"公共空间"（public space）。二、"理想家园"是对"现实家园"的模拟和美化。"现实家园"属人间，"理想家园"属冥界，而这人鬼殊途，呈现出一种对称式的非连接关系。但汉代人心目中的"天堂"或"仙境"则往往是现实世界的延伸。不管是蓬莱还是昆仑，仙岛神山从不在天上或地下，而是存在于地上。只是由于路途遥远艰险而使得这些地方似乎是个"非现实"的世界。三、成仙的企图和"恋家"的愿望是对立的，我已说过"恋家情结"源于对陌生世界的恐惧和躲避，成仙则必须离家冒险，或横越大漠，或飘洋渡海。四、仙山或天堂从不模拟现实世界，而必须"超越"（transcend）或"异化"（alienate）现实世界。[14]

巫鸿在文中区别了"天堂"与"天"，这里"天"指的是汉画像中经常出现在最顶端的图像，或者说可以用"天文"一词来表达；而"天堂"，按照巫鸿的意思，大致则指仙山或者仙境。因此我们认为汉画像神话中理想乐土的图像更侧重于表现为以伏羲、女娲或者西王母为中心的神仙世界的图像（见图1至图6）。我们可以发现，汉画像的神仙世界图像虽然各有差别，但还是存在一个基本稳定的系统。在这一神仙世界的图像中，伏羲、女娲、西王母、东王公扮演着主神的角色,围绕在他们周围的还有玉兔、三足乌(三青鸟)、蟾蜍、九尾狐、羽人、龙、虎、凤、玄武、朱雀以及其他人兽同体的形象,另外还有玉璧、华盖、仙草、车马、天门、天柱等形象,这些形象共同组成了一个仙境系统。这个汉画像艺术中的仙境系统最集中地表达了汉代人对理想乐土的追求,可以看出,这是一个天地人神共舞的世界,而所有这些形象,以伏羲、女娲或者西王母、东王公这两大主神为统摄,表现出汉代人追求的理想乐土是一个"长生不死""长乐富贵""长宜子孙"以及"天人合一"的世界,这在后文会具体论述。

图1／河南郑州画像砖

图2／湖南长沙马王堆一号帛画(局部)

图3／四川画像砖

图 4 / 四川彭川一号石棺画像石

图 5 / 陕西刘家沟画像石

图 6 / 山东画像石

根据汉画像图像自身的特点,汉画像是一种宇宙象征主义的图式,因此,本文主要从空间性、象征性两个角度入手,解读汉画像神话中的理想乐土。

何为空间?康德认为时间、空间是先验的感性形式;梅洛·庞蒂强调了面对空间时主体(身体)的重要性;对海德格尔来说,空间和时间都与"存在"密不可分,在本文的解读中,空间可以理解为"在世界之中"(In-der-Welt-sein)[15],可以理解为人"诗意的栖居"的场所,理解为"天地人神"四个维度所代表的存在。本文集中关注的是,从汉代思想与艺术的角度（具体到汉画像）我们该如何探讨空间性？显然仅仅从美术学的角度探讨二维平面空间所营造的空间感与三维透视的空间是不够的。从某种程度上说，这种二维平面空间是现代人对汉代艺术的一种解读，而对于汉代乃至更遥远的古代社会，人们对空间的理解是与生存、生死紧紧联系在一起的，是一种具体的空间知觉而非抽象的几何空间概念。[16]宗白华认为："（在中国）空间不离天地乾坤，为表情性的，不化为抽象之点与数。而为八卦成列之'象'（意象）、理（生生条理，始条理、终条理之理），所以成位，非依抽象之空间地位以示物理。"[17]他认为："鼎为烹调之器，生活需用之最重要者，今制之以为生命意义，天地境界之象征。"[17]远古时期的先民首先通过观察日月运行而建立的就是天地、上下、四方的概念。《管子·宙合》："天地，万物之橐也；宙合，有橐天地。天地苴万物，故曰万物之橐。宙合之意，上通于天之上，下泉于地之下，外出于四海之外，合络天地，以为一裹。"[18]《管子·九守》："一曰天之，二曰地之，三曰人之，四曰上下、左右、前后，荧惑其处安在？"[18]除了这种生存空间的定位意识之外，古人对空间的追求更主要表现在空间的博大无限之上。《老子》《庄子》中经常会提及"无极"二字，《荀子·礼论》曰："故天者，高之极也；地者，下之极也；无穷者，广之极也。"[19]汉赋在体物铺陈上也总是突出空间的广博与无限，就如司马相如《答盛览问作赋》中说："赋家之心，苞括宇宙，总览人物。"[20]因此，可以说，古时中国人的空间意识是建立在自身生存空间之上，是一种具体的空间知觉。

着眼于美术学的研究。巫鸿在多本著作中都分析了"空间性"这一概念，他对空间性的探讨分为两部分：一是象征性框架，指"生者为死者创造的黄泉之下的幻想的生活环境"，这一环境"或是理想的幸福家园，或是长生不老的仙境，或是永恒的宇宙"；二是"位"这个概念，"也就是墓葬中专为死者灵魂设置的位置"。而"象征性框架"与"位"又蕴含着两个互补的基本动机："一个是为死者创造具象或抽象的环境，另一个是在此环境中赋予死者以主体性（subjectivity）。每个动机都激发了墓葬艺术创作的巨大动能。而当这两种目的结合在一起的时候，为死者在黄泉之下建造象征性永恒家园的欲望就具备了无限的可能性。"[21]在巫鸿对空间性的思考基础上，笔者从海德格尔的"天地人神"四维结构思路里找到些启发，如果说"诗人以语词命名的方式将物和天地人神呼唤到彼此的近处"[22]，那么中国汉代的画家（工匠）则在诸神的命名中，以图像的方式处理"天地人神"的关系。他们营造出一个关于生存、生死的空间，一个神圣的空间[23]，这不仅表现为宏观的墓室、祠堂空间，而且也表现为画像石上微观的仙境空间，当然还有仙境空间与墓室、祠堂空间的内外交流，而贯穿其中的是汉代人对天地人神关系的理解，对现实物理空间与幻想的精神空间（这种幻想按照卡西尔的说法，也是一种客观化的存在[24]）的思考与描绘。

在汉代，无论是实在的墓室、祠堂，还是虚幻的仙境，都可理解为墓主死后的"家宅"。在巴什拉看来，"家宅是一种强大的融合力量，把人的思想、回忆和梦融合在一起。在这一融合中，联系的原则是梦想。过去、现在和未来给家宅不同的活力……没有家宅，人就成了流离失所的存在。家宅在自然的风暴和人生的风暴中保卫着人。它既是身体又是灵魂。它是人类最早的世界"[25]。巴什拉发现了家宅这一空间包含的哲学意义，人在家宅中获得安定与幸福。这一家宅不仅仅是一个实在的建筑，同时也构建在人的内心深处的记忆之中。对于地下墓室、地上祠堂，它们也都是墓主死后的家宅，同时，刻在墙壁中下方的那些似乎表现现实生活的画像，比如庖厨、宴饮等，也是"家宅"生活的一种表现；虽然仍然可能是一种理想中的现实生活，但是体现了"人"这个维度，同时也体现了人在"天地人神"四维中所处的"位置"。至于在我们看来虚幻的仙境空间，一般处于整幅图像的上方，乃至顶端，这一空间的存在如果联系现实的家宅生活，则表明了从人到仙到神的过渡。我们可以在长沙马王堆 T 形帛画中看到这种细致的描绘。因此，我们可以把汉代人对死亡的思考、对不死或者死后升仙的追求、对永恒理想乐土的追求在空间上进行一种逻辑展开：墓室空间是安放死者现实的身体的场所，同时也是灵魂得以超越的中介，墙壁上的图画展示了死者的灵魂一步步脱离人的维度，向神靠近，从大地升向天空，最后达到永恒、和谐的仙境，在那里灵魂将获得不朽。祠堂空间也表达了这种逻辑。当然，灵魂可以飞升向上成仙，福禄吉祥同样可以自上而下由神向人传递，并且因为祠堂为地上的空间，这意味着它同时是一个生者与死者交流的场所与空间。

图 7 / 西王母、人物、牛羊车画像

当然，除了这种诗学性质的空间阐释，我们仍然可以把画面中的仙境空间当作艺术本体来欣赏和解读。首先，从这个空间所呈现的状态上来说，这是一个和谐、平衡的空间，从图像反映的观念来说，表达了一种人神共处、阴阳相合的状态，长沙马王堆 T 形帛画中已经很好地表达了这种状态。从图像的视觉呈现来说，中心和对称是达成空间和谐与平衡的最佳表现。汉画像中大部分西王母形象都是正面端坐，身旁侍从俯首而拜，使得西王母形象无论是否处于画面真正的几何中心，都会是视觉的中心。而"对称"典型地表现为伏羲女娲阴阳对偶神的对称以及西王母与东王公的对称，伏羲女娲或者相互交尾或者分别在门柱的两端对称分布。我们可以从图7中体会这种"中心"与"对称"的呈现。

汉画像中的门、阙与天梯可以理解为两个空间的界限，因此虽然在视觉上我们无法透视出一个更深远的空间，但是在意识上却能理解穿过"天门"之后，进入的是不同于现实空间的仙境空间。在马王堆T形帛画中（图2）我们可以看到这种天门的设置，图8的画面中则直接刻有"天门"二字。陕西地区的墓门表现得更为形象、直接（图9），图10即为天柱或者天梯的一种图像表达。门、阙、天梯等图像实际上是在一个象征性的角度分隔空间的。

图8／河南新郑汉代"天门"榜题画像　　图9／陕西米脂伏羲女娲图　　图10／陕西米脂墓门左右立柱画像

无论是作为整体的仙境空间与表现现实生活的空间，还是单独就兽首人身（人首兽身）的图像来看，不同空间的事物被并置在了一幅完整的图像中。因为时间与空间自古以来不可分割的联系，论述某一主题的空间性而不提及时间是不可能的。叶舒宪是从神话思维的角度来解读原始人时空观的，他认为"在古代中国哲学的思维模式中时间与空间总是交错混同，彼此不分的"[26]，这从本文的主题"理想乐土"两个词的组合也能直接解读出来，理想显然指向未来时间，乐土则是表达了某种空间存在。之所以集中论述空间性是因为汉代墓室与汉画像本身的特点，或者也可以说，在汉画中，时间在很大程度上被空间化了。巴什拉从存在与体验的角度来阐述时间与空间的关系："我们无法体验那些已经消失的绵延。我们只能思考它们，在抽象的、被剥夺了一切厚度的单线条时间中思考它们。是凭借空间，是在空间之中，我们才找到了经过很长的时间而凝结下来的绵延所形成的美丽化石，无意识停留着。回忆是静止不动的，并且因为被空间化而变得更加坚固。"[25]巴什拉在这里论述的是过去，这并不妨碍我们去理解理想与未来，可以这么说，我们对未来的想象具体表现为一种空间存在，如此这般，所有漂浮在时间中的东西才能固定下来，我们才可以去理解它们、表达它们。在汉画像的理想乐土表达中，这种时间性就隐藏在从现实世界到仙界的"旅行"之中，隐藏在由生到死再到永恒的观念之中。

理想乐土所指向的仙境空间并不是一个实在的确定的空间，而是一个充满象征性的空间，因此我们有必要接着从象征性的角度来探讨汉画像神话中的理想乐土。

德国哲学家恩斯特·卡西尔（Ernst Cassirer）提出"人是符号的动物"，他认为人类生活在一个符号的世界中。神话、艺术和宗教等就是这个世界的组成部分。[27]荣格在《人类及其象征》中对象征下了一个定义："当一个字或一个意象所隐含的东西超过明显的和直接的意义时，就具有象征性。"[28]在书中，荣格通过梦的象征分析来证明现代人实际上和原始人一样，象征在其日常生活中占据了很重要的成分。在中国，从汉字到《周易》八卦再到先秦"铸鼎象物"，无不体现着象征的观念。汉画像就是一种象征型的艺术，并且汉画像所体现出的总体观念是一种"宇宙象征主义"的。这种观念很典型地表现在汉代的墓室、祠堂和椁棺画像中——汉代的墓室往往造成上圆下方的样子，以象征"天圆地方"的古老宇宙观。汉代人将宇宙分成天地人鬼四大部分，并把这四大部分放在一个整体的图式中来表现。天上是诸神世界（汉代主要是自然神），地上有昆仑山、三神山、天柱等可以与天上世界沟通，祠堂和椁棺画像往往也按天地人鬼的信仰观念来安排，以体现人在宇宙中的位置。但人们对宇宙的认识和生成的认识，都不是人认识世界的目的。宇宙只有成为人类生存的环境，并根据天地的自然之道而为人所利用时，宇宙论才对人生有意义。我们在这里着重讨论的神仙世界的图像也要放在宇宙论的图式中去阐释它的象征意义。[29]

实际上，一方面，神仙世界是一个沟通天地的场所。人（不管是灵魂还是肉身）通过飞升仙界，在仙境中寻找与天神的联系，而神仙世界的伏羲女娲、西王母又可以赐福人类，让生活在地面上的人类幸福快乐。另一方面，我们也可以将其理解为一个独立的空间，身处在这个空间中，可以无忧无虑、长生不死、长乐富贵，它是汉代人在神话时代消逝、人的力量崛起的时代，面对生命的残酷与喜乐而造出的一个现实世界的幻象。在这个世界中所有的事物都被赋予了象征的意义，正是通过这种象征，汉代人才把握住了这个世界，而这个神仙世界也就是通过这些象征意义，才与人世紧密相连。也正是在这个意义上，可以说汉代人心目中就真实地存在着这样一个地方，正是有了这样一个理想乐土的存在，人世间的快乐才得以长久绵延，而人世间的痛苦在这里却不复存在，人不会再受到时空的限制，及死亡的威胁。因此我们可以概括性地说，汉画像中神仙世界的图像象征着汉代人对幸福的追求，对永生的渴望。当然我们还需要更具体地分析，这个神仙世界中有始祖神、伏羲、女娲，也有西王母与东王公以及围绕在他们周围的一系列与升仙不死有关的侍者图像，并不是所有的图像都会同时出现，这一系统的形成实际上经历了上百年的演变，同时也表现出了地域性的不同。

伏羲、女娲与西王母、东王公都是汉代人信仰的主神，不过从西汉到东汉，呈现出西王母与东王公越来越占据重要地位，伏羲、女娲逐渐被边缘化的趋势。究其原因，如果从象征的角度来看，或许是因为汉代人"长生不死"的愿望从西汉到东汉不断增强，而西王母掌握"不死之药"，成为仙境的象征，因而越来越受到重视。伏羲女娲图像在这方面的象征意义就比较弱，他们更多是承袭了神话传说的创世、始祖神的含义，主要表现出了在天地生成、化育万物方面的象征内涵。伏羲女娲图像上的共同特征都是人首蛇身，作为对偶神，他们或相对而立，或并肩交尾。他们一般会手捧仙草，或手擎日月，或手执规矩，或手举乐器，等等。除此之外，玉璧、华盖、玄武、朱雀、九尾狐、羽人以及西王母这些图像都随伏羲、女娲一起出现过。汉画像中的伏羲女娲图，手捧仙草自然是象征了"长生不死"的仙人权力，手擎日月则象征了阴阳，手执规矩即是规天矩地，象征了天圆地方的宇宙论观念，再联系到伏羲女娲的"交尾"，则前面的图像又多了一层象征含义：阴阳交感，化育万物，这体现了伏羲女娲的始祖神地位与汉代阴阳哲学的融合。另外，因为伏羲、女娲的神性和以上的这些象征性，他们也拥有了赐福、辟邪的功能。

李淞研究了汉代西王母的图像，他将西王母图像系统分为核心图像、必要图像、辅助图像与区域图像三个层次。[30]其中核心图像为西王母（戴胜）与玉兔。我们把这个图像系统称为西王母图像系统，就因为西王母在图像中至高无上的中心地位，西王母就是整个仙境的象征。从图像的辨识度来说，西王母要戴胜，有捣药兔在身旁，这样的图像才能确定为西王母仙境。因此我们也能确立"胜"本身的象征（出现在仙境空间中的），即最直接的，它是西王母的象征。玉兔的象征则指向月亮以及"不死"。

必要图像有蟾蜍、三足乌与九尾狐。蟾蜍代表了月亮，也因与不死药的联系而象征了长生不死。三足乌代表着太阳，三青鸟为西王母的使者，因而某种程度上，它的象征性是依附于西王母的。

图11／伏羲·女娲·东王公图

有一类比较普遍的图像是日中金乌与月中玉兔，成语"乌飞兔走"即是这种图像的文字表达，它们联系在一起，象征着时间的流转，生命的无限、循环等等。至于九尾狐，一般从"九"（九重天、九族）这个数字以及"尾"（交合、繁衍）的含义入手，象征了生命的生生不息。

辅助图像与区域图像指的是在西王母图像系统中那些不十分普遍和稳

定的图像，一般具有阶段性、区域性，或集中在某类特殊介质上，如河南的凤凰、绕线架（板），山东的建鼓舞、交尾侍者、双首神、风伯吹墓室，陕北和四川的华盖、各种形式的天柱、侍者与兽首人身侍者、龙虎座、天门、祭祀图、灵芝，铜镜上的辎軿车、伯牙弹琴，以及六博图等。这些图像中比较特别的是"天柱""天门"，它们显然具有突出的象征意义。天柱，在图像上也被认为是"神树""仙山"，鲁惟一将三者并列为"宇宙树或柱，以及昆仑山"，这表明了三者之间的深刻联系。伊利亚德在论述"世界体系"（system of the world）这个概念时指出，一个圣地在空间的均质性中形成了一个突破，这种突破是以一种通道作为标志的，正是借此通道，从一个宇宙层面到另一个宇宙层面过渡才成为可能（从天国到尘世或从尘世到天国、从尘世到地下的世界），与天国的联系通过某些宇宙的模式来表达，这一切都被视为宇宙之轴、支柱，被视为梯子，被视为山、树、藤蔓，等等。在这宇宙轴心的周围环绕着世界，因此宇宙的轴心是在我们宇宙的"中心"。[31] 由此，我们可以看出，不管是山、树、柱、梯，都可以理解为沟通天地的象征，并且隐含了"世界的中心"这一层面的意义。天门的象征意义就更容易理解：门首先是一种界限，门里和门外是不同的世界，在伊利亚德那里，教堂的门代表着一种空间连续性的中断，代表着阻隔开了世俗与神圣的界限；而门又代表着一种沟通，因为正是通过门，诸神才能从天国降临尘世，人类也才能借此门在象征的意义上升向天国。[31]

汉画像中遍布的云气纹相比以上的具象图像，是一种更抽象的象征符号。云气纹在基本的装饰功能之外，代表着弥漫于宇宙之间的真气，象征着天空、天界、仙界、龙凤以及吉祥等。当然最核心的是云气纹与"仙"的联系。云首先是"龙"的符号化，《周易·乾卦》曰："云从龙。"[32] 云与龙紧密联系在一起，共同象征了仙界。《庄子》中的一些描述最典型地表现了这种联系，《庄子·逍遥游》中"若夫乘天地之正，而御六气之辩，以游无穷"，[33]"肌肤若冰雪，绰约若处子，不食五谷，吸风饮露，乘云气，御飞龙而游乎四海之外"。[33]《齐物论》中"乘云气，骑日月，而游乎四海之外，死生无变於己"，[33] 云气在此已经成为飞升仙界的工具。因此，汉画像中，云气的出现，往往与升仙或者仙境密切相关，由此也就衍生出了其吉祥的象征。（图10至图13中，云气漫布在动物周围，周围的边框也用云气纹象征了仙境与吉祥。）

图12/河南郑州新通桥画像砖

图13/陕西米脂墓门左立柱画像

对于这一神仙世界中的某一个体形象的象征与文化内涵的分析，学术界研究成果颇多，本文重点要指出的是其整体性的象征。这个整体性是指某些事物"由于变成了象征，也就变成了超越现实的符号，这些符号取消了它们物质的限制，不再是孤立的碎片，而是成为一个完整的体系，或者更确切地说，尽管有着不稳定的、碎片化的性质，它们自身还是体现着相关体系的整体性"[34]。可以确定的是，这些图像都是仙境的象征，所有的图像都指向了升仙、不死，同时也都有庇佑死者或者生者的意义，而并不是需要所有图像都出现（甚至不需要西王母形象出现），才能形成这种象征意义；也就是说我们不能把这些图像理解为仙境的"组成元素"，实际上，"一个事物变成一个象征，它就倾向于和整体合而为一，就像神显倾向于体现一切的神圣，倾向于将所有神圣权能的显现囊括在自身之内"[34]。最典型的例子是西王母的"胜"，已经可以单独作为一个符号出现来象征西王母，而这种象征还可以指向整个仙境以及庇佑的功能，如果小南一郎所研究的

"胜"与"胜"的关联能够成立的话，那么这个象征就扩大至更广的"织"这一行为所包含的宇宙论的意义。

其次，存在这样一种可能性，即在一个象征系统内一件事物的象征性会受到它所关联的另一事物的影响。这实际上就如伊利亚德所说象征是有内在一致性的，存在着一种象征的逻辑，"一种不仅来自巫术—宗教的象征体系的逻辑，而且是一种人类的无意识和超意识行为所表达的逻辑"[34]。李淞在论述蟾蜍的图像象征时，提到了蟾蜍与兔之间的关系和来源一直是个谜。闻一多从蟾蜍的蜍与兔的音易混淆，提出讹传说，袁珂认为"其言当是"。读音能够混淆，其实根本是意识、思维上的混淆，即蟾蜍与兔子两者之间存在着相互影响以及象征性上的替代。这种替代实际上是一种思维上的相互影响、同化（这种思维实际上从古至今一直存在，比如古人会将关公的青龙偃月刀当作关公的象征；在当代社会，我们为了怀念故去的亲人，而将与其关系最密切的事物当作亲人的象征，比如一幅唯一的自画像）。假如我们确定了兔子和蟾蜍都代表了月亮，实际上就建立了兔子与蟾蜍的联系；而假如蟾蜍又代表了"不死药"，那么图像中出现捣药的兔子也就不足为怪了。弗雷泽分析了巫术赖以建立的思想原则，发现它们可以归结为两个方面：第一是同类相生或果必同因；第二是物体一经相互接触，在中断实体接触后还会继续远距离相互作用。前者称为"相似律"，后者称为接触律或"触染律"。[35]这两个规律包含着的一个最基本认识，即相信事物的模仿或事物的图像同样是有灵的，它们之间或是因相似、或是因有过接触而相互联系，相互渗透，相互影响。虽然我们在此分析的并不是巫师施展巫术，但是思维以及语言之间的相似、图像之间的替代，显然也会造成事物的象征性指向之间相互影响与渗透。至少，在一个象征系统之下的不同符号之间的象征性互相影响、融合能给我们分析类似图像提供参考。

再次，我们从图像中解读出的象征性根本离不开图像本身的神话原型。不过图像本身的特点，也会影响到象征性的传达。从一些图像上我们虽然能确定其形象，却不一定能确定其指向。例如云气纹的象征性不仅与其背后的神话内涵与哲学内涵相关，从原始时期艺术品上的纹路，到商周的

"云雷纹"、先秦的"卷云纹",再到汉代的"云气纹",这样的图像自身发展逻辑也是分析象征性的重要方面。

三、汉画像神话中的理想乐土的审美分析

前文已经论述,汉画像神话中的理想乐土主要表现为神仙世界的图像,这一神仙世界围绕着伏羲、女娲,或者是西王母、东王公建立起来。李泽厚认为,汉代艺术"通过神话跟历史、现实和神人与兽同台演出的丰满形象画面,极有气魄地展示了一个五彩缤纷、琳琅满目的世界",这一世界"很不同于后代六朝时期的佛教迷狂。这里没有苦难的呻吟,而是愉快的渴望,是对生前死后都有永恒幸福的祈求"。[36]可以说,汉画像神话中的理想乐土就是一个"长生不死""长乐富贵"以及"长宜子孙"的世界,是一个"天人合一"的世界,是一个审美的乌托邦的世界。对这一理想世界图像做审美的范畴的分析,可以概括地表述为:从审美主体来看,这一图像反映的是汉代社会世俗与超越的统一;从审美本体来看,这一图像是怪诞与和谐的统一;从审美的根源来说,这一图像是一种审美乌托邦,反映的是人类根本的精神——乌托邦精神。

(1) 世俗与超越。汉画像神话中的理想乐土最突出的特点即为"长生不死",因为这是一个充满神性的神仙世界,人们可以无限靠近甚至拥有神仙的能力,可以拥有某种神性,可以不死,获得永生;但另一方面,其所观照和开启的仍然是一个世俗的幸福世界,人们努力追逐不死,或者死后灵魂不灭乃是为了享受人世间的幸福与欢乐,不仅为现世生活,也为后世子孙求得福祉(长乐富贵与长宜子孙)。

从马克斯·韦伯的《新教伦理与资本主义精神》《儒教与道教》问世开始,世俗与超越的问题就成为一个热点。在马克斯·韦伯的论述中,世俗化被看作现代性转折的重要维度,现代社会是一个"祛魅"之后的"世俗社会",在这个社会中"那些终极的、最高贵的价值,已从公共生活中销声匿迹"[37]。虽然这主要集中于现代性问题,但中国传统社会的世俗性与超

越性也是谈论中国社会的现代性绕不开的一环。在伊利亚德那里,"世俗"是通过一种宗教的角度规定的,是作为"神圣"的对立状态存在于中国古代社会,与西方社会不同的地方在于,古代中国一切都是以"天人合一"的理念为根本的,无论是儒家强调的德性,道家强调的自然、虚静、无为还是西王母信仰,都呈现出对这种理念的追求。在古代中国人那里,神圣与世俗、超越与现世之间并没有什么严格的界限。因为日常生活的世俗性与灵魂不灭的信仰、天命、天道的世界是一体的,没有像西方一样分割出上帝之城与世俗之城。因此,中国古代社会既像韦伯总结的那样,充满了世俗精神,但同时也是超越的。所不同的是,这种超越并不是对此世的超越,而是对限度的超越,这种超越在时间上表现为对寿命的超越,在空间上是对无穷的追求,这种追求要达到的效果就是"天人合一"。

两汉的文学艺术有两个特点:一是"大美","大美"者,高大、宏大、博大、壮大之美也,主要是西汉的特点;[38]二是"实",主要是东汉的特点。这两个看似有些对立的特点实际上都和汉代生活更根本的一个特点——"世俗性"息息相关。追求"大美",是一种世俗生活中的恢宏大气的美;而尚"实",更是世俗生活的写实。从华美宏大的宫殿到市井中的乐舞,从汉赋的世俗生活场景的铺陈到乐府诗中的饮酒享乐,等等,无不体现了强烈的世俗性特征。而这一特点在汉画像中有更广泛更直接的体现。在汉画像中,有大量的庖厨图、宴饮图、乐舞图、博弈图、百戏图、狩猎图、车马出行图以及表现两性生活的图像,而铜镜铭文或者瓦当上经常出现"富""贵""乐""千秋""万岁""未央"等字眼,如铜镜中刻有"长宜子孙"的字样,瓦当中有"长乐未央"的文字,更明确道出了汉代人追求享乐、长生的心理。实际上,最能深刻体现汉代的"世俗性"这一特征的,不是那些表现现实生活的图景,而恰恰是表现神仙世界的这一类图像,因为汉代人升仙的目的,其实是希望长寿、长生、不死,他们迷恋这个尘世,不是想要抛弃它,而是想在更广更深的意义上保留它。即使是对那些底层民众来说,虽然一些战乱、灾害、压迫等让他们觉得这个世界不尽如人意,他们还是希望在死后过着与人间相类似的生活。这表明对汉代人来说,尘世中一直存在着一个幸福图景，而对神仙世界的幻想、描绘就是这种认识的外化表达。

神仙世界超越的一面是如何表现呢？这种超越不是对世俗社会的摒弃，不是回到一个没有世俗生活的伊甸园，也不同于后世归隐山林不问世事的隐士、求仙问道之士的超越。恰恰相反，它是在对生命的渴望的基础上对死亡的超越，这种超越的结果就是死亡在汉代人看来不是那么恐怖了，而是成为一个更美好生活的契机。它的否定性或许只是表现在对生命短暂的不满，这种不满的背后实际上是对现世价值的绝对肯定。如果说现实世界是一个享乐世界的话，他们想要追求的是一个极乐世界，在这个世界中，世俗性的享乐将不再有时间的终点以及空间的限制，就像铜镜铭文与瓦当文字上表达的"长乐未央""长乐无边"。于是我们又返回到一开始论述的汉代人对"大"的追求，这种"大"就是不断地扩展边界，突破时空的限制。在语言的表达上，汉代人将这种"大"扩展至"天地""宇宙"。司马迁写《史记》是要"究天人之际，通古今之变"，司马相如《答盛览问作赋》中说："赋家之心，苞括宇宙，总览人物。"这很明显是沿袭了庄子的"天地有大美而不言"、屈原的"登昆仑兮食玉英，吾与天地兮比寿，与日月兮齐光"的思路，表达的是人希望所生存的空间像宇宙一般广阔，存在的时间像天地日月星辰一般永恒。但是现实的时空总归是有限的，生命也终有尽头，那么就需要一个理想乐土来满足人们的这种渴望。汉代人通过汉赋、汉乐府、汉画像等艺术表达了这种渴望，我们将之解读为一种审美的超越，应该是合理的。

（2）怪诞与和谐。当我们（以现代人的身份）对这一神仙世界的图像凝视时，立刻能感觉到怪诞，特别是将神仙世界中的图像个体（人首蛇身、鸡首人身、牛首人身、马首人身的怪物，比如羽人）与那些表现日常现实生活的图像（车马出行图、宴饮图以及庖厨图）对比的时候，它们呈现出一种怪异的拼贴、一种畸形、一种奇怪的比例，正是这些特征让它们从形式上远离了"美"。我们现代人将之称为"怪诞"[39]。追溯怪诞的来源与发展，似乎应该从文艺复兴时期在原始洞窟中发现的被称为"grottesco"的绘画风格说起，直至今天怪诞成为一种重要的美学范畴。但实际上，怪诞艺术并不是从文艺复兴时期才发端，它在更久远的原始时期就存在，在世界各个地区原始社会流传下来的神话中，都可以找到怪诞的艺术。《山海经》中就记载了大量的人兽同体的怪物，汉画像中的怪诞形象在《山海经》中都可以找到文字的或者图像的对应；在古老的中国岩画以及青铜器上，我们也能发现许多怪诞的形象。

这些怪诞形象的产生，无疑与早期宗教信仰密不可分。在原始信仰以及原始思维中，原始人并未将"自我"抽离出大自然，自然对他们来说是神秘可怖的。对于原始人来说，"他的自然观既不是纯理论的，也不是纯实践的，而是交感的（sympathetic）……。原始人不缺乏把握事物的经验区别的能力，但是在他关于自然与生命的概念中，所有这些区别都被一种更强烈的情感淹没了：他深深地相信，有一种基本的不可磨灭的生命一体化（solidarity of life）沟通了多种多样形形色色的个别生命形式"[27]，"人与动物、动物与植物全部处于同一层次上"[27]。正是出于这样的原因，原始艺术中人、动物、植物处于一种奇怪的杂糅的状态而显得怪诞。因此，"汉代人艺术创作中的怪诞形象，是汉代人集体无意识下的原始思维在墓葬艺术中的集中体现"[40]。

然而，从整体上来看，我们又能感觉到神仙世界是和谐的，这种和谐感的来源，一方面是通过与原始艺术（比如古老岩画）的对比，我们发现，与那些恐怖狰厉的古老艺术图像比较，汉画像中的神仙世界图像变得和谐了，尽管仍然怪异，但是在慢慢远离恐怖狰狞。这或许是因为，随着生产力的发展，人与自然、人与动物的关系从自然绝对的压倒性中解脱出来，呈现出对立统一的状态。和谐永远是对立中的和谐。亚里士多德在《论宇宙》中说："也许，自然喜爱相反的东西，且正是从它们中，而不是从相同的东西中，才求得了和谐，就像自然把雌与雄结合在一起，而不是使每对相同性别的东西结合一样；所以，最初的和谐一致是由于相反，不是由于相同。"[41] 张光直在论述商周神话与美术中的"人与动物关系"时认为："在商周的早期，神奇的动物具有很大的支配性的神力，而对动物而言，人的地位是被动与隶属性的。到了周代的后期，人从动物的神话力量之下解脱出来，常常以挑战者的姿态出现，有时甚至成为胜利的一方面。"[42]到了汉代，面对神秘的大自然界时，人的力量变得更为强大，人可以主宰更多的事物。自然不再是一种压倒性的力量（当然对于某些自然界的异常现象，汉代人还是将其解释为某种神秘的预兆，汉代的这种谶纬思潮相当盛行，甚至成为哲学与宗教信仰的重要组成部分），人不再仅仅是敬天、畏天，而是强调"天人一也"，人与自然在古代社会的初期达成了某种和解。可以说，这个神仙世界的和谐，是一种天地人神共舞的和谐、生与死的和谐。在这个时代，人诗意地栖居在世界之中，这就是一种最根本的和谐。另外还有重要的一方面，表现为形式上的和谐。因为和谐与对称、平衡、均匀、比例、协调等这些形式美的因素有着密不可分的联系。[43]和谐在最初的毕达哥拉斯学派那里，就是一种数量关系，或者说各部分之间的对称、比例以及各阶段之间的节奏、韵律。因此通过观察汉画像整体的绘画风格，不论是现实生活图像还是神仙世界的图像，或者是天象图，画面整体的对称、比例以及营造出来的秩序呈现出"和谐"之感。就对称来说，日与月、伏羲与女娲、西王母与东王公、规与矩等无不体现着阴阳和谐。山东嘉祥祠的墙壁画像中我们也能很直接地感受到图像的比例以及秩序。

总的来说，汉画像神话中理想乐土的"和谐"表现在"天人合一"的和谐，以及画面形式中的"对称、比例以及秩序"的和谐，而阴阳哲学、儒家思想以及道家思想是这种"和谐"产生的根源。阴阳哲学、儒道与"天人合一"和谐观的联系自不必赘述，需要说明的是以上思想对形式的"和谐"的影响，从《易经》八卦中的图像我们已经能感受到它所表达的宇宙万物对立统一以及宇宙的秩序性，阴阳思想在画面中最明显的体现就是对称，以此来表达阴阳相合、不可分割之意。而儒家思想对画面形式中的"和谐"的影响应该在于其"礼教"的观念，汉画像图像在功能上有宣传伦理纲常思想的作用，故而这种上下有别、尊卑有序的思想在汉画像中也表现了出来，使得画面富有秩序感。至于道家，一直与神仙思想关系最密切，对画面形式的影响来自其浪漫飘逸的特点，这表现在画面中就是使得仙境图像变得婉转曼妙，富有动感，特别是云气的存在起到了冲淡"怪诞"的作用。以上这些说明，正是在阴阳哲学的影响下，汉画像神话中的理想乐土得以呈现出"和谐"之感。

（3）乌托邦精神与审美乌托邦。要更进一步解释上文所言的"世俗与超越"，探究审美的超越的根源，就要论述到人类普遍的乌托邦精神。赫茨勒在《乌托邦思想史》中说："乌托邦的基础是乌托邦主义精神，即认为社会是可以改进的，而且可以改造过来以实现一种合理的理想。"[44]人除了是自然界的一部分之外，更重要的是生活在一个自身创造的"价值"世界之中。这个"价值"世界并不是密闭的，而是一个还在开封的、尚未明确的巨大空间。乌托邦对于人来说，就是一个尚未存在的存在，是一个永恒存在的希望，乌托邦是只有人才能做的白日梦，"动物在任何情况下都不知道这样的梦，只有人才能沸腾起乌托邦之梦"[45]。"人的存在的根本特征不是如动物一般接受既定'事实'，而总是生活在'远方'，生活在'未在之乡'"[1]，这就是乌托邦精神。从哲学上来说，人类一直在追求一个"应然"的世界，追求一个更美好生活的梦。没有了这种最基本的"饥饿"冲动（布洛赫语，显然这种饥饿不但是生理上的，更是精神上的），人类的生活仿佛也失去了价值。

汉画像神话中的理想乐土，其实就是汉代人用图像构建的一个乌托邦。在现实中不能得到的，在艺术图像的想象中得以完成，因而这是审美的乌托邦。本雅明认为，古代的艺术最重要的特点是它富有"光晕"的艺术，这种"光晕"可以解读为某种神性，艺术带给人的不是一种"展览价值"，而是一种"崇拜价值"。[46]在汉代社会，这种由汉画像艺术构建的审美乌托邦本身就是汉代人日常生活中的积极的实践。汉代人在艺术图像中去沟通神灵，获得永生，就是对现实的反抗。它也并非不可实现的幻想，实际上，在墓室、祠堂、铜镜、帛画中大量创作的神仙世界的图像，表达的是汉代人强烈的升仙愿望，这种愿望不是虚无缥缈的，在汉代人看来，这是极可能实现的，只是需要用各种技术手段，一步步去达成。我们不要忘了，这类图像还有一个重要的现实功用是赐福避祸，因此这一审美的乌托邦是积极的,远非"救赎"一词可概括。它是面向民众敞开的,存在于日常生活的方方面面。朱青生在《汉画作为图像》一文中分析了中国古代"艺术"的概念与古希腊以来的西方"艺术"概念的不同。他认为"对不可知的干预的行为"才是一种艺术,这种行为在汉代被分别称作"艺"和"术",就是人们通过当时人的某种行为,并且为这种行为做一整套的制作,然后来对自己不了解的一种力量或一种存在进行干预和推动。[47]从这样的解读中我们能发现,汉画像神话中的理想乐土本身就是对人—神关系的干预和推动,这一审美乌托邦是实实在在的行为。

总之,汉画像作为表现死亡的艺术,死亡又是汉代人生命中的重要一环,而对死亡的恐惧、对生命永恒的渴望由神仙世界的图像表达了出来,这种呈现的过程也就是恐惧得以消解、愿望得以实现的过程,这也正是审美乌托邦的意义体现。汉画像艺术是汉代人生活的重要组成部分,它图画天地,品类群生,刻绘出一个汉代人心目中的理想乐土。它最直接地描绘了汉代人对死亡与重生的态度,描绘了汉代人对世俗与超越的追求,描绘了汉代人对长生不死、长乐富贵、长宜子孙以及天人合一的向往。从这些图像中我们可以看到汉代人对现世生活持有的诚意与热情,可以看到他们对天地鬼神的尊敬与信仰,而在天地之间的人,不卑不亢,在神的庇佑下努力追求生命的长久、空间的无限、幸福的永恒。或许那只是一个乌托邦,但不可否认那是一个充满着积极意义、乐观精神的乌托邦,它充满着对尘世的眷恋之意,它不仅是苦难的慰藉,更是幸福的确证与绵延。

【注释】

[1] 郑玄注,孔颖达等正义,《毛诗正义》,阮元校刻《十三经注疏》,北京:中华书局2009年版,第761页。

[2] 以上这些相似的观念与概念,有一个共同之处,即都是想象中的一个美好快乐的地方,或者一个时代。参考胡万川《真实与想象:神话传说探微》中《失乐园——一个有关乐园神话的探讨》一章。胡万川,《真实与想象:神话传说探微》,新竹:台湾清华大学出版社2004年版。

[3] 弗莱,《批评的剖析》,陈惠、袁宪军、吴伟仁译,天津:百花文艺出版社1998年版,第150页。

［4］ 侯外庐主编,《中国历代大同思想》,北京:科学出版社1959年版,第2页。

［5］ 德国哲学家布洛赫认为,人类本真的未来向度乃是通过人与人、人与世界、人与自然的相遇来实现乌托邦的未来图像。艺术是关于乌托邦意识的显现和尚未形成的现实的象征,艺术家的假象不仅仅是单纯的假象,而是现实的前假象图景。通过艺术所追求的图像可以预先显示乌托邦。参见金寿铁,《艺术与乌托邦——论恩斯特·布洛赫的艺术观》,《马克思主义与现实》,2010年第1期。

［6］ 这种差别或许就是图像与文本、精英与民间的差别。从思想观念的角度来说,有些学者(比如余英时、葛兆光等)在论述古代思想史时会提到精英的(上层的)思想和民间的(下层的)划分,认为我们掌握的不少古代经典文献大都是在言说一种精英的思想,不一定能够完全代表民间立场。如果说在先秦,我们更多可以找寻到的是诸子百家文献中的"理想乐土",在魏晋以及之后的历史中,是陶渊明开辟的文人桃花源及其衍生,那么在汉代,论及"理想乐土"观念,当之无愧的是更能代表民间思想的汉画像图像中的"理想乐土"(当然,其中也夹杂着神话与汉赋、汉乐府,它们与汉画像之间一直是紧密联系、保持互动的)。

［7］ 朱熹,《四书章句集注》,《新编诸子集成》(第一辑),北京:中华书局1983年版,第37页。

［8］ 汉代神话发展的特点就是神话仙话化,重点由"神"转移到了"仙",而仙话,至少在汉代的仙话,完全可以认为是中国神话的一部分。

［9］ 闻一多,《闻一多全集》(第一卷),北京:生活·读书·新知三联书店1982年版,第157页。

［10］ 许慎撰,段玉裁注,《说文解字注》,上海:上海古籍出版社1988年版,第2、383页。

［11］ 朱熹,《楚辞集注》,上海:上海古籍出版社2001年版,第77—78页。

［12］ 班固,《汉书》,见《二十四史》(第一册),北京:中华书局2000年版,第239页。

［13］ 信立祥,《汉代画像石综合研究》,北京:文物出版社2000年版,第60页。

［14］ 巫鸿,《礼仪中的美术——巫鸿中国古代美术史文编》,北京:生活·读书·新知三联书店2005年版,第244—245、245页。

［15］ 海德格尔著,《存在与时间》,陈嘉映、王庆节合译,北京:生活·读书·新知三联书店1987年版,第66页。

［16］ 恩斯特·卡西尔,《人论》,甘阳译,上海:上海译文出版社1985年版,第54—59页。

［17］ 宗白华,《宗白华全集》(第一卷),合肥:安徽教育出版社1994年版,

第 621、612 页。

[18] 戴望,《管子校正》,见《诸子集成》(第五卷),北京:中华书局 1954 年版,第 63、301 页。

[19] 王先谦,《荀子集解》,见《诸子集成》(第二卷),北京:中华书局 1954 年版,第 237 页。

[20] 司马相如,《大人赋》,见《两汉全书》(第四卷),济南:山东大学出版社 2009 年版,第 1967 页。

[21] 巫鸿,《时空中的美术:巫鸿中国美术史文编二集》,北京:生活·读书·新知三联书店 2009 年版,第 167 页。

[22] 余虹,《艺术与归家——尼采·海德格尔·福柯》,北京:中国人民大学出版社 2005 年版,第 171 页。

[23] 在伊利亚德看来,存在着一个神圣的空间:"对于宗教徒而言,空间并不是均质的。宗教徒能够体验到空间的中断,并且能够走进这种中断之中。空间的某些部分与其他部分彼此间有着内在品质上的不同。耶和华神对摩西说:'不要近前来,当把你脚上的鞋脱下来,因为你所站之地是圣地。'于是,就有了神圣的空间……"参见米尔恰·伊利亚德著,《神圣与世俗》,王建光译,北京:华夏出版社 2002 年版,第 1 页。

[24] 卡西尔在《语言与神话》中说:"我力图对我认为是人类最基本、最有代表性的特征之一的那个缓慢而连续不断的过程作一番概览。我试图将这一过程描述成客观化过程。在人类活动的各种不同形式中——在神话和宗教、艺术、语言、科学中,人所追求和达到的就是将他的感情和情感、他的愿望、他的感觉、他的思想客观化。"参见卡西尔著,《语言与神话》,丁晓等译,北京:生活·读书·新知三联书店 1988 年版,第 169 页。

[25] 加斯东·巴什拉著,《空间的诗学》,张逸婧译,上海:上海译文出版社 2009 年版,第 5、8 页。

[26] 叶舒宪,《中国神话哲学》,北京:中国社会科学出版社 1992 年版,第 12 页。

[27] 恩斯特·卡西尔著,《人论》,甘阳译,上海:上海译文出版社 1985 年版,第 35、105、106 页。

[28] 卡尔·荣格著,《人类及其象征》,张举文、荣文库译,沈阳:辽宁教育出版社 1988 年版,第 2 页。

[29] 参见朱存明,《汉画像宇宙象征主义图式及美学意义》,《文艺研究》,2005 年第 9 期。

[30] 李淞,《论汉代艺术中的西王母图像》,长沙:湖南教育出版社 2000 年版,第 248—270 页。文中对这三类图像的具体分类也是参考此文。

[31] 米尔恰·伊利亚德著,《神圣与世俗》,王建光译,北京:华夏出版社

2002年版，第12、4页。

[32] 王弼、韩康伯注，孔颖达等正义，《周易正义》，阮元校刻《十三经注疏》，北京：中华书局2009年版，第28页。

[33] 郭庆藩，《庄子集释》，见《诸子集成》（第三卷），北京：中华书局1954年版，第10、14—15、46页。

[34] 米尔恰·伊利亚德著，《神圣的存在：比较宗教的范型》，晏可佳、姚蓓琴译，桂林：广西师范大学出版社2008年版，第421、421、420页。

[35] 弗雷泽著，《金枝》（上册），王培基、徐育新、张泽石译，北京：商务印书馆2012年版，第25页。

[36] 李泽厚，《美的历程》，天津：天津社会科学院出版社2001年版，第121页。

[37] 马克斯·韦伯著，《学术与政治》，冯克利译，北京：生活·读书·新知三联书店2005年版，第48页。

[38] 仪平策，《中国审美文化史·秦汉魏晋南北朝卷》，济南：山东画报出版社2000年版，第4页。

[39] 某种程度上，这只是现代人对古代艺术的一厢情愿的解读，就像西方人将中国寓意吉祥的"龙"当作怪兽一样，当然这并不妨碍我们研究怪诞，只是提醒我们时刻注意"怪诞"这一视觉存在与心理感觉是受文化环境限制的。

[40] 朱存明、李姗姗，《汉画像西王母神怪侍者研究》，《中国汉画学会第十三届年会论文集》，2011年。

[41] 亚里士多德，《论宇宙》，见苗力田主编《亚里士多德全集》（第2卷），北京：中国人民大学出版社1991年版，第618页。

[42] 张光直，《中国青铜时代》，北京：生活·读书·新知三联书店1983年版，第295—296页。

[43] 所有这些都是美的体现，鲍桑葵在《美学史》中说："在古代人中间，美的基本理论是和节奏、匀称、各部分的和谐等观念分不开的，一句话说，是与多样性的统一这一总公示分不开的。"参见鲍桑葵著，《美学史》，张今译，北京：商务印书馆2010年版，第4页。

[44] 转引自贺来，《乌托邦精神：人与哲学的根本精神》，《学术月刊》，1997年第9期。

[45] 恩斯特·布洛赫著，《希望的原理》（第一卷），梦海译，上海：上海译文出版社2012年版，第229页。

[46] 瓦尔特·本雅明著，《机械复制时代的艺术作品》，张旭东译，《世界电影》，1990年第1期。

[47] 朱青生，《汉画作为图像》，《画刊》，2012年第2期。

沂南汉墓"莲华化生"佛教内容探析[①]

> 朱浒
>
> 1983年生，美术学博士，北京大学考古文博学院博士后，华东师范大学艺术研究所副教授。

沂南汉墓位于今山东省临沂市沂南县城西三公里的北寨村，1954年由南京博物院主持发掘，是迄今为止山东地区发现的最重要、图像最复杂的汉画像石墓之一，年代大致是东汉晚期，[1]隶属徐州琅邪郡。学术界对其中的佛教内容一直颇有争议。其中最引人关注的图像是一号墓中室八角擎天立柱中的两幅"童子项光"像。围绕此人物形象，学术界曾展开过大讨论。本文旨在采用图像学方法，对这几幅图像进行考释，并就其中的佛教问题进行探讨。

一

在最初的《沂南古画像石墓发掘报告》中，曾昭燏等人指出，"第56、57幅两个头上有圆光"的人物是"着普通衣服的童子"。[1]一些学者试图将这些图像同佛教联系在一起，杨泓先生较早提出此童子像是佛像[2]，俞伟超先生也赞同佛像的观点[3]，而温玉成进一步认为这两个童子分别是佛像

[①] 2012年江苏省教育厅高校哲学社会科学科研项目"汉画像胡人图像研究"（2012SJB760012）；2013年教育部人文社会科学规划基金项目"东汉佛教入华的图像学研究"（13YJC60121）。

和弥勒像[4],日本学者林巳奈夫却认为这几个人物是传统信仰中的祝融、颛顼和黄帝[5],更多学者认为这些造像已经带有佛教元素。

我们首先对这几幅图像进行详细的图像志描绘。它们被刻在墓中室八角擎天立柱的诸面。其中两个童子像位于南面和北面的最顶端,呈站立姿态,双手拱于胸前。肩生双翼、手施无畏印的坐像人物在南面童子的下方。两个华盖下肩生双翼的人物则分列东西两面的顶端。

学术界比较公认的是八角立柱东面正上方的华盖下肩生双翼的人物是东王公,而西面正上方华盖下肩生双翼的人物是西王母(图1)。[6]争论的焦点围绕在两名童子和南面童子身下肩生双翼、手施无畏印的坐像。

俞伟超先生在论述童子图像的佛像性质时,指出三点理由。其一,此二童子与东西两面的东王公和西王母相比,"彼此的品格应当具有一致性"。其二,童子与东王公、西王母形象迥异,"必非一种宗教信奉之神"。考察当时社会佛道并行,因此应当是佛像。其三,其项光和身上服饰的细节,在汉代人物图像中未发现,仅在"佛、菩萨、飞天等身上才会出现",因此具有"佛像性质"。[3]

我们发现,前人在判断这两例童子像是否具有佛像性质时,大都从童子本身图像出发,忽视了童子在图像中的配置关系。如果充分考虑其位置与搭配,就会发现这一图像形成了佛教美术中所谓"莲华化生"母题。

由于立柱南面童子像身下的图像漫漶,我们将重点考察立柱北面上方的童子像。先前的研究者似乎把视线主要放在了"项光童子"的身上,忽视了童子下面有一个特殊的人物。原始发掘报告和其他出版物拓片不清楚,长期以来形成了一种误解。原始发掘报告将这组图像志描绘为:"最上刻一童子,头上用缨束发成髻,绕头亦有圆圈,如佛光状,所着衣及所束巾均同第56幅的童子,惟裤腿略长,双手捧一鸟端立着。其下一人,赤上身,着短裙,佩长刀,赤足,正用力拔一棵高的带花的树。"[1]后续研究者对图像细节没有深究,基本上沿袭了这一说法。如温玉成将图像描绘为"下面一力士,赤身系短裙,左配大刀,力拔一树",将其解释为"弥勒下世的鸡头国国王佉儴,他所配的宝剑可以证明他的身份。'力拔一树'的树,乃是

图 1 / 沂南汉墓八角立柱的四面从左至右
依次是东、西、南、北

龙华树"[4]。

在齐鲁书社 2001 年版的《山东沂南汉墓画像石》一书中，拓片将原始图像细节呈现了出来。[6]笔者在 2008 年、2011 年两次对现场进行了考察，基本上确定了这一图像描绘了一名消瘦、仰面的人物双手握住一枝莲花，莲花向上伸展，其顶端与童子的足部相连，逐渐变化为一名带头光的童子（图2）。

从细节上看，此"项光童子"与身下的"仰头人物"构成组合关系，为前人所忽略。解读其图像志，仰头的人物身着胡服、鼻子高耸，身上有植物蔓纹向外攀爬，但不是羽翼，并非羽人，而是符合汉画像中胡人的典型特征。此胡人腰部配有一环首刀，环上系有绶带，双手中所执之物，当是一株长着蔓叶的莲花。

二

我们认为，这一内容同佛教石窟中常见的"莲华化生"母题是基本吻合的，需要我们进行图像学的论证。

日本学者吉村怜通过对中国早期佛教石窟美术的研究，在1959年提出"变化生"图像。其核心图像是"描绘着从莲华的'华'中露出半身的圣者的图像，称之为莲华化生像或化生像"[7]。在早期佛经《法华经》《无量寿经》中，有"若生人天中，受胜妙乐。若在佛前，莲华化生"和"此诸众生，于七宝莲华中，自然化生，跏趺而坐"[7]的记载。作为大乘佛教的经典之一，《法华经》在二、三世纪已经在印度、中亚广为流布。虽然其译成汉文的时间较晚（竺法护和鸠摩罗什分别有早期译本），但是中国人接触"莲华化生"图像的时间，应比佛经的翻译更早。

目前中国"莲华化生"图像母题中，早期标准材料见于北魏云冈石窟，其图像模式为："首先是神圣的生命母胎天莲华一旦开始变化，先出现头部，接着出现上半身，变成穿着天衣，背带圆光的形象。下半身一出现，即成长为站立在莲华上的菩萨或在空中飞翔的天人。"[7]（见图3）

图2／八角立柱北面细节

① 天莲华　　② 莲华化生　　③ 站在莲华上的天人　　④ 在天空飞行的天人

图 3 / 云冈石窟莲华化生顺序

图 4-1 / 龙门石窟皇后礼佛图侍女执莲华　　图 4-2 / 巩县石窟第五窟比丘执莲华化生

图 4-3 / 巩县石窟第四窟贵妇人执莲华化生　　图 4-4 / 沂南汉墓胡人执莲华化生

在稍晚的龙门石窟（图4-1）、巩县石窟寺（图4-2、4-3）中，天莲华出现在侍女、比丘和供养人的手中，莲花茎部向上伸长，同沂南汉墓胡人手中所执莲华（图4-4）的图像志表现一致。由此可推知"莲华化生"母题从汉代至南北朝间的演变过程。汉代，执莲华者为胡人，而在北魏佛教石窟中，执莲华者的身份为比丘僧或供养人。而沂南汉墓中的这一胡人形象则比较原始，带有仙界羽人的特点，属于"莲华化生"图像的早期形态，这些特点同本区汉代画像中大量出现的胡人图像具有一定的关联。[8]

"莲华化生"母题的图像起源于印度，并通过犍陀罗地区和西域传入中国。吉村怜指出，在印度最早的佛教遗存之一的巴尔胡特佛塔石栅上，就已经出现了莲华化生题材的石雕（图5-1），这一内容表现了刚刚幻化出的面部和上半身的莲华化生像。在稍晚的贵霜犍陀罗雕刻中（图5-2）以及在地处过渡地区的新疆和田（图5-3），此类图像多有发现。[7]

这一手执莲花的胡人的来源很可能是印度传统信仰中的药叉。药叉是广受印度人民热爱的"最亲密、最可爱的精灵。当人们要求雕刻家去雕刻他们的时候，雕刻家们便怀着极大的钟爱之情塑造了他们的形象"[9]。在早期佛教美术中，手执莲花的药叉像已经开始出现在桑奇大塔的雕刻中（图5-4）。[10]在汉画像石营造者的心中，药叉被转而描绘为来自西方的高鼻深目的胡人。

图5-1／巴尔胡特佛塔中的莲华化生　　图5-2／拉合尔博物馆藏"释迦神变像"中的莲华化生

图5-3 / 首尔中央博物馆藏新疆和田出土莲华化生　　图5-4 / 桑奇大塔东门右柱药叉像

由此我们可以得出沂南汉墓"项光童子"和"仰头人物"图像的性质。这一幅典型的受"印度—贵霜"影响的佛教美术图像，其母题为"莲华化生"。以"药叉"为蓝本的胡人，双手虔诚地捧着一束莲花，莲花茎部向上蔓延，在花苞绽放处幻化为一个带头光的"化生天人"形象。此时《法华经》《无量寿经》尚未译为汉文，汉人对这一图像背后隐藏的佛经意涵不是很清楚，将这一图像讹变成所谓"童子"的形象。由于此童子像是立像，并非飞天，且其位置与东王公、西王母等高，故很可能是代表了"佛—菩萨"[11]的早期形象，具有一定的偶像色彩。至于其双手"捧鸟"，至今还没有一个合理的解释，还有待后续的研究和探讨。

在吉村怜的研究中，中国发现最早的莲华化生图像基本不早于东晋，"在北朝，除了云冈石窟外，其他如龙门、巩县、天龙山、麦积山和敦煌等石窟都可以看到。但在南朝，只能在近年发掘的砖筑墓的砖画中发现很少的数例"[7]。因此沂南汉墓中莲华化生图像的发现意义重大，这一图像在沂南汉墓的出现比云冈石窟要早得多。

三

从图像志细节出发,我们还会有新的发现。

从服饰方面,俞伟超先生指出,该人物"腰带垂流苏、衣裙作垂幛的那种装束,在汉代人物画像——无论是童子或成人的身上从未见过"[3]。仔细观察该童子的装束,让人联想到同在沂南汉墓中室东壁横额上的所谓"雀戏"(或"象人")图像(如图6①所示)。这一图像左方是一个执梧桐树引凤的人物。由于其头戴尖顶帽,尖顶帽后面系有飘带,且人物具有高鼻深目的特征,符合汉画像中胡人的特征。[12]这一形象与常见的胡服略有

① 沂南汉墓"雀戏"胡人像
② 沂南汉墓八角立柱童子像
图6／沂南汉墓童子服饰同"雀戏"胡人服饰比较图

不同，其特点为束腰、长袖，下身裙摆呈莲瓣形。虽然从整体上看，这一服饰可归为"襦裤式"胡服，但由于其具有莲瓣形裙摆，显然经过了某种艺术化的处理，可能是胡人在"雀戏"表演时的戏服的写照。沂南汉墓的建造者将"莲华化生"母题中天人的服饰按照"雀戏"胡人装束进行描绘，正表明佛教信仰尚处于萌生阶段，石匠无法将其佛教意义准确表现出来，而是按照胡人表演时戏服的样式对其进行简单处理。这从一个侧面表现了胡人服饰和佛教天人服饰之间有着共同的来源。

另外，项光的出现是其外来因素的另一个证据。汉画像中的"项光"内容与神祇肩部出现的火焰纹一样，是丝绸之路开通后中西文化交流的产物。

在论述项光问题时，俞伟超先生指出："南北两面顶端之像所带项光，只有在佛教信仰中的佛、菩萨、飞天等身上才会出现。"[3]通过与西方资料，尤其是贵霜帝国资料比对，我们认为汉画像中出现的带背光或头光、项光的人物，受到了贵霜王朝的影响。"项光"图像同"莲华化生"母题图像一样，也具有外来因素。

在贵霜金币中，神祇图形上首先出现项光的例子见于迦腻色迦一世的金币上，但并不见之前的威玛·卡德菲赛斯钱币，可以说是一种创新。迦腻色迦一世钱币背后的佛陀、湿婆、丰饶女神（图7）等神祇都带有项光，佛陀的形象除了带有项光外，还有身光。在迦腻色迦一世之子胡维色迦金币中，情况发生了转变。项光出现在国王头像上，这在前面的威玛·卡德菲赛斯与迦腻色迦一世钱币中没有发现，是一个新变化。国王的项光无疑加强了国王的权威，国王提升至神的境界，可以与背后带项光的神平起平坐。[13]这种带有项光的神像还可以参见1959年尼雅遗址东汉墓出土的一块蜡染白地蓝色棉布上的半裸女神像[14]，虽然一些早期学者认为这一手执丰饶角的女神是佛教的菩萨，但其图像志与贵霜钱币上的带有希腊铭文"Ardoxsho"的女神略无二致。[15]

沂南汉墓童子像的头光，正是为了彰显其神性而出现的。其位置位于八角立柱南、北两面的正上方，同东、西两面的东王公和西王母遥相呼应，

① 迦腻色迦一世金币　背面丰饶女神（Ardoxsho）
② 迦腻色迦一世金币　背面佛陀（Boddo）
③ 胡维色迦金币　背面希腊胜利女神（Nike）

图 7 / 贵霜钱币上的"项光"

表明其地位的一致性，而东王公与西王母图像却没有出现头光。同时，童子的"八字脚"同贵霜钱币上的佛像与迦腻色迦王像接近，也可视作经过汉代工匠的改造，但遗留下部分外来因素的缘故。

结论

我们需要指出，这两幅佛教图像在沂南汉墓中的出现，有其特定的时空背景与文化土壤。从其制作年代看，原始报告认为"这墓造于灵帝末年、献帝初年、曹操攻陶谦以前。这个可能性最大"[1]。俞伟超先生根据苍山出土的有纪年的汉画像石墓，认为其年代"可以定在东汉桓帝左右"[3]。在地域分布上，东汉晚期沂南汉墓属于徐州刺史部琅邪郡。东汉徐州地区是佛教在华传播的重要据点。东汉早期，楚王刘英在徐州建成"浮屠之仁祠"[16]。公元193年前后，下邳相笮融在徐州大肆崇佛，"以铜为人，黄金涂身，衣以锦彩。悉课读佛经，令界内及旁郡人有好佛者听受道"[17]，影响更为巨大。因此，沂南汉墓中出现的佛教图像同东汉后期徐州地区狂热的佛教信仰有关，也说明经过近百年的发展，佛教已经从东汉初年王子的信仰，逐渐走向民间，并出现在墓葬美术中。

总的说来，本文从三个方面论述了沂南汉墓中的童子像的佛教性质。其一是通过对图像志的重新审视，将这一图像归为"莲华化生"母题；其二是从服饰角度出发，对"雀戏"人物服饰与童子服饰进行比较研究；其三是对"项光"图像进行了溯源。这三个内容明确了沂南汉墓童子像具有的佛教意义和受到的外来因素的影响。这一图像可能是被汉人讹误和改造的"佛—菩萨"像，其图像母题受到被胡人携带至汉地的贵霜王朝佛教图像的影响，但仍保留有较多的汉画传统。

【注释】

[1] 南京博物院、山东省文物管理处，《沂南古画像石墓发掘报告》，文化部文物管理局1956年版，第67、65—66、27、65页。
[2] 杨泓，《国内现存最古的几尊佛教造像实物》，《现代佛学》1962年第4期。
[3] 俞伟超，《东汉佛教图像考》，《文物》1980年第5期。
[4] 温玉成，《公元1至3世纪中国的仙佛模式》，《敦煌研究》1999年第1期。
[5] 林巳奈夫，《汉代鬼神的世界》，《东方学报》，第46册，1974年，京都。
[6] 山东沂南汉墓博物馆，《山东沂南汉墓画像石》，济南：齐鲁书社2001年版，第26—27页。
[7] 吉村怜著，《天人诞生图研究——东亚佛教美术史论文集》，卞立强译，上海：上海古籍出版社2009年版，第22、36、23、36、147页。

[8] 这一问题可参阅朱浒,《汉画像胡人图像研究》,上海大学博士论文,2012年。

[9] 查尔斯·法布里著,《印度雕刻的艺术风格》,王镛等译,《东方美术》,天津:南开大学出版社1987年版,第32页。

[10] 扬之水,《桑奇三塔:西天佛国的世俗情味》,北京:生活·读书·新知三联书店2012年版,第203页。

[11] 在犍陀罗、秣菟罗早期佛教艺术中,佛与菩萨像往往区分不是很严格,概统称为"佛-菩萨"像。

[12] 这一问题可参阅邢义田《古代中国及欧亚文献、图像与考古材料中的"胡人"外貌》一文,载邢义田《画为心声:画像石、画像砖与壁画》,北京:中华书局2011年版,第197—314页。

[13] 以上贵霜钱币资料来自美国CNG公司拍卖记录。网址:http://www.cngcoins.com/Default.aspx。

[14] 新疆维吾尔自治区博物馆,《新疆民丰县北大沙漠中古遗址墓葬区东汉合葬墓清理简报》,《文物》1960年第6期。

[15] 孙机,《建国以来西方古器物在我国的发现与研究》,《文物》1999年第10期。

[16] 《后汉书·楚王英传》,上海:汉语大词典出版社2004年版,第955页。

[17] 《三国志·吴志·刘繇传》,上海:汉语大词典出版社2004年版,第761页。

昨日重现
汉画像对世俗生活的永恒化塑造

王怀义

男，1980年生，文学博士，江苏师范大学文学院副教授，中国社科院文学所博士后。

  汉画像是汉代艺术的瑰宝，它凝聚着"中国人之为中国人""汉族之为汉族"的独特精神气质。对汉画像所蕴含的审美意识内容等进行提炼和总结，对于我们认识中华民族的审美传统和文化心理为何在两汉时期得以奠基、形成这一问题具有重要意义。顾森《秦汉绘画史》、巫鸿《武梁祠》、朱存明《汉画像之美》等著作，以及海外学者 Wilma Canon Fairbank（费慰梅）、Patricia Berger（白瑞霞）、Jessica Rawson（杰西卡·罗森）、Robert W. Bagley（贝格利）、Martin Powers（包华石）和林巳奈夫、土居淑子、长广敏雄等人的相关论著对此均有涉及。近年来逐渐兴盛的美术考古、宗教美术和墓葬艺术研究等，也将汉画像作为研究重点。学界对汉画像精神价值的挖掘仍在继续。

  汉画像所呈现的内容到底是现实世界还是彼岸世界，对我们研究两汉四百年间的审美意识内容极为重要。这个问题困扰了以研究中国上古艺术而著称的日本学者林巳奈夫。他在《刻在石头上的世界——画像石述说的古代中国的生活和思想》一书中，屡次表达了他对这一问题的困惑：如果将之作为世俗生活场景来看，那些具有文献依据的神物形象让其显得"不可思议"；如果将之作为神话世界，他又认为"画像本身虽然是为表现神话传说的场面而作，但是用来反映当时铁匠铺里的工作情景的资料，并无丝毫不足之处"[1]。这正反映林巳奈夫对汉画像内容的矛盾心理,以至于他有时将之作为现实生活内容看,有时又将之作为神话内容看。实际上,汉画像所记述的内容正是将这两种内容融汇而成的独特、完整的精神结构,它是汉代人将自我世俗生活进行永恒化塑造的产物,神话意象因素的大量使用是其手段之一。这种将"昨日"重现的艺术是汉代审美意识内容的核心所在,但这一点在以往的汉画像研究中被严重忽视了,本文拟对这一问题进行初步的探讨。

一、日常情趣

汉画像对世俗生活的痴迷程度是令人吃惊的。它所记述的那些生活资料是如此的丰富、详细、准确、全面,以至于它对当时人们生活娱乐、工业制作、出仕做官、拜谒觐见和狩猎战斗等内容的记述可以作为严肃而严谨的学术研究资料而进入这一时期的社会生活史研究,并起到文字资料所不可替代的形象作用。显然,汉代人在创作这些图像资料时并未将之作为幻想材料加以处理,而是采取了"彻底的写实主义"态度。正是这些逼真、准确、精细的世俗生活内容渗透、建构了汉画像的精神世界,后者又反过来加强了人们对世俗生活乐趣的认同和建构。杰西卡·罗森说:"中国人似乎并没有前往天国或把天国作为遥远目标的观念,他们只想待在他们原有的地方。从新石器时代到现代社会,中国人的墓葬大多设计成死者的居所,以真正的器物或复制品随葬。因为这些墓葬重现了墓主人的生活,它们不仅仅显示出墓主如何理解死亡和冥世,还反映了他们如何看待社会各个方面。"[2]种种迹象表明,"人间生活的乐趣"是汉画像审美意识内容的核心主题,而且这一主题具有极强的生命力,一直在影响着华夏民族对自我生活和生命存在的认识,并反映在他们的墓葬中。这里,我们从山东沂南出土的一块常见的画像石谈起,以发掘汉代人是如何享受自我的世俗生活的。

山东沂南出土的这块汉画像石生动、详实而全面地记录了一对墓主人夫妇进食时的热闹繁忙景象。墓主人夫妇长跪在衽席或坐垫上,在他们面前放着耳杯、樽和长柄勺等饮食器皿，两堆似乎永远吃不完的谷物给人深刻的印象。在两堆谷物中间，有四个人在进行着将谷物加工成小米或面粉的准备工作；几只鸡鸭在谷物堆边来回寻觅，表现出它们对这两堆谷物的浓厚兴趣。在墓主人右边，有两个人捆好了一头猪，正抬往案上准备宰杀；一名屠夫正在对倒挂在横杠上的一只羊进行剥皮、取肉的工作；此外还有几名用人在进行着准备面食的工作，因为旁边的多层蒸笼似乎正散发着热气。总之，这块画像石再现了墓主人夫妇进食前的各项准备活动。他们祥和、安宁而充满喜悦的面部表情，说明他们正在尽情享受这种衣食无忧的生活状态。

作为整个墓葬的重要组成部分，这幅画像所记录的正是当时士人阶层的世俗生活场景。对于熟悉汉画像的人来说，这样的画面是极为熟悉的，它几乎构成了汉画像表现内容的基本主题之一。由此，这块画像石所表现的内容亦具有了不同寻常的意义：墓葬的设计者似乎要将自己现世的生活完全带入死后世界；换言之，在他的思想观念中，死后的世界实际上是现世世俗生活的延续。于是，汉代人墓葬里的图像世界就具有了延续世俗生活的意义和作用，日常生活由此被无限延展而获得永恒性。通过对各种文献和资料的考索，我们可以发现，在有汉一代，人们一直在倾其所有，通过各种手段和途径将自我的世俗生活延续下去，并使之永恒化。这构成了汉代艺术尤其是汉画像艺术基本的也是最重要的主题。

山东沂南出土的这块汉画像石仅展现了汉代人生活中的一个场景，更多的同类图像资料证明，他们不仅将自己生活中的各种场景以图像的方式保存下来，而且还将生活中所能使用到的几乎所有物品均以模型或实物的方式一同埋入墓葬："除了日常用品及饮食之外，还有房屋、水井、灶具、畜棚、家畜、马车以及男女奴婢……不仅如此，连音乐和舞蹈等娱乐活动也都周到地安排好了。"[1]虽然这些物品或活动，有的只是以图像或模型的方式被再现出来，但这种无微不至的墓中世界让林巳奈夫这位日本学者惊叹："这么好的住所，只怕别处也不会再有了吧。"[1]显然，这种方式在两汉时期（尤其是东汉）已逐渐发展成为一种具有规范性和强制性的习俗："把死者专用的模型放在墓中，而且随葬品也渐趋种类繁多。如前所述，这种风俗到了东汉变得完备起来。"[1]除了对日常世俗生活的极端迷恋外，没有任何原因能解释汉代人这种几乎是用尽一切心思来制造死者日常生活用具的行为。鲁惟一说，这种设计是"根据活人及其物质价值来设想的，例如日常用具和消费品储存等"[3]。应该指出，这里丧葬物品设计所根据的"活人"应该是墓主本人，因为其他活人的生活物品与墓主没有关联，也起不到建构和谐的地下世界的作用。因此，在汉代人看来，自我日常世俗生活中曾经存在的事与物具有不可抗拒的力量，它甚至就是一种神圣的记忆和召唤。

林巳奈夫将汉代人的这种做法归结为生者担心死者的鬼魂因在黄泉世界中生活不好而来到世间作祟，"设计这样的措施是为了阻止魄在身体一旦被埋葬之后便离开其中"，"所以想方设法要死者的灵魂能够心满意足地住在坟墓中"。[1]即使类似的观点有同一时期的图像榜题和文字记载作为证据，而且这种心理至今在中国各民族的习俗中均有不同程度的留存，但这不足以完整解释汉代人的上述行为。因为坟墓的建造者不仅是墓主本人（此前或当时的礼仪还规定皇帝即位一年后即要开始建造自己的陵墓），很多时候还有死者的亲友或子孙，他们有朝一日同样要走进坟墓，能给他们死后生活带来安定感、安全感的同样是他们世俗生活中的各种所有和价值观念。而且，对于死者来说，贸然进入生者的领域就像生者无意间进入死者的领域一样，并不是充满乐趣的事情，可能更多地受到伤害。也就是说，陵墓建造者或享有者并非要到他人的日常生活中获得自己存在的乐趣。对于汉代人来说，每个人只有生活在自己的世界里才是最美好的存在，自己的日常生活具有独立自足性，他人如何与己无干。

与此相关的一个重要的表征，是以往在祭祀等仪式活动中占有重要地位的鼎等器具逐渐被人们的日常生活用具所取代。这种变化发轫较早，在早期阶段的表现极其细微，经过几百年的演进而演变为引人注目的事实。器具的变迁反映出人们关注问题的变迁，日常生活因素参与建构了人们的仪式活动，并在此过程中使后者世俗化了。这一情况同样鲜明地留存在这一时期的汉画像中。在更早的时期，前者在整个仪式活动中占据着核心地位，并建构、组织和支撑着整个仪式活动的顺利展开。但在同一时期的汉画像石中，它们的地位被人们的日常生活用具所取代。对此，杰西卡·罗森在她的论著中有着详细、精确的考察。她得出结论说："鼎在以酒和食物为祭品的祭祀典礼中，可能不再具有重要的地位。漆器，特别是耳杯，在这个阶段明显担当着重要的角色。而且，这些漆器和日常用于饮食的器皿并无太大的差别。……换言之，鼎和壶可能仍然作为饮食器皿使用，但是，它们的地位似乎比墓主生前实际使用的器皿要低，因此也就被遗忘在墓室壁画的题材之外了。"[4]这种情况的出现，进一步证实了汉代人对自我生活中事与物的迷恋情况。

这种迷恋及其所产生的情感，作为一种持久性同时混杂着宗教神圣性的动力，不断塑造或改造着汉代艺术尤其是汉画像的表现形式和主体内容。东汉后期的河南密县打虎亭汉墓壁画是汉画像这种发展趋向的典型代表。在长达22米的三个地下墓室中，一幅巨大的车马出行图像占据了核心位置。端坐于中央而体格健康、姿态尊贵的墓主人傲视着向他参拜的幕僚或下级官吏；一幅7米宽的巨大宴饮图引人注目，图像中正上演着杂技和歌舞等活动，侧室壁画上姿容祥和的女性人物让图像中的日常生活场面具有了灵动和温馨的气息。这些将私人的生活、娱乐、社交等活动汇集一身的图像资料向我们说明："在2世纪，死后的理想家园被设想和描绘为富裕的家居——或为大型庄园，或为官员的府邸。"[5]显然，以打虎亭墓主、当地太守张博雅的这座墓葬为代表，东汉时期的地主庄园经济形态和他们的生活方式被完整地复制到墓葬中。在这种经济形态基础上所形成的这样一个自给自足而相对封闭的世俗生活和情感世界是其他生活乐趣所不能取代的。那些权贵、地主、豪门乃至部分成功的知识分子无疑在此舒适而逍遥地生活着，并享受着生活本身的乐趣。

二、写实风格

汉画像所表现的内容带有鲜明的综合性特点。换言之，这些图像的设计者费尽心思地将当时人们所能想到的生存空间和美好事物全部融入其中，由此形成了汉画像独特的图像设计程序。这里的图像世界无疑是当时人们的理想世界。汉画像中无以计数的仙境和天国意象让人们认为这些图像设计只是为了墓主达到升仙的目的，其典型代表就是西王母和东王公所生存的仙境："西王母和东王公的仙境里淌着不死之水，生长着不死之树，是人们寄托了对永久幸福之向往的福地。"[6]这一点似乎已成为汉画像研究中极为普遍的常识或共识。但事实并非如此。汉代人并未设置一个与世俗生活完全不同的彼岸世界，在他们看来，真正的"仙境"或"彼岸世界"只存在于现实生活中，主体也只有在世俗生活中才能获得存在的意义和价值。因此，众多的仙境意象由此变为一种手段：神仙境界以其永恒性让与之相关的世俗生活也变成永恒性的存在。黄泉世界的图像设计亦与此类同。

有人将秦汉时期的艺术风格和手法与同一时期的罗马帝国建筑等艺术相提并论，认为两者都是"彻底的写实主义"[7]。这似乎只看到了汉代艺术的表象。

在这种写实主义风格的背后，所蕴含的是汉代人对现实生活的极端沉迷和热爱。在他们眼中，世俗生活中的每一件细小事物似乎都充满了乐趣，以至于希望在死后也能延续并享受这种乐趣。这影响甚至决定了人们对幻想世界的塑造和建构。有学者这样认为："这些绘画的描绘内容，无论多么的细致和生动，都不可能与现实生活的描述相重叠，而只能是在非现实的层面上存在，是一个关于彼岸空间的描述。"[8]这种将宗教与日常生活分开的思想观念非中国本土所有。在中国人看来，宗教是内含于日常生活的，而且几千年来人们也很少将二者截然分开，这也是很多国外学者认为中国不存在纯粹的宗教的原因所在。这种情况也适合汉画像。诸多证据表明，在汉代人的思想意识中并不存在纯粹的幻想世界或彼岸世界，后者只是换了一种表现形式的"此岸世界"，亦即人们的世俗生活世界："在当时人们心目中，唯有人间的、此岸的、世俗的生活才是人心所系，灵魂所归。"[9]这种观念支配着人们对壁画、石刻等艺术形式的创作和表现，并极大改变了神话传说世界中的神物或神人形象。在不可胜记的汉画像石上，那些神俊飘逸的凤鸟形象往往具有极为浓厚的世俗化或现实性特征，与其说它是神鸟凤凰，不如说它是肥重而营养丰富的公鸡，只不过画像周围跪着为它进食的羽人在昭示着它的神鸟身份。两汉时期墓葬前常见的石兽雕塑（如麒麟、石狮、天禄等），其形象虽来自于神话，但其内在思想却指向人间世俗生活。

汉画像中常见的泗水捞鼎图是其创造者对神话意象进行改造以表现现世生活观念的又一典型代表。升仙固然是这些图像的主题之一，但这一活动组织者身份的转变却更耐人寻味：世俗生活主体代替了历史主体或神话主体。邢义田教授通过对现今发现的33件捞鼎汉画像的考察，发现这些图像不仅集中出现在鲁西南包括紧邻的苏北一带，而且在这些画像中，捞鼎这一活动的组织者也逐渐从秦始皇演变为一般的富豪。其表征是：一方面，这些图像的作者将其上的榜题由"秦王"改为"大王"，以"有意淡化或模糊捞鼎人物和地点的明确性"；另一方面，在东汉时期出土的同类题材画像中，榜题不仅不再提及捞鼎的地点，同时"大王"的字样也不再出现，捞鼎活动的组织者和参观者完全被墓主和民众所取代。[10]这种变化所体现出来的思想观念是不言而喻的："泗水捞鼎"这一具有神话和历史意味的典型事件随着墓主及其随从的加入而逐渐向日常生活事件转化，鼎中出现的龙最终让日常生活主体获得了永恒性，神话意象由此被日常生活化了。

从汉画像的表现内容看，世俗生活内容占据主体和核心地位，因为离开了生活于世俗中的主体，仙境也就失去了存在价值。顾森在《秦汉绘画史》中将汉画像中所表现的人间生活内容划分为"尊儒与崇武""仕宦与家居""娱乐与体育""生产与交换""求吉与辟邪"等类型，并得出结论说："从汉画像天地冥三界的内容来看，是以人世间的生活内容为主体，分别延伸上天组成天界，延伸入地组成冥界，以及延伸到汉人所独创的跨越天地冥三界的神仙世界中。由此可以看出汉人对人生、对人世的热爱和依恋之情。"[11]这个总结是准确的。朱存明教授对汉画像所呈现的多重时空世界之间的关系及其审美价值进行了总结："汉画像是一种装饰艺术，表现的却是一种生命意识的幻象。人只能生活在一个现实的世界，人不可能生活在一个死后的世界,但却可以幻想一个死后的世界;人只能生活在大地上,不可能升入天界,但人可以幻想羽化成仙,不死的幻想只是人对现实的眷恋。成仙只是人恐惧思维的一种安慰。人在宇宙中的地位是汉代人世界观的核心,天界、仙界、人界和鬼界,才是汉代人整个的宇宙。"[12]这种概括诚然是准确的。"人对现实的眷恋"是汉代审美意识内容形成的根本性的心理动力。在汉画像所呈现的四界时空结构中,居于核心地位的仍然是主体的世俗生活内容,其基始性意义毋庸置疑。在很长一段时间内(甚至可以上溯到新石器时代),华夏先民并没有将死后世界想象或建构成与世间生活迥然不同的异域世界,这一点至秦汉时达至顶峰;而且,从发掘的同一时期的墓葬内容看,人们对死后世界的想象和描绘仍以死前的现实生活世界为最高理想。

那种不加区别地将死后世界与神仙世界等同的观点无疑忽视了汉代人对死亡世界的设想,因而与汉画像的相关内容也是不符合的。秦汉时期,对于神仙的渴求似乎遍布于社会的各个阶层,但应该区分两种升仙模式或者目的。

其一,对处于社会底层的贫民百姓来说,升仙的目的很简单,就是摆脱现实中的困苦生活。根据《汉书》《后汉书》及同时期的史料记述可知,这一时期的贫民不仅毫无人格尊严,而且还要抛妻卖子、世代为奴;那些以种地为生的农民因常年从事繁重的体力劳动而"支体屈伸""形容似人",连草木禽兽都不如,以至于连以赌博为生的流氓混混都嗤之以鼻。[13]在这种情况下,《神仙传》的流传让人们相信一无所有的普通百姓也可以通过特定的方式或难得的机遇而成仙,这加速了神仙信仰在普通民众间的流传。显然,这种升仙模式的目的是明确的,就是追求自己在现实生活中没有得到的美色、金钱、地位、名誉、特权等内容,因而带有既超越现实又复归现实的双重成分。其二,对处于社会统治阶层的士人或官僚来说,升仙不是他们的目的所在,因为在现实生活中他们是成功的,他们拥有一切具有肯定性价值的东西,因而他们对神仙的追求是为了延续他们所曾经拥有的完美的世俗生活;对他们来说,世俗生活本身就是仙境。当然,这两种升仙模式或目的不可截然分开，两者之间的界限也并不十分明显，但他们对日常生活中名望、富贵、权力、娱乐等感性活动的追求心理却是一致的。

汉画像对天、地、人、神四界时空的表现存在一个逐渐演进的过程，世俗生活内容在汉画像中所占据的地位逐渐凸显，并在东汉时期成为主要而核心的内容和主题；东汉中后期汉画像对黄泉世界内容的有意回避，更加凸显了世俗生活在人生存在中的重要性。这反映了汉代人对世俗生活乐趣的逐渐发现并积极肯定的过程。在西汉时期，汉画像对天、地、神三界所描绘的内容占据主体地位，三者秩序谨严地分处于特定的结构中。从马王堆出土的非衣帛画可以看出，在西汉前期，"汉代人的死亡观念中最关心的是那梦想中天界的境况，人世间次之，地下阴界再次之；这也跟西汉墓室壁画以天象神仙题材为主导的情况吻合"；"到了东汉时期，当现世生活的种种大小细节成为人们最关心的课题时，墓室壁画在题材内容上有相应的表现，这时期就更难在墓室内找到关于地下世界的绘像"。[14]

在笔者看来，这种情况的出现与以下原因有关：一方面，随着东汉中晚期地主庄园经济的发展，独立自足的生产生活方式让自我在一个特定的物质时空环境中自在地享受着生活乐趣，其他问题变得不那么重要了。仲长统《昌言》所记载的这一时期的"豪人生活"与汉画像所描绘的生活景观具有惊人的相似："豪人之室，连栋数百。膏田满野，奴隶千群，徒附万计。船车贾贩，周于四方，废居积贮，满于都城。琦赂宝货，巨室不能容；马牛羊豕，山谷不能受"，而且"妖童美妾，填乎绮室；倡讴伎乐，列乎深堂"。[15]这种贴近自然，在封闭的高墙深堂中乐享人间一切欢乐的生活方式，比幻想世界中的仙境更贴近仙境的本质。作为汉画像制作活动的重要组织者，豪族士人自然不希望这种生活在死后终结，而力图使之永恒存在。另一方面，东汉中晚期佛教轮回思想对地狱世界的恐怖化塑造改变了汉代人对黄泉世界的想象和建构，"其原因很简单：作为死者灵魂的居所，墓葬旨在提供舒适和安全。在葬礼上召唤神祇的目的只是为了保护死者，而不是审判和惩罚他们。基于同样的道理，墓葬内的装饰必须否定可能的危险和危害，从而把墓葬造就成一个幻想中的理想世界"[5]。显然，神仙世界和黄泉世界所能具有的永恒性乐趣与主体日常生活中的乐趣相比并不是那么切己和现实；汉代人清醒地知道，这两种世界只不过是虚幻的反映，其永恒性和真实性存在与否尚不可通过切己的体验而得以证实，人生所能切实拥有的乐趣仍在世俗生活本身。在此基础上，世俗生活对于主体生存的审美价值获得了前所未有的肯定和高扬。

这种思想观念和艺术实践与汉代人在长期历史过程中对神仙世界和黄泉世界的想象与建构的情况并不矛盾，前者反而正是后者的物质化呈现。在他们的思想观念中，黄泉世界和神仙世界与现实中的日常生活世界有着相同的社会结构，死者在这两界中的生活需求与现实生活一般无二。正是这些内容促使着汉代人通过各种途径将大量日常生活中的物品、活动乃至观念一同在墓葬中呈现出来，力图使之获得永恒。总之，无论是黄泉世界还是神仙世界，在汉代人的心目中，其精神价值都是指向现实生活世界的，失去了世俗生活乐趣的黄泉世界和神仙世界也将失去存在价值。

三、主体意识

日常生活是主体的日常生活。汉画像对日常生活的永恒化塑造背后所蕴含的是汉代人对自我人生价值的追求和肯定，在此过程中，自我作为主体的价值进一步凸显了。主体意识的凸显和形成，对有汉一代审美意识及其在后代的延续具有重要影响，以至于有些学者将中国文学和艺术的自觉时代上溯到两汉时期（如龚克昌教授等）。这种概括是从汉赋中的主体意识出发的，有其合理性。汉代人的主体意识不仅在汉赋中体现出来，汉画像作为汉代艺术的重要代表，在其艺术表现方面具有更为鲜明的主体意识倾向，其表征就是通过艺术手段对自我生活状态和生活方式的物质化塑造。汉代人的主体意识虽然还带有鲜明的实用理性和伦理规范的意味，但我们不能否认它对各种艺术创作的重要影响。

有汉一代，人们为了使自我的日常世俗生活永恒化，陵墓或祠堂的设计者充分利用了各种图像资料，将自我的生命存在过程接入神话和历史的秩序中，以表现自我人生的存在价值。这种认识无疑具有集体性质，其根本目的即在于通过图像叙事来获得自我的存在意义，并使自我融入神话与历史的传统以获得永恒性。正是在这种思想和情感的鼓动下，墓主的主体地位在这个纷繁复杂而颇具生活意味的图像世界中获得了核心地位。当然，这种地位的获得经历了不断演进和发展的历程。武梁祠，这个极具代表性的东汉祠堂，是我们考察汉画像中墓主位置变迁的好材料。

武梁祠堂壁上所绘的图像大致遵循着这样一个顺序：伏羲女娲—神农颛顼—五帝—禹和夏桀（他们是美德或恶行的象征）—历代帝王—历史人物（主要是忠臣孝子、烈士贞女等）—武梁本人。这个秩序井然的图像设计程序是饱含深意的。巫鸿说："一个接一个的历史故事把观者引向最后一幅画面，即对武梁本人的描绘。这幅画面标志了整部图像历史的结束。"[6]显然，这些图像的排序是武梁本人精心设计的结果，其目的是为了让居于其中的人（即武梁本人）在神话—历史时空中获得合适、合法的存在位置。这与两汉时的整体性思维方式有关。在这种观念的影响下，人们认为神话—历史时空和现实时空可以转化合一，日常生活由此成为与神话和历史具有同样基始性质的存在并获得其永恒性。而且，个体也只有将自我纳入这种时空结构之内才能实现自我生命的永恒性存在。武梁本人将自己的图像附会在一系列神话人物和历史人物之后并不是宣布历史的终结，而是在宣告历史的完整。在他看来，无论是神话抑或历史，只有自己的存在才能显示其完整性。于是，自我融入神话和历史的完整结构中，同时也使神话和历史获得了完整性。对于墓主和历史来说，这种方式才是完满和谐和自足的。

武梁的这一图像设计活动不是偶然的、个别的，同类设计在东汉墓葬中屡见不鲜，这正反映出汉代人对自我生命永恒性存在的思考和行动。在汉代两部著名的史书——司马迁的《史记》和班固的《汉书》——的结尾，我们均可以看到这两位作者的传记：司马迁在第一百三十卷写下了《太史公自序》，班固将第一百卷分为上下两编并写下了《叙传》。同时，这两部经典史书的写作方式都采用了"纪传体"这一体例，这无疑向当时和后世的读者说明，人既是历史的主体，又是历史的创造者；作者正是在对神话——历史人物进行回顾和反思的过程中，一方面向古人的伟大功绩致敬或对其罪责加以谴责，另一方面是在此过程中使古人业已逝去的生命延续并获得新生。这一写作行为背后所隐藏的心理不言而喻：作为书写主体的"我"有一天也要进入历史。除史书外，即使是在比较私人化的哲学著作或抒情作品中，两汉人这种将自我纳入理性——情感结构中的行为也在在皆是。比如，王充这位以前卫和先锋姿态出现在汉末时期的思想家，在人生遭遇坎坷后也不得不在他的哲学著作中留下"自纪篇"以作为整部书的结语，以此昭示自我精神和思想的永恒性。这些都是汉代人将自我的生命存在接续到历史传统中的精神实践活动，其目的就是要将自我人生与历史传统接续起来以实现其价值的永恒性。

实际上，汉代人一直都在试图为自己在宇宙整体结构中获得一个合适的栖息位置而不懈努力，陵墓和祠堂是这种努力的重要成果之一。从其图像设计来看，"云气仙人"与"孝友贤仁"相结合的上下结构正是"把祠堂转化为一个微型宇宙。死者虽然离开了人间，但他的灵魂仍得以跻身于这个模拟的宇宙之中"[6]。为了使这个微型宇宙获得整体性或完整性，人们充分利用了各种资料和途径形成宇宙空间图景，以生成汉画像得以存在的独特情境。与这些图像资料结合为一个整体的，是那些与之相关的器皿、建筑和装置等。巫鸿认为，这些物品所组成的特殊空间，其根本指向是为了确定墓主的"主体位置"："重构他的视觉，保留他的形象，展示他的社会等级和官阶，颂扬他的道德和精神成就。"[5]显然，在以汉画像为核心载体的墓葬世界中，关于墓主的全方面设计让墓主获得了主体性存在价值。这种情况与汉代人不遗余力地将自我纳入历史和神话传统的努力是一致的。汉画像对墓主生活内容的全方位描绘，说明其制作者并未将墓主看作是世俗社会结构之外的成员，死者作为主体仍处于这一结构之中。与之相关的祭祀、礼仪乃至占卜等活动都说明活着的人仍将死者看作是他们中的一员，因为他们有必要、有义务将自己生活中的重要事件向死者述说。于是，死者作为"活生生"的主体成为现世社会组织结构的永恒性成员，并不断地参与到社会事件的组织、建构和决策过程中。

另一方面，汉代人主体意识的确立是以在现实生活中获得的权力、富贵、名誉、地位等为基础的。这些看似外在于主体的抽象观念在这时却具有无比切己的价值。与历代以隐居自称的人士对权力和富贵的蔑视不同，汉代人似乎并不以追求权力和富贵为耻辱，虽然此前以接舆为代表的隐者曾嘲笑过孔子的行动，但这种对富贵和权力的追求仍然在汉代人的心理中占据极为重要的地位。他们很明确地认为权力、富贵、节义、功名等才是人生价值的终极化体现，并认为这些内容是值得永恒化的，他们所做的一切似乎都在为此而努力。这一点似乎要溯源于汉王朝的缔造者刘邦。这位曾做过泗水亭长的农家出身的小人物，在取得天下后不由吟唱出"威加海内兮归故乡"的诗句。显然，权力和富贵的成功获得是刘邦如此急切回归故乡的唯一动力，其目的显然也是为了向亲友证明自己的人生价值已然实现。"安得猛士兮守四方"的疑问正反映出刘邦想将已经获得的富贵和权力永恒维持下去的愿望，因而他希望有人能为自己固守江山。这两种心理都指向了一点：日常生活及其意义使人生获得了存在之价值，因而也具有永恒存在下去之必要。这种观念后来逐渐成为汉画像创制活动的精神基础。东汉中晚期，这些图像周围的榜题内容逐渐从简短、零散走向丰富、系统的趋势说明了这一点，人们似乎觉得以图像方式隐喻这一观念反而不如用文字直接表达更为显豁，这些长久而浩大的工程的完成没有近乎狂热的宗教情感的支撑是难以完成的，所以在竣工之后，这一活动的组织者似乎有不尽的言语要向世人诉说。那些带有总结性意义的榜题将墓主的生平、功绩，活动组织者的辛劳、花费，世人对这一活动的态度，以及修建墓葬的礼仪价值等内容都囊括在内。这些概括既是对主体曾经的生活及其人生价值的总结，同时也在向后人宣示实现人生价值的重要性。

汉画像所显示的墓主在整幅画像结构中的核心位置无疑指向了一点：人本身具有不可替代的核心价值，墓主及其所代表的意义由此在整幅画像中占据了核心支配地位。历史人物、神话意象所构成的整体性宇宙时空给墓主创设了一个整体性的生存结构空间，而墓主本人及其生活理想也让这种结构获得了存在的意义。可以想见，如果没有墓主的存在，星辰天象、神话与历史等也均将失去存在之价值。我们更应注意的是，无论是这些制作活动的完成者（如工匠），还是这项工程的组织者（如墓主或其亲友），他们在实施或组织这些工程时，心中都有一个明确的声音不断地在召唤着：他们有朝一日也会成为墓中人。正是这种心理使图像制作活动所代表的世俗化和神圣化相结合的意义得以无限延展。这种生存观念的形成是以长达四百余年的两汉间的稳定而富足的社会生存环境为基础的，一旦这种社会环境不再存在，这些活动也就失去了存在基础。汉代画像石艺术在三国魏晋时期的突然消失说明了这一点。汉代人对世俗生活审美价值的独特认识在魏晋时期即被变化的社会环境和各种思潮侵蚀而逐渐消散。

四、独特价值

汉画像主要与墓葬相关，这体现出汉代人对死亡的重视。在经学盛行的两汉时期，以孔子"未知生，焉知死"为代表的儒家生死观无疑仍具有重要的影响。可以说，汉代人对死亡问题的重视同时也就是对生命存在本身的重视，具体而言就是对主体在世问题的重视。人们常用"视死如生"来概括汉代人的死亡观。实际上，汉代人并未"视死如生"，从某种程度上说，他们根本就没有将死纳入自己的思考范围，对于他们来说，死是生的延续，与生一般无二。这一点深深影响了华夏民族对自我生命存在方式的认识和实践。

学者们一般将秦汉时期（尤其是两汉）盛行的神仙思想看作这一时期人们对死亡的恐惧、对生命的留恋，并与这一时期的哲学思想等互为表里。有学者说："汉代哲学，不管是儒家还是道家，普遍关注人的长生和成仙问题。对人而言，如果死亡是最不易克服的生之大丑，那么，长生久视、成道成仙就是人最渴望实现的生之大美。由此看来，汉代哲学对人长生久视、成道成仙的探索，就是关于如何化丑为美的探索。"[16]无疑，这种看法有其合理的成分，"化丑为美"的概括也基本符合汉代哲学和艺术的精神指向。

但通过对大量文献和图像资料的考察，我们发现，对于汉代人来说，成仙得道、长生久视并不是目的而只是手段，因为人们对长生久视之后世界的描述和建构仍以世俗生活为蓝本，回归日常生活才是其目的所在。因此，对世俗生活乐趣的追求并将之永恒化才是汉代思想和艺术的根柢所在。换言之，如果日常生活本身可以永恒存在，则汉代人根本不会费尽心思去进行如此规模宏大的精神建构活动了。

有学者统计，现今发现可考的汉墓有上万座，但拥有壁画或画像石、砖等装饰的墓葬不过数百座，其中壁画墓约为70座，画像石墓200余座，而画像砖墓较多。[17]这不能否定汉画像所传达的上述意义在两汉所具有的普遍性和代表性。出现这种情况的原因是明显的，大多数汉墓的主人不具备修建壁画墓或画像石墓的物质能力。多种资料表明，祠堂和陵墓的建造往往要经过很长时间，有些是墓主人生前即已开始，有些是经过死者的子孙、亲友、门生等人的共同努力而修建。这些都不是寻常人等所能做到的。相比于前者，有能力制作画像砖的人就很多了，因而这种类型的墓葬就显示出数量的优势，但更多的人连这样的能力也不具备。当然，我们可以想见，如果他们拥有足够的财力、物力和人力，他们也会按照前者的模式来建造自己的陵墓。

无可否认，汉代人是承认死亡的，因为大量的死亡事件是如此真切地发生着，但他们同时认为，人死并非是永远消失，而只是换了一种形式在另外的时空中如生前一般地生活，其生活内容和活着时一般无二，墓葬和祠堂是生死两界的连接处。显然，与之相关的一整套仪式、制度和文化制作无不在达成同一种观念：死亡既存在又不存在。这无疑含有否定死亡而追求永恒性生命存在的意味。生之乐趣何在？就在日常生活本身。宴饮、出仕、天伦、孝道、节义、权力、富贵等，这些都是人存在于世界中的最根本的规定性，所以有学者这样认为，虽然汉画像"属于礼乐的内容占了相当大的比例，在这些以礼乐为主的画面上，描绘记录了当时礼俗、服饰、武器、道具、舞蹈、百戏、建筑等，内容十分丰富。而且尽管是神圣的圣典、礼乐，但所感到的不是刻板和死气沉沉的束缚，而是人间生活的生机盎然和积极开朗,虽是借礼乐神化,却宣扬了人间生活的乐趣"[18]。通过这些图像内容可以看到,汉代人并没有为自己设置一个与此岸世界完全无关、毫不相似的彼岸世界以供超脱,人们希望死后仍然能按照原有的世俗的生存方式继续存在。这是对世俗生活价值的最高肯定,也已融入国人文化心理结构的建构过程中。虽然其他外来宗教(如佛教)进入中国后对之进行了改造,并进而影响了国人对死后世界的理解和建构,但上述内容却是华夏民族区别于世界其他民族生命精神的独特之处。

汉代人对世俗生活和自我生命存在的这种态度(亦可称为"日常生活美学")是中国其他历史时期所不具有的。在中国历史上,汉之后有两个时代涌起了对世俗生活风尚追求的审美风潮,一是魏晋时期,一是晚明时期。日常生活本身的审美价值在这两个历史时期均得以凸显,但其思想意蕴与汉代相比却差之甚远。

先看魏晋时期。以"风流"(或曰"魏晋风度")和"自然"为核心精神的魏晋日常生活美学"以玄学为哲学基础","在价值观念上,它重意而轻言,重自然而轻名教,重情感而轻礼法,重个体而轻群体,重出世而轻入世"[19]。究其本质,它追求的是主体所设置的精神世界,主体的精神追求处于核心位置,日常生活本身却不具有永恒性存在之价值,毋宁说它只是一种外壳,一旦主体获得精神的自由和安宁,无疑会弃之如敝屣。从汉末到魏晋这段被宗白华称为"中国政治上最混乱、社会上最苦痛的时代"[20],与两汉数百年的稳定一统相差甚远,人们没有条件也没有心力去对日常生活本身之精神价值进行系统全面的建构,而只能转向"幻境"。落实到日常生活和人生态度上,魏晋人的两种做法值得注意,即"把玩'现在'"和"寄兴趣于生活过程"。[20]这两点同时指向了对日常世俗生活的否定:一方面,"把玩'现在'","在刹那的现量生活里求极量的丰富和充实,不为着将来或过去而放弃现在的价值的体味和创造"的做法,彻底斩断了当下日常生活与过去和未来之间的承续关系,这与汉代人将过往的自我生活历程纳入神话—历史时空以实现其永恒的做法迥然有别;另一方面,"寄兴趣于生活过程"的做法否定了主体目的在日常生活中的存在位置,以往生活的伦理乐趣和未来生活的价值实现都被魏晋士人闲置，功名、名誉、富贵、声望等这些被汉代人奉为人生之全部的价值追求在魏晋士人刹那而永恒的情感体验中失去了意义。正是由于魏晋士人将自我精神过多渗透到日常生活中以寻求精神之自由，从而降低了日常生活本身的审美价值，因而他们的日常生活虽可称为"哲学彻悟的生活和审美生活"（宗白华语），但这种"彻悟"和"审美"在发现自然和生活之美的同时也否定了后者。因为，如果自然和日常生活本身具有无尽的审美价值，又何须主体对之进行"审美化"的塑造呢？这种塑造不是对它的肯定，而是对它的否定。

　　再看晚明时期。与汉画像对汉代人世俗生活世界的建构类似，明代中后期的图像实践也渗透到明人日常生活中最为隐秘也最为本质的生活领域。只不过，这些图像不是对明代日常生活的全方面再现，而更为集中在对时人私生活领域的描摹，春宫图是这种图像实践的集中体现者。以傅山、陈洪绶等人为代表的高雅的图像艺术创作，对明人日常生活的影响是有限的。即使是像唐寅、仇英这类艺术修养颇高的艺术家也留下了大量的这方面的画作。这些画作与同一时期盛行的小说、戏曲插图和版画一同建构、再生产着明代中后期人们的日常生活景观和方式。这些颇具世俗意味的图像资料是对相关故事情节的再现或凝缩，主体的日常生活内容被缩小乃至遗忘，这与汉画像对汉代日常生活世界的本体性建构迥然有别，所反映的思想观念也大相径庭。同样，这些图像实践所呈现的日常生活也不具备永恒性价值，并与主体的人生价值追求毫不相干。世俗生活成为放纵人欲的场所，道德、礼仪、节义等所具有的精神塑造价值被自我的感官享乐打碎，日常生活由此失去了本身所具有的秩序感，其价值被彻底消解了，这与汉代人对日常生活价值的永恒性追求是截然不同的。

　　综上，汉画像作为两汉墓葬艺术的代表，全面传达了汉代人对自我生命和生活的认识。在混合着宗教信仰和审美情感的心理观念的基础上，两汉四百年间，人们创制了大量的汉画像作品，这些作品对两汉时期人们的日常世俗生活进行了全面再现。它通过各种方式将主体的日常世俗生活及其意义纳入神话—历史结构中，使其获得永恒性，以此肯定主体世俗生活的价值。其中所蕴藏的是汉代人对自我生活的热爱和极端迷恋,人生在世的情感、伦理和追求以及各种礼仪制度所赋予的人生价值都在汉画像中得到了展现。汉画像既以这些内容为基础,又促进和加固着这些内容在人们心中的地位和力量,由此也使汉代的日常生活具有了不同于世界其他国家和民族的审美价值;在华夏民族的发展历程中,这种独特的审美意识内容也是其他历史时期所不具备的;虽然某些历史时期对这种观念有所改造、疏离,但其影响却未因此而减弱,它早已融入华夏民族的心理情感中,成为人们处理自我与世界关系的重要思想观念。

【注释】

[1] 林巳奈夫著,《刻在石头上的世界——画像石述说的古代中国的生活和思想》,唐利国译,北京:商务印书馆2010年版,第71、7—10、10、8、10—11页。

[2] 罗森,《中国的丧葬模式——思想与信仰的知识来源》,载《祖先与永恒——杰西卡·罗森中国考古艺术文集》,北京:生活·读书·新知三联书店2011年版,第179页。

[3] 鲁惟一著,《汉代的信仰、神话与理性》,王浩译,北京:北京大学出版社2009年版,第27页。

[4] 罗森,《祖先与永恒》,北京:生活·读书·新知三联书店2011年版,第66页。

[5] 巫鸿,《黄泉下的美术——宏观中国古代墓葬》,北京:生活·读书·新知三联书店2010年版,第42、35、66页。

[6] 巫鸿,《武梁祠——中国古代画像艺术的思想性》,北京:生活·读书·新知三联书店2006年版,第239、239、240页。

[7] 倪克鲁(Lukas Nickel),《亚洲视野中的秦兵马俑》,载巫鸿、郑岩主编《古代墓葬美术研究》第一辑,北京:文物出版社2011年版,第37页。

[8] 汪小洋,《汉墓壁画的宗教信仰与图像表现》,上海:上海古籍出版社2012年版,第3页。

[9] 仪平策,《中国审美文化史·秦汉魏晋南北朝卷》,济南:山东画报出版社2000年版,第121页。

[10] 邢义田,《画为心声:画像石、画像砖和壁画》,北京:中华书局2011年版,第415—428页。

[11] 顾森,《秦汉绘画史》,北京:人民美术出版社2000年版,第209页。

[12] 朱存明,《汉画像之美》,北京:商务印书馆2011年版,第21—22页。

[13] 崔骃，《博徒论》，载《全后汉文》，北京：商务印书馆 1999 年版，第 445 页。
[14] 黄佩贤，《汉代墓室壁画研究》，北京：文物出版社 2008 年版，第 255 页。
[15] 《后汉书》李贤注本，北京：中华书局 2005 年版，第 1112 页。
[16] 刘成纪，《形而下的不朽——汉代身体美学考论》，北京：人民出版社 2007 年版，第 239 页。
[17] 信立祥，《汉代画像石综合研究》，北京：文物出版社 2000 年版，第 13 页。
[18] 吴中杰主编，《中国古代审美文化论》（第一卷），上海：上海古籍出版社 2003 年版，第 140 页。
[19] 李修建，《风尚——魏晋名士的生活美学》，北京：人民出版社 2010 年版，第 308 页。
[20] 宗白华，《论〈世说新语〉和晋人的美》，见《宗白华全集》第二卷，合肥：安徽教育出版社 2008 年版，第 267、279 页。

艺苑探析

论中国拓印画的艺术特点

张道一

男，1932年生，原国家艺术学科国务院学科组召集人，东南大学艺术学院教授，博士生导师；现为苏州大学艺术学院教授。

所谓"拓印画"，即"拓印版画"的简称。过去多称为"拓片"，技艺人员将其叫作"传拓"。长期以来人们仅仅把传拓视作一种复制手段，并不把它当作专门的艺术。它虽然接近于印刷，但又不同于一般的印刷，随着载体和技艺的转换，在艺术效果上也产生了不同的变化。

古人重金石，将文字和图画刻铸在青铜器和碑碣上，希望传之永久。历史的经验证明，这希望只能是相对而言，有的才过了几千年，那青铜已是锈花斑斑，石头也剥蚀得残缺不全了。金石学和书法艺术，将拓印视为获取资料的重要手段，因而称其"传拓术"。我们现在又把拓印画当作一种版画的样式，进行研究和鉴赏，并且找到了艺术载体转换之后所带来的趣味变化。

现代的传播方式多样，印刷知识普及，拓片的介绍很多，如果我们关注于此，不失为观摩艺术的一个很好的方面。通过本文，读者能够从一个特殊的角度，了解中国文化的博大精深。艺术的多样化不但丰富了它的传统特色、开拓了艺术欣赏的领域，也构成了中国艺术深厚的底蕴。对于从事美术专业的人士来说，即使拓印画不是创作的主流，也是重要的参照，会大有裨益。

一、拓印画与一般"传拓"的区别

在我国的文化领域,很多人都知道什么是"拓片",它是从石碑上或古器物上用墨捶拓下来的一种图片,有人研究它,有人欣赏它。"传拓"是制作拓片的技艺,它本身也是一个传统手工艺行业,但长期以来,人们只是把它当作一种"逼真"的复制技术,可以将田野中的碑碣、笨重琐碎的器物上面的文字与图形按原样拓印下来,看起来、用起来都很方便。在古代,它支撑了金石学和书法的研究,现代的文物考古界也离不开它。

由"传拓"所拓印下来的"拓片",体现了古人的高超智慧与巧妙创造。最初印章的出现,是在硬物上刻反字,盖在正面的纸上变成了正字,由此得到启发,刻了反面的小佛像,连续排列起来捺印,便印成了一幅正面的"千佛像";索性雕刻成反面的图画,刷印出来不就是正面的图画吗?于是,印刷术诞生了。这是正向的思维:将反面的图像,在正面的纸上印出。那么,如果作反向思维,能否将刻的正面图文,在反面的纸上,也印出正面的文字和图画呢?这是合乎逻辑的。

我们知道,工艺技巧对于制作某种物品并非一成不变的,尤其是手工艺,各人都有得心应手的一套方法,其可变性很强。历史的经验告诉我们,木刻版并不限于木版印刷,拓印也不只是拓片。历史证明,拓印并非"独生子",其可能有不少的弟妹,分散在其他的文化领域。在木版印刷方面,过去有一种"蜡花纸",所刻木版是正面图像,将刷粉彩的色纸覆在刻版上,用石蜡或蜂蜡磨拓,便在无光的色纸上磨出亮光的花纹,花纹也是正面的。这种蜡花纸,犹如缎纹的丝织,在缎子上显现出明暗花,直到20世纪的50年代,在江苏苏州和广东佛山还能见到:苏州人做成淡雅的笺纸,称作"松花笺",佛山人多用于民间裱糊和扎作。

在民间印染方面,浙南和河南洛阳一带,过去有一种"砑花布",用的是正面花纹的木版。木版刻得较深,将浸湿的布敷在上面,打刷捶打,方法与传拓一样,待干后上色。所上之色当然不是黑墨,而是不同的染料。

上色之法也同传拓一样，但不是用扑包，而是用小刷在刷板上调色之后再刷。

事实上，这些方法与传拓中的"蜡墨"法是相近的。不论干擦还是湿拓，都是为了印出清晰的正面图像。由此可见，拓印的这一特点，在传统手工艺中是符合常理的。

"拓印画"与一般"传拓"的区别，主要表现在艺术上，而不是在具体的技艺上。也就是说，所有的拓印画都是传拓的，但并非所有的传拓都是艺术。

自古以来，由于将传拓定性为复制技术，尤其是在照相技术发明之前，这一点非常明显。因此，凡是刻画的、铸造的文字和图画，只要需要，都可拓印。职业的传拓艺人精习技艺，懂得用墨的浓淡、手的轻重，将拓片拓得清晰和匀整，决不允许在拓片上加点什么或减去什么，因为他的任务是客观地复制。但艺术有所不同，不是艺术品的拓片自然不谈，即使对艺术品也往往经过剪裁，选取局部，或者进行不同程度的修整。就像考古学家对文物进行修复一样，使其更接近历史的真实。

传拓者有一个信条，只要是原物表面所有的，都要拓下来，包括疤疤点点和看不出内容的纹路，说不定其中也有奥妙。有些拓片，由于原物破损严重，画面混乱不清，不但需要慎重修整，并且对其内容也要认真判断，否则会闹出笑话来。

譬如，《文物天地》杂志2011年第4期刊登了一篇文章，题为《浅析打鼓墩樊氏墓画像石〈荆轲刺秦图〉》，由于对拓片细部观察不细致，导致释读错误。打鼓墩画像石，1976年出土于江苏泗阳县屠园乡周庄的打鼓墩，是魏晋时期的樊氏墓。该文作者介绍并分析画像石中的《荆轲刺秦图》（图1），并参照了山东嘉祥的汉代武氏祠画像石。文中说："《荆轲刺秦图》刻于樊氏墓中室北墙壁，东侧自下而上第2块画像石的侧面上，宽32.5厘米，长66厘米。樊氏墓《荆轲刺秦图》描绘了较为完整的荆轲刺秦的戏剧性场景，塑造了性格各异的人物形象。画面上，厅内帷帐被结绾起来，秦王居图画的右侧，粗眉长髯，头上扎一顶漆布帻冠，坐在矮足的床榻之上，床榻右置一兽足盘,盘内盛二鱼。床榻前有一立柱,柱上插一把带有缨穗的匕首,柱子左前跪着一个瘦小的人物,面朝秦王,双手向后示意,面前似一卷展开的简册或图轴,此人应为秦舞阳。其后立一位男子,即荆轲,他头扎发结,袖口高高地挽起,双腿弓步张开,两手交叉在腹前,形象十分高大魁梧,正双目怒视秦王。荆轲形象塑造得顶天立地,力拔山兮,颇有威武气概。樊氏墓《荆轲刺秦图》反映的是荆轲刺杀秦王之前的镇定自若和箭在弦上的紧张感和悬念。"

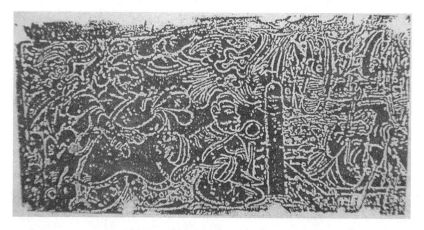

图 1 /《浅析打鼓墩樊氏墓画像石〈荆轲刺秦图〉》插图

(1976年江苏泗阳县屠园乡周庄打鼓墩魏晋时期樊氏墓出土画像石打鼓墩画像石,原石拓片不清,作者误释为《荆轲刺秦图》)

读了这段描写,好像非常具体。回头看那文中所附的拓片插图,几乎是面目全非。且不说"荆轲刺杀秦王之前的镇定自若"和立柱上已经"插一把带有缨穗的匕首"之矛盾,立柱左侧的那个人物并不瘦小,其后也没有高大魁梧的荆轲,倒是有一棵大花树,那旋转式的花瓣确实带有魏晋风格。文中附了武氏祠的《荆轲刺秦图》,很明显,整个描写是由此演绎出来的。至于为何将打鼓墩的这幅画定为《荆轲刺秦图》,就因为在画面中间偏右有一个柱状物,柱的左右两面有人物活动,模糊看去很像武氏祠的荆轲图。其实,两者的内容相距太远了。

我们将打鼓墩这幅被称作《荆轲刺秦图》的图片放大，剔清了画面，展示出来的是截然不同的内容：中间偏右的那个立柱形，是一个石祖。它是由古老的生殖崇拜延续下来的观念，寓意子孙兴旺，可能树在家庙的门口。左边是一个高大的人，衣裾拖得很长，似乎颇有身份，跪在一棵大花树下持酒祭祖。祖庙中陈设着祖先遗物，坐榻上的神位是一人手持斧钺，另一手拿着火炬之类。说不定这个樊氏家族便是出自武门，墓主人正在祈求祖先的保佑。可称为《祭祖图》。

当然，这也是一种解释。今后会不会还有不同的见解呢？很有可能，以说服力强者为上。不论什么说法，原石的拓片是第一手资料，只有把拓片弄清楚，才能进行合理的判断。

江苏的徐州地区，是汉代刘邦和项羽起兵的地方。这里地处江淮，自古以来为兵家必争之地，人民轻文尚武。汉代的彭城（徐州）经济比较发达，也是我国画像石最多、最集中的地区之一，并且同山东、安徽的画像石连成一片。有些小墓出土的画像石，多是墓主人的自我炫耀。如卖酒的人表现酒馆，相马者为人看马，纺织者坐在织机上织布，还有练武的、比武的和开武馆的。有一幅画像刻画了一个老武士，高146厘米、宽76厘米，气势轩昂，威武不减当年。但是拓片模糊，看不清面部五官，被误认为龙头，将此画横置，定名为《龙首神异》，变成古怪了（见图2）。[1]在我们剔清了面部和其他部位后，显见人物造型很有个性。他伸出大拇指，昂首傲视一切，似乎在自诩当年的勇武。但是无情的岁月催人老，而今被人冷落，颇为感慨，可能他就是这座墓的主人。

图2／武士图（选自《中国汉画像拓片精品集》）

（江苏出土，私人收藏，剔清画面后，竖起，改称《感慨的武士》）

同是一幅画，横看、竖看，相差竟是如此巨大。因此，从艺术的角度去考虑，显得多么重要。

对于古代的或是民间的拓印画，不论是做艺术研究还是创作借鉴，都应该选择清楚的而又具有代表性的拓片，提供真实的有所帮助的资料。所以说，拓印画的拓片，是艺术的拓片，是能对艺术起参照作用的拓片。

拓印画的载体转换，在艺术中并不是独有的，很多艺术种类都有这种现象，只是所用术语不同，没有做综合性的研究罢了。譬如，将一部古典文学名著改编成戏剧或电影，画成连环画；将京剧移植成各种不同的地方戏；将话剧改编成歌剧或芭蕾舞剧。在造型艺术方面，将最早的陶器改制成青铜器，如陶鼎、陶鬲、陶鬶、陶豆等，后来都转换成了青铜器，青铜器中的簋、簠等是由竹编器转换而来。用丝线绣书画，转换成了刺绣。用剪纸、木雕、麦秆、竹编等制作《清明上河图》等，都是艺术载体的转换。

在这方面，工艺品的相互"仿"造做得最多，并且以"仿真"为胜，所谓"惟妙惟肖""可以乱真"，在艺术境界中只是一种层次不高的趣味。就艺术的整体性而言，在作品的题材内容、基本结构既经确定的情况下，转换载体是一种再创造。鲁迅说："旧形式是采取，必有所删除，既有删除，必有所增益，这结果是新形式的出现，也就是变革。而且，这工作是决不如旁观者所想的容易的。"[2]这是指创作而言，即使对古典作品的欣赏，经过拓印转换之后，也应该体现这种精神。

拓印画的被拓物非常繁杂，本来就是独立的艺术品，经过拓印，变成一幅版画，其"刻"的特点会不同程度有所存留，但原器物的形状大都失去，最重要的是材料的质感不存了。特别如玉器之类，在我国历史上，它是以温润等材质之美象征人之德行的，所谓"玉有七德"，"君子必佩玉"，是以玉比人；经过拓印，只能看出它的造型与花纹了。春秋战国时期，随着文化的发展，人们对玉的认识和选择已很精细，像"和氏之璧"与"完璧归赵"的故事，都出在这一时期。如河北平山县中山国王陵出土的龙形玉佩，从材质、造型到琢工堪称优秀，但转换成拓印画后，吸引人的只是那条变形的龙纹（见图3）。

图3／龙形玉佩（战国时期）

（河北平山县中山国墓出土）

二、墨藏五彩与黑白效应

凡是学过美术的人都知道，造型艺术的"黑白"关系非常重要。认识这种关系和在处理技法上微妙的反差，不仅是入门的基础，也是衡量造型结构是否严谨的尺度。艺术色彩学中，由太阳光所分散出来的红、橙、黄、绿、青、紫，在物体色的搭配和颜料的调配上，按其光波的长短分成"冷调"和"暖调"，如红黄调子为暖调，青绿调子为冷调，从而诉诸人们的心理感受。我们知道，每一种色彩都是有深浅的，深到最深变黑，浅到最浅为白。黑与白，是色彩变化的两个极端，所以称作"极色"。而灰色，在黑白两种极色之间是"中间色"，不但可以调和两色的反差，并且能够调和所有的色彩。在美术作品的配色中，另外还有金色和银色，是两种"光泽色"，也能起调和的作用。金和银，是两种贵金属。马克思说："金银不只是消极意义上的剩余的，即没有也可以过得去的东西，而且它们的美学属性使它们成为满足奢侈、装饰、华丽、炫耀等需要的天然材料。总之，成为剩余和财富的积极形式。它们可以说表现为从地下世界发掘出来的天然的光芒，银反射出一切光线的自然的混合，金则专门反射出最强的色彩红色。而色彩的感觉是一般美感中最大众化的形式。"[3]

有经验的艺术家往往将"金银黑白灰"当作处理画面调和的要件。色彩学的原理，最有趣的现象是红、黄、蓝（青）三"原色"，如果是光色相加（重叠），则变成了白色，因而成为舞台美术光色变换的依据。而作为物体色（包括颜料），三原色等量相加则成为黑色。也就是说，五颜六色的色彩都可以包括在黑色之中。

所谓"墨藏五彩"（亦称墨分五色），唐代张彦远《历代名画记》说："运墨而五色具。"直接是指以水调节墨色多层的浓淡干湿。也就是说，在墨色中包含着所有的色彩。中国的山水画之以墨色为主，就因为大自然的色彩越丰富，越要进行概括，所以也称"水墨画"，会看画的人能从深深浅浅的墨色中看出五彩缤纷的颜色。

拓印画用墨捶拓，以黑色为主，但如果仅仅一种黑色，岂不是黑布一块，反而显得单调。因为从黑色中看出五彩，不是视觉的直接感受，而是靠人的审美经验，在多种浓淡深浅的墨色中，通过比较，产生联想的结果。江南民间的白粉墙和花窗之受到人们的赞赏，是因为有灰砖黛瓦的衬托，形成一个整体，并不是孤立的。所以说，拓印画的画面，虽然是黑白的，研究起来却并不简单，在黑与白之间是大有学问的。

书法是白纸黑字，有所谓"布白"之法，是指安排字的点画间架和字间、行间的错落参差。篆刻叫"分朱布白"，就是入印文字的多少和笔画的简繁，在相互搭配上的章法。拓印画也是如此，对于黑白的处理，包括线条的粗细、块面的大小、疏密的分布等，以及灰调子的调节安排，都会直接影响构图和整个作品的成效。

艺术载体的转换，实际上就是艺术的构想与技巧处理同物质材料的适应与结合。因为材料换了，必然会产生变化，有的适应，有的不适应，进而做适当的调整。如中国画的"白描"，不仅是基本的技法，也是一种重要的表现形式。有些著名的画家，如唐代的吴道子、宋代的李公麟、元代的赵孟頫等，所作人物画，"扫却粉黛，淡毫轻墨，遒劲圆转，超然绝俗"，被称为高手。他们的画作，用墨线可以勾描出各种不同的效果，加以白纸的衬托，给人以高雅之感。如果将这种白描刻到石碑上，效果可能大不相同，尤其是细线，在石头上显不出来，拓印后白地变黑地，效果更差。故有的画家注意于此，加强了画面的黑白对比，使拓印效果更为出色。

如唐末五代初的画家贯休，为和安寺僧。俗姓姜，字德隐，一字德远，婺州兰溪（今属浙江）人。唐代天复年间入蜀，蜀主王建赐以紫衣，号禅月大师。善书，工画，诗称"姜体"。有句曰："一瓶一钵垂垂老，千水千山得得来。"时称"得得和尚"。据说他"书比怀素，画比阎立本"。所画罗汉均为梵相，粗眉大眼，丰颊高鼻，形骨古怪。他所画的《十六罗汉像》，全身用阴线，但面部与手为阳线，袈裟局部有点灰调。整体看起来对比强烈，人物颇有精神，拓印效果很好（见图4）。

图4/《十六罗汉像》之一（五代，贯休作）

河南武陟县文庙中的《和睦乡里图碑》，刻于明代万历年间。山石耸峙，林木葱葱，流水从村边穿过；牛车停在桥边，一人牵牛走在桥上。画面刻绘的是乡村风光，呈现出一片安静平和的气象。万历年间正是我国木版画插图发展的高潮期，此画显然受其影响，既有插图的细密，又有山水画的层层叠叠，且带有金石味。

我国古代是农业社会，两千多年来形成了男耕女织的模式。在汉代画像石中，表现牛耕和纺织的画面已经不少。从宋代起，有人画成套的"耕图"和"织图"，并得到官方的重视。版本很多，有木刻版，也有石刻。1978年河南博爱县邬庄出土的《耕织图》，刻于清光绪八年（1882年），也分耕图和织图，各十幅，共二十幅。我们只看到了六幅，其中《运苗》一幅属于耕图，人物造型和构图都很好，简洁而生动，特别像这样大面积的减地，并拓成灰色调子，在石刻中是不多见的。原石的四周刻有较宽的花边，反而影响画面，只选了中间的部分。

清代书画家金农，为著名的"扬州八怪"之一，在艺术上有很高的成就。他是仁和（今浙江杭州）人，字寿门，又字司农、吉金；号冬心，又号稽留山民、曲江外史。乾隆元年（1736年）荐举博学鸿词科，入京未中而返，客居扬州，以书画自给。嗜奇好古，善诗古文，精于鉴别金石。书法得古趣，在隶书与楷书之间。五十岁后始作画，擅长梅花与佛像，俱造意新奇。

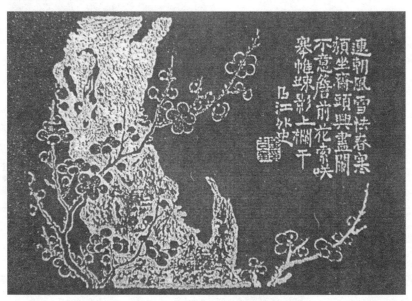

图 5／《古梅图》（清代，金农作）
（清代适园藏珍集刻之一）

看金农的书画，其本身的苍劲淳厚、若拙寓巧，就带有强烈的金石味。他的字用笔方扁，号称"漆书"；其画如老树着花，姿媚横出。他深入研究古代艺术，但不受古人的束缚。在《自写真题记》中说："不求同其同，而相契合于同。"他在乾隆元年被荐举博学鸿词科到北京，没有被皇帝看中。在回扬州的途中，游历了山东，到曲阜观摩孔庙的汉碑，并作了一组《鲁中杂诗》，其中写道："会稽内史负俗姿，字学荒疏笑驰骋。耻向书家作奴婢，华山片石是吾师。"由此可以看出他的性格和在艺术上的追求。有人说金农的艺术是"以拙为妍，以重为巧"。郑板桥诗赞曰："乱发团成字，深山凿出诗。不须论骨髓，谁得学其皮！"

且不单说拓印画，冬心先生可谓熟识金石、深悟拙巧、驾驭黑白、勇于独辟蹊径的艺术家。你看他的《古梅图》，在造型、结构，特别是对于黑白的处理，是何等自然、奇趣而又高洁、高妙！

三、斑驳、虚实与含蓄

中国人讲究含蓄，待人接物，有些话该说不该说，其中固然有人情世故的因素，想来也确实存在着讲话轻重的不同反应。"采撷诸家百余状，毫端古意多含蓄。"含有深意，藏而不露是含蓄；有意见不作正面说明，而用委婉隐约的话表达出来，也是含蓄。古代的政治家游说列国，讲话锋芒不能太露，多用譬喻，发展了寓言。汉代画像石中的人物之间，谈话时手中多拿一把菜刀形状的东西，摇来摇去，叫作"便面"，实际上就是竹编的扇子，因为讲话时不愿让人看到自己的面部表情，用以遮脸，故叫便面。

有含蓄就会有模糊，不清之处在所难免。朦朦胧胧，从朦胧中见其真；虚虚实实，在虚实中相参错，犹如雾里看花，"春水船如天上坐，老年花似雾中看"；又似风鬟雾鬓，"花边雾鬓风鬟满，酒畔云衣月扇香"。艺术的模糊、朦胧、虚实，是有意的造作、含蓄的表现，但是拓印画却有大自然的插手，无意的磨损也会产生意想不到的效果。

中国画有"败墙张素"之说，指的是壁痕如画，引人"迁想妙得"，语出北宋沈括《梦溪笔谈》卷十七"书画"："度支员外郎宋迪，工画，尤善为平远山水。其得意者，有《平沙雁落》《远浦帆归》《山市晴岚》《江天暮雪》《洞庭秋月》《潇湘夜雨》《烟寺晚钟》《渔村落照》，谓之'八景'，好事者多传之。往岁，小窑村陈用之善画。迪见其画山水，谓用之曰：'汝画信工，但少天趣。'用之深伏其言，曰：'常患其不及古人者，正在于此。'迪曰：'此不难耳。汝先当求一败墙，张绢素讫。倚之败墙之上，朝夕观之。观之既久，隔素见败墙之上，高平曲折，皆成山水之象。心存目想：高者为山，下者为水；坎者为谷，缺者为涧；显者为近，晦者为远；神领意造，恍然见其有人禽草木飞动往来之象，了然在目，则随意命笔，默以神会，自然境皆天就，不类人为，是谓活笔。'用之自此画格日进。"这是一种"形象诱导法"，并非以此创作，而是引人想象，产生美妙的联想。

拓印画有两方面特点：一方面体现在被拓印物，如砖石的破损，长期受到侵蚀或人为的撞击划刺，都会有一些斑驳的痕迹；另一方面是拓印，它不像一般的印刷，水色用刷，油墨用皮辊，所上之墨均为大面积的匀整；拓印用的小拓包（扑子），是一点点地上墨，其本身就能拓出浓淡虚实，可与原物的斑驳相参错，形成一种特有的效果。

我看过几位名家刻印，目睹他们熟练的技巧和运刀的自如，实在是一种享受。他们在刻完未竟时，往往拿着那小小的石块端详，一会儿点点头，一会儿又摇摇头，持刀在这里刻一下，在那里挖一下。我问："为什么要把完整的边框捅破呢？"答曰："透气。"有的在笔画交错密集的地方减去了一段，说是"放血"。就像人的舒展自然，住房的门窗不能关得太严，防止血压升高。这些不见于印论的通俗语言和比喻，实际包含着颇深的道理，使我受益匪浅。从那"破"了的边框和断了的笔画，使画面增强了活力，有了生气，不就是绘画的"意到笔不到"吗？由此我联想到石刻的画面，那些因岁月侵蚀而斑驳的地方，正是线条交叉和密集之处。对于拓片的修整，哪些断线应该接起来，哪些不必费力，也就明白了。

譬如，1989年山东枣庄西集镇出土的《日·月》画像石，是东汉早期的制作。画面很简单，边框分左右两格，每格的中心刻一个圆形，也就是太阳和月亮。区别两者的内容，是在日轮之中刻了"日中之精"的三足乌与天狗，在月轮之中刻了象征月亮的玉兔和蟾蜍。这是远古的神话，由它们代表着日月，像两个轮盘在天上交替运转。这块画像石可能置于墓顶，表示日月高照、日月长久。

画像石的画面处理：日月在天，很高很远，不能刻得太实太细；日月运转，无限空间，不能刻得太密太满。两个星球，万里无云。神话中的几个生灵与破碎的剁纹糅在一起，似有似无，朦朦胧胧，虚虚实实。

南朝的石刻与印砖，没有汉代的壮丽，规模也不大，但都清秀雅致，已经呈现出江南优美的气质。《持伞者与执扇者》是南朝（宋）元嘉十七年（440年）制作的两块画像砖，虽然出自山东，仍不失这一特点。持伞者与执扇者都属于仪仗成员，可以排列起来，构成长长的行列。这两块画像砖主要是突出伞盖和障扇，对执掌者无须详细刻画，所以都是模模糊糊，真像雾中之人。

模印画像砖的灵活性很大，形式也多样。由于体积较小，砌砖时可以相互组合。这里不谈汉代的大型空心砖和南朝的模印砖壁画。大型空心砖的长度可在一米左右，多是独立的画面，有的很复杂。模印砖壁画有的可占一个墙壁，如南京出土的《竹林七贤和荣启期》，由数以百计的印砖组成，气势很大，工程也很大。这些都是特殊的，数量不多，非一般人所拥有。一般的画像砖，画面印在正面或侧面，有的一块砖的画面就是一个单位，既可以单独应用，也能够连续排列。我们将福建出土的三块唐代画像砖见图6做了比较。《两地三美女》的表现形式一致，福州的和晋江的几乎分不出来：都是使用单线，甚至连边框也是断断续续，拓印之后有的部分边框即是砖的边沿。如果将原砖并列砌在一起，虽然略有大小，但画面连成一片，那边框的界线也不明显了。这是造型艺术上的"统觉"原理，说明在这里用得很活。

并非所有拓印画的边框都是破碎的、模糊的，有很多既完整又光洁。而虚实之"虚"也不是模糊不清的同义语。有些画像石或画像砖，之所以设定方正的边框，是为了明确划出特定的空间以处理虚实，不受外部干扰。以实点虚，从虚中发挥想象。譬如古人提倡孝道，编选了"二十四孝"，并且将"天人感应"混杂其间，民间有多种图像流传。其中有一个"王祥卧冰"的故事，说是晋代孝子王祥，早年丧母，继母不慈，寒冬要吃新鲜的

图 6 /《两地三美女》(唐代画像砖三件)

(福建出土,中为福州,左右为晋江)

活鱼,王祥便解衣躺在冰上,希望将冰融化,跳出鱼来,孝行感动了上天,使冰裂开,跳出了两条鲤鱼。通常的画面为王祥赤身卧在冰上,身旁有两条鲤鱼跳动,犹如"看图识字"。1990 年,甘肃榆中县朱家湾村宋墓中出土了一批孝子画像砖。其中王祥的画面结构简单,除他卧冰之外,只有一条树枝,搭着他的衣服,身旁并无鲤鱼跳出,只是在淡淡的冰层上,隐约看到几条水纹。这样就给看画者留下了悬念,创造了一个想象的空间:他能将冰化开吗、会有鱼跳出来吗等一系列的问题,让读者看着那虚淡的冰层去想象,去求解,包括到底有没有上天"感应"的事。由此看来,说教式的艺术不如启发式的艺术更能感动人。

人的生死问题始终是个谜。亲人故去是悲哀的。既有生，为什么会有死；死后的灵魂到底存不存在；灵魂升天，真的有天堂吗；既然要升天，为什么还要厚葬，在地下为死者营造一个享乐之所；画像中的那些侍女是真是假，是生者还是死者？整个墓葬文化，包括画像石和画像砖在内，既是这些矛盾的产物，又想说明这些矛盾，结果是越来越复杂。

从汉代的画像石到宋元的砖石画像中，有一个类似的画面，画一个女子倚门而立，在半开的墓门间向外观看，一般称作《启门侍女图》。她为什么要启门呢？她看到了什么呢？

图7／《启门侍女图》（宋代画像砖）

（甘肃陇西出土）

有的说是看什么时候升天；有的说是主人感到寂寞，问故人来了没有；有的说是侍女太闷了，开门透气。实际上，在那冥冥的世界，什么也看不到，闻不见。这都是活着的人对死者的想象。甘肃陇西出土的一幅《启门侍女图》，刻画者深知这一点。他没有将墓门明确画出，只是在朦胧的一片灰色中拨开一道缝，露出半边妙龄女郎的身影。她在做什么？任凭你去想象了。

有话不明说，打比方，讲譬喻，写诗的人称作比兴，不仅能增加兴味，理解了之后会感到更深刻。美术也是如此，这种寓意手法用得非常广泛。有的画面外表好似简单，形象也不复杂，但其内涵非常丰富。

譬如江苏睢宁县张圩出土的东汉画像石《夫妇和睦图》，原石已残，仅存上半部，此为最上一格。画面作对称式，构图并不复杂，中间是建筑和人，两边是鸟。中间的建筑有阙有屋，故原标题为《双阙建筑》。室内设垂幛，有夫妇两人端坐在木榻上，室外左右还有侍者站立，说明这是一座夫妇合葬墓，墓主可能有较高的身份或是殷实之家。

图8/《夫妇和睦图》（东汉画像石·部分）

（江苏睢宁县张圩出土）

此画之妙在于左右两端：右端是"双鸟共食"，左端是"双鸟交颈"；共食者形影不离，重叠如一鸟两头，交颈者紧密接喙。在两端的上方，刻了牛郎织女的星座。这是一种象征手法，为的是说明夫妻恩爱和谐。再回头看那端坐如木偶的一对夫妇时，好像也活起来了。

综上所述，"拓印"的产生缘于碑刻书法的传播。汉唐以来碑碣盛行，大都是名家书写，为了获得他们的字迹，人们便设法将其捶拓成"拓片"。之后金石学兴起，也将青铜器的铭文与纹饰制成拓片，宋代开始又拓印画像石等，至今仍为书法界、考古界、文物界取得资料的重要手段，是一种"复制技艺"，并形成一种专门的职业，称作"传拓业"。

"拓印画"是从艺术学的角度思考在艺术中的定位。不可否认，这种思考是在"传拓术"的基础上进行的。换句话说，"拓印画"的技术基础是"传拓"，但其目的不同，在具体方法上又有很大差异。可以说，所有的拓印画都是拓片，但并非拓片都是拓印画。

拓印画之于拓片，要按艺术的通用标准进行选择、剪裁、清理、修整，尤其是对于古代艺术品的拓片，应选择艺术性较高的、对我们有借鉴意义的；剪裁那些内容混杂的构图；清理历史上非艺术的干扰；适当修整自然的剥蚀和人为的破损，使其看得清楚，较接近于历史的真实。

就现有的拓印画看，主要是古代和民间的，不属于新创作，是同一形式在物质载体上的转换（改变）。艺术载体的转换，并非拓印画所独有的。在别的艺术中也已司空见惯，只是所用术语不同，没有人进行归纳综合而已。一般地说，载体的转换是一种再创造，它可以使艺术多样化，有助于精神生活的丰富。对于拓印画来说，由于古代作品的局限，不能随意改动，创作的空间是没有的。

拓印画是一种特殊的版画。其特殊性不单纯在于技艺，更重要的是版画之"版"，都是非版画的东西。拓印画与被拓印的原物，既可以作比较，也可以共同欣赏。宋代曾用枣木刻版，专门用于拓印书法；清代四川绵竹、河北武强的木版年画，曾用墨拓版制作，但不普遍。实际上，拓印画的前途是很广阔的。

【注释】

[1] 顾森主编，《中国汉画像拓片精品集》，西安：西北大学出版社2007年版。

〔2〕 鲁迅,《论"旧形式的采用"》,收入《且介亭杂文》,人民文学出版社 1973 年版。
〔3〕 马克思,《政治经济学批判》,北京:人民出版社 1964 年版,第 138 页。

徐州狮子山兵马俑研究

王恺

男，1936年生，毕业于北京大学考古学系，徐州市博物馆研究员，原徐州汉兵马俑博物馆馆长，江苏省文史馆馆员。

一、发现经过

徐州狮子山西汉彩绘兵马俑坑，位于江苏省徐州市狮子山西麓，西距市中心约4公里。这里原来是一片荒草坡地，后因徐州市砖瓦一厂采土制砖，形成了深约4.5米的废坑。砖瓦厂欲借其建塘养鱼，1984年12月的清塘施工，使得这批深埋地下两千余年的楚国"将士"重见天日。从发现以来，考古工作者对俑坑进行了调查和发掘工作，基本上了解了俑坑的内涵和形制。计有步兵俑坑4条，骑兵俑坑2条（其中一条已于1981年被破坏），各坑置俑，不仅排列密集，而且数量众多，兵种达10种之上；俑坑埋葬较为简约，除各式陶俑及局部漆木遗迹外，未见其他遗物。

狮子山兵马俑是继西安临潼秦始皇兵马俑（以下简称"秦俑"）、陕西省咸阳杨家湾西汉彩绘兵马俑（以下简称"咸俑"）之后的第三批重要发现，它为研究汉代军队的兵种构成、军队建制和装备及编制等军事制度，再现了生动形象的实物资料。

狮子山兵马俑在雕塑工艺上与秦俑不同，秦俑系写实作品，而楚国的匠师们在秦代雕塑成就的基础上进行艺术升华，开了写意雕塑作品的先河。

虽在个体雕塑水准上不能与秦俑媲美，但就其整体上讲，它是沿着雕塑艺术发展的正确方向，正常地向前发展起来的。

二、兵马俑坑概况

狮子山，是一座东西走向的小山，其形若狮，故曰狮子山，标高为61米。因山势平缓，其上多建民居，已失去"雄狮"之威严。山北侧近百米，有一圆锥形小山包，标高55.7米，名曰羊鬼山。在狮子山西北麓，亦有一小山包，标高42米，俗称绣球山。三山之西北约600米，为骆驼山，形似卧驼，故而得名。该山形体较大，标高达90米。4座山的山体构造，皆系石灰岩质。林木茂密，翠柏成荫，但是，它们多因采石，遭受到不同程度的破坏。四山呈扇形，屏北、东、西，有黄河故道（古泗水）环绕山前缓缓流过，封其西、南两面，形成山水相依、青山绕水的宜人景色。狮子山兵马俑就埋葬在这块"风水宝地"之中。

发现的四条步兵俑坑，其一、二、三号坑为东西向并列，坑距5米，各坑长27.5米，底宽1.4米，因原坑口被破坏，现口宽约2米，坑底东高西低，呈缓坡状。四号坑位于一、二、三号坑东端，为南北向，坑距一、二、三号坑约4米余，该坑南端被一北朝砖室墓打破，残长2.6米、宽1.65米；因坑中仅出土一种与其他三坑不同的陶俑，且俑量少，坑内底部还残存有象征武器的漆、木痕迹，我们称之为"警卫俑坑"。四条俑坑，除一、二号坑东段和四号坑北段稍遭破坏外，余皆保存完好。目前已发掘了一、二号俑坑和四号坑，出土各式陶俑2 200余件（不包括被破坏部分），若不遭破坏，两坑涵俑量可达2 500件以上。徐州市人民政府对这一发现极为重视，决定原地建馆保护，组织开放，以飨国内外广大观众。为防水患，沿俑坑周围修筑了底宽10米、顶宽3米、高5米的拦水坝。为了更好地保护和研究这支"楚国军队"，"徐州汉兵马俑博物馆"宣告成立。经过初步修整和陈列，博物馆已于1985年10月10日正式对外开放。从发现到建馆、开放，用了不到十个月的时间，这在国内外博物馆史上都是罕见的。

(一）俑坑的建筑结构

徐州狮子山兵马俑处于距现地表深约 4 米的采土坑内。据附近采土剖面观测，所采土层绝大部分为黄河泛滥所造成的淤积层，厚约 3 米余，达 6 层之多。据《史记》《汉书》记载，从西汉武帝元光三年（前 132）至清朝咸丰五年（1855）的两千年间，较大的黄河改道就有 20 余次。"武帝元光三年，河（黄河）决濮阳瓠子东南，注钜野，通淮泗。元封二年，夏四月，瓠子河塞，梁楚无水灾。"仅此一次，河浸徐州达 23 年之久。最晚的一次是清文宗咸丰五年七月，"河决兰仪铜瓦厢，由张秋穿运，夺大清河入海，徐州河道遂涸"（见同治《徐州府志》）。河道初分几条，20 余年后形成今天的故黄河。就这样，一次次的黄河泛滥、改道，把大量的泥沙搬运至徐，使徐州土地普遍加厚 3—6 米。

现在的陶俑坑已无地层，均坐落在褐色黏土中，土中还有砂姜，不少岩石已裸露于地表。从已发掘的第一、二号俑坑看，俑坑呈长条形竖井式。其做法，系在平地上挖出一长方形的深沟，口大底小，壁、底稍加修饰，但很不规则，连裸露出来的石头也不加清除即行葬俑。从整体上看，俑的排列虽然有秩序，但未整齐排放就进行掩土，造成了俑体倒卧或移位。从俑的倾斜和倒卧方向看，土系从两侧首先填入，致使陶俑全向内倾斜。陶俑皆西向，个别也有面东或面向一侧倒者，当系操作失误造成。陶俑的存放，皆分前后两段，因计划不周而疏密不等。如一号坑西段，残存 516 件，东段共放置陶俑 410 件；二号坑东段残存陶俑 474 件，西段放置陶俑最多，达 832 件。在一号坑东段的前端，并列四匹陶马，其后有一空间，东西长 50 厘米，南北宽 40 厘米。底部残存木质残迹，应为木质车辆的朽痕，车中间立有一官吏俑。四马并拉之，车吏、官吏俑居于车上，构成了这支部队的指挥机构。

调查中，发现俑坑附近和狮子山上残存有多种绳纹瓦片和云纹瓦当。另在狮子山西北部的半山腰，发现有绳纹圆形排水管道，直径 18 厘米，两节相连接，接口部分两侧用板瓦残片加护，排水管多残裂，可复原。管道内端为上排口，用碎瓦片摆砌成漏斗状的聚水口。原来狮子山上及俑坑附近应有地上建筑，可能是汉代陵墓上盛行的陵园建筑遗址和遗物。

我们从埋葬的兵马俑和地上陵园建筑，推测附近（或就在狮子山内）必定有兵马俑的主人墓葬；从地上地下的遗迹和遗物看来，这座墓的主人职位可能较高，墓葬规模也宏伟壮观。

（二）陶俑形制

从调查材料得知，狮子山兵马俑的三条步兵俑坑，是这支部队的主体，一、二、三号俑坑之东的第四号俑坑，兵俑不多，约20件，但担负着这支部队的警卫任务。骑俑坑在步兵俑坑西北约125米处，东西长13.5米，南北宽3.5米。1981年骆驼山砖瓦厂曾在该坑之西约2米处，采土时破坏了另一条俑坑，损坏了陶骑兵马俑约200余件。步兵俑、骑兵俑、警卫俑及指挥车乘同时出现，说明了狮子山兵马俑是军兵种较齐全、组编完整、步骑兼备的独立作战部队。

1. 指挥车

在已发掘的一、二号步兵俑坑中，只发现一辆指挥车。出土于一号坑东段之西端，由四匹高头大马、一辆木质车和一件官吏俑组成。四马形制相同，昂首矗立，体肥硕，臀圆润，四肢直立，尾梢绾结，安然处之；车朽无存，仅留残迹；官吏俑位于车之中部，高54厘米，因车朽而仰卧于车后的随从俑上。该官吏俑头戴平顶盔，两侧以带系于颌下，身着三层深衣；外罩宽袖长袍，下摆及地，外露翘首履，高领右衽，腰际束带，双手拱于胸前，宽袖覆双手，其上有长2厘米、宽0.4厘米方孔，似原持有长方形木质"令笏"，左肋下亦有一长2厘米、宽0.6厘米的斜孔，似原佩有木质长剑，木朽而致。

2. 站式步兵俑

站立俑数量最多，分布广，各坑皆出，种类繁多，既有戴平顶盔者，又有饰发辫者，还有绾发髻者；服饰亦较复杂，有着双重深衣外罩交领右衽衫者，也有穿圆领襦外罩短袖甲衣者，还有内穿深袖罩甲衣者，又有穿宽袖战袍者。因形制较杂，现以头部装饰之不同，分为三种。

头戴平顶盔之站式俑：此类俑数量较多，分布广，各坑皆出。此式分大小两种，大者高47.5厘米，小者高42厘米。从衣着上可以分四种类型：其一，穿双层紧袖长襦，下垂至膝，外罩齐腰短袖圆领衣，下摆至臀部，左臂下垂，肘部向内弯曲，握掌中空有椭圆形孔，短袖较宽而下垂，右臂肘部向上勾曲，手露于袖外，作向内半握拳状。面部基本同官吏俑，嘴稍大，且半抿，有稚气；下身穿长裤，扎行縢，穿圆头平底靴；有的身背箭箙。其二，衣着基本同上，但内襦下摆两侧各有三角形裾下垂。双手共握于胸前，拳心有上下贯通的圆形孔，似原擎有长兵器或仪仗。其三，穿双层战袍，外罩短襦，前后各缀有齐胸平缘甲衣，甲系缀合，边绘红彩，以示甲绦；长衣至膝，两侧折裹成角下垂，穿阔腿裤，裤脚插入齐膝高筒靴内。袍袖口宽而翻卷下摆；双手下垂，左手半握，拇指向前，右手握拳，中有上下贯通之圆孔，原应持有木质兵械。此种俑，个别有身负箭箙者。其四，数量较少，高45.5厘米，着右衽长，外罩短袖长衫，衣衫交叉裹出两侧的三角形衣角，裤肥大，足穿高筒靴；背负箭箙，右手下垂，半握拳，拇指前伸，左手高抬，宽袖挽起，手握拳，拳心有孔。

站式发辫俑：共466件。主要分布在一号坑和二号坑西段，一般高42—47厘米。其特征是头梳发辫，头发从前端分左右两股向后理至底部，编成三股长辫上卷至顶部绾结，以璜状器插入结内，两端上翘，形成山形饰。从面部看，有两种表情，第一种数量较多，面颊圆润丰满，颧骨较高，鼻下凹，眼圆睁，张嘴显悲相；第二种较少，宽脸庞，尖下巴，眼微睁，高眉骨，鼻较尖且直，嘴半启，五官清秀，神情自若。依俑身服饰之不同，亦可以分为两类：其一为第一种头配平顶盔站立俑的第四种身体，唯不背箭箙；其二为第二种头配平顶盔站立俑的第一种身体，该种俑有背和不背箭箙两种。

发髻俑：数量较少，仅在一号坑内出土5件，其中一件为跪坐俑身。俑高42—46厘米，该俑前端同发辫俑，两股发在脑后相交，然后把发挽至顶部，再中分向左、右绕环，交于下部，形成对称两个凹窝。面呈圆形，双目微睁，眉骨隆起而清晰，鼻直且短，抿嘴，上唇凸起，嘴角微垂。此种俑与咸阳杨家湾所出"巴人"俑雷同。这种俑有三种不同的身子，分别同平顶盔站立俑的第二、三、四种身形。

除以上三种，另外还有警卫俑，系指在四号坑出土的与其他俑不同的一种陶俑。数量不多，高 48.5 厘米。头戴平顶盔，着双层深衣，外罩长袍，宽袖下垂，长袍及足，脚穿鱼尾翘首履，腰系带，双手共握于胸右侧，左手居上，右手在下，手中圆孔相通，似共握一长兵械。

3. 跪坐士兵俑：为车兵的御手和车士

其一为御手，其二为踞跪坐俑，两种形象完全不同。除一号坑西段外，余皆出，数量较多。踞跪坐俑 596 件。御手俑头戴平顶盔，身着长袍，高 27 厘米，额头较高，眉骨稍凸，二目平视，鼻短而圆润，嘴微张，面颊中间略宽，呈静穆之态；身着长袍，外罩短袖甲衣，圆领前开，不辨衣衽，下摆至膝，长袍裹膝而跪，两侧衣缘成三角形饰，两臂下垂，双手前屈，左手向下半握，呈持物状，左手握拳中空，原应持有赶车之鞭，此种俑似秦铜车御手俑。甲胄俑即车士俑共 174 件，高 25 厘米，头戴风字盔，盔垂及肩，仅露面部，上宽下窄，眼、眉、鼻、嘴塑造清晰而准确，威武雄伟，形象逼真；内穿宽袖长襦，坠地遮足，外罩短袖齐膝甲，双手前屈呈持物状；身背箭箙；周身涂白粉彩，上饰红点状短带状彩，酷似楚王陵出土而复原的"扎甲"，该种仍头戴盔，亦似楚王陵出土之铁盔。此两种俑应为车兵之御手和车士。

陶俑原来的设计应有严格区别，某种头配某种身躯，表示某种职能。但由于组装时操作者的随意性，没按原设计者的严格要求，以一头配一个身躯随意组装，造成头身异体，出现了一种俑多种头，形成了兵种的繁杂、职能的变异，无疑为这批陶俑的研究工作设置了不少困难。

三、兵马俑的时代和性质

狮子山兵马俑与秦始皇兵马俑有着较大的差别，但从整体形态、头部装饰及衣着等观察，显示其是从秦俑继承和发展而来。"汉承秦制"，西汉在俑类制作制度上亦不例外。临潼秦俑的整体构成，系有战车、骑兵和步兵三部分，而狮子山兵马俑亦有指挥车、骑兵和步伍组成。随着社会的发展，战争形式的变化，加之战车受地形限制较大，且调动不灵活、进攻速度不快，这种春秋战国时期以战车为主较普遍使用的阵式，此时已不多用，渐被进攻速度快、调动灵活、投资少、训练方便的骑兵和步伍所代替，因而，汉俑中很少出土战车，狮子山陶俑中只有一辆指挥车，而骑兵数量明显增多，步伍的比例也增大、加强了；汉俑同时注重保护头部，每俑皆备盔帽之类，就是发辫俑和发髻俑，在额部也多以绦裹扎；秦俑多着战袍和铠甲，而狮俑亦多着长服。其承袭关系，脉络清晰。

据考证，咸阳杨家湾西汉彩绘兵马俑（见《文物》1966年第3期）可能是西汉大将周亚夫墓葬的一个组成部分，或"可能是西汉文、景时期一位地位相当高的军事将领"（田旭东《略论秦汉时期军队的发展——秦俑与杨家湾汉俑军阵比较》，《文博》1985年第2期）。两种提法，时代相近，又系带兵武官，差异不大，死后殉葬兵马俑，顺理成章，狮俑的整体结构与咸俑相吻合。咸俑有骑兵580余件，而狮俑的骑兵亦应可观；咸俑无战车，而一战车似以兵器车代之，狮俑亦有一乘指挥车；马的形态、结构及制作虽风格不尽相同，但其特点是一致的，皆系模制。关于步兵俑，相同之处更多，从形体结构到大小尺寸，衣着服饰到靴帽头型都极为相似。咸俑站立俑高低有二，高者48.5厘米，矮者44.5厘米，而狮俑亦分两种，分别比咸俑低1—2厘米；两批俑皆着长服，狮俑因长期埋于地下，彩绘保存不良，彩多脱落，部分俑甲形及衣色难辨；关于头饰，咸俑有两种，其一头戴平顶盔，其二为发髻，而狮俑除两种外，还有发辫俑；咸俑中有少量发髻"巴人"俑，而狮俑亦有少量出土（仅出土5件），其形象不能说完全相同，但也极为相似；咸俑步伍皆站式，而狮俑除站立俑外，还有相当数量的踞坐俑；这些异同，除反映出它们的时代较接近外，还当与所反映的主题思想有关。这两批俑的不同点，还因地域关系，脸的塑造不尽相同，咸俑面部多方或圆，唇厚，体格较粗壮，主要反映了关中人的面部特征，而狮俑脸型多为上宽下窄的"瓜子"形，似反映了东部民族的面部特点；咸俑的指挥官吏皆骑马，而狮俑指挥官吏为乘车，此系反映了咸俑主人是南征北战驰骋疆场的战将,而狮俑的主人可能是地方官吏;咸俑砖坑中出土的花纹砖,在狮俑出土地点也曾发现。从而可以认定,狮子山兵马俑的时代,当与咸阳杨家湾兵马俑创制时代较接近,可能在西汉王朝的文景之际。

秦俑是秦始皇陵墓的一个组成部分,咸阳杨家湾彩绘兵马俑,是西汉某个有地位的军事将领墓葬的一部分,而徐州狮子山兵马俑的性质亦不例外,也应当是西汉某一位"重兵权"的楚王或显贵人物墓葬的一部分,其主墓地当在其东约300米的狮子山上。

古城徐州,东方重镇,得汴、泗、沂、沭四水之利,自古为重要的经济发达区域之一。早在六千多年前的新石器时代,邳县大墩子等地,就有人类在这里活动,休养生息,开发、建设着这块美丽富饶的土地,以后的各个时期,都有人类在这里活动,创造精神文明和物质文化。徐州,众山环绕,地势险要,物产丰富,交通便利。东濒大海,西控中原,南屏江淮,北扼齐鲁。控制徐州,可保东疆安全,自古徐州是兵家必争之地。徐州所辖沛县,是汉高祖皇帝刘邦的故乡,刘邦的创业就从这里开始,故高祖对其有特殊感情。早在楚汉相争期间,就封大将韩信为楚王,驻镇徐州一带。楚汉相争,刘邦胜利,公元前202年刘邦在定陶即皇帝位,称帝的第二年(公元前201年),刘邦就封其异母弟刘交为楚王,都彭城(今徐州市),辖"薛郡、东海、彭城三十六县"。楚国是刘氏皇权的重要封国之一,楚王是当时徐州的最高统治者,西汉一朝,楚两传十二代,至王莽时绝。

史书未载西汉军事重臣死后葬徐者,那么徐州狮子山兵马俑的主人,当系西汉文景之际的某代重视军队的楚王。其葬地,结合地形和兵马俑埋葬方向,墓穴应在狮子山内;其葬法,当与徐州所发现的岩洞墓相类。

四、兵马俑产生的社会背景

徐州狮子山汉兵马俑的产生由多种因素所促成,主要有五。

(一)军队历来是政权的主要支柱。《孙子兵法·始计篇》载:"兵者,国之大事,死生之地,存亡之道,不可不察也。""春秋五霸""战国七雄""秦灭六国""楚汉相争",其掠地夺邑,皆靠强兵。历代统治者,无不重"兵"。秦军"带甲百万,车千乘,骑万匹"。汉室用兵,多以浩瀚,有时一次用兵,仅骑兵多者达十余万骑,加之辎重步伍、军需供给,兵力可达数十万。汉室不仅有强大的皇室军队,还有强大的地方武装。汉室初立,大封同姓王,各封国不仅有广阔的地域,而且有可观的军队。当时的吴、楚等封国,都有可观的军事力量。"七国之乱"就是地方军事力量的集中表现,在这次叛乱中,仅吴国就投入二十余万军队,且"锐气非凡",周亚夫在平定"七国之乱"时,曰:"吴(楚)兵锐甚,难与争锋。"后因采取断吴楚粮道的战略战术,取得了镇压叛乱的胜利。徐州狮子山兵马俑就是楚国军事力量的缩影。

(二)古行厚葬,汉时尤甚。桓宽《盐铁论·散不足》:"今生不能致其爱敬,死以奢侈相高,虽无哀戚之心,而厚葬重币者,则称以为孝,显名立于世,光荣著于俗。故黎民相慕效,至于发屋卖业。"[1]王符《潜夫论·浮侈篇》曰:"今京师贵戚,郡县豪家,生不极养,死乃崇丧。或至刻金镂玉,檽梓梗楠,良田造茔,黄壤致藏,多埋珍宝、偶人、车马,造起大冢,广种松柏,庐舍祠堂,崇侈上僭。"[2]不仅建造坚固而华丽的墓室,"前堂后寝""事死如生",而且殉葬重器。生产生活,吃喝玩乐,无所不包;卫戍军队,也作行葬之资。墓之葬俑,出现尚早。古之杀殉,异常残酷。《墨子·节葬》曰:"天子杀殉,众者数百,寡者数十;将军大夫杀殉,众者数十,寡者数人。"[3]杀掉大批的奴隶殉葬,实际上杀掉了创造社会财富的生产力。后来孔子提出"为刍灵(扎草人)者善,为俑者不仁"。俑是用雕刻、泥塑或金属铸的偶人,俑之实物,最早见于春秋战国之交,到战国晚期,以俑殉葬逐渐流行,汉代益加普遍。一座墓内出土几件、十几件、数十件、上百件者有之,还有用泥塑成的猪、羊、鸡、犬、马、牛及井灶等。差不多一切人生日常应用之物,都做成陶质冥器放置墓内。关于殉葬兵马俑史载极少,仅见《汉书·周勃传》中有"亚夫子为父买工官尚方为甲楯五百被可以葬者"。以兵马俑殉葬者,有秦始皇兵马俑、杨家湾汉兵马俑和狮子山兵马俑,虽然地点不多,咸俑和狮俑个体不如秦俑高大,但俑群的规模都是很大的,证明西汉厚葬之风的盛行。

(三)西汉是在秦末农民起义之后建立起来的封建王朝。连年战祸,生产受挫。国家统一,经济复兴,是奉行休养生息政策的结果。特别是"文景之治"后,经济振兴,五业兴旺,基础雄厚。发达的楚国经济,为汉兵马俑的产生提供了殷实的物质基础。

(四)西汉楚国,文明之邦,人文荟萃,艺术发达。第一代楚王刘交,一生酷爱文化。"交以穆生、白生、申公为中大夫","元王好诗(《诗经》——作者注),诸子皆读诗",申公始为诗传,号鲁诗。元王亦次之诗传,号曰元王诗(详见《汉书·楚元王传》)。正因为楚国有发达的文化,所以后来出现了刘向(元王四世孙)、刘歆这一对父子大文人。发达的楚国文化,为徐州汉兵俑的出现奠定了坚实的文化基础。

(五)雕塑艺术在徐州有着悠久的历史。早在原始社会的大墩子遗址中就出现了许多精美的彩陶器皿和陶塑的房子,在与徐州毗邻的鲁南原始社会遗址中就出土了动物形象的陶质器皿,诸如山东大汶口的兽形壶,三里河的猪鬶、狗鬶等。汉代的陶塑俑类更多,徐州子房山一座西汉早期墓中出土了100多件陶俑(徐州博物馆《徐州子房山汉墓》,《文物资料丛刊》第1期);铜山小龟山第六代楚王刘注(卒于公元前116年)墓也出土有陶俑(《考古学报》1985年第1期);北洞山一座西汉墓,曾出土陶俑230余件,陶俑多绘有黑、红、白、黄、绿等彩绘。这些墓葬所出土的各式陶俑,其雕塑风格、制作工艺多与狮子山兵马俑相类,唯多系侍从俑,无武士形象。徐州小山子出土的两匹陶马,姿态之精巧,形象之逼真,可与狮俑之逼真及狮俑之马相媲美,唯体形瘦削。从而可以认定,西汉楚国造就了一批雕塑艺术大师,他们一批接一批,一代承一代,艺术成就不断提高,艺术造诣不断升华。正因为有这么一批技艺超群的雕塑匠师,才有可能出现这样规模壮观、造型生动、体态优美、兵种多样的陶塑军队艺术群像。

五、兵马俑的艺术成就

徐州狮子山兵马俑的雕塑艺术，是在继承秦代陶塑艺术成就的基础上，进行了更进一步的创作实践而孕育出的艺术新作。秦俑是秦国雕塑艺术在军事题材上的集中反映，它以秦军体态高大、装备齐全的将士为模特，以写实的手法塑造出来的典型人物形象，而狮子山兵马俑则反映了西汉楚国雕塑匠师的艺术水平。雕塑艺术从"写实"到"写意"的创作过程，从一般手工塑制到模制，是雕塑史上的一大创新和进步，从雕塑技术上讲，是质的飞跃，是遵循客观规律而发展的艺术新成果。

（一）雕塑工艺

徐州狮子山兵马俑的制作工艺是模制。其基本做法，首先手工雕塑出多种俑类的原胎，依胎做模。为做模和脱膜方便，把上肢和下肢在适当的地方截断，而后分部件做模。依胎做出来的模具，要进行加工修理，使内壁光洁，然后依模制作俑坯，再把多部位黏接成形，对多部位修整后定型，晾干入窑焙烧，出窑后的成品施彩后把头和身体组装起来，成为一件完整的合格陶俑。这批陶俑，绝大部分是头、身分别烧制，亦有部分是头、身组装后以湿泥黏头，然后入窑者，警卫俑全部系后一种焙烧方法。因多种俑的结构不同，其制作方法也不一样。

制作陶俑的程序：1. 选土。这是保证陶俑质量的关键。为确保俑体结构坚实，土质一定要细腻，除去杂质，最好用澄泥和含有淤性的陶土，为了使陶俑质量更佳，有时还要掺和细砂等物质。2. 调泥。泥一定要调匀，不软不硬，干湿得当，最好调好后闷一段时间再用。3. 模具内壁一定要清除干净，使之光洁平滑，抹上一层蜡或油脂，使之胎模易脱。这样做出来的胎质表面光滑。4. 做胎时，一定要把模具放置平稳，使所做俑胎之大小和厚薄均衡，决定用泥量，保证俑体厚薄均匀。置泥时，先从中心部位按起，逐渐向四周进行，用力要均匀，模具的凹陷部分，力量要适当加重。填满泥，把边部刮平，待两片胎体做好，即可拼模。在拼模之前，将接缝部位刷上水，以便拼合时能结合紧密。待两模全拼之后，要放置一定时间，待胎体凝结后方可脱模。脱模后的胎体晾至半干后方可进行修整和安装其他附件，如马耳等。有些较大部件，则要趁湿黏接。

陶马的制作方法：因马的体形较大，结构复杂，共分头颈、身躯、四肢、尾巴及双耳九个部分，分别模制后组装。马头与颈为合体制作，分左右两片半模制作，在两片半模中，分别制好后拼合而成；马的左右双耳是分别模制后趁湿黏接上的，因黏接不牢，耳多残掉。待半干后，加工修整，主要是指结合部位的平整和加固，在眼睑及鼻翼等传神部位，要精心修理，在嘴角部位用圆形器穿孔，以示穿衔；马的身躯较厚重，亦分上下模，为操作方便，在腹下留有椭圆形孔，以便在拼模时把手伸入体内，压实接缝部分，器内存有清晰的指痕。椭圆孔还可以作透气之用，保证在高温焙烧下不爆裂、不变形。腹下四肢的结合处，皆留有预先设计好的平面，亦呈椭圆形；四肢因承受压力大，所以多制成实心，但腿的上部，个别中空或上端留有凹窝；马尾皆为实体。陶马腿的组装，以发掘情况看，接合处似用黏合剂黏接，因埋于地下太久，黏合剂失效，故各部件散存。

俑头的制作方法：俑头系从颈上部分前后模制作，颈系手工制成圆锥体，在颔下趁湿黏接而成，外表多经加工，很难辨出接缝，但头的两侧，留有修整的刀痕。俑的面部，就多有加工迹象。

俑身的制作方法：陶俑的身躯，皆系用前后模制作，但足及腿部，就分别制模后趁湿捏合而成，一般不易看出接合痕迹，但腿系实心，中心皆插有木棒，棒朽，留有空隙。陶俑的手，皆系在肘部半干时黏接，因黏接不牢，多已脱落。多种俑背箭箙，亦系分别制后而用黏合剂黏接。

甲胄俑的制作方法：车士俑是身首接合的，系用前后模制成，其双手是分别做成，待半干后黏接。

(二) 艺术特色

狮子山兵马俑的创作者们，在对俑的刻画上，可以说达到了形神兼备的高度。

那稳健肥硕的战马、足智多谋的官吏、矫健英俊的站式俑、威严肃穆的车士俑、憨厚温顺的发髻俑、机智敏捷的警卫俑，无不凝结着匠师们的辛勤劳动和艺术结晶。他们通过俑眼、眉、鼻的微小变化，刻画出各种栩栩如生的神态和丰富多彩的内心世界，给人们以美的享受。

他们重在"传神"的刻画。那几匹膘肥体健的大马，高昂着头，直竖双耳，似搜寻着主人的"号令"；奋起的鬃毛，修剪得很平整，备感精神；修长的面部，额头飘动着缨子，两颗银铃般的眼球，配以两道弯曲的眼睑，双眸闪闪发亮，警惕地审视着前方；翕张的鼻翼，似打着响鼻，喷吐着粗气；四条马腿踏地坚劲而有力，似圆又方，积蓄着无穷尽的力量；微凹的脊背，圆润的臀部，似奔跑，似流汗；下垂而绾结的长尾，犹在慢慢摇动，显现出是经过严格训练的宝马良驹。这些肥硕的高头大马，也客观地反映出西汉楚国经济繁荣、百业俱兴的繁盛景象。

雕塑大师们对人物的刻画，更是贴切入微、惟妙惟肖，有些可以说达到了恰到好处的境地。对于官吏俑的刻画，是这批陶俑中最成功的佳作：他身材高大，体态魁梧，胖瘦适度。身穿得体的长袖袍服，双手拱于胸前，以长袖遮掩，双手执"令笏"，肋下佩剑，长身玉立。面部表情肃穆。额宽，下巴略尖，双颊微鼓，面型既清秀又老练，二目半开，眉骨隆起，通天鼻稍尖，嘴微闭，配以平顶盔，盔带系于颔下，给人以足智多谋、沉着冷静、审慎善断的感觉，大有身经百战胜利在握的军队指挥家风度。《吴子·论将》曰："凡人论将，常观于勇，勇之于将，乃数分之一尔，夫勇者必轻合，轻合而不知利，未可也。"[4]《孙子兵法·九地篇》："将军之事，静以幽，正以治，能愚士卒之耳目，使之无知。易其事，革识谋，使人无识；易其居，迂于途，使人不得虑。"[5]《孙子兵法·火攻篇》曰："主（将军）不可以怒而兴师，将不可以愠而致战。"《孙子兵法·九变篇》在评论军事时说："将有五危：必死，可杀也；必生，可虏也；忿速，可侮也；廉洁，可辱也；爱民，可烦也。"就是说军队将领有五种致命弱点：有勇无谋，只知死拼，就可能被敌人诱杀；临阵畏怯，贪生怕死，就可能被敌人俘虏；急躁易怒，一触即跳，就可能被敌人凌侮而妄动；廉洁好名，过于自谦，就可能被敌人污辱而失去理智；只知"爱民"就可能被敌人骚扰而陷于被动。狮子山官吏俑的成功塑造，为这些兵书关于将领的精辟论述作了形象而生动的注脚；反之，狮俑也有可能是依据这些论述而创作出来的典型形象。

在士兵俑中，特别值得一提的是车士俑。身披铠甲，威风凛凛，头戴风字盔，仅露出不足30平方厘米的面部。就在这么小的平面上，雕塑嘴、眼、鼻、眉等部位，却感面型丰满，五官布局得当，使之威严肃穆，充满锐气，大有"力拔山兮气盖世"之势、顽敌难进之态。匠师们凭借自己高超而娴熟的技艺，在一块普通的泥巴上，以刀作笔，塑造出了一批保疆卫国的勇猛将士形象。

狮子山兵马俑，从整体来讲，显得比较拘谨，不见有大的动作和实践姿态，多是通过多种手的姿势变化显示各俑的职能。狮俑反映的主题，似在为主人送葬或祭奠，这就要求祭奠者表情深沉、肃穆，外表有哀丧之态；那发辫俑的咧嘴之相，给人以悲伤嚎哭之感，但也不无外忧内喜的形象。这些作品，一方面表现了主人的要求；另一方面，也凝结了匠师们喜怒哀乐的心声。

狮子山兵马俑群中，有相当数量是身背箭箙的弓弩手，从整体形象看，他们分别还拿有其他武器，似为兼职。《孙膑兵法·势备》曰："何以知弓弩之为势也？发之肩膺之间，杀人百步之外，不知其所道至。故曰弓弩势也。"弓弩不受地形限制，可杀人在百步之外，是一种远射程武器，它可以与长、短兵器结合使用，同时，任何兵种也都可以应用，骑兵、车兵及步伍皆可用之。"鸣骹直上一千尺，天静无风声更干"，刻画出了一批优秀射手的矫健神姿。其双手执物（兵器），身穿战袍，足蹬快靴，正显露出"佩刀一刺山为开，壮士大呼城欲摧"的英雄气概。唯所处时地不同，而把雄力隐藏于内而已。

总之，楚国的雕塑艺术大师们，通过自己的艺术实践，利用多部位的变化，特别是面部特征的微小变化，刻画出多种俑的喜、怒、哀、乐和悲、欢、愁、苦等逼真形象，这是匠师们把握了多部位特点而达到的艺术效果，不能不说是天才的艺术创作结晶。

（三）陶俑的彩绘

徐州狮子山兵马俑是有丰实而鲜艳的彩绘的，但因葬埋方法不当，加之土质黏性大、腐蚀力强，大部分彩绘脱落，很难知其原貌。从目前所能看到的残迹看，各俑在焙烧之后，周身涂以白粉以作底，然后再施红色颜料，如在俑的唇部、袖口、额端、裾及内襦上多绘有红色；发辫俑的发辫上，部分俑戴的平顶盔，有些俑穿的裤子，盔甲俑的甲缝及甲胄的盔甲上也多有尖状或短带状红彩。马俑的鼻、耳、嘴及个别马身上也残存有不少红色彩绘。

秦俑彩绘丰实，计有朱、红、紫、淡红、深绿、粉绿、深紫、粉紫、蓝、粉蓝、橘、黄、黑、白、褐十五种色彩，且都是矿物质。而咸俑的色彩也比较丰富，计有黑、红、粉红、紫、白、褐、黄等多种颜料。而狮俑是否只有红、白二色，因不见其他遗物，当难论断。结合秦俑和咸俑色彩，狮子山兵马俑的彩绘还应当更丰富些。

【注释】

[1] [汉]桓宽，《盐铁论·散不足》，《诸子集成》（第七册），北京：中华书局1954年版，第34页。
[2] [汉]王符，《潜夫论·浮侈篇》，《诸子集成》（第八册），第57页。
[3] [清]孙诒让，《墨子间诂》，《诸子集成》（第四册），第107页。
[4] [清]孙星衍校，《吴子·论将》，《诸子集成》（第六册），第7页。
[5] [魏]曹操等注，《孙子十家注》，《诸子集成》（第六册），第201页。

🦋 **汪小洋**

男，1958年生，东南大学艺术学院教授，博士生导师。

论佛教美术的本土化

汉文化的发展中，佛教美术是一个不可或缺的内容。关于中国传统宗教的发展形态，学术界普遍是以儒释道三教的发展来描述的。儒释道三教中，佛教是外来的宗教，但是在进入中国之后的传播中，佛教不仅与儒道比肩而进，而且，佛教在广纳本土信徒的同时，也接受着本土化的改造，使其具有了许多鲜明的本土化特征。佛教美术本土化的认识，即是在这一背景基础上展开的。

佛教传入中国，主要有三条线路，一为北传佛教，一为南传佛教，一为藏传佛教，其中又以北传佛教的影响面较广泛，比如，对我国政治、文化影响巨大的禅宗、净土宗就是来自北传佛教的传播；又如，鸠摩罗什、唐玄奘等著名佛教人物也是来自北传佛教。所以，认识佛教美术本土化的重心，也主要是对北传佛教中的美术现象进行深入探讨。

佛教美术首先是为佛教传播服务的，我们可以从世俗的角度来评价佛教美术的艺术价值，但这样的评价要符合佛教传播的走向和由此而提出的相关规定，所以我们提出这样三个认识角度：从道场、寺院石窟等仪式场所出发而考虑的艺术载体的本土化；从佛国供奉系统出发而考虑的艺术形象的本土化；从佛教美术的象征体系的建立、存在出发而考虑的艺术审美的本土化。

一、艺术载体的本土化

　　佛教美术与世俗美术在艺术载体上的区别是非常明显的，简言之，佛教美术含有佛教仪式方面的要求，以满足信徒的宗教体验需要为创作前提。所以，严格意义上的佛教美术，其艺术载体就是道场、寺院石窟等仪式场所的建筑物。佛教美术的这个特征，不仅使壁画、造像成为佛教美术的主要形式；同时，也使佛教美术在创作过程中得到了一个明确的规定，即艺术载体的有限选择。如此，艺术载体的本土化也就成为我们深入研究的一个逻辑起点。

　　道场是佛教礼拜、诵经、行道的场所，东晋高僧僧肇注《维摩经》时如此说："闲宴修道之处，谓之道场。"闲宴修道离不开佛像，因此在佛教的传播中道场也就成为佛像集中的地方。佛教传入中国后，认神不认教的本土宗教文化影响到佛教的传播，与信徒现实要求密切相关的菩萨就得到了特别的欢迎，对菩萨的单独信仰有了普遍的基础。南北朝后，中国佛教信徒通过各种附会而请来西方菩萨定居，自立道场，其中著名的有弥勒、文殊、普贤、观音、大势至、地藏等。在之后的信仰传播中，观音、文殊、普贤随缘应化，本土化进行得更加彻底，受到普遍欢迎，再加上汉化化身的地藏菩萨，最终形成了著名的汉化佛教的四大菩萨和以名山而称的四大道场。有了自己的道场，艺术形象上自然就有了更好的依托，表现出更加突出的信仰特征。观音、文殊、普贤、地藏在自己的道场都有着新的形象组合，如普陀山观音道场中，三十三体观音中，突出的是杨柳观音、鱼篮观音和蛤蜊观音。本土化使四大菩萨有了自立道场的基础，也对菩萨形象的塑造有了从本土化出发的巨大促进。

　　寺院石窟更是与佛教本土化紧密联系的艺术载体，也得到了学者们的普遍关注。在我国传统文化中，石窟是早期佛教美术遗存最丰富的地方。佛教传入中国后，很快就有了本土化的改造，而且许多遗存中的美术现象都是与石窟本土化的改造相关的。在北传佛教进入中原前的西域，石窟就已经开始了本土化的进程,西域石窟中的中心塔柱窟是经过改造的窟型,大象窟则是具有独创性质的石窟,著名的龟兹风就是建立在石窟形制本土化的基础上而产生的艺术风格。龟兹风是指克孜尔石窟中的佛教艺术风格,独特的龟兹石窟是其载体。龟兹型窟是支提窟的一种,富于龟兹的本地特色:体积巨大的中心柱将前后室分开,同时间壁甬道与中心柱形成了可以环绕进行"右旋"仪式的通道。这种石窟形制,不仅符合佛教信徒进行宗教仪式的要求,而且也可以克服克孜尔地区山岩质地疏松的不足,中部有柱,使窟顶不易倒塌;另一方面,这样的窟型有利于造像和壁画,中心柱壁上开龛塑像,后室后壁可为涅槃塑像,其他壁面绘满壁画,形成建筑、雕塑、壁画三者结合的石窟营造。支提窟在印度佛教遗存中已经存在,但并没有龟兹这样普及。龟兹之外,敦煌石窟的艺术成就也体现着石窟本土化的明确影响。北朝时期,莫高窟普遍存在的窟型是中心塔柱石窟和方形覆斗式石窟。中心塔柱石窟源于龟兹型窟,但在营造过程中进一步融合了本地木构建筑的样式,形成窟室后部为通连窟顶的中心塔柱,前部为人字坡顶,上方为檐枋和椽子的建筑结构。中心塔柱四面开龛,龛内塑佛像和菩萨像,有的龛外加塑胁侍菩萨,石窟内壁上彩绘佛、菩萨、供养人像和本生故事画,艺术家创作的面积因此大大增加。方形覆斗式石窟,平面呈方形,顶为覆斗式,这样使得内部空间更加开阔,石窟内除正壁上开龛造像外,其余都绘满壁画。这种空间上的特征接近河西魏晋时期的本地砖室建筑结构,并为后代石窟开凿时所沿用,进而逐渐发展成为敦煌莫高窟的代表性窟形。

寺院也是佛教美术的主要载体,与石窟相比更接近信徒的现实生活环境,因此在形制上也更多地体现出本土化的影响。目前已有的文献表明,汉明帝时的洛阳白马寺为中国佛寺之始,这种借已有世俗建筑为寺院蓝本的做法使佛教传入中原之初就打上了深深的本土化烙印。之后,以塔为中心的修正和以殿堂为中心的确立,佛教寺院都是沿着本土化的方向而进行的。从寺院的平面规划看,本土化的大型建筑群一般是把主要建筑物安排在中轴线上,附属设施则安排在东西两侧,寺院的主要建筑物一般也是这样安排，山门、天王殿、大雄宝殿、法堂、藏经阁等都是作为正殿而安排于中轴线上，并且是本土化的坐南朝北；而伽蓝殿、祖师堂、观音殿、药师殿等则东西配置。这样的建筑安排，正殿供佛，体现了本土化的等级制度；同时，副殿供菩萨，相对独立的空间也为信徒们的实用仪式提供了条件。如此，在本土化的寺院中，我们既可以看见以佛为主的组合造像和壁画，也可以看见以菩萨为主的组合造像和壁画。

此外，在一些具体的载体上，我们也可以发现本土化的影响。比如我国历来就有在建筑物的墙壁上题字作画的风气，影响所及，寺院的墙壁上也多佛画和题字。唐代张彦远《历代名画记·记两京外州寺观画壁》就记载："安国寺。东车门直北东壁，北院门外，画神两壁，及梁武帝郗后等，并吴画，并题。经院小堂内外，并吴画。西廊南头院西面堂内南北壁，并中三门外东西壁，梵王、帝释，并杨廷光画。三门东西两壁释天等，吴画，工人成色，损。东廊大法师塔院内，尉迟画及吴画。大佛殿东西二神，吴画，工人成色，损。殿内维摩变，吴画。东西涅盘变，杨廷光画。西壁西方变，吴画，工人成色，损。殿内正南佛，吴画，轻成色。"[1]北宋黄休复《益州名画录》记载："张询者，南海人也。爰自乡荐下第，久住帝京，精于小笔。中和年，随驾到蜀，与昭觉寺休梦长老故交，遂依托焉。忽一日，长老请于本寺大慈堂后留少笔踪，画一堵早景、一堵午景、一堵晚景，谓之'三时山'，盖貌吴中山水，颇甚工。画毕之日，遇僖宗驾幸兹寺，尽日叹赏。王氏朝，皇太子简王欲要迁于东宫，为壁泥通枋，移损不全，乃寝前命，今见存。"这些记载在我国传统文献中俯拾皆是。

艺术载体并不是艺术本体，但是可以参与艺术创作的过程，特别是佛教美术具有宗教仪式的色彩，信徒的宗教体验是与仪式场所直接相关的，所以，佛教美术的载体对佛教美术的影响是直接的。石窟壁画、寺院造像等甚至可以成为我国佛教美术的代名词，三教合窟等重要的佛教美术现象也可被视为艺术载体本土化的代名词。因此，佛教美术载体的本土化可以反映佛教美术的本土化进程和特征。

二、艺术形象的本土化

艺术创作就是艺术形象的创作，从布道角度看，佛教美术的创作活动是围绕着佛、菩萨等佛国尊神形象的塑造而进行的，其他形象的出现都是为了尊神的完美而存在；如果再考虑到佛教美术的仪式色彩，那供奉尊神的意义就更大了。当然，这只是佛教美术的起点，在佛教美术创作过程中，世俗社会的丰富内容会从各个方面介入，即使是尊神的形象也要接受世俗生活的改造，而且世俗生活改造的影响在尊神形象上可以得到最集中的体现。因此，佛教美术本土化的讨论，尊神形象的本土化是一个重点。

关于佛像。佛像是最普遍存在的尊神形象。在佛教教义中，佛是至上神，小乘佛教认为释迦牟尼是唯一的佛，大乘佛教认为可以有无数佛。小乘佛教和大乘佛教对佛有不同说法，但都认为佛是至高无上的，所以，佛像就集中了世上最美好的形象元素，形成佛像的"相好"并予以具体的规定和要求，即三十二相和八十种好，合称"相好"。因为是最美形象的最集中的体现，所以在所有尊神中佛像是最为固定的。佛像的本土化空间不大，但还是可以在佛教沿丝绸之路进入中原后所发生的一些变化中看到本土化的改造。首先，严格的等级观念影响。我国寺院中的佛像，基本都位于中轴线上的大雄宝殿，同时，石窟和寺院中的佛像形象高大，缺少变化，从外形上给人以一种威严而永恒的感觉。其次，与最高统治者发生直接联系。佛教造像，从南北朝时期就有了"等身佛"之说的造像，给佛披上世俗至尊的色彩，云冈石窟中的昙曜五窟、龙门石窟中的卢舍那佛等，都有着与当时皇帝联系的故事。再次，中原风俗等也有影响。北传佛教寺院中的佛像几乎没有全裸体的降生佛，也极少见欢喜佛，这无疑与中原信徒身处的风俗有关，儒教指导下的风俗是反对裸体艺术的。

关于菩萨像。菩萨像不仅是普遍存在的尊神形象，而且也是最受基层信徒欢迎的尊神形象。菩萨像受到信徒的欢迎程度越大，受到本土化的影响也就越大，其中又以观音菩萨的本土化最为明显。观音菩萨即观世音菩萨，是梵文的意译，唐代时为避李世民讳而改称观音菩萨，这已经是本土化的一个显著影响了。观音菩萨在印度是没有性别考虑的，或以男相出现，到中国后从唐代开始向女相转变，宋代以后基本没有男相了，这显然是本土化影响的结果。观音菩萨女相后，多美貌，唐代即有"菩萨即宫娃"的说法，学者解释这是世俗化了的表现，其实也就是受到了本土化影响。在中国自立道场的除四大菩萨外，重要的菩萨还有"八大菩萨"和"十二圆觉菩萨"等，这些菩萨像没有四大菩萨那样被信徒熟悉，除了教义上的解释外，他们本土化的程度不够也是一个重要的原因。

关于其他佛国尊神。弥勒、天王、罗汉、诸天等，这些都是北传佛教深入人心的佛国尊神，同样，弥勒像、天王像、罗汉像、诸天像也都体现出了鲜明的本土化特征。北传佛教的寺院中，弥勒与天王一般被供奉于天王殿，此殿弥勒是主尊，两侧是四大天王。弥勒形象为笑口常开的大肚汉，传说其原型是五代时期的布袋和尚，这位和尚已然是本土人物的面貌了。四大天王皆武将扮相，最早有西域特征，已经与印度有所区别了。之后，四大天王继续本土化，其中毗沙门天王最为彻底，入宋后他还在自己本土化的过程中又分化出一个托塔李天王形象，成为一个守边武将李靖的化身。明代后，四大天王已经完全成为本土的尊神形象，演化为护国安民、风调雨顺的佛教天王。罗汉是本土化尊神的大宗，罗汉信仰于五代开始风行，这时佛像、菩萨像基本定型，罗汉像满足了信徒们的巨大想象空间。佛经中，最早的罗汉是释尊留下往世弘法的四大比丘，后来增加为十六罗汉，现存汉译佛经中最早的记载是唐玄奘的《大阿罗汉难提密多罗所说法往记》，五代时绘画中已经有了十八罗汉，后来又有了五百罗汉，民间还有以八百罗汉命名的瓷瓶。这些罗汉，都是完全本土化的尊神了。诸天是佛教中诸位尊天的简称，尊天是佛教中管领一方的天神，他们还没有成佛，不是出家人，因此是在家的"神"，也因此，诸天本土化也进行得最彻底。比如，尊天一般是二十位，信徒称"二十天"，可许多寺院中有二十四天、二十八天的造像，多出来的就是道教神仙，他们被佛教信徒们直接加了进去。

关于佛教美术本土化程度的认识，最形象的指标就是艺术形象的本土化程度了，历史上的艺术家们在这方面做得也很努力，各代都有新的面貌出现，这方面的研究可以说是步步芳草。另一方面，佛教美术是宗教行为，为佛教教义的传播服务是艺术创作的起点，所以佛教美术的本土化也可以折射出佛教本土化的进程，从佛教艺术品中可以了解佛教本土化的深入内容。当然，这样的认识应当是系统性的考虑，将尊神形象的本土化演变作为一个本土化文化现象来全面考虑，如此而认识佛教美术本土化的艺术成就和艺术价值。

三、艺术审美的本土化

宗教美术的审美过程，是依靠宗教象征体系来完成的。石窟寺院中的造像，几乎没有情节展开的条件，但是在佛教王国的象征体系中，佛和菩萨等造像是一种象征符号，与极乐世界的构成、救苦救难的扶助等丰富情节相联系。信徒可以在宗教体验的指导下通过这种符号而展开无限联想，从而获得心理上的满足，得到美的感受。在佛教美术本土化的发展中，中国佛教美术的象征体系中已经有了庞大的本土化内容。归纳这些本土化的内容，我们有阶段性、地域性、特殊性三要点的看法。

阶段性。我国佛教美术的象征体系并不是一蹴而就的，从我国佛教美术总体发展看，我们认为东汉末到魏晋南北朝时期为第一阶段，隋唐五代两宋元为第二阶段，明清为第三阶段。对应于三个发展时期，第一阶段审美具有神秘化色彩，第二阶段世俗气息弥漫，第三阶段为程序化主导。从艺术审美的总体认识看，神秘化阶段的作品是不完整的，世俗化阶段的作品是最丰富和精彩的，程序化阶段的作品是最具有普遍性的，同时也充满着活力。第一阶段，世人初次接触佛教图像而感到新奇，本土化的生活内容正在试探性地进入佛教美术象征体系，所以图像的评价标准是模糊的。姚最《续画品》评价释迦牟尼等造像时这样说："右此数手，并外国比丘，既华戎殊体，无以定其差品，光宅威公，雅耽好此法，下笔之妙，颇为京洛所知闻。"姚最已经有了予以比较的想法，但只有些原则性的评语。第二阶段，世俗生活已经进入了佛教美术象征体系，使得这一时期的佛教美术作品内容最为丰富，审美感受也最为精彩。宋代李廌《德隅斋画品》对"正坐佛"的评价是："唐赵公佑所作。予远祖相国卫公为浙西按察使幕中僚也。世俗画佛菩萨者，或作西域相，则拳发虬髯，穿鼻矚目，一如戎人；或作庄严相，妍柔姣好，奇衣宝玩，一如妇人，皆失之矣。公佑所作三十二相八十种，好皆具，而慈悲威重，有巍巍堂堂天人师之容。笔迹劲绝，用色精密，缣素暗腐而丹青不渝，真可宝也。"从图形背景到具体手法，都有细致的描述。第三阶段，佛教美术的审美是以程序化为标准的，佛教美术的象征体系已经定型，佛像的相似甚至雷同都不能被认为是被否定的理由，相反是由普遍性、广泛性和一致性这样的概念性描述而应当得到褒义的解释，在万佛、千佛图像的面前，信徒的虔诚愿望得到了他们所希望的对应，甚至是震撼的宗教体验，时人的评价也往往是从程序化方面出发的。清代方薰《山静居画论》评价佛画人物时说："衣褶纹如吴生之兰叶纹，卫洽之颤笔纹，周昉之铁线纹，李公麟之游丝纹，各极其致。用笔不过虚实转折为法，熟习参悟之，自能变化生动。昔人云'曹衣出水，吴带当风'，可想见矣。"[2]比照前人用笔，成为重要标准和思路。

地域性。我国幅员辽阔，本土化的进程常常可以从地域特色上得到体现。从佛教传入路线看，就有北传佛教、南传佛教和藏传佛教三条主要路线，自然，三条传教路线对佛像美术的影响是不一样的，对应的象征体系也必然是不尽相同的。传教路线外，地域文化也带来了巨大的影响。新疆是北传佛教进入我国的第一站，南亚风格与当地文化结合而产生了独特的西域风格；黄河中上游是北传佛教的腹地，河西走廊石窟中的佛画过程完整并辐射到了中原大地；西藏是藏传佛教之地，地域特色鲜明；四川也是依托地域文化而形成自身风格的地区，佛教美术有着自己的发展体系；山西一带不仅有着自己的风格，同时也是我国明清佛教美术保存最好的地区；同时，我国的沿海地区也有着海上丝绸之路而带来的期待。我国丰富的地域性文化，为佛教艺术审美本土化提供了良好的先天条件和后天发展的肥沃土壤。

特殊性。佛教美术审美在本土化上的特殊性表现为两个依赖，一是象征体系对仪式的依赖，二是象征体系对作品遗存的依赖。佛教美术是宗教色彩的艺术创作，所以象征体系在审美过程中也强调对仪式的依赖，与佛国象征体系的联系、由善而美的体验等，都是需要仪式的支持或在仪式中得到最大的强化，这一点不因为本土化而改变，相反，中国传统中对礼仪的重视是支持佛教仪式的。如此，在感受作品时经文常常就成了需要对照的标准，象征体系是通过经文而得到联系的。清代工布查布《造像量度经续补》在论述"造像福"时就以长篇经文为依据，他写道："二乘（大、小）两教（显、密）演示造像功德甚多。今惟就造像本经中节取两则，亦足以劝发净信善心矣。唐于阗三藏法师提昙般若等，奉制译出《大乘造像功德经》云。"以下就是大段完整的经文，详细说明仪式的规定。佛教美术作品中，石窟寺院是最大的艺术载体，对后人而言，这些艺术载体存在的方式往往是作品遗存，后人的审美感受就有着受制于这些遗存保留程度的可能，这一依赖，也不因为本土化而改变。比如，北传佛教进入西域时有两个中心，一是于阗，一是龟兹，我们现在赞美龟兹风是因为克孜尔石窟等石窟遗存仍然保留着一定的规模，而于阗则基本没有这方面的遗存了，所以无法得到对于阗佛画的审美感受。

佛教美术本土化是汉文化研究的大课题，以上三个方面并不能完全覆盖本土化的全部内容，三个方面只能是突出了其中的主要内容。我们始终认为，佛教美术是一个有宗教行为性质的艺术创作，佛教美术本土化的探讨就应当特别注意到佛教本体发展形态对佛教美术发展的影响，这样才有可能深入而全面地认识佛教美术本土化的发展。

【注释】

［1］［唐］张彦远，《历代名画记》，北京：人民美术出版社2004年版，第55页。

［2］俞剑华编著，《中国画论类编》上卷，北京：人民美术出版社1986年版，第540页。

论东汉时期的"书艺"问题

> 侯学书
>
> 男，1955年生，江苏师范大学美术学院教授，硕士生导师。

书，古义为"记载"。如《尚书·益稷》："挞以记之，书用识哉。"[1]《左传·宣公二年》："太史书曰：'赵盾弑其君。'"[1]《周礼·地官·党正》："正岁，属民读法，而书其德行道艺。"[1]《周礼·秋官司寇·司约》："凡大约剂，书于宗彝；小约剂，书于丹图。"[1]《墨子·明鬼下》："古者圣王必以鬼神为（有），其务鬼神厚矣。又恐后世子孙不能知也，故书之竹帛，传遗后世子孙；咸恐其腐蠹绝灭，后世子孙不得而记，故琢之盘盂，镂之金石，以重之……"[2]《墨子·尚贤下》："古者圣王既审尚贤，欲以为政，故书之竹帛，琢之盘盂，传以遗后世子孙。"[2]《墨子·兼爱下》："以其所书于竹帛、镂于金石、琢于盘盂，传遗后世子孙者知之。"[2]《墨子·非命中》："圣王患此也，故书之竹帛，琢之金石。"[2]《墨子·贵义》："古之圣王，欲传其道于后世，是故书之竹帛，镂之金石，琢之盘盂，传遗后世子孙，欲后世子孙法之也。"[2]《墨子·鲁问》："攻其邻国，……则书之于竹帛，镂之于金石，以为铭于钟鼎，传遗后世子孙曰：'莫若我多。'今贱人也，亦攻其邻国，……亦书之竹帛，以为铭于席豆，亦传遗后世子孙曰：'莫若我多。'元可乎？"[2]《释名·释书契》："书，庶也，纪庶物也。亦言著也，著于简纸永不灭也。"[3]其中所用的"书"，都作"记载"义。

书，在战国时代秦国，意义丰富起来。作为"记载"之义的"书"，仍然在使用,如义为"记载",《秦律十八种·效律》:"出其禾。有书其出者,如入禾然。"[4]有义为"文书",作为名词使用的如《秦律十八种·田律》:"雨为澍,及诱粟,辄以书言澍稼,近县令轻足行其书,远县令邮行之。"[4]《秦律十八种·厩苑律》:"假铁器,销敝不胜而毁者,为用书,受勿责。"[4]有义为"书面报告",如《秦律十八种·厩苑律》:"其小隶臣疾死者,告其□□之;非疾死者,以其诊书告官论之。"[4]《秦律十八种·内史杂》:"有事请也,必以书,毋口请,毋羁请。"[4]有作为动词使用的,义为"登记",如《法律答问》:"弃妻不书。"[4]义为"记录",《效律》:"悬料而不备者,钦书其悬料也之数。"[4]《封诊式》:"讯狱……必先尽听其言而书之。"[4]《封诊式》:"治狱,能以书从迹其言。"[4]《秦律十八种·行书》:"行传书、受书,必书其起及日月夙暮,以辄相报也。"[4](本句第一、二个"书"是文书,第三个"书"是登记。)同时也出现了义为"书写",作动词使用的"书"。与书写有关的意义,至迟在战国秦已经出现,如《秦律十八种·仓律》:"到十月牒书数,长内(史)。"[4]《秦律十八种·内史杂》:"下吏能书者,毋敢从史之事。"[4]但还不能说是指书法艺术。所以从"书"的本义及其引申义来看,西汉之前的"书",很有可能并不包含书法以及书体的意思。

东汉时期的扬雄《法言·问神》:"言,心声也;书,心画也。声画形,君子小人见矣。声画者,君子小人之所以动情乎?"[5]《法言》不是书法理论的专著,这里的"言"指口头语言,"书"指书面语言,不能认定"心画"说是指书法。[5]后世对扬雄所说的"书",或认为是指记录语言的书籍,或认为是指"以书达言"的文学作品,也有许多人认为《法言》是指书法艺术。"书为心画",这种本来不一定是针对"书法"而言的"理论",通过后代书法理论家们的演绎、发展,终于使之成为"准书法理论"。如唐张怀瓘《文字论》:"文则数言乃成其意,书则一字已见其心。"[6]《古今法书苑·柳公权笔》:"用笔在心,心正则笔正。"[6]已经反映出受到扬雄的"心画"说的影响。而最早把"心画"说明确引入书法范畴的是北宋朱长文的《续书断上·神品》:"颜鲁公……扬子云以书为心画,于鲁公信矣。""张长史……艺从心得……天下之事，不心通而强以为之，未有能至焉者也。"[6]其后，以"心画"说书法的代不乏人，如北宋黄庭坚《论书》："心能转腕，腕能转笔，书字便如人意。"[6]米芾《海岳名言》："心既贮之，随意落笔，皆得自然，备其古雅。"[6]元有郑杓述、刘有定释的《衍极》："夫书，心画也。有诸中必形诸外。"[6]元盛熙明的《法书考》："夫书者，心之迹也。故有诸中而形诸外，得于心而应于手。"[6]元苏霖的《书法钩玄》："扬子云论书：'书，心画也。心画形，君子小人见矣。'"[6]明有项穆的《书法雅言·心相》："所谓有诸中，必形于外。观其相，可识其心。柳公权曰：'心正则笔正。'余今曰：人正则书正。心为人之师，心正则人正矣。笔为书之充（先），笔正则事正矣。人由心正，书由笔正。"[6]《书法雅言·神化》："书之为言，散也、舒也、意也、如也。……书者，心也。字虽有象，妙出无为；心虽无形，用从有主。初学条理，必有所事，因象而求意，终及通会，行所无事，得意而忘象。"[6]潘之淙的《书法离钩·定心》："书者，心画也。必先乎心而后乎手，内而理乎己之心，外而尽乎古之法，心而致乎手之正，法而致乎笔之妙。"[6]费瀛的《大书长语》："扬子云以书为心画，柳诚悬谓心正则笔正。皆书家名言也。大书笔笔从心画出。"[6]清周星莲的《临池管见》："前人作字，谓之字画。画，分也、界限也。……后人不曰画字，而曰写字。写有二义：《说文》[6]'写，置物也'，《韵书》'写，输也'。置者，置物之形，输者，输我之心。两义并不相悖，所以字为心画。若仅能置物之形，而不能输我之心，则画字、写字之义两失之矣。无怪书道不成也。"[7]西汉时期扬雄的《心画》虽说不一定是书法理论著作，然而，东汉时期，"书"，确实有了书写或书法艺术的含义。

"书法"一词，古义为记载史实的方法，见于《左传·宣公二年》："孔子曰：'董狐，古之良史也，书法不隐。赵宣子，古之良大夫也，为法受恶。惜也，越竟乃免。'"[8]这里的"书法"与书法艺术无关。

"书画之艺"一词，始见于晋代人所作《张平子碑》。资料表明《张平子碑》有两石：一为篆文《张平子碑》，东汉崔瑗撰文并书。见宋欧阳修《集古录》："右汉《张平子墓铭》，世传崔子玉撰并书。按范晔《后汉书·

张衡传赞》云崔子玉称衡'数术穷天地，制作侔造化'。此铭有之，则真子玉作也。其刻石二本，一在南阳，一在向城。天圣中有右班殿直赵球者，知南阳事，因治县署，毁马台得一石，有文，验之乃斯铭也，遂龛于厅事之壁。其文至'凡百君子'而止，其后亡矣。其在向城者，今尚书屯田员外郎谢景初得其半于向城之野，自'凡百君子'以上，则亡矣。今以二本相补续，其文遂复完，而阙其最后四字。然则昔人为二本者，不为无意也。唐宝应中有徐方回者，别得二十一字，云是铭最后文。疑球所得南阳石之半亡者尔。今不复见，则又云亡矣，惜哉。"[6] 亦见宋赵明诚《金石录》："右汉《张平子残碑》，政和中，亡友刘斯立以此本见寄，云其石新得于南阳，凡七十有二字。今世所传《平子碑》有两本，其一亡其首，其一亡其尾，以二本相辅，其文乃足。此《碑》盖后段亡失者也，字画尤完好云。"[9] 一为隶书《张平子碑》，晋夏侯湛撰文。崔瑗《张平子碑》，仅见欧阳修、赵明诚著录而不知其详。夏侯湛《张平子碑》，见南宋洪适《隶释》载其全文，文中有："坟典丘索之流，经礼训诂之载，百家九流之辩，诗赋雅颂之辞，金匮玉板奥，谶契图纬之文，音乐书画之艺，方技博弈之巧。"[10]

"书艺"一词始见于南朝宋范晔《后汉书·皇后纪》："和帝阴皇后讳某，光烈皇后兄执金吾识之曾孙也。后少聪慧，善书艺。永元四年，选入掖庭，以先后近属，故得为贵人。有殊宠。八年，遂立为皇后。"[11] 则与书法艺术有些关系。

目前掌握的古代典籍中，明确提出"书画之艺""书艺"的时代上限，没有超过晋代。

然而，在中国古代典籍中，究竟何时明确提出"书法艺术"一词，并不是最重要的，亦不是绝对真理。最关键的是应该从古代典籍论及和涉及的史实所反映的书法艺术现象中，透过现象看本质，发现、梳理、归纳、总结有关"书法艺术"的观念究竟何时被自觉地提出。

在东汉末年，已经出现了很多与书法艺术相关的记载，如班固的《汉书》；也出现了与书法相关的文字学典籍，如许慎《说文解字》；更出现了关于书体的专著，如东汉崔瑗《草书势》；甚至还出现了书法批评专著，如东汉赵壹《非草书》。崔瑗的《草书势》与赵壹的《非草书》，恰巧是从正反两个角度以草书为"由头"而生发的书法理论著作。这不是偶然的巧合，而是东汉时期提出"书艺"的可靠标志。

东汉班固所作《汉书》，有意识地记载了许多有关书法艺术的人和事。

一是班固把"善史书"者，作为一项特别提出的内容多次记载。如《汉书·元帝纪》："元帝多材艺，善史书。"[12]《汉书·外戚传·孝成许皇后》："后聪慧，善书史。"[12]《汉书·王尊传》："尊窃学问，能史书。"[12]《汉书·酷吏传·严延年》："善史书。"[12]《汉书·贡禹传》："郡国恐伏其诛，则择便巧吏书习于计簿能欺上府者，以为右职。……故亡义而有财者显于世，欺谩而善书者尊于朝。……故俗皆曰：'何以孝弟为？财多而光荣。何以礼义为？史书而仕宦。何以谨慎为？勇猛而临官。'"[12]《汉书·西域传》："楚主侍者冯嫽，能史书。"[12]说明东汉"善史书"的风气已经形成。

"史书"即当时文吏记事书写的隶书。所谓"善史书"，历来有各种解释。《汉书·元帝纪》："元帝多材艺，善史书。"颜师古注引应劭说："周宣王太史籀所作大篆。"[12]《后汉书李贤注》亦采此说。《说文解字·叙》："郡移大史并课，最者以为尚书史。"段玉裁注："汉人谓隶书为史书。故孝元帝、孝成许皇后、王尊、严延年、楚主侍者冯嫽，后汉孝和帝（应为安帝）、和熹邓皇后、顺烈梁皇后、北海敬王睦、乐成靖王党、安帝生母左姬，魏胡昭，史皆云'善史书'。大致皆谓适于时用。……又苏林引胡公云：《汉官》假佐，取内郡善史书者给佐诸府也。是可以知史书之必为隶书。向来注家释史书为大篆，其谬可知矣。"[13]能写工整的隶字，是受到重视的才艺之一，本与做官有关。《汉书·张汤传》附《张安世传》："安世……用善书给事尚书。"[12]张安世是书家入正史的第一人，其为官时间，在汉武帝中期至汉宣帝元康四年（公元前62年）。但"善史书"本身具有书法艺术的因素，并且逐渐向书写艺术化方面发展，反映了东汉时期自觉追求书法艺术美的愿望。丛文俊《象形装饰文字：涂上宗教色彩的原始书法美》:"直到汉代,'善史书'风气唤醒了人们的竞技意识,在'同趋学史书'(《文字学概要》)的潮流中,人们开始在社会性的书体规范中力图寻找并表现自己的独到理解。"[14]

二是班固从另一个侧面反映了汉代对书法作品的欣赏,具有其群众性的社会基础。《汉书·游侠传》记载了西汉晚期至王莽时的陈遵:"性善书,与人尺牍,主皆藏弆以为荣。"[12]不言"善史书",则陈遵所善当是"史书"之外的草书之类的尺牍书。《汉书·游侠传》还记载谷永:"长安号曰:'谷子云笔札,楼君卿唇舌。'"[15]汉代用"善""能""楷则""工"等语辞评论书法,反映了汉代人对书法艺术的自觉审美意识。

《汉书》记载书法名家或书法之事的记事笔法,为晋陈寿《三国志》以及南朝刘宋裴松之《三国志注》所继承。如《三国志·魏志·管宁传·附胡昭》:"昭善史书,与钟繇、邯郸淳、卫觊、韦诞并有名,尺牍之迹,动见模楷焉。"[16]《三国志·魏志·刘廙传》:"文帝器之,命廙通草书。"[16]《三国志·吴志·张昭传》:"张昭字子布,彭城人也。少好学,善隶书。"[16]《三国志·蜀志·谯周传》:"尤善书札。"[16]《三国志·魏志·锺会传》:"有才数技艺。"[16]裴松之注引郭颁《魏晋世语》云:"会善效人书。"[16]《三国志·魏志·后妃传》,裴松之注引王沈《魏书》:甄后"年九岁,喜书,视字辄识,数用诸兄笔砚。兄谓后言:'汝当习女工,用书为学,当作女博士耶?'后答曰:'闻古者贤女,夫有不学前世成败,以为己戒。不知书,何由见之?'"[16]《三国志·魏志·王凌传》,裴松之注引《魏末传》:"(凌)少子字明山,最知名。善书,多技艺,人得其书,皆以为法。"[16]《三国志·吴志·张纮传》,裴松之注引吴昭《吴书》:"纮既好文学,又善楷、篆。"[16]《三国志·吴志·虞翻传》,裴松之注引《会稽典录》:"山阴朱育,少好奇字,凡所特达,依体象类,造作异字千名以上。"[16]《三国志·吴志·赵达传》,裴松之注引张勃《吴录》:"皇象字休明,广陵江都人。幼工书。时有张子并、陈梁甫能书,甫恨逋,并恨峻,象斟酌其间,甚得其妙,中国善书者不能及也。"[16]并且亦为南朝宋范晔《后汉书》所继承。如《后汉书·孝安帝纪》:"恭宗孝安皇帝讳祜,……好学史书,和帝称之,数见禁中。"[11]《后汉书·皇后纪》:"章德窦皇后讳某,……年六岁能书。"[11]《后汉书·皇后纪》:"和熹邓皇后讳绥,……六岁能史书。"[11]《后汉书·皇后纪》:"顺烈梁皇后讳妠,……少善女工,好史书。"[11]《后汉书·皇后纪》:"王美人……聪敏有才明,能书会计。"[11]《后汉书·章帝八王传》:"(安)帝所生母左姬,字小娥。……善史书。"[11]《后汉书·孝明八王列传》:"乐成靖王党,……党聪惠,善史书,喜正文字。"[11]《后汉书·宗室四王传》:"睦少好学……又善史书,当世以为楷则,及寝病,帝(明帝)驿马令作草书尺牍十首。"[11]《后汉书·班超传》:"家贫,常为官佣书以供养。""为官写书,受直以养老母。""帝乃除超为兰台令史。"[11]《后汉书·列女传》:"安定皇甫规妻者,不知何氏女也。……妻善属文,能草书,时为规答书记,众人怪其工。"[11]《后汉书·文苑列传·张超》:"超又善于草书,妙绝时人,世共传之。"[11]《后汉书·皇甫张段列传·张奂》:"长子芝,字伯英,最知名。芝及弟昶,字文舒,并善草书,至今称传之。"[11]

再后,为唐人所撰《晋书》《南史》《北史》所沿袭,只是"善史书"改作"善隶书"。

《说文解字·叙》明确地说明了秦书八体:"自尔秦书有八体:一曰大篆,二曰小篆,三曰刻符,四曰虫书,五曰摹印,六曰署书,七曰殳书,八曰隶书。"《汉书·艺文志》也明确地解释了萧何草律所定的六体:"六体者,古文、奇字、篆书、隶书、缪篆、虫书。"这是较早言及字体、书体的著作。

崔瑗《草书势》,见唐房玄龄等《晋书·卫瓘列传附子恒》引录崔瑗作《草书势》,全文为:"书契之兴,始自颉皇。写彼鸟迹,以定文章。爰暨末叶,典籍弥繁。时之多僻,政之多权。官事荒芜,剿其墨翰。惟多佐隶,旧字是删。草书之法,盖又简略。应时谕指,周于卒迫。兼功并用,爱日省力。纯俭之变,岂必古式。观其法象,俯仰有仪。方不中矩,圆不副规;抑左扬右,望之若崎。竦企鸟跱,志在飞移;狡兽暴骇,将奔未驰。或点或染,状似连珠,绝而不离;畜怒怫郁,放逸生奇。或凌邃惴栗,若据高临危;旁点邪附,似蜩螗捐枝。绝笔收势,余绠纠结,若杜伯捷毒缘巇,螣蛇赴穴,头没尾垂。是故远而望之,漼焉若注岸崩崖;就而察之,一画不可移。机微要妙，临时从宜。略举大较，仿佛若斯。"[17]站在书法的立场，正面赞颂当时的草书之美。这是今存最早的一篇纯粹谈论书法艺术的文章。

　　崔瑗是东汉时期擅长写草书的名家，对草书有着丰富的实践经验，也是深谙书法艺术的理论家。《草书势》涉及有关"书法艺术"的问题，最重要的有两点：一是文字的"实用性"和"艺术性"的关系——实用文字的简化形态，导致了字体书体的发展、变化的必然性。崔瑗认为隶字是篆文的简化形态，从而淘汰了篆文，"剿其墨翰，惟多佐隶，旧字是删"，是说隶字对篆文的简略。"草书之法，盖又简略"，是说草书对隶书的进一步简略。而草书又是隶字的简化形态。"应时谕指，用于卒迫。兼功并用，爱日省力"，是说草书的兴起原因，同时又指出草书的实际功用是简便、迅捷、省时、省力。"纯俭之变，岂必古式"，是说草书这一新书体革新了形体上的象形性，不拘泥于古代的法式。从篆到隶，再到草，这种由繁到简的变化，不是拘泥于古代的法式能够完成的，而是在实用中产生的自然趋势。二是从艺术的角度具体描述了草书的"具象美"和"抽象美"，如"具象美"，"方不中矩，圆不副规"，是说草书的结体、用笔既有异于篆书的圆，也有异于隶书的方。"抑左扬右，望之若崎"，是章草用笔左低右昂结体之特征。"或点或染，状似连珠，绝而不离"，"然"字、"燕"字等下面的四点，是章草笔画结束了笔迹还相连续的特征。"抽象美"，"竦企鸟跱，志在飞移；狡兽暴骇，将奔未驰。""畜怒怫郁，放逸生奇。或凌邃惴栗，若据高临危；旁点邪附，似蜩螗挶枝"。

　　东汉赵壹《非草书》[18]则是站在儒家正统的立场，批评当时痴迷草书的情况。《非草书》文中，透露了当时草书作为书法艺术的自觉状态，事实上当时已经形成了一些草书家，如《非草书》文中提到了一批东汉草书家：杜操、崔瑗、张芝、梁孔达、姜孟颖、罗叔景、赵元嗣等，赵壹本人也是擅草书的书家。[19]赵壹《非草书》强调写草书要强调个性："凡人各殊气血，异筋骨。心有疏密，手有巧拙。书之好丑，在心与手，可强为哉？若人颜有美恶，岂可学以相若耶？昔西施心疼，捧胸而颦，众愚效之，只增其丑；

赵女善舞，行步媚蛊，学者弗获，失节匍匐。"[6]可谓是对草书艺术内涵的真知灼见，说明赵壹已经具备了比较成熟的书法美学思想。另外，赵壹《非草书》说"书之好丑，在心与手"，与扬雄的"心画"说有一定的内在联系。《非草书》："但贵删难省烦，损复为单，务取易为易知，非常仪也。故其赞曰：'临事从宜。'"则与崔瑗《草书势》"临时从宜"有更密切的内在联系。崔瑗生于东汉章帝建初三年（78年），卒于顺帝汉安二年（143）。赵壹约生于130年，约卒于178年或185年。崔瑗辞世时，赵壹才十几岁。赵壹《非草书》："故其赞曰：'临事从宜。'"即崔瑗《草书势》的"赞"作"临时从宜"。很有可能赵壹读过崔瑗的《草书势》。尤其《非草书》比较明确地把书法作为一种"伎艺"提出来，"书"作为"艺"，最早的胎息是六艺。《周礼·地官·保氏》中说："养国子以道，乃教之六艺：一曰五礼，二曰六乐，三曰五射，四曰五驭，五曰六书，六曰九数。"[1]六艺之一的"书"是指识字教育，包含着写的意思，六艺都是技能，不是艺术。六艺中的"书"，只是技能的层次，还没有达到书法艺术的高度，但其名，确称之为"艺"。《论语·述而》："依于仁，游于艺。"何晏注："艺，六艺也。"[1]《礼记·学记》："不与其艺，不能乐学。"郑玄注："艺谓礼、乐、射、御、书、数。"[1]《尚书·金滕》："予仁若考，能多才多艺。"[1]《论语·雍也》："求也艺。"何晏集解引孔安国曰："艺谓多才艺。"[1]"艺"，在古代指的是"技艺"，范围很宽，既包括今天所说的"艺术""艺术技巧"，又包括骑射、计算等内容。

  这些概念与今天所说的"艺术"大部分内涵基本吻合。

  汉语大词典编辑委员会《汉语大词典》："技艺，《广韵·祭韵》：'艺，才能也。'"[20]

  狭义的"艺术"是指艺术家有意识地"通过塑造形象具体地反映社会生活、表现作者思想感情的一种社会意识形态"[21]。

  简·布洛克《原始艺术哲学》："意味着某种由娴熟于某种技术的技艺的专家制造出来的东西，它同样也传达了艺术家原初的想法和意图；并且人们只能从一种非功利的、超然的或拉开距离的视角出发，只为它本身或主要为它本身才去欣赏它。"[22]

《非草书》在东汉灵帝光和年间比较明确地把书法作为一种"伎艺"提出来，书法"伎艺"与"书艺"，二者之间几乎仅仅是性质相同的不同说辞而已。

总之，"书艺"的提出，应该是在东汉时期。

【注释】

［1］ 阮元校刻，《十三经注疏》，北京：中华书局 1980 年版，第 142—2478 页。

［2］ 《诸子集成·墨子间诂》，上海：上海书店 1986 年版，第 53—374 页。

［3］ 转引自王先谦，《释名疏证补》卷六，上海：上海古籍出版社，影印本，1984 年版。

［4］ 睡虎地秦墓竹简整理小组，《睡虎地秦墓竹简》，北京：文物出版社 1990 年版，第 19—148 页。

［5］ 韩敬，《法言注》，中华书局 1992 年版，第 110—112 页。

［6］ 《中国书画全书》，上海：上海书画出版社 2000 年版。

［7］ 《历代书法论文选》，上海：上海书画出版社 1979 年版，第 717—718 页。

［8］ 《十三经注疏》第 1867 页。"书"是指记载、写史，"法"是原则、方法。

［9］ 转引自金文明，《金石录校正》，上海：上海书画出版社 1985 年版，第 255 页。

［10］ 洪适，《隶释·隶续》，北京：中华书局 1986 年版，第 194 页。

［11］ 《后汉书》，第 415—2798 页。

［12］ 《汉书》，北京：中华书局 1962 年版，第 298—3974 页。

［13］ 《说文解字注》，上海：上海古籍出版社 1981 年版，第 759 页。

［14］ 《中国书法全集》第 2 卷，北京：荣宝斋出版社 1997 年版，第 28 页。

［15］ 《汉书》，第 3707 页。马宗霍《书林藻鉴》，第 33 页列谷永为书家。北京：文物出版社，1984 年版。可能是着眼于"笔札"二字，"笔札"亦可理解为文章，不能武断地认为就是指书法。《后汉书·肃宗孝章帝纪》："建武诏书又曰：'尧试臣以职，不直以言语笔札。'"注："札，简也。"《后汉书》，第 140 页。

［16］ 陈寿，《三国志》，北京：中华书局，1959 年版，第 362—1425 页。

［17］ 《晋书》，北京：中华书局 1974 年版，第 1066 页。

［18］ 赵壹，《非草书》，见《中国书画全书》第 1 册，第 31 页。

［19］ 陶宗仪，《书史会要》载："赵壹，字符叔，汉阳西县人，作草书。"《中

国书画全书》第3册，上海书画出版社，2009年版，第9页。

[20] 汉语大词典编辑委员会，《汉语大词典》，成都：四川辞书出版社，武汉：湖北辞书出版社1995年版，第3317页。

[21] 《辞海·艺术分册》，上海：上海辞书出版社1980年版，第113页。

[22] 布洛克，《原始艺术哲学》，上海：上海人民出版社1991年版，第21页。

丰县龙雾桥传说的非凡意义

❀ 赵明奇

男，1953年生，江苏师范大学博物馆馆长、研究馆员、硕士生导师，江苏师范大学汉文化研究院副院长。

❀ 韩秋红

江苏师范大学历史文化与旅游学院硕士研究生。

江苏省丰县以"汉皇故里"著称于世，这里至今流传着众多关于汉高祖刘邦的传说故事。这些传说已知的有三十多个[1]，从刘邦出生、成长、起义直至成就帝业，在其人生的每一阶段都有着与之相关的故事，线索清晰，内涵丰富。这些传说的存在，或因书之于文献，或因依附于遗迹，更多的则是靠着千百年的口口相传。

在众多的刘邦传说中，最具政治意义和史学价值的当数丰县的龙雾桥传说。龙雾桥位于今丰县城郊东北隅复新河畔，是一座极普通的建筑；它的故事，也只是因为与汉高祖刘邦的"身世"密切相关而得。那么，隐藏在龙雾桥传说背后的真正价值何在？

《史记》的《高祖本纪》中，开门见山地交代了高祖神秘的身世："高祖，沛丰邑中阳里人，姓刘氏，字季，父曰太公，母曰刘媪。其先刘媪尝息大泽之陂，梦与神遇。是时雷电晦冥，太公往视，则见蛟龙于其上，已而有身，遂产高祖。"正因如此，今存明朝景泰元年（1450年）所立石碑《重修丰县龙雾桥庙记》上写道："而以为斯桥之名，断以汉高初生，母遇蛟龙而得。"

英雄出世，大多奇异非凡。这种情景在《史记》里屡见不鲜。比如司马迁对先代殷、周、秦三王朝开创始祖的介绍就是如此："殷契，母曰简狄，有娀氏之女。为帝喾次妃。三人行浴，见玄鸟堕其卵，简狄取吞之，因孕生契"[2]；"周后稷，名弃。其母……姜原出野，见巨人迹，心忻然说，欲践之，践之而身动如孕者"[3]；"秦之先，帝颛顼之苗裔孙曰女修。女修织，玄鸟陨卵，女修吞之，生子大业。"[4]。

那么，这些相似情景的背后，是否就意味着它们所蕴藏的历史内涵也是相似的？答案显然是否定的。司马迁对殷、周、秦始祖感生神话的记载，更多的是人类对民族图腾崇拜的记忆，目的显然是试图从神话的背后寻找这三个对中国影响极为深远的民族之起源，体现的是司马迁的民族思想。而司马迁对高祖身世的描写，则具有浓厚的现实政治指向性意义。

在《史记》中，大禹鱼腹而生，汤王母、秦王母皆吞玄鸟卵而孕，周王母姜嫄践巨人足迹而孕，唯有汉王之母遇"龙"而孕。"龙"是什么？闻一多先生在《伏羲考》中说，龙（蛇）最初本是某个部落的图腾，充其量只是具有"部落神"的功能。而根据对1949年2月考古发掘出土于湖南长沙陈家大山战国楚墓的"人物龙凤帛画"和1973年5月出土于长沙子弹库1号战国楚墓的"人物御龙帛画"的考古研究表明，到了战国时代，龙已经成为一种可以使人们升天成仙的神圣"通天"工具了。[5]秦一统天下后，龙开始成为帝王的尊贵象征。秦始皇三十六年（前211）秋，始皇帝的一个特使夜过华阴平舒道，一个神秘的人物持璧遮使者云："今年祖龙死。"[4]这里的祖龙就是明确指秦始皇了。既然"龙"在当时已经具有了神权象征的特殊意义，那么龙雾桥传说的出现并被载入正史，首先解决了刘邦出身低微的身份问题。

刘邦出身低微，世所共知。《史记·高祖本纪》载："高祖为人，常有大度，不事家人生产作业。及壮，试为吏，为泗水亭长。"说明了刘邦初不过是以农田为业的农人，直到成年才仅做了秦朝一名小小的泗水亭长。而在当时人们的心目中，身份地位却是极为重要的。在《史记·项羽本纪》中说陈婴曾任东阳令史，东阳县的年轻人杀了县令，想推其为首领，其母劝说陈婴的理由就是："自我为汝家妇，未尝闻汝先古之有贵者。今暴得大名，不祥。"因而，陈婴推举了项梁为首领，因为"项氏世世将家，有名于楚,今欲举大事,将非其人不可。我倚名族,亡秦必矣"。由此可见世人的这种"崇名"心理。深受楚文化影响的刘邦和谋士们正是利用了当时人们的这种普遍心理,制造了刘邦为神龙转世的社会舆论。

故而龙雾桥传说虽然简略,但作为《高祖本纪》的开篇文字,内涵却是相当的丰富。在这个传说中,司马迁不仅详细交代了传说发生的环境,还加强了对故事细节的描述。刘邦父亲甚至参与其中,成了儿子刘邦不凡身世的直接目击证人。这种布局,不仅增加了传说的可信度,更增强了传说的神秘色彩,突出了高祖的地位和性格,进而为高祖成就帝业的历史发展埋下伏笔。

也唯其如此,才能对高祖为何能从市井布衣一跃成为开国帝王做出一系列"合理性"解释,即"顺承天意"。正因为刘邦首先是真龙天子,出身非凡,所以其不仅相貌迥异,而且在以后的行事过程中处处祥云笼罩,最终成就帝业自然也就顺理成章了。《史记》关于汉高祖的记载先后有:"高祖为人,隆准而龙颜";"醉卧,武负、王媪见其上常有龙";吕公不顾吕媪反对,坚决把女儿嫁给沛公,并云"臣少好相人,相人多矣,无如季相,愿季自爱";"秦始皇帝常曰'东南有天子气'";"吕后曰:'季所居上常有云气'"。当刘邦初入关,即有吉兆出现。《张耳陈余列传》中甘公曰:"汉王之入关,五星聚东井。东井者,秦分也。先至必霸。楚虽强,后必属汉。"鸿门宴之前,范增语项羽曰:"吾令人望其(刘邦)气,皆为龙虎,成五采,此天子气也。"在楚汉战争中的泗水之战中,战情于汉王不利,于是天象变异,护汉王脱险。司马迁写道:楚军"围汉王三匝,于是大风从西北而起,折木发屋,扬沙石,窈冥昼晦,逢迎楚军。楚军大乱,坏散,而汉王乃得与数十骑遁去"。因此,于刘邦而言,"将自己与龙相联系,无不带有明显的功利主义目的:或其出身低微借此提高威信,或因社会动荡以此麻醉人民。从某种意义上说,政治中的龙只是一种推波助澜的添加剂"[6]。

司马迁修史时,已是到了刘邦的重孙武帝时代,此时距刘邦驾崩已有一百多年了。西汉代秦,虽然在形式上、制度上承袭了秦王朝大一统中央集权的君主专制制度,但起于草莽的汉王朝统治的合理性在理念上是薄弱的。正鉴于此，汉武帝上台即向贤良文学之士发布了"策问"："三代受命，其符安在？灾异之变，何缘而起？"（《汉书·董仲舒传》）"天人之道，何所本始？""天命之符，废兴何如？"（《汉书·公孙弘传》）本心则是希望士人们从"天"这一时人普遍的信仰中为西汉王朝统治的合理性尤其是天子的绝对权威性寻求理论上的依据、本原上的支撑。有政治就需要有政治权威认同，而依靠神灵作为虚幻的政治主宰，使人们的思想凝固起来，从而实现思想的统一和政治的稳定则是维护封建统治的有效策略。正是在这一特定的政治文化背景下，经董仲舒改造过的，以"天人感应、君权神授"作为最大创新点的新儒学成为解释西汉王朝统治合理性的理论支撑，作为民间信仰的龙雾桥传说也因此成为宣扬"君权神授"理论的最佳论据支撑。

事实上，龙雾桥传说被书写、认可的背后，也反映了当时整个时代无法解决的思想难题，即人们对"得天下"的思考。刘邦本只是一个小亭长，后来却成就了一个王朝，人力乎？天命乎？司马迁在《秦楚之际月表》中说道："然王迹之兴，起于闾巷，合从讨伐，轶于三代，乡秦之禁，适足以资贤者为驱除难耳。故愤发其所为天下雄，安在无土不王。此乃传之所谓大圣乎？岂非天哉，岂非天哉！非大圣孰能当此受命而帝者乎？"由此看出，即使客观如司马迁，最终也把一些人的理智所不能解释的事情归结到了天命上，表现了他对天命的认可与思考。所以，龙雾桥传说被记载的背后，其实是一个时代思想困惑的反映；龙雾桥传说在整个汉文化体系中也具有了核心性和基础性意义。

不管司马迁出于何种心情把龙雾桥传说写入了史书，这种传说一经文献记载并广为流传时，就意味着该传说的价值不仅仅是普普通通的民间故事。伴随着汉家王朝四百年基业的灿烂辉煌，象征高贵、吉祥的"龙"的观念、信仰、形象逐渐深入人心。从此，历代帝王皆称为真龙天子，汉民族成为龙的传人，正如闻一多先生所说："龙族文化做了我国几千年的文化核心，尤其是我们立国的象征。"而这一切的历史源头，正是丰县的龙雾桥传说。

【注释】

[1] 赵明奇,孟丽,《丰县非物质文化遗产研究报告》(未刊稿),2008年,第22页。
[2] 《史记·殷本纪》,北京:中华书局1982年版。
[3] 《史记·周本纪》,北京:中华书局1982年版。
[4] 《史记·秦本纪》,北京:中华书局1982年版。
[5] 刘辉,《武氏祠中"汉承尧运"的汉画像解读》,《徐州工程学院学报》2007年第2期。
[6] 刘志雄,杨静荣,《龙与中国文化》,北京:人民出版社1992年版,第276页。

☙ **刘秉果**

男，1934年生，江苏师范大学体育学院教授。

汉代文学中的体育文化

史籍、文学、汉画像石，是研究汉代文化的三大支柱，从研究的角度来说汉代文学较之另外两种资料能够提供更多的信息。

辞赋是汉代重要的文学形式，从汉武帝到建安朝代被人称为辞赋时代。汉代辞赋中的大赋规模宏大，辞藻华丽，写景抒情淋漓尽致，涉及的社会面极为广泛，有不少描写体育活动的场面，展现了汉代体育活动的面貌，为研究汉代体育文化提供了最佳视角。

汉代辞赋中以班固的《两都赋》、张衡的《两京赋》篇幅最为宏大，其中有大段皇帝狩猎活动的描写；司马相如、扬雄专有以写狩猎为主题的《上林赋》和《羽猎赋》。狩猎是汉代社会的重要军事、娱乐活动。

集体狩猎是上古时代的一种生产方式，到了后来，成为军队训练制度，也是士兵锻炼身体的活动；《周礼·夏官司马》："中春，教振旅，……遂以蒐田……中夏，教茇舍……遂以苗田，如蒐之法……中秋，教治兵……遂以狝田，如蒐之法……中冬，教大阅……遂以狩田……入献禽以享烝。"[1] 春蒐、夏苗、秋狝、冬狩，一年有四次大的狩猎活动。这种大规模的狩猎都是集合大量军队参加，是军人的一次身体锻炼及实战大检阅，是以野兽为对象的战斗演习，是古代军事训练制度中的重要部分。

汉代皇帝和贵族继承了古代狩猎练武的传统制度，"若乃顺时节而蒐狩，简车徒以讲武"[2]（班固《东都赋》），"三农之隙，耀威中原，岁惟仲冬，大阅西园"（张衡《东京赋》）。汉代也遵循农闲时间进行练武的制度，集合军队狩猎，狩猎的规模都很庞大，"千乘雷动，万骑龙趋"（张衡《西京赋》），"（齐）王驾车千乘，选徒万骑"[3]（司马相如《子虚赋》），出动的军队有数万人之多。狩猎活动中进行突击的主力部队是骑兵，用的是骑射，"被斑文，跨野马……径峻赴险，越壑厉水……箭不苟害，解腔陷脑；弓不虚发，应声而倒"[4]（司马相如《上林赋》），"机不虚掎（弩射），弦不再控，矢不单杀，中必叠双"[5]（班固《西都赋》）。狩猎中除了骑兵的弓箭和弩射之外，还有步兵的刺杀，"期门佽飞，列刃钻鍭，要趹追踪。鸟惊触丝，兽骇值锋"（《西都赋》），还有徒手的擒捉，"生貔豹，搏豺狼，手熊罴，足野羊"（司马相如《上林赋》）；围猎的四周并布置许多罗网捕捉，"罗者以万计，其余荷垂天之毕，张竟野之罘"（扬雄《羽猎赋》）。从汉赋中描写狩猎的场景中可以知道，汉代参加狩猎的士兵是全面的身体锻炼，也是全能的战争技能训练；狩猎中有骑术、射箭、击刺、徒手搏斗、跑步、跳跃等，都是属于军事体育的范畴。

汉代狩猎继承奴隶社会的军事练兵传统，目的是提高士兵的身体素质和作战技能。在举行狩猎的过程中，驰逐野兽不仅仅是枯燥无味的军事训练，他们把刺杀野兽当作自我成功，以娱乐的心情来进行狩猎活动："尔乃盛娱游之壮观，奋太武乎上囿；因兹以威戎夸狄，耀威灵而讲武事。"（班固《西都赋》）汉代不仅在狩猎过程中以欢快心情来进行捕杀，在狩猎收获之后还要举行盛大的庆祝"晚会"："于是乎游戏懈怠，置酒乎颢天之台，张乐乎胶葛之宇；撞千石之钟……奏陶唐氏之舞，听葛天氏之歌；千人唱，万人和，山陵为之震动，川谷为之荡波。"[6]（《上林赋》）热闹的庆祝晚会，更增添了狩猎喜庆的色彩，在追杀野兽成功之后又一次让士兵感受到激动人心的欢乐。

汉代皇帝和贵族倡导狩猎对社会起到了推动作用，形成了好狩猎、尚武勇的民风。《前汉书·地理志》中记载："安定、北地、上郡、西河，皆迫近戎狄，修习战备，高上气力，以射猎为先……武威以西四郡，咸以兵马为务。定襄、云中、五原，其民鄙朴，少礼文，好射猎……卫地，其俗刚武，尚气力……吴地，其民至今好用剑。"广泛开展军事体育，崇尚武勇的身体活动，健壮了人的身体，培养了勇敢进取的自信心，出现了"匈奴未灭，无以为家"的青年英雄，"马革裹尸"、为国效忠的老将，形成了汉代社会习武尚勇的文化习风。

汉代在一片对狩猎的颂扬声中，社会上也有不同的声音，就是那个写了《上林赋》颂扬皇帝狩猎宏大场景的司马相如，却给汉武帝上了奏章，建议皇帝不要亲自参与狩猎，因为"千金之子，坐不垂堂"。皇帝的身份更为高贵，"乐出万有一危之途以为娱"，是不可取的。司马相如是儒家出身，信奉"身体发肤受之父母，不敢毁伤，孝之始也"的"重生"思想，因此，建议皇帝不要参加具有危险性的狩猎活动。

除了司马相如的《上书谏猎》之外，太常卿孔臧也写了一篇《谏格虎赋》，批评狩猎是违反上天的安排，破坏自然环境平衡，"夫兕虎之生，与天地偕，山林泽薮，又其宅也。……驱民入山林，格虎于其廷，妨害农业，残夭民命，国政其必乱，民命其必散"。生态平衡是上天早就安排好了的，要各安其位，互不侵扰；山林是野兽生长的地方，进入山林屠杀野兽便是破坏上天安排的自然生态，人类破坏了山林也会殃及自身。虽然这些呼声并未能改变汉代狩猎的盛行，但是从中也可见汉代文化的广博包容，有各种有益的声音。

《汉书·武帝纪》："元封三年，春，作角抵戏，三百里内皆来观。"《汉书·张骞传》："大宛诸国发使随汉使来观……大角抵、出奇戏、诸怪物，多聚观者……角抵奇戏岁增变，其益兴。"角抵戏是汉武帝时创造的娱乐表演，是为了招待西域使者，显示汉朝文化盛大而"岁增变，其益兴"。但是，在各种史籍中都没有记载角抵戏的具体内容，是什么表演能够吸引"三百里内皆来观"，西域使者"多聚观"的呢？在张衡的《西京赋》、李尤的《平乐观赋》中具体描写了角抵戏："临迥望之广场，程角抵之妙戏。乌获扛鼎，都卢寻橦；冲狭燕濯，胸突铦锋；跳丸剑之挥霍，走索上而相逢。……东海黄公，赤刀粤祝，冀厌白虎，卒不能救，挟邪作蛊，于是不售。尔乃建戏车,树修旃,侲僮程材,上下翩翻;突倒投而跟絓,譬陨绝而复联;百马同辔,骋足并驰,橦末之伎,态不可弥;弯弓射乎西羌,又顾发乎鲜卑。"[7](《西京赋》)"戏车高橦,驰骋百马,连翩九仞,离合上下;或以驰骋,覆车颠倒。乌获扛鼎,千钧若羽;吞刀吐火,燕跃乌跱;陵高履索,踊跃旋舞;飞丸跳剑,沸渭回扰;巴渝隈一,逾肩相受。"[8](《平乐观赋》)两篇文章所记角抵戏的内容大致相同。乌获扛鼎就是举起重物,双手抛接大车轮或者是在手臂上滚动大铜壶;都卢寻橦是顶竿、爬竿,在竿上表演;冲狭燕濯、胸突铦锋是鱼跃穿过刀圈、火圈;跳丸剑是双手抛接短剑或者铁丸;走索上相逢是两人在高索上行走,表演各种相逢动作;东海黄公是以兵器击刺,以武打表演东海黄公一生的故事;戏车表演最为复杂,难度极大,是几个伎人在奔驰的马车上做各种高难度的技艺。这些身体活动表演部分是体育项目,部分是杂技的起源,加上歌舞和魔术(吞刀吐火),构成了汉代的角抵戏,是古代最早的体育、文艺大会演。

这里应当说明的一点是在两篇文章关于身体活动表演部分都没有说到手倒立,而在汉画像石的宴乐百戏图中有大量的手倒立图像。手倒立是汉代宴会娱乐的主要表演项目,有地上手倒立、樽上手倒立、马上手倒立、高竿上手倒立、叠案上手倒立,动作非常优美,可以说每次宴乐百戏中都有手倒立表演。为什么在张衡、李尤两篇赋的身体活动表演中却没有写到手倒立呢?在《晋书·乐志》中记载的一个官员的奏章中说明了其中原因。晋成帝时的散骑侍郎顾臻曾上书皇帝建议删除乐部的部分娱乐节目:"臣闻圣王制乐,赞扬道政,养以仁义,防其淫佚,上享宗庙,下训黎元。……设礼外之观,逆行连倒、头足入筲之属。……足以蹋天,头以履地,反天地之至顺,伤彝伦之大方。……诸伎而伤人者皆宜除之。"[9]逆行就是手倒立,连倒是连续手翻,头足入筲是柔术表演,都是头在下、脚在上违反天地顺序的。汉代盛行"天人合一"思想,人身是和天地相对应的,头圆在上,脚方在下,和天圆地方的自然相合。这些表演的节目却是头下脚上,违反了天上地下的自然规律。不符合天理,也就是违反人伦道德,不符合君父在上、臣子在下的大道,应当予以禁止。从晋朝士大夫对手倒立的看法中，可以想到汉代文人在赋中所以不写逆行的原因了，每个文人都不可能颂扬与其世界观不相符的思想。

汉武帝时创造的以身体活动表演为主体的角抵戏，对汉代文化的形成有极大的影响作用。这些身体活动项目要求参与者具有强大的创造力、高超的技艺、坚强的意志、勇敢进取的精神。通过角抵戏的表演，对社会风气有潜移默化的作用，形成了汉代文化勇猛进取、敢于创新的主流风尚，激励人们奋起自强，所以汉代社会青年人充满了蓬勃向上的朝气。

【注释】

[1] ［清］孙诒让撰，王文锦、陈玉霞点校，《周礼正义》第五册，北京：中华书局2013年版，第2299—2343页。
[2] 费振刚、胡全宝、宋明华辑校，《全汉赋》，北京：北京大学出版社1993年版，第329页。
[3] 同上，第47页。
[4] 同上，第65页。
[5] 同上，第315页。
[6] 同上，第66页。
[7] 同上，第471页。
[8] 同上，第384页。
[9] ［唐］房玄龄等撰，《晋书》，北京：中华书局2000年版，第463页。

以新材料校正传世典籍中的汉代镜铭几则①

❀ **鹏宇**

男，1982年生，清华大学出土文献与保护中心助理研究员。

在出土文献领域，汉代的文字材料载体除简帛之外，则以青铜器为大宗。而两汉（包括新莽）的青铜器铭文中，就数量而言，又首推镜铭。而且，作为生活必需品以及商品的铜镜，其流布也较其他青铜器更广。如西安、洛阳、丹阳、徐州、鄂州等地都一直有大量的汉镜出土。

在传世典籍中，亦散布着不少汉代镜铭材料。但是，过去这部分材料既未引起学界的广泛重视，亦未能经过系统的整理。由于课题的原因及学位论文的需要，我们曾有机会充分接触并粗略整理过其中的一些镜铭材料。借本次会议的机会，我们从中选取几则汉代的镜铭，以祈方家指教。

一、利用拓本镜铭校正摹本镜铭释文一则

《金石索》卷六第23页刊有一面袁氏仙人镜（图1）。铭文作：

---

① 本文得到国家社科基金重大项目"清华简《系年》与古史新探"（10&ZD091）、全国高等院校古籍整理研究工作委员会直接资助项目"汉镜镜铭著录辑校"（1410）及博士后第55批面上资助项目"汉代铜镜文字整理与研究"（2014M550699）资助。

袁氏作竟真大好，工有东王父西王母，仙人子高赤子，绛即云右，长保二亲兮利孙子，吉。[1]

按，原书释文中"工"当为"上"字之误。"竟"读为"镜"，"高"读为"乔"，仙人子高即传世典籍中习见的王子乔。"上有东王父西王母"，为镜铭常见套语。唯"绛即云右"一句，至为罕见。

图1[2]

今查袁氏镜或他氏镜中，"上有东王父西王母"之后多紧接"白虎居左，辟邪居右"之句。其中尤以《奇觚室吉金文述》[3]（下文简称《奇觚室》）卷十五第13页所载之袁氏镜与此镜铭文最为相似，不仅铭文字数相同、字形相类，纹饰亦完全相同（图2、图3）。镜铭释文作：

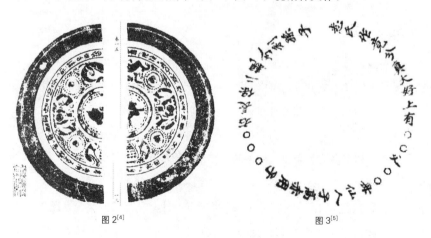

图2[4]　　　　　图3[5]

袁氏作竟（镜）真大好，上有东王父西王母，仙人子乔赤甬（诵）子，辟邪居右，长保二亲兮利孙子，吉。[6]

我们颇疑两镜在铭文、纹饰方面有相同之来源或依据。

为便于比较，我们将两书中"西王母"之后四字铭文罗列于下：

《金石索》				
《奇觚室》				

可见，两镜中此四字相似度极高，从其位置及镜铭习惯等方面综合考虑，当系相同之字。由于《金石索》中的图录皆为摹本，而《奇觚室》中此图为拓本，所以释字时当据《奇觚室》为底本。不过，可惜的是刘心源《奇觚室》中此四字，只释出其中的"右"字，余三字皆未识出。

其实这三个字是"辟邪居"的典型写法。[7]其中"辟"字反书，这种写法亦见于《楚风汉韵——长沙市博物馆藏镜》（图版一〇八）、《古竟景》（图版一）。

此外，我们也怀疑《金石索》中所谓的"仙人子高赤案子"亦极有可能是"仙人子乔赤甬子"的误摹，不过"仙人子高（乔）赤案（松）子"也可以读得通，也不排除原镜确实如此，所以暂为存阙。

二、利用高清照片镜铭校正摹、拓本镜铭释文二则

《西清续鉴乙编》（卷十九第17页）有一件七乳禽兽四灵镜（图4、图5），原题为"汉宜子孙鉴"。此镜为清宫旧藏，后来国民党从大陆败退时，将此镜带到了我国台湾地区，现藏于台北故宫博物院（以下简称台北故宫）。其径19.2厘米，边厚0.4厘米。彩色照片见于《故宫铜镜特展图录》[8]（图6），但铭文并未完全释出。

《西清续鉴乙编》释文作：

□力治事日给月异□身顺护至□必富宜子孙。

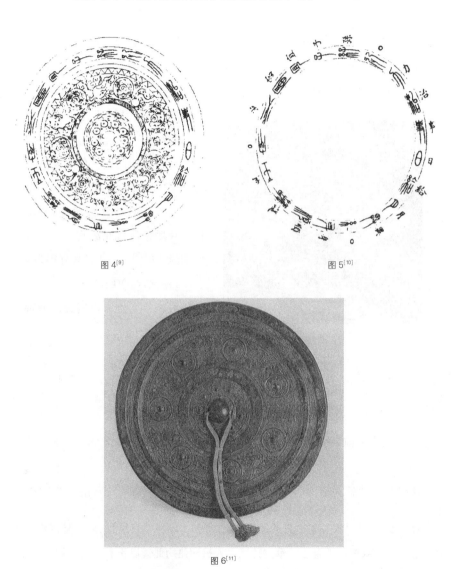

图4[9]　　　　　　　　　图5[10]

图6[11]

台北故宫接受了《西清续鉴乙编》的部分考释成果，将镜铭释文写作：

□富宜子孙□力治事日□月□□身顺□至□。

今按，台北故宫释字正确，但却没有接受《西清续鉴乙编》中已经识出的"给""护""必"三字，至为可惜。而且，台北故宫的释文无句读，仍然没有解决整个镜铭的通读问题。

图7[12]

2012年，中国嘉德2012春拍"妙观逸想——铜镜金银器专场"也拍过一面相同铭文的铜镜（编号1647），该镜直径19.3厘米，重838克，似与故宫藏镜同模，但照片质量比台北故宫所出《故宫铜镜特展图录》中的要好得多。

目测拍卖会照片（图7），参照一般镜铭文例，根据我们的理解，释文当作：

怒（努）力治事，日给月畀，终身顺护，至老必富，宜子孙。

"力"字前一字字形作▮，从奴从心，乃是"怒"字。"怒""努"皆从奴声，"怒"可读为"努"。"月"字后一字字形作▮，乃是"畀"字。畀，予也，"月畀"与"日给"字同义。"努力治事，日给月畀"，是镜中格语，一语双关，既表达了希望持镜之人长期使用此镜以正衣冠的殷切之情，又劝诫持镜之人努力工作，日月以继，不可松懈。

"身"字前一字字形作▮，从纟从冬，乃是"终"字。"终身顺护"是说此镜的护身辟邪功能。"至"字后一字字形作 ，乃是"老"字。"至老必富，宜子孙"为文末吉语。

该镜凡十九字，皆悬针篆书。事，之部字；异，质部字；富，职部字，三字叶韵。

又《小校经阁金石文字》（下文简称《小校》）卷十五载有四面汉宋氏镜，其中有一面浮雕龙虎纹镜（原书第55页a）历来讨论最多。学者不仅对该镜的断代有异，而且所释铭文也颇有不同（图8）。

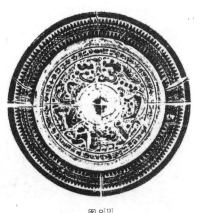

图8[13]

为便于讨论，先按自右到左的顺序将原书中的各种释文抄录于下：

1. 宋氏作竟自有其纪，采取铜锡与众异，服□必尊宜作吏，子孙备具家大富，士至公卿中常侍，辟命迫之诚可喜，择时日还大富。

2. 宋氏作竟自有意，□□□文字，采取铜锡与众异，服□必尊宜作吏，子孙备具家大富，士至公卿中常侍，辟命迫之诚可喜，择时日众大富。

3. 宋氏作竟自有其意，□□□文字，采取铜锡与众具，□□□宜作吏，子孙备具家□□，士至公卿中常侍。

4. 宋氏作竟自有其纪，主□□文字，采取铜锡与众异，服□必尊宜作吏，子孙备具家大富，士至公卿中尚侍，辟命迫之诚可喜，择时日众大富。

针对此面铜镜，四种释文不仅释法有别，而且字数也大不相同，最多的有54字，最少的有40字，竟然足足差了14字，真是匪夷所思。第一种释文后，原有按语云："此先大夫释文，依原稿谨录如右。拓本颇模糊，然就四纸中，此最清晰，旗尚不能辨，想当日以目验其器知之。原稿自题边高亏背三分，花纹皆凸起，当是嘉庆己未、庚申间馆积古斋时所手拓也。"

今按，此第一种释法仅49字，目验原拓，"采"字前"文字"尚存，当时恐未必是据原镜目验释之。我们怀疑第一种释法也是根据拓本而作的。

第四种释法中，在"自有"之后原所谓"主"的那个字，字形作 ，其实是个"工"字。这种写法的"工"字，在镜铭中常见（图9）。

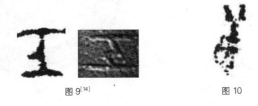

图 9[14]　　　　　　　　图 10

其上下二字，则分别是"巧""刻"甚明（图10）。

从镜铭字距来看，"有""巧"之间只能补进一字，而"刻""文"之间则可以补入二字。所以，第一、二句比较合理的释法应该是"宋氏作竟（镜）自有□，巧工刻□□文字"。从镜铭套语的用字习惯和拓片泐痕来看，"刻"字后残泐的二字，为"之成"的可能性是最高的。

第三句"采取铜锡与众异"，末一字写作 ，显然是"异"而不能是"具"。另一方面，从镜铭用韵来看，字、吏、侍、喜都是之部字，富是职部字，之职阴入对转，具是侯部字，异是职部字，从叶韵角度考虑，"异"显然也比"具"合适。

"士至公卿中尚侍"，"士"可读为"仕"，"中"后一字写作 ，应当隶定为"尚"，而读为"常"。将中常侍，写作"中尚侍"，除宋氏镜外，还见于蔡氏镜和池氏镜。[15]

辟命，即征召、任命。《后汉书·贾逵传》："均字少宾，安贫好学，隐居教授，不应辟命。"《后汉书·文苑传下·边让》："大将军何进闻让才名，欲辟命之，恐不至，诡以军事征召。"

"迫"可训为近。何晏《景福殿赋》："远而望之，若摘朱霞而耀天文；迫而察之，若仰崇山而戴垂云。""辟命迫之"，是指征召日近之意。

末一句，"日"字后一字字形作 ![字], 稍有模糊，旧释作"众"。从字形来看，此字亦有可能是"家"字。"众大富"一语，镜铭中罕见，而"家大富"则较为习见。如《金石索》卷六第69页、《小校》卷十六第66页b、《小校》卷十六第67页a及《小檀栾室镜影》卷二第17页a—第17页b末句皆作"长乐万世宜酒食，子孙具，家大富"。图版九六铜镜末句作"子孙众多皆为史，与天毋（无）亟（极）家大富"。《千镜堂》图版八八铜镜及《陈介祺藏镜》图版九一铜镜中皆有"常（长）保二亲宜酒食，君宜官秩家大富"之语。《小校》卷十五第56页a、《小校》卷十五第56页b上及《古镜图录》卷中第16页a所载三面蔡氏镜起首二句皆作"蔡氏作竟（镜）自有意，良时日家大富"。这些都是我们之所以将宋氏镜种最后三字定为"家大富"而非"众大富"的原因。

由于"息"在职部、"纪"在之部，皆能入韵，而且镜铭已完全残泐，所以单纯根据文例，尚无法将首句"有"之后的那个字确定。

幸运的是2012年新出版的《镜涵春秋——青峰泉、三镜堂藏中国古代铜镜》（下文简称《镜涵春秋》）一书中恰好有面与之镜铭相似的铜镜（图11），帮我们解决了这一难题。

图11

该镜铭文精美，字形清晰，外圈镜铭作：

宋氏作竟（镜）自有意，巧工刻之成文字，采取铜锡与众异，服此之竟（镜）宜作吏，子孙备具家大富，当得好妇宜酒食兮。

较之《小校》藏镜，可知两镜不仅风格相似，而且铭文也大抵相同。尤其前五句字数相同，字形基本一致，据《镜涵春秋》回推，不仅可知过去第四句原所谓"服□必尊宜作吏"皆为"服此之竟宜作吏"之误，更可知首句"有"之后的那个字亦应当为"意"，或者说最后那个字是"意"的概率比"纪"的要大得多。

【注释】

［1］ 为便于讨论，本文所引镜铭释文，除具体讨论的对象外，释文尽量从宽，释文标准尽量遵从学界通例。

［2］ 冯云鹏、冯云鹓辑，《金石索》，清道光四年（1824年）崇川遽古斋刊本，卷六第23页。

［3］ 刘心源，《奇觚室吉金文述》，清光绪二十八年（1902年）刻本，卷十五第13页。

［4］ 刘心源，《奇觚室吉金文述》，清光绪二十八年（1902年）刻本，卷十五第13页。

［5］ 原书释文亦有阙释，此为我们整理后的释文。

［6］ 可参见《两汉镜铭文字编》（待版）中三字写法。

［7］ 台北故宫博物院编辑委员会编著，《故宫铜镜特展图录》，台北：台北故宫博物院1986年版。

［8］ 王杰等编纂，《西清续鉴·乙编》，北平古物陈列所民国二十年影清宝蕴楼抄本，卷十九第17页a，卷十九第17页b。

［9］ 台北故宫博物院编辑委员会编著，《故宫铜镜特展图录》，台北：台北故宫博物院1986年版，第93页图版贰捌。

［10］ 中国嘉德2012春季拍卖会"妙观逸想——铜镜金银器专场"图录，第1647号。

［11］ 参见鹏宇，《两汉镜铭文字编》卷五"工"字条，《汉代镜铭文字研究与考释》，复旦大学博士学位论文，2013年。

［12］ 蔡氏镜见《古镜图录》卷中第16页a、《小校》卷十五第56页a、《小校》卷十五第56页b上；池氏镜见中国嘉德2011春季拍卖会邮品钱币铜镜专场"镜花水月"梦蝶轩藏镜746号铜镜。

［13］ 深圳市文物管理办公室、深圳博物馆、深圳市文物考古鉴定所编，《镜涵春秋——青峰泉、三镜堂藏中国古代铜镜》，北京：文物出版社2012年版，第127—128页图版八一。

青年论坛

战神英雄
——汉画像『蚩尤』图像与汉代的蚩尤崇拜①

> 周圣涵
> 女，1989年生，江苏师范大学美术学院硕士研究生。

继春秋战国时期大规模记录神话之后，汉代再次表现出对神话的热情，开始以新的心态关注神话。经过反秦起义、楚汉战争之后，英雄崇拜的社会风尚在西汉兴起。"大风起兮云飞扬，威加海内兮归故乡，安得猛士兮守四方"的雄风充实着汉代人的襟怀。黄帝与蚩尤的战争无疑为中国神话体系中最为引人注目的一部分，蚩尤作为与古代正统圣王体系敌对的一方，以战败而告终。但人们并没有忘记这位勇猛善战的武士，其悲剧故事的架构中仍彰显出勇武的英雄精神，在文化认同感中成为中国神话中的第一位战神。

关于"蚩尤"的神话故事在先秦已经产生，并在汉代得以不断充实并广泛流传。蕴藏量丰富的汉代神话载体形式多样，包括大量的文学作品、历史文献、谶纬之书以及大量的以神话为主题的汉画像石、画像砖、汉墓壁画、汉帛画等等。汉画像是汉代艺术的集大成者，被视为汉代的绣像史，以能被视觉感知的鲜明构图和形象，为我们了解汉代的经济文化制度以及汉代人的意识形态提供了更真实、更直接的材料。在汉代画像石中，刻画

---

① 2012年度江苏省普通高校研究生科研创新计划项目"汉画像神话故事的图像学研究"（编号：971）。

有一种半人半兽的形象，非常魁梧，在头上、手上、脚上都持有诸如矛、戟、剑、弓、戈等武器，有的还在两腿的裆间挂着盾牌。山东沂南汉墓出土的汉画像石中可见这一半人半兽的神怪（图1）。据《沂南古画像石墓发掘报告》描述，这幅画面的位置在"前室北壁正中的一段"，即"通中室门的当中支柱"。从画面上看，神怪位于朱雀之下，"虎首，头上顶着插三支箭的弩弓，张口露齿，胸垂两乳，四肢长着长毛，左手持着短戟，右手举着带缨的短刀，右足握一短剑，左足握一刀，胯下还立着一个盾牌"[1]。收入《中国画像石全集》第一卷《山东汉画像石》的这幅图，题"沂南汉墓前室北壁中柱画像"。这一神怪的原型，应是神话故事中的战神"蚩尤"。

图1／山东沂南县北寨出土半人半兽神怪

武梁祠后石室第三石画面第三层右方也有一相似的形象，头顶弩弓，一手执短戟，一手持剑，足举勾镶和矛（图2）。有学者认为"这一怪物，使用五种兵器，据说是方相氏"[2]。刘铭恕认为这一"头戴以弓，左右手一持戈，一持剑，左右足一登弩，一蹴矛，睹其形状，至为狞猛"的画像乃是与"蚩尤"的神话传说有关,并题其图为《黄帝战蚩尤图》[3]。在刘兴珍、岳凤霞编写的《中国汉代画像石——山东武氏祠》中,将这一幅图像的主题定义为"蚩尤战斗图",并有解说文字:"所谓蚩尤,是中国传说中九黎族的首领,曾经起风呼雨,以金属制作兵器。后来与黄帝战于涿鹿(今河北涿鹿),兵败被杀。"[4]

图 2 / 山东嘉祥县武氏祠画像石

沂南汉墓前室北壁上横额,整幅刻着奇禽、怪兽、灵异之物。有一神物,虎首豹纹,面目狰狞,有五个头,四肢长着长毛,胸垂两乳,右手握着带缨的短戟,左手拿着带缨的刀子(图 3)。这种形象和握持武器的情况,皆与同为沂南汉墓前室北壁中柱画像、武氏祠后石室第三石第三层右方所见的那个持有五种兵器的神怪,以及美国波士顿博物馆中所藏的持有五种兵器的怪物带钩有些相像。不过这一怪物画像少拿了三种武器。刘铭恕先生认为"沂南画像的这个持有两种武器的怪物,也就是蚩尤的一个比较简单的画像,何况汉代有把蚩尤的五兵,简为一兵的"[5]。有的学者认为这一"左右手分别拿着刀剑"的形象,与"方相氏"的形象有关。然而,我们应当注意到的是,方相氏在古代典籍《礼仪志下·大丧》和《续汉书·礼仪志中·大傩》中的形象皆为"黄金四目,蒙熊皮,玄衣朱裳,执

图 3 / 沂南汉墓前室北壁横额图像

戈扬楯",这与沂南汉画像北壁横额(图3)所见的左右手各持刀戟的形象是不同的。至于"神怪"头上的"五个人首",其应与蚩尤"五兵"说有着某种关联。

一、乱神与战神

在汉代的文献中,蚩尤乃是一位神话传说时代神而非圣的部族联盟首领，曾经挑起与黄帝部族及炎帝部族的战争。司马贞《索隐》："帝，天也。谓蚩尤作乱，上天乃不佑之，是为'弗予''有状'，言其罪大而有形状，故黄帝灭之。"汉代司马迁《史记·五帝本纪》中说蚩尤"作乱，不用帝命""最为暴，莫能伐"。这"暴"与"乱"含有两个方面的意义：一是道德上的否定，与"仁""义"相对；另一个是政治上的否定意义，与"治"相对。这种道德判断的依据取决于对象的政治立场。黄帝之所以仁德，是因为"轩辕乃习用干戈，以征不享，诸侯咸来宾从"，于是"蚩尤"败死之后，"诸侯咸尊轩辕为天子，代神农氏，是为黄帝"（《史记·五帝本纪》）。从"胜者为王"的角度来看，蚩尤之所以被判为暴乱之徒，乃是因为其"不用帝命"；从"统一事业"的角度来看，蚩尤的暴乱行径为胜者的战争胜利奠定了合法的依据，彰明代替"天道"惩治叛乱、治理人间的"王道"。

乱神，应被理解为行"悖乱之事"[6]者，王孝廉认为"乱"乃是中国神话和政治的一个基型。[7]《山海经》记载了大量的"妖怪""乱神"形象。人们并不认为战祸是人类自身的产物，而是超自然物的有意作恶。比如神话中鳘、狙如、朱厌这些怪物，他们的出现，预兆着战争祸乱的发生；而另一类则是直接与当权者——"帝"相争斗的乱神，诸如鲧、刑天、共工、蚩尤，反抗权威并以悲惨的失败告终。不少学者经过实证考据称，"由诸多异族的乱神所组成的神话，反映的应该是古代中华民族王权形成期间，华夏诸族与周边民族之间的斗争与融合的葛藤"，这些乱神应是被古代中原建立王权的部族剿杀的异族祖先或其保护神。

在诸多"乱神"中，蚩尤无疑是最为著名的一个。《说文》："蚩，虫也。"《酉阳杂俎·酒食》："天子可具三群之虫，谓水居者腥，肉攫者臊，草食者膻也。"由此，谓尤为虫类，虫是我国古代水陆动物的通称。《方言》十二："蚩，悖也。"《广雅·释诂》三："蚩，乱也。"则蚩可引申为"为害之虫"，即灾害之意。尤，过也，《诗·小雅·四月》："废为残贼，终无尤也。"蚩尤之名应为贬称，大概是源于其造反之行。作为勇猛善战的神性英雄，他是历代史家、士人、谶纬学家，甚至历代帝王共同关注的对象。蚩尤在民间具有广泛的传说和信仰。《初学记》引《归藏·启筮》篇言蚩尤有

"八肱八趾";《述异记》说蚩尤在民间是"耳鬓如剑戟,头有角"的形象;民间有蚩尤戏,《述异记》记载:"秦汉间,蚩尤氏耳鬓如剑戟,头有角,与轩辕斗,以角抵人,人不能向。今冀州有乐名'蚩尤戏',其民两两三三,头戴牛角而相抵。汉造'角抵'戏,盖其遗制也。太原村落间,祭蚩尤神,不用牛头。"《十三州志》以及《元和郡县》中提及蚩尤冢:"蚩尤肩髀冢重聚,大小与阙冢等。传言黄帝与蚩尤战,克之于涿鹿,身体异处,故别葬焉。"蚩尤还被天文学家所推崇,将"蚩尤旗"视为宇宙间一个星宿的名称。封建社会统治者对于蚩尤的地位也是相当重视的,在秦汉时代,蚩尤以"兵主"的身份,赫然出现在国家级祭祀中。《史记》说秦始皇东游海上祭祀的"八神"中,"兵主"蚩尤的位置仅次于"天主"和"地主"。据《史记·高祖本纪》,汉高祖起兵是"祠黄帝、祭蚩尤于沛庭",并且汉高祖下令"立蚩尤祠于长安,置祝官"。至汉宣帝时,"祠蚩尤于寿良"。李贤注引《前书音义》曰:"蚩尤,古天子,好五兵,故今祭之。"出师之前军祭蚩尤,已经成为一种传统。

战争中的失败者蚩尤并没有在民族的记忆中泯灭,无论在统治阶级心目中还是在民间信仰系统中都占有重要的地位,这乃是对其发明武器的功绩和勇猛善战精神的尊崇。《神机制敌太白阴经》曰:"工欲善其事,必先利其器。故曰器械不精,不可言兵……黄帝之时,以玉为兵。蚩尤之时,铄金为兵,割革为甲,始制五兵。"蚩尤发明了兵器,而兵器的改进对战争意义重大。后代常常在兵器上作蚩尤像,如"蚩尤斧""蚩尤刀"等器物常见铸印。陶弘景《刀剑录》就说,梁武帝做神剑十三口,"出军行师,君执授将,长五尺,金镂作蚩尤神形"。美国华盛顿弗利尔美术馆藏有一造型生动的

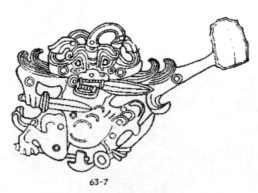

图4／汉代蚩尤形带钩

汉代蚩尤形带钩（图4），手足均持有兵器，口中亦衔尖刀，一直举盾的手臂充当了钩首。河北石家庄东岗头东汉墓也出土了一类似带钩，在蚩尤的身侧还铸有四神[8]。蚩尤制造兵器的神话传说和勇战好胜的精神，使得蚩尤在汉代成为主兵之神，将蚩尤之形铸于带钩之上，服之可以辟兵。此时的蚩尤以"战神""兵主"的面目出现，对于一国之共同体起到庇佑、保护的作用。

由于文献中关于蚩尤的世系记载比较杂乱，故而关于蚩尤氏的宗属和地望问题聚讼纷纭。神话学家袁珂先生在《中国古代神话》一书中认为，蚩尤与炎帝有着密切的联系，据《路史后记》之四《蚩尤传》记载："阪泉氏蚩尤，姜姓炎帝之裔也。"蚩尤应属炎帝一族。[9]徐旭生先生在《中国古史的传说时代》一书中力陈蚩尤应属东夷集团，其活动地域应在鲁西南一带。一是因为《逸周书·尝麦》说蚩尤居于少昊之地，故其应属少昊集团，归东夷；二是鲁西南地区有蚩尤祠和蚩尤冢；三是蚩尤是九黎君长，九黎民族位于山东、河南、河北三省的交界处，汉代的黎县、黎阳因此得名。[10]山东沂南县北寨、山东嘉祥武梁祠的汉画像中蚩尤图像的出现，进一步证明了鲁西南地区对于蚩尤的广泛崇拜。

古人在神话思维的作用下认为，画像就是所画对象的事物本身，具有原型的力量。其根本的创作心理源于原始时期人们视图像为有生命的物质再现，视事物为表象和内涵的统一体，是具有"神秘"属性之物。在这一点上正是汉代人对于神话潜意识的思维层面即神话思维方式的继承。法国人类学家列维-布留尔认为"美术像，不论是画像、雕像还是塑像，都与被造型的个体一样是实在的。像与存在物的联想不论在物质上还是精神上都真正变成了同一，乃是原型的灵魂之所寓，不但如此，它还是原型自身"[11]。从这一意义上来看，汉画像中蚩尤的形象乃是其文化符号意义上的原型再现。又就一般巫术逻辑而言，往往祭拜的目的乃是借助被祭拜之物的某种特殊力量，来加强祭拜者自身的同等能力，或是抑制敌人的同等力量。《史记》中记载黄帝与蚩尤战争，蚩尤死后，黄帝"画蚩尤形象以威天下，天下咸谓蚩尤不死，八方万邦皆为弭服"的行为便也是这种符号象征意义的体现。因而，在汉代墓祠中出现的蚩尤图像，应被视为蚩尤崇拜下，汉代人祈望借由画像中蚩尤原型的力量助其辟除灾邪、护佑子孙。

在建立黄帝一统的政治格局下，持对立立场的蚩尤指代着被华夏文明所排挤、未受到中原文明教化的群体，是中原的"异己""他者"，正所谓"非我族类，其心必异"。于是，为了强调黄帝以德性代替"天道"的统一事业的正统性，蚩尤在神话中是乱神，因不施仁德而被正统力量所代替。然而，在这一战争中，蚩尤作为部落首领起到了重要的作用，与一个部落群体的发展、荣辱息息相关。其强大的战斗能力使黄帝部落吃尽了苦头。他在作战中展现出的英勇善战、智勇双全的战神品质，在其成长、事业以及其后的悲剧命运中蕴涵的反抗精神，留存于民族群体的心灵记忆中并展现出神性英雄的形象。

二、战争与英雄

中国的"英雄"概念同"神话"概念一样，是外来语。西方英雄的概念导源于《荷马史诗》，指在《伊利亚特》和《奥德赛》中所描述的早期自由人，尤指杰出的人物，在战争与惊险中出类拔萃的和珍视勇敢、忠诚的美德超人。有些英雄的双亲之一是神。在此意义上的英雄人物是生而不凡的，血管中流淌着神的血液。"这种半神半人特性的西方式英雄概念，对西方文化研究具有极为深远的影响，被作为构建西方文化价值体系的重要基石。"[12]西方著名学者维柯在《新科学》中把人类的历史划分为三个时代，即神的时代、英雄的时代、人的时代。[13]从现代的高度审视维柯的三时代说，英雄的时代正值人类文明的开端期，这一时期由于社会变更、民族冲突所导致的战争成为时代生活中的主要事件，战争中发挥领袖作用的部族或氏族首领自然地取代以往神话时代的天界诸神，成为具有超人特质的英雄人物。他们上天入地，呼风唤雨，变幻形态，代表着人类的信仰和愿望，是人类理想、意志和力量的化身，既令人敬畏，又使人可亲。中国传统文化概念中的"英雄"一词直指世俗，而且生成较晚。在中西不同文化背景下产生的英雄的概念有所不同，但深藏于民族精神之中的，对那些实现人类愿望的斗士，突破人性弱点所难以承受的阈限，竭尽全力为人类谋求幸福的英雄形象的赞颂之情是相同的。

中国的英雄神话异常丰富。这些传说中的古代英雄都是"祖先"，或由各氏族原有的族源神话演化而来，或是某种文化事物的人化和历史化。在汉民族的神话传说中，蚩尤是最为著名的"战神"。在苗族将蚩尤视为著名将领，是文字、医药、历算等文化创造的发明者。神话中英雄人物的出现象征着人的自我意识的觉醒，而这种意识的外投则体现为对于空间和财富的强烈愿望，这种追随欲望的主要体力掠夺手段便是战争。蚩尤的英雄气质在战争中展开，黄、炎二帝与蚩尤经过九隅之战、阪泉之战，蚩尤族因在武器及战斗力方面的优势使得黄帝一族在战争的开始阶段节节败退，终于涿鹿分出胜负。《史记·五帝本纪》《逸周书·尝麦》等众多文献中都有对这一盛大的战争场面的描写。蚩尤氏与黄、炎之间的循环战争，是中国历史上记载的第一场氏族大战。整个战争历程反映了黄河流域不同氏族文化集团的发展、碰撞与融合的历史过程。中国神话中的战争描述风格往往是简约、含蓄而富有象征意味的，体现了汉民族伦理与战争意识相贯通的文化特征。也就是说，中国古人对于战争的认识总是从特定的伦理道德角度出发，强调其作为稳定秩序的手段和工具。蚩尤的悲剧命运在战争的场面中展开，融合中国伦理文化的独特性。不同于黄帝、神农等古代华夏民族的"英雄"——他们往往既德行兼备，又能力超群；蚩尤的英雄形象在悲剧的命运中诞生。蚩尤在轩辕大战中被擒而死，但他的死却是在英勇的斗争中而死，这非同寻常的"死"往往能渲染非比寻常的"生"，英雄的悲剧命运使其生命分量变得分外沉重，象征着生生不息的猛志固在，其生前的业绩也就愈加壮烈和光辉。

崇拜英雄的风尚使得蚩尤在汉代得到广泛的崇拜，汉画像作为汉代艺术甚至是中国古代艺术的集大成者，再现了汉人对于神灵的信仰，以一种更加直观的形式被观者所感知，这种感知是在原型的象征符号中得以被接受的，借助原型的精神、信仰达到其特定目的。悲剧命运的英雄蚩尤在战争中是失败者,但其勇猛善战、敢于斗争的英雄性却以文化符号的形式长期存在于人们的信仰之中,构建出一个被世人尊崇的战神英雄。

【注释】

[1] 曾昭燏、蒋宝庚、黎忠义,《沂南古画像石墓发掘报告》,北京:文化部文物管理局1956年版,第15页。

[2] 朱锡禄,《武氏祠汉画像石》,济南:山东美术出版社1986年版,第116页。

[3] 刘铭恕,《武梁祠后石室所见黄帝蚩尤战图》,《中国文化研究汇刊》,1942年第2期。

[4] 刘兴珍、岳凤霞,《中国汉代画像石——山东武氏祠》,北京:外文出版社1991年版,第130—131页。

[5] 刘铭恕,《关于沂南汉画像》,《考古通讯》,1955年第8期。

[6] 朱熹,《四书集注·论语》卷四,长沙:岳麓书社1986年版,第125页。

[7] 王孝廉,《乱神蚩尤与枫木信仰》,载《岭云关雪——民族神话学论集》,北京:学苑出版社2002年版,第217、217—218页。

[8] 王海航,《石家庄市东岗头村发现汉墓》,《考古》,1965年第12期。

[9] 袁珂,《中国古代神话》,北京:中华书局1986年版,第112页。

[10] 徐旭生,《中国古史的传说时代》,桂林:广西师范大学出版社2003年版,第51页。

[11] 列维-布留尔,《原始思维》,北京:商务印书馆2010年版,第37页。

[12] 刘志伟,《中国古典"英雄"概念的生成》,《魏晋文化与文学论考》,兰州:甘肃人民出版社2002年版,第5—13页。

[13] 维柯,《新科学》,北京:人民文学出版社1986年版,第26页。

《鵩鸟赋》与"鸮集屋舍"图文互释研究

🌀 **王舒**

女，1988年生，江苏师范大学文学院艺术理论专业硕士生。

"鸮集屋舍"即猫头鹰停留于屋舍之上。这一场景在《鵩鸟赋》中有所描写，是引发作者创作本文的源头。在汉画像中，这一场景更是多次出现。有关鸮的研究是值得不断发掘与深入的课题。当今，视觉文化兴起，图文关系逐步受到学术界的重视，本文将运用图文互释的研究方法探究《鵩鸟赋》与汉画像中"鸮集屋舍"这一场景，揭示其所蕴含的艺术美学内涵，探索汉人的思维模式、宗教信仰、生死观念以及审美理想。

一、《鵩鸟赋》所呈现的"鸮集屋舍"

《鵩鸟赋》是西汉初年文学家贾谊的一篇以鸮为主题的汉赋佳作，文章以人鸟对话的独特艺术形式展开，开了汉赋主客问答体式的先河。"鸮集屋舍"是《鵩鸟赋》的开篇场景，也正是因为这一场景的出现，触动了作者内心的情感，并洋洋洒洒写下了这意蕴悠长、流传千古的篇章。

《鵩鸟赋》开篇写道："单阏之岁兮，四月孟夏，庚子日斜兮，鵩集予舍。止于坐隅兮，貌甚闲暇。异物来萃兮，私怪其故。发书占之兮，谶言其度，曰：'野鸟入室兮，主人将去。'"汉文帝六年，丁丑年，贾谊已谪居长沙三年,在政治上几乎处于完全被搁置的状态,再加上作为北方人对南方潮湿环境的不甚适应,心中充满了悲凉。正值此时,一只鵩鸟停在贾谊的屋舍之上。贾谊便翻书占卜,谶言:"野鸟入室,主人将去。"于是,贾谊开始了对生死的深沉思索。

鵩鸟是我国古代对猫头鹰的别称之一,鸮则是我国古代对猫头鹰一类鸟的统称。我国有关鸮的别称很多,如鸱、枭、鸱鸮、鹠鶹、鬼车、摄魂使者、鵩、鵩鸟、轵辘鸟,等等。因而,笔者将猫头鹰停留于屋舍之上的场景统称为"鸮集屋舍"。有关《鵩鸟赋》开篇场景"鸮集屋舍"的记载,在《汉书》与《史记》中均有出现。《汉书·贾谊传》载有:"谊为长沙王傅三年,有鵩飞入谊舍。鵩似鸮,不祥鸟也。谊即以谪居长沙,长沙卑湿,谊自伤悼,以为寿不得长,乃为赋以自广也。"《史记·屈原贾生列传》记载:"贾生为长沙王太傅,三年,有枭飞入贾生台,止于坐隅。楚人命枭曰鵩。"

从《鵩鸟赋》中的描述可以得知,在当时"鸮集屋舍"意味着屋舍的主人即将离开人世。这一观点能够载入重要的书籍,且得到了文人的认同,那么我们不难想象其背后一定传承着悠久的文化传统,以及蕴藏着古老且珍贵的华夏历史信息。纵观历史,在《鵩鸟赋》之前,我国有关鸮的古代典籍记载已有很多,如《山海经》《诗经》《禽经》《庄子》等。《山海经》中多处提及鸮,均非正面描写,但通过这些叙述,足以看到当时人们对鸮形象的定位。例如:

《山海经·南山经》:"有鸟焉,其状如鸱而人手,其音如痹,其名曰鴸,其名自号也,见则其县多放士。"[1]

图1 / 鴸鸟

这段文字是对尧的儿子丹朱的描写。尧把天下交给舜,丹朱愤懑,联合三苗国人起兵反对,后被尧派兵打败,丹朱羞愧,化为鴸鸟。此处描写鴸鸟"其状如鸱",认为丹朱这样的一位氏族反叛者所转化的鴸鸟像鸮,可见鸮的形象在当时是负面的。

《诗经》中共有四篇直接谈及鸮,分别为《豳风·鸱鸮》《大雅·瞻卬》《陈风·墓门》《鲁颂·泮水》。四篇中的鸮形象均为负面。例如:

《诗经·豳风·鸱鸮》:"鸱鸮鸱鸮,既取我子,无毁我室。"[2]

这是《诗经》中直接以鸮作为题目的一篇。《诗经·豳风·鸱鸮》是一篇禽言诗,运用一只母鸟的口吻哭诉,鸱鸮不但夺取了它的幼仔,还毁坏了它的巢穴,真是可恶至极。对于这首诗的寄托之意,学术界众说纷纭,但我们可以清楚地看到,鸱鸮作为恶鸟的形象在当时已经深入人心。

在《鹏鸟赋》之前的大多有关鸮的古代典籍记载中,鸮基本都是以负面的形象出现,与灾难相关联。《鹏鸟赋》中"鸮集屋舍"场景的意义受到了前人很大的影响,同时也具有汉代的独特性。贾谊面对这突如其来的死亡预示,在下文中展开了详细的论述。他认为,宇宙间的万事万物都是变化发展的,绝非人的意识的产物。既然是这样,那么我们就没有必要计较眼前所有的一切,计较生死得失。贾谊主张的是一种超然的态度,一种超越的心境,一种超越生死界限的人生哲学。

二、汉画像所呈现的"鸮集屋舍"

汉民族不仅有一部文字记载的历史,而且还有一个图像呈现的世界。[3]汉画像中的"鸮集屋舍"图像蕴藏着汉代文化的珍贵历史信息。流传至今的相关图像为后人提供了认识并理解汉代文明的重要资料。

汉画像中的"鸮集屋舍"图像由鸮和屋舍共同组成。鸮在汉画像中多次出现,如在江苏徐州市、山东滕县(今滕州市)、安徽宿县、河南许昌市和洛阳市、陕西米脂县等地区均有相关汉画像石出土。在汉画像中有许多圣物,它们往往是神的化身、神的象征物、通神的媒介等,这种圣物的表现传统具有深厚的文化内涵。汉代人认为人死之后,生命并没有就此完结,还要依靠这些圣物作为引导,从而升仙与永生。著名的长沙马王堆1号汉墓出土的T形帛画,中上部分有一华盖,华盖下面是一只展翅的鸮,上接仙境,下接人间大地,其引魂之幡的功能不言而喻。道教在东汉兴起后,张天师在民间成为沟通阴界、辟邪捉鬼的神人,而鸮就是张天师的使者。[4]信立祥先生说:"所有的宗教性艺术和祭祀性艺术在内容和表现形式上都有极强的稳定性和继承性。"[5]那么汉画像"鸮集屋舍"图像中的鸮,也具有基本相同的象征意义。可见,鸮作为圣物之一,既与死亡相联系,又与升仙相关联。

汉画像"鸮集屋舍"图像中,屋舍的意义也非常值得关注。楼阁建筑是汉画像中的重要题材之一。汉代的经济有所发展,楼阁建筑随之兴起。汉人将楼阁建筑刻入汉画像之中,是汉人"视亡如存"的思想反映,他们试图将现实生活中的一切带入墓室之中,以备死后继续享用。这与汉人的宇宙观念也有关系。汉画像是汉民族集体无意识的呈现,表现为一种宇宙象征主义的图式。从远古时期开始,先民就开始了对人与宇宙之间关系的探索。"宇宙"一词最早出现于春秋战国时期。《庄子·齐物论》曰:"旁日月,挟宇宙。"到了汉代,人们对宇宙的认识有了更多的发展。《易传·系辞下》:"上古穴居而野处,后世圣人易之以宫室,上栋下宇,以待风雨。"《淮南子·览冥训》:"而燕雀佼之,以为不能与之争于宇宙之间。"高诱注:"宇,屋檐也;宙,栋梁也。"这反映了古人把建筑物看作宇宙象征的文化观念。

因此,鸮与屋舍的组合使二者的意义得到了更进一步的升华,构成了一个独特的宇宙象征主义图示。

图2是徐州汉画像艺术馆收藏的一块汉画像石。画像石边栏内刻垂幛纹,鸮立于屋舍之上,位于整幅汉画像的中心位置,周围环绕凤鸟等祥瑞,使整幅画面体现出丰盈之美。凤鸟是传说中的神鸟,作为四神之一,一直是中国古代先民所崇拜的对象。而在此幅画中,鸮的位置比凤鸟更加显著,可见鸮在汉画像中的地位不可小觑。

图3是江苏师范大学汉文化研究院藏汉画像石,主题为"拜见西王母",类属升仙图。画像石边栏内刻水波纹。两只鸮站立于屋舍之上,屋内

图 2
（徐州汉画像艺术馆收藏）

坐有西王母以及拜见者等。汉代推行"黄老之学"，所以道家的求生、神仙思想就成了汉画像表现的主要内容，而拥有不死之药的西王母也就成了人们狂热追求且崇拜的对象，并被广泛地刻画于汉画像之中。[6] 由此可见，鸮出现在含有西王母的升仙图中，其具有引魂之幡的作用显而易见。

因此，汉画像"鸮集屋舍"的图像是一种"有意味的形式"（significant form），它的形式蕴含了丰富的文化内涵。鸮具有引渡升仙的作用，屋舍则体现出汉人的宇宙观念，整体表达了汉人渴望不死升仙的愿望，展现出汉画像"天地相同"的巫术观、"天谴祥瑞"的吉凶观，以及"不死升仙"的宗教观。

图 3
（江苏师范大学汉画像研究院藏）

三、"鸮集屋舍"图文表现方式的异同

"鸮集屋舍"是《鵩鸟赋》的开篇场景，也是汉画像的重要题材之一，二者均是汉代著名的艺术形式，描述了相同的场景。目前学术界有关鸮的研究，尚未关注到"鸮集屋舍"这样的具体场景的探索，因而将二者运用

"图文互释"的研究方法进行分析与比较是十分具有意义的。"图文互释"的研究方法是为了研究图文之间的相互补充与相互解释关系。图像与文本作为两个相互独立的艺术形式,对于记录历史方面既有自身的局限性,也各有所长。利用"图文互释"的研究方法探索"鸮集屋舍"场景,打破了运用单一艺术形式研究的局限,有助于更好地了解《鹏鸟赋》与汉画像,挖掘该"鸮集屋舍"场景所蕴含的更为深刻的意义,及认识汉人的思维模式、宗教信仰、生死观念以及审美理想。

《鹏鸟赋》与汉画像中都有对"鸮集屋舍"场景的描绘,且都与生死观念相关联,原因在于受到了汉以前的深厚文化积淀的影响,同时也受到了两汉谶纬思想的很大影响。谶纬之学是中国两汉时期一种把经学神学化的学说。《四库全书总目提要》说,"谶者诡为隐语,预决吉凶""纬者经之支流,衍及旁义"。作为盛行于汉代社会的一种重要思想意识,谶纬必然对其时的诸多文艺样式都有影响。[7]

谶纬之学对汉赋创作有着深远的影响。两汉六朝的文学大家对纬书都有汲取,纬书确有助文之功。[8]西汉扬雄的《羽猎赋》中有:"故甘露零其庭,醴泉流其唐,凤凰巢其树,黄龙游其沼,麒麟臻其囿,神雀栖其林。"文中的凤凰、黄龙、麒麟、神雀都预示着祥瑞。东汉杜笃的《论都赋》写道:"天命有圣,托之大汉。大汉开基,高祖有勋,斩白蛇,屯黑云,聚五星于东井,提干将而呵暴秦。"文中斩白蛇的举动,入关时五星聚于东井的天象,均被看成是秦灭汉兴的预兆。《鹏鸟赋》中"发书占之兮,谶言其度,曰:'野鸟入室兮,主人将去。'"可以看出,贾谊查阅了谶纬之书,才断定鸮是一种不祥之鸟,预示着屋舍主人即将死亡。这是以一种现象来预测吉凶祸福的神学思维方式。

汉画像受到谶纬思想的影响也很大,主要表现在汉画像中出现了大量的祥瑞、神仙等题材。凤凰、青龙、白虎、朱雀、玄武、连理木、嘉禾、比翼鸟等都是汉画像中的祥瑞。"鸮集屋舍"图像在谶纬思想的影响下产生,以鸮作为升仙的引导者,以屋舍作为宇宙的象征,共同表现出那种灵魂不灭的升仙思想,表达了汉代人对升仙永生的追求。

《鵩鸟赋》与汉画像中"鸮集屋舍"场景的差异主要表现在，面对死亡的恐惧，解脱方式不同。人都是有生也有死的。死亡在人的思考中，占据了极大的位置。别人的死是可见的，这确定了自己也会死的判断，但人又有生的本能来排斥死亡。[9]为了摆脱死亡所带来的恐惧感，人们想出各种各样的方式。于是，今日的我们可以看到古人流传下来的许多关于生死的文学论述，以及带有宗教色彩的种种丧葬文化。

《鵩鸟赋》中贾谊见"鸮集屋舍"，便翻书占卜，谶言"野鸟入室，主人将去"。为了摆脱对死亡的恐惧，贾谊便提笔抒发情感。他认为，宇宙间的万事万物都是变化发展的，不以人的意志为转移，那么我们又为何在意眼前的一切，何不用超然的心态面对生死呢？可以看出，贾谊受到了道家思想的影响，选择了以一种超然的心态面对生死。

汉画像中的"鸮集屋舍"图像的构建方式和主题是以引渡升仙为核心的活动，汉人将文本转化为图像的过程中，充分展现了汉人追求永生的美好愿望。生死的问题在汉代受到了极大的关注，在汉画像中有着充分而鲜明的体现。为了摆脱对死亡的恐惧，汉人幻想出不死的信仰，即升仙永生。汉画像之中，神仙和升仙类别的图像十分常见。表面上来看，墓室的建立是为死者服务的，但实际上是生者为摆脱死亡恐惧找到的一种精神慰藉。

战国中期仙人世界的观念就已经出现，秦末汉初之际，道家宣扬长生不老和死后羽化成仙的观念。从汉武帝时期开始，追求长生之风愈演愈烈，至西汉末期及东汉王朝后，更是有过之而无不及。汉人受到道家思想的影响，追求养生之道、不死之药、升仙之法……"二元对立"的观点认为存在生界和死界，二者共同构成一个完整的宇宙。文化人类学家马林诺夫斯基说："死亡是通于另一个世界的大门，这不只是字面的意义。"[10]汉代人认为死亡只是一种生命形式上的变化，是到另一世界继续存在的开端。面对生命的短暂与不可预知，汉代人把目光投向升仙。于是，"鸮集屋舍"这种寄寓着汉人升仙愿望的图像应运而生。

本文所讨论的"鸮集屋舍"在《鵩鸟赋》与汉画像中图文关系相互呼应，共同点在于都与死亡有关，并且蕴含着汉代人的民族意识、人生观念等,而差异则在于两种艺术形式上的不同、缓解死亡恐惧的方式不同。《鵩鸟赋》的"鸮集屋舍"场景预示着死亡的来临,激发了作者的生死感悟。汉画像"鸮集屋舍"图像的美学意义根源是符号性的隐喻象征,它是汉代人升仙愿望的表现,体现了汉代人独特的审美文化,直至今日依然可以给人以无限的探求空间。

【注释】

［1］ 陈成译注,《山海经译注》,上海:上海古籍出版社2008年版。
［2］ 周振甫译注,《诗经译注(修订本)》,北京:中华书局2010年版。
［3］ 朱存明,《汉画像之美》,北京:商务印书馆2011年版。
［4］ 张道一,《汉画故事》,重庆:重庆大学出版社2006年版。
［5］ 信立祥,《汉代画像石综合研究》,北京:文物出版社2000年版。
［6］ 朱存明、朱婷,《汉画像西王母的图文互释研究》,《徐州师范大学学报(哲学社会科学版)》,2010年第6期。
［7］［8］ 李中华,《谶纬与神秘文化的启示》,北京:中央编译出版社2008年版。
［9］ 诺尔曼·布朗,《生与死的对抗》,贵阳:贵州人民出版社1994年版。
［10］ 马林诺夫斯基,《巫术·科学·宗教与神话》,北京:中国民间文艺出版社1986年版。